D1727389

Günter Dux
Warum denn Gerechtigkeit

Günter Dux
Warum denn Gerechtigkeit
Die Logik des Kapitals

Die Politik im Widerstreit mit der Ökonomie

**VELBRÜCK
WISSENSCHAFT**

Erste Auflage 2008
© Velbrück Wissenschaft, Weilerswist 2008
www.velbrueck-wissenschaft.de
Druck: Hubert & Co, Göttingen
Printed in Germany
ISBN 978-3-938808-40-5

Bibliografische Information Der Deutschen Nationalbibliothek
Die Deutsche Nationalbibliothek verzeichnet diese Publikation in der
Deutschen Nationalbibliografie; detaillierte bibliografische Daten
sind im Internet über http://dnb.ddb.de abrufbar.

Eine digitale Ausgabe dieses Titels in Form einer text- und
seitenidentischen PDF-Datei ist im Verlag Humanities Online
(www.humanities-online.de) erhältlich.

Inhalt

TEIL 1
DIE MARKTGESELLSCHAFT ALS VERHÄNGNIS

Worum es geht
Gerechtigkeit als Problem der Marktgesellschaft

1 Der Markt als Problem

1.1 Die Bedrohung

Die Verhältnisse sind bekannt: Die Marktgesellschaft der Gegenwart ist in eine Epoche ihrer Entwicklung eingetreten, in der sich Millionen Menschen in ihrer Existenz bedroht sehen. Bis weit in die Mittelschicht reicht die Bedrohung derer, die sich an den Rand der Gesellschaft gedrängt sehen oder fürchten, an den Rand gedrängt zu werden.[1] Bedroht sind in der gegenwärtigen Verfassung der Marktgesellschaft allerdings nicht nur die betroffenen Subjekte; in der Wahrnehmung eines soziologischen Beobachters stellt sich auch die Gesellschaft als bedroht dar. Denn soziologisch muss man die Subjekte zur Gesellschaft rechnen. Sie sind in ihrer Grenze verortet, um sich in ihrer Lebensführung aus ihr heraus in die Gesellschaft zu integrieren.[2] Sich in die Gesellschaft integrieren zu können, gehört zur Grundverfassung der menschlichen Daseinsform, die Möglichkeit, sich in sie integrieren zu können, eben deshalb zur Grundverfassung der Gesellschaft. Eine zureichende Integration in die Gesellschaft ist aber in der Marktgesellschaft der Gegenwart für Millionen verstellt. Exakt das macht die Problemlage der Marktgesellschaft der Gegenwart aus.

Bekannt ist auch, was die Bedrohung bewirkt. Am schwersten wiegt die Arbeitslosigkeit. Sie hat ein vordem unvorstellbares Ausmaß erlangt. Die Krankenversicherung befindet sich seit Jahren an den Grenzen ihrer Leistungsfähigkeit. Durch die demographische Entwicklung im Altersaufbau der Bevölkerung ist auch das System der Rentenversicherung in eine Situation geraten, die die Auszahlung der vormals erwarteten Renten nicht mehr sicher erscheinen lässt. Üppig waren die Erwartungen für viele ohnehin nicht. Schließlich hat auch die Pflegeversicherung den Notstand in den Altenheimen und in den Familien nicht beseitigen können; ihre langzeitige Finanzierung erscheint ungesichert. Dazu kommen andere Probleme, Defizite im Bildungssystem vor allem; auch sie haben einen starken ökonomischen Hintergrund. Was ist der Grund der Be-

---

1 R. Müller-Hilmer, Studie der Friedrich-Ebert-Stiftung »Gesellschaft im Reformprozess«.

2 G. Dux, Das Subjekt in der Grenze der Gesellschaft, S. 233-267.

drohung? Fehlt es am volkswirtschaftlichen Vermögen, um die Lebenslage der Arbeitslosen und der Beschäftigten in den Niedriglohngruppen so abzusichern, dass sie nicht in Armut geraten und sich nicht der Gefahr der Verelendung ausgesetzt sehen? Reicht das volkswirtschaftlich erarbeitete Vermögen nicht, um die Kosten der Kranken-, Renten- und Pflegeversicherung so abzudecken, dass alle ein gedeihliches Auskommen hätten? Kaum! Deutschland ist ein reiches Land, stellt der Zweite Armuts- und Reichtumsbericht der Bundesregierung fest.[3] Nicht anders urteilen seine sozialwissenschaftlichen Analytiker.[4] Tatsächlich ist auch der Grund der Problemlage jedem gewärtig, der die Verhältnisse überhaupt als Problem wahrnimmt: Er liegt in der Struktur der Gesellschaft. Formulieren wir ihn so scharf wie möglich:

> *Der Grund der Problemlage ist das ökonomische System des Marktes. Es ist das ökonomische System des Marktes, durch das die Bedrohung ebenso der Subjekte wie der Verfassung der Gesellschaft bewirkt wird.*

Inwiefern?

1.2 Inklusion / Exklusion

Die Marktgesellschaft ist eine systemisch differenzierte Gesellschaft. Die drei Großsysteme: Ökonomie, Politik, Kultur machen das Gesamtsystem aus. Unter den Teilsystemen der Marktgesellschaft ist das ökonomische System des Marktes das eigentlich Gesellschaft begründende System. Alle sind mit allen über den Markt verbunden. Alle sind darauf angewiesen, die Güter zum Leben auf dem Markte zu erwerben, alle, oder so gut wie alle, müssen dazu ihre Arbeitskraft auf dem Markt anbieten. In der Marktgesellschaft ist für die Integration in die Gesellschaft deshalb unausweichlich die Inklusion in das ökonomische System notwendig. Nicht alle stehen jedoch mit ihrer Arbeitskraft dem Markt zur Verfügung, Kinder nicht, Kranke nicht und Alte auch nicht. Gewiss, das sind Lebenslagen der Subjekte; sie haben ihren Grund in den natürlichen Bedingungen, unter denen das Leben geführt werden muss. Nur macht es gerade das Problem der Marktgesellschaft aus, dass das ökonomische System schon den differenten Belastungen der Lebenslagen der Subjekte von sich aus keinen Platz einzuräumen vermag. Wenn man sich einerseits die Bedingungen des ökonomischen Systems vergegenwärtigt: über Arbeit in das ökonomische System integriert zu werden, andererseits die Lebenslagen, in denen sich die Subjekte nicht

---

3 Der 2. Armuts- und Reichtumsbericht der Bundesregierung (2003).
4 M. Miegel, Die deformierte Gesellschaft, S. 100.

über Arbeit in das ökonomische System integrieren können, ahnt man bereits, dass das nicht gutgehen kann.

Das Problem, auf die Integration in die Gesellschaft durch die Inklusion in das ökonomische System angewiesen zu sein, diese Notwendigkeit aber mit den Lebenslagen der Subjekte nur schwer in Einklang bringen zu können, ist jedoch nicht das einzige Problem der Marktgesellschaft. Es ist gegenwärtig auch nicht das Grundproblem. Das Grundproblem liegt in der defizitären Inklusionskapazität des Marktes. In der Marktgesellschaft sind alle darauf angewiesen, sich über den Markt in die Gesellschaft zu integrieren. Alle wollen auch in das ökonomische System inkludiert werden, um dadurch die Chance zu erwerben, einen Anteil an den Errungenschaften der Gesellschaft zu haben, an den ökonomischen wie den kulturellen. Und alle wollen zu Bedingungen integriert werden, die auch jene biographischen Phasen abdecken, in denen sie nicht dem Arbeitsmarkt zur Verfügung stehen, in der Kindheit, während Krankheit und im Alter. Der Markt deckt dieses Bedürfnis jedoch nicht ab. Durch die Jahrhunderte hat der Markt ungezählte Millionen von Menschen nicht oder nicht hinreichend zu inkludieren vermocht. Tatsächlich inkludiert auch heute das ökonomische System in allen Marktgesellschaften Europas, von West nach Ost und Nord nach Süd, von sich aus Millionen von Subjekten nicht. Nicht anders steht es in den Vereinigten Staaten. Die Arbeitslosigkeit ist das mit Abstand größte Problem, mit dem sich die Marktgesellschaften konfrontiert sehen. Es ist jedoch nicht das einzige Problem. Auch die, die Arbeit gefunden haben, haben sich über Jahrhunderte auf dem Arbeitsmarkt nur unter Bedingungen zu verdingen und in das ökonomische System zu inkludieren vermocht, durch die sie keinen Anteil an dem Reichtum der Gesellschaft zu gewinnen vermochten, der es ihnen ermöglicht hätte, ein gedeihliches Auskommen zu finden und von dem Lohn der Arbeit die Risikophasen des Lebens, Krankheit und Alter, abzudecken. Millionen ist es auch heute nicht möglich.

Wenn man nach allem den Grund der Problemlage dort verortet, wo sie ihre Genese hat: in den Strukturen der Marktgesellschaft, lässt sich der Grund selbst prägnant bestimmen:

Das ökonomische System der Marktgesellschaft kennt keine Mechanismen, die die Anforderungen der Subjekte an das ökonomische System, zu Bedingungen inkludiert zu werden, die ihnen ein gedeihliches Auskommen sicherten und sie in die Lage versetzten, den Sinnanforderungen der Lebensführung nachzukommen, mit seiner Inklusionskapazität in Einklang brächten.

Die Feststellung, das ökonomische System des Marktes sei das Problem der Marktgesellschaft, will so verstanden werden, wie sie dasteht: als empirischer Befund. Es trägt nichts ein, wenn Ökonomen antworten, der Grund sei bei den Anbietern der Arbeitskraft gelegen, vor allem bei denen, die Löhne erwarteten, die der Markt nicht hergebe.[5] Denn die, die inkludiert werden wollen, brauchen nicht irgendwelche Löhne, sondern Löhne, die ihre Existenz sichern und sie ein Leben führen lassen, das den Sinnvorgaben des Daseins auf dem Entwicklungsniveau ihrer Gesellschaft gerecht wird. Ebensowenig wird die Zurechnung der Problemlage zum Markt dadurch infrage gestellt, dass manche über keine hinreichende Bildung verfügen, um in das ökonomische System inkludiert zu werden, oder andere zwar über eine beachtliche Bildung, jedoch über eine, die gerade jetzt nicht benötigt wird. Auch diese Menschen müssen inkludiert werden, um leben zu können. Und auch sie wollen inkludiert werden. Um sie jedoch inkludieren zu können, fehlt es dem ökonomischen System an der Kapazität. Die Frage drängt sich auf: Weshalb ist das so?

2 Die Logik des ökonomischen Systems

Weshalb ist das so? Weshalb hat sich das ökonomische System schon in der Vergangenheit nicht in der Lage gesehen, alle, die inkludiert werden mussten: Menschen, die nicht arbeitsfähig waren, aber – von kurzen Phasen abgesehen – eben auch viele, die arbeitsfähig waren, nicht zu inkludieren? Und weshalb sieht es sich auch heute dazu nicht in der Lage? Den Schlüssel zum Verständnis bietet das Verständnis der Logik, unter der das ökonomische System operiert. Wie alle sozialen Systeme stellt auch das ökonomische System eine Vernetzung von Handlungen und Kommunikationen dar. Es sind jeweils systemspezifische Interessen, die zum System vernetzt sind und die Logik seiner Operationalität bestimmen. Die Interessen der Handlungen und Kommunikationen, die in einer kapitalistisch verfassten Gesellschaft das System der Ökonomie bestimmen, zielen auf eines: auf die Akkumulation von Kapital. Kaufleute als Unternehmer waren es, die das ökonomische System der Marktgesellschaft im ausgehenden Mittelalter und in der frühen Neuzeit haben entstehen lassen.[6] Unternehmer und Unternehmen sind es, die auch heute seine systemische Verfassung bestimmen. Ihre Interessen bestimmen die Grundverfassung des ökonomischen Systems, die Akkumulation des Kapitals. Ihre Interessen, nicht der Markt, bestimmen auch die Logik der Prozessualität des ökonomischen Systems. Der Markt ist nur das Medium. Schärfer zusehende Ökonomen haben daran denn auch keinen Zweifel gelassen. Einer ihrer herausragenden

---

5 So H.-W. Sinn, Ist Deutschland noch zu retten?, S. 69, 93.
6 Eine historisch anschauliche Darstellung der Anfänge findet sich bei P. Spufford, Handel, Macht und Reichtum. Kaufleute im Mittelalter.

Vertreter, Milton Friedman, hat die Grundverfassung des Systems über das Interesse an der Kapitalakkumulation prägnant zum Ausdruck gebracht. Er schreibt:

»In letzter Zeit gewann die Meinung immer mehr Raum, dass Unternehmer und Gewerkschaftsführer eine ›soziale Verantwortung‹ hätten, die über die Vertretung der Interessen ihrer Aktionäre oder Mitglieder hinausginge. Diese Ansicht erweist sich als grundlegende Fehleinschätzung des Charakters und der Natur eines freien Wirtschaftswesens. In einem freien Wirtschaftssystem gibt es nur eine einzige Verantwortung für die Beteiligten: Sie besagt, dass die verfügbaren Mittel möglichst Gewinn bringend eingesetzt und Unternehmungen unter dem Gesichtspunkt der größtmöglichen Profitabilität geführt werden müssen, solange dies unter den festgelegten Regeln des Spiels geschieht...«

Wie zur Verstärkung des Gesagten fährt Milton Friedman wenige Zeilen später fort:

»Es gibt wenig Entwicklungstendenzen, die so gründlich das Fundament unserer freien Gesellschaft untergraben können, wie die Annahme einer anderen sozialen Verantwortung durch Unternehmer als die, für die Aktionäre ihrer Gesellschafter so viel wie möglich Gewinn zu erwirtschaften.«[7]

Dieser Feststellung ist nichts hinzuzufügen. Sie gibt exakt wieder, was hier als Logik des ökonomischen Systems verstanden wird.

3 Die Subjekte im System einer kapitalistischen Ökonomie

3.1 Die Bedürfnisse der Subjekte

Subjekte sind, wie ich eingangs schon angemerkt habe, im Verständnis der Moderne in der Grenze der Gesellschaft verortet. In der Grenze der Gesellschaft verortet zu sein, heißt auch, in der Grenze eines jeden Teilsystems verortet zu sein. Den Teilsystemen gehört das Subjekt ebenso an wie der Gesamtgesellschaft. Die Subjekte sind deshalb auch in der Grenze des ökonomischen Systems verortet. Und so, wie sich jedes Subjekt in die Gesamtgesellschaft erst durch seine eigenen Handlungen und Kommunikationen einbringen und mit ihnen sich in ihr vernetzen muss, so muss es sich auch in das ökonomische System als dessen Teilsystem erst selbst einzubringen suchen. Das System der Ökonomie ist auf die

7 M. Friedman, Kapitalismus und Freiheit, S. 164 f.

Inklusion von Lohnarbeitern angewiesen, keine Frage. Von nichts anderem rührt in der Produktion der Gewinn der Kapitaleigner her. Das Problem mit der Ökonomie ist jedoch, dass Systeme ihre eigene Logik kennen, nach der sie prozessieren. Die Logik des Systems der Ökonomie in der Marktgesellschaft ist aber, wie wir erörtert haben, eine Logik, die einer einzigen Zielvorgabe folgt: der der Kapitalakkumulation. Und Logiken sind rigoros. Sie kennen nur, was im System der Logik vorgegeben ist. Die Fixierung auf eine Logik der Kapitalakkumulation lässt deshalb Bedürfnisse der Subjekte nur abhängig vom Interesse der Kapitalakkumulation in das ökonomische System eingehen. Das ökonomische System erlaubt nur, diejenigen Subjekte in es zu inkludieren, deren Inklusion Gewinn verspricht; und es erlaubt nur, sie zu Bedingungen zu inkludieren, die diesen Gewinn optimieren. Dieser einfache Modus operandi erklärt nicht nur, warum es immer wieder zur Arbeitslosigkeit in der Marktgesellschaft kommt, er erklärt ebenfalls, weshalb es in aller Vergangenheit, auch soweit Menschen inkludiert wurden, Armut und Verelendung gegeben hat und weshalb es heute erneut Armut und Verelendung gibt. In diesem System lassen sich nur so viele Menschen beschäftigen, wie für die von ihnen hergestellten Produkte ein Absatz auf dem Weltmarkt erwartet werden kann. Überdies aber reagiert das System, sobald sich unter diesem Modus operandi ein Überschuss im Angebot von Arbeitskraft herstellt, in der Weise, dass sich die Entlohnung im unteren Lohnbereich in Richtung des Existenzminimums bewegt. Die Weiterungen liegen auf der Hand: Durch die Geschichte der Marktgesellschaft hat es fast immer einen Überschuss an Arbeitskräften gegeben. Kaum einmal konnten alle inkludiert werden, die inkludiert werden wollten. Es ist auch heute nicht möglich. Zudem hat sich zu keiner Zeit die große Zahl derer, die inkludiert wurden, in die Lage versetzt gesehen, aus eigener Kraft Vorkehrungen zu treffen, um die Risikolagen des Lebens: Krankheit und Alter, aufzufangen. Nicht anders steht es um jene Millionen, die sich gegenwärtig genötigt sehen, sich in den Niedriglohngruppen zu verdingen. Systemtheoretisch lässt sich deshalb die Problemlage, in die wir mit der Marktgesellschaft geraten sind, prägnant bestimmen:

> *Seiner systemischen Logik zufolge wird das ökonomische System in seiner Proxeduralität von den Interessen der Subjekte, die in es inkludiert werden wollen und inkludiert werden müssen, um sinnvoll leben zu können, nicht berührt. Es ist diese systemische Verfasstheit der Marktgesellschaft – der im System der Marktgesellschaft mitgeführte Widerspruch zwischen der Logik des ökonomischen Systems und den Bedürfnissen der Subjekte in der Grenze der Gesellschaft – , die ihre Problemlage bestimmt.*

Präzisieren wir sie, indem wir den Konflikt genauer bestimmen.

3.2 In der Organisationsfalle des ökonomischen Systems

Das ökonomische System der Marktgesellschaft ist der innersten Logik seiner Verfasstheit zufolge ein kapitalistisches System. Der Begriff des Kapitalismus ist in der ökonomischen Theorie perhorresziert. Er gilt durch die Marxsche Theorie diskreditiert. Der gegenwärtige Angriff des Kapitals auf den Sozialstaat hat allerdings auch den Begriff des Kapitalismus wieder zu Ehren kommen lassen. Das Kapital erachtet es nicht länger für notwendig, die Logik seiner Operationalität bedeckt zu halten. Tatsächlich ist der Begriff des Kapitalismus resp. der kapitalistischen Produktionsform der prägnanteste Begriff, den man für das ökonomische Systems der Marktgesellschaft finden kann. Er hält fest, was wir als die Logik des ökonomischen Systems aufgewiesen haben: auf eine Kapitalakkumulation festgelegt zu sein. Sie ist es, die die ungemeine Leistungsfähigkeit des ökonomischen Systems in der Güterproduktion bewirkt hat. Sie ist es auch, die gegenwärtig die Akkumulation aus den Gewinnen des Finanzsystems ermöglicht. Eben diese Logik, die Logik kapitalistischen Wirtschaftens, ist es, die mit der Leistungsfähigkeit des ökonomischen Systems auch die durch sie bewirkte Problemlage der Marktgesellschaft entstehen lässt. Den Grund habe ich zuvor schon genannt: Es gibt in der Marktgesellschaft einen Widerspruch zwischen der Leistungsfähigkeit des ökonomischen Systems und den Anforderungen der Subjekte an es. Die marxistische Theorie wollte den Widerspruch darin gelegen sehen, dass im Kapitalismus die Produktion in vergesellschafteter Form erfolgt, die Aneignung der Produkte aber privat. Doch weshalb soll darin ein Widerspruch liegen? Auch die Organisation der Produktion erfolgt bereits privat. Es waren Unternehmer, die historisch das System der Marktgesellschaft haben entstehen lassen. Es sind auch heute Organisationsleistungen der Unternehmer, resp. der Geschäftsführer des Kapitals, deren Handlungen die Elemente des Systems reproduzieren. Wer dafür sorgt, dass sich das System organisiert, erntet auch seinen Ertrag. So einfach ist das. Die ökonomische Theorie wird deshalb nicht zögern, in dieser Form der Organisation des Systems die sinnvollste Zuordnung von Produktionsform und Produktionsmittel zu sehen, die man sich denken kann. Der wirkliche Widerspruch liegt nicht im ökonomischen System; er liegt dort, wo wir ihn schon ausgemacht haben: zwischen den Strukturen des ökonomischen Systems und den Bedürfnissen der Subjekte.[8]

---

8 In neueren Ansätzen zur marxistischen Theorie ist man denn auch bemüht gewesen, den Widerspruch anders zu bestimmen und den Verweis auf die Privatheit als Verweis auf die Negation der Bedürfnisse derer zu verstehen, die von der Kapitalverwertung nicht profitieren . Vgl. C. Offe, Strukturprobleme des kapitalistischen Staates, S. 15.

Die Belastung einer großen Zahl von Menschen, sich nicht zu Bedingungen in das ökonomische System inkludieren zu können, die es möglich machen, ein sinnvolles Lebens zu führen, besteht nicht nur darin, nicht oder nicht in hinreichender Weise an dem materiellen Reichtum der Gesellschaft teilzuhaben, sie besteht auch darin, dass ihnen der Zugang zu so ideellen Gütern wie Bildung verwehrt ist. Insbesondere aber gilt sie für jenes Gut, das für den Liberalismus der ökonomischen Theorie das höchste Ziel aller sozialen Errungenschaften darstellt: die Freiheit.[9] Es bedarf nicht viel, um einzusehen, dass die Freiheit, den Beruf zu wählen und Güter zu tauschen, für jeden einen Wert darstellt. Es bedarf auch nicht viel, um von dem Postulat der Freiheit auch die Freiheit umfasst zu sehen, ein Gespräch zu führen oder eine Universität zu besuchen.[10] Es sollte jedoch ebenso wenig bedürfen, um einzusehen, dass diese Freiheit unter die systemische Verfassung einer Gesellschaft geraten ist, deren ökonomisches System diese Freiheit Millionen von Menschen verweigert. Die Freiheit der Person ist, wie wir noch erörtern werden, in der Tat für das Selbstverständnis des Subjekts in der Neuzeit grundlegend, sie haftet jedoch an den Bedingungen der Gesellschaft. Und die blockieren sie für jene, die sich an deren Rand gedrängt sehen. Kann es irgend zweifelhaft sein:

Wir sind mit der Marktgesellschaft in eine Organisationsfalle geraten. Das ökonomische System leistet nicht, was es leisten müsste: alle zu inkludieren und zwar alle zu Bedingungen, die sie einen Anteil gewinnen lassen an den ökonomischen und kulturellen Errungenschaften der Gesellschaft, der ihnen ein sinnvolles Leben ermöglicht.

Wenn man sich der intrinsischen Logik der vom ökonomischen System bestimmten Marktgesellschaft vergewissert hat, fällt es schwer zu meinen, wir lebten in der besten aller Gesellschaften.[11] Das werden jedenfalls die in Abrede stellen wollen, die sich an ihren Rand gedrängt sehen. Der aber wird zunehmend breiter.

4 Der Begriff der Gerechtigkeit

Generiert wird das Problem der Marktgesellschaft vom ökonomischen System, aufgefangen werden muss es vom politischen System. Dort brandet es als Postulat der Gerechtigkeit an. Mit ihr sind wir befasst.

9 So M. Friedman, Kapitalismus und Freiheit, S. 35.
10 A. Sen, Ökonomie für den Menschen, S. 17 ff.
11 Vgl. zu diesem Topos die differente Erörterung in: K. U. Mayer (Hg.), Die beste aller Welten?

Wir geben deshalb dem Begriff der Gerechtigkeit einen Gehalt, der sich grundlegend von dem unterscheidet, der ihm gemeinhin philosophisch durch Verweis an transzendentale Prinzipien gegeben wird. Soziologisch bestimmt sich der Begriff der Gerechtigkeit an dem, was den Problemgehalt der modernen Gesellschaft ausmacht: die Exklusion aus dem ökonomischen System und damit die Verdrängung an den Rand der Gesellschaft.[12] Ganz und gar exkludiert werden kann niemand aus dem ökonomischen System. Jedes Gut zum Leben muss in ihm erworben werden. Wenn wir deshalb von der Exklusion aus dem ökonomischen System resp. der Gesellschaft sprechen, die unzureichende Inklusion immer eingeschlossen, so meinen wir damit die Exklusion von einem Zugang zum Markt, auf dem die Mittel zum Leben erworben werden müssen, vor allem die Exklusion vom Arbeitsmarkt. Präzisieren wir deshalb, was mit der Gerechtigkeit eingefordert wird.

Eingefordert wird im Postulat der Gerechtigkeit eine Inklusion in das ökonomische System und dadurch eine Integration in die Gesellschaft, die es erlaubt, den Anforderungen der Moderne an ein sinnvoll geführtes Leben zu entsprechen. Gerechtigkeit meint deshalb, allen die Möglichkeit zu geben, sich so in die Gesellschaft zu integrieren, dass sie an den ökonomischen und kulturellen Errungenschaften der Gesellschaft einen hinreichenden Anteil haben.

Der am Problem der Marktgesellschaft orientierten Bestimmung der Gerechtigkeit eignet eine anthropologische Tiefendimension, die durch die Geschichte der Marktgesellschaft für Millionen Menschen bedroht und beeinträchtigt wurde. In die Gesellschaft integriert zu werden, ist ein Erfordernis, das zur anthropologischen Verfassung menschlichen Daseins gehört. Von ihr wird die Sinndimension der Lebensführung umfasst. Was eine sinnvolle Lebensführung verlangt, wird aber von dem je historischen Organisationsniveau der Gesellschaft bestimmt. Das, was sich in einer Gesellschaft an sinnvollen Möglichkeiten der Lebensführung bietet, lässt sich nicht negieren, weil sich die Sinndimension der menschlichen Daseinsform nicht negieren lässt. Unter der Möglichkeitsform des kategorischen Konjunktivs zu leben, hat Helmuth Plessner als anthropologische Verfassung verstanden.[13] Gemeint war sie als eine dem Subjekt eigene Lebensform. Die Pointe am ›Kategorischen Konjunktiv‹ ist jedoch, dass sich die Möglichkeitsform an den Sinnanforderungen bestimmt, die der jeweilige Entwicklungsstand der Gesellschaft

12 Zu den Dimensionen der Exklusion vgl. die Beiträge in: H. Bude/A.S. Willisch (Hg.), Das Problem der Exklusion.

13 H. Plessner, Der kategorische Konjunktiv, Ges. Schriften Bd. VIII, S. 338-352. Der Begriff liegt in nächster Nähe zum Begriff der Möglichkeitsform bei Musil. R. Musil, Der Mann ohne Eigenschaften.

mit sich führt. Wenn das Subjekt der anthropologischen Verfassung seiner Lebensform gerecht werden soll, dann muss es einen Anteil an den ökonomischen und kulturellen Errungenschaften der Gesellschaft gewinnen, der ihm ein sinnvolles Leben zu führen ermöglicht. War das nicht die Zielvorgabe, die der Liberalismus eines John Stuart Mill artikulierte? Jedem die Entfaltung seiner Möglichkeiten zu garantieren, dass er Anteil haben kann an den Errungenschaften seiner Zeit.

Ersichtlich muss das Postulat der Gerechtigkeit unter den gesellschaftlichen Bedingungen der Gegenwart als ein entschieden sozialstrukturelles und als sozialstrukturelles als ein ebenso entschieden politisches Postulat verstanden werden. Das Postulat der Gerechtigkeit zielt, das zeigt die Problemlage, wie sie sich in der Marktgesellschaft ausgebildet hat, auf eine Gestaltung der gesellschaftlichen Verhältnisse, die nicht belassen werden sollen, wie das ökonomische System sie entstehen lässt. So jedenfalls wird man den Begriff der Gerechtigkeit in der Marktgesellschaft bestimmen, wenn man ihn nicht aus transzendentalen Prinzipien herzuleiten sucht, sondern von den Belastungen und Anforderungen derer bestimmt sieht, die Grund haben, Gerechtigkeit in der Gesellschaft einzufordern. Das Postulat der Gerechtigkeit stellt das System der Ökonomie nicht überhaupt in Frage, wohl aber stellt es in Frage, es bei den vom ökonomischen System bewirkten Strukturen belassen zu wollen, durch die Millionen an der Gesellschaft leiden.

5 Die Errungenschaft des Sozialstaats

Für einen knappen historischen Augenblick, für kaum mehr als ein halbes Jahrhundert, konnte es scheinen, als habe man das Problem, nicht alle in das ökonomische System inkludiert zu sehen und viele nicht zu zureichenden Bedingungen, im Griff. Das Organisationspotential dazu hatte sich im politischen System mit der Marktgesellschaft entwickelt. Das Bürgertum hatte es in der Französischen Revolution genutzt, um seine Stellung in der Gesellschaft durch eine demokratische Verfassung zu sichern. Das Proletariat suchte es für sich zu nutzen. Die Revolution im November 1918 bot ihm dazu die Gelegenheit. Sie und nicht schon die Bismarckschen Versicherungsgesetze bestimmten Idee, Substanz und Dynamik des Sozialstaats. Denn der war, so wie er aus der Revolution hervorging, der Versuch, Gerechtigkeit gegen die Strukturen des Marktes zur Geltung zu bringen. Der Staat übernahm eine Garantenstellung dafür, dass alle versorgt und durch die sozialstaatlichen Leistungen doch noch zu akzeptablen Bedingungen in das ökonomische System inkludiert wurden. Gewiss, der Sozialstaat behielt in der Weimarer Republik Züge eines Programms, von dem man nicht wusste, was es endlich bewirken würde. Seine Absicht war deutlich: Es war ein Programm, das darauf zielte, die Zukunft für die lebbarer zu machen, die bis dahin unter der Marktgesellschaft zu leiden hatten. Man muss sich den systemischen Stellenwert vergegenwärtigen, der dem Sozialstaat vor dem Hintergrund der Organisationsform der Marktgesellschaft durch das ökonomische System zukommen sollte: Mit ihm sollte durch das politische System eine zu den Strukturen des ökonomischen Systems komplementäre Struktur in den Aufbau der Gesellschaft eingefügt werden. Es war eine historische Katastrophe, dass die politische Konstellation der Weimarer Republik es verhinderte, den Sozialstaat gegen seine Widersacher, vor allem die Unternehmer, zu stützen und vor dem Scheitern zu bewahren, als er am dringlichsten benötigt wurde: in der Weltwirtschaftskrise 1929-32.

Ein zumindest intuitives Verständnis für die Problemlage, aus der die Katastrophe des Nationalsozialismus hervorging, ließ den Parlamentarischen Rat den Sozialstaat im Grundgesetz der Bundesrepublik so verankern, wie es in den Artikeln 20 und 28 geschehen ist. Er hat eine verfassungsmäßige Ausstattung erfahren, die daran hindern soll, ihn überhaupt abzuschaffen. Tatsächlich konnte der Sozialstaat nach den Jahren der Prosperität unter der sozialliberalen Koalition so ausgebaut werden, dass mit ihm der Gerechtigkeit eine Perspektive eröffnet wurde. Die große Rentenreform 1957 und der mit ihr verbundene Übergang zur Lebensstandardsicherung hatten daran entscheidenden Anteil.[14] Es ist die Ausgestaltung dieser Jahre, von der man heute sagt, sie sei allzu üppig ausgefallen. Die, die davon leben mussten, werden das anders sehen. Heute stecken wir in einer tiefen Krise des Sozialstaats. Sie ist durch das Zusammentreffen einer endogenen und einer exogenen Entwicklung des ökonomischen Systems bewirkt worden. Endogen hat die in der Logik der Entwicklung der Produktivkräfte gelegene Steigerung der Produktivität dazu beigetragen, das strukturelle Defizit des ökonomischen Systems auf Dauer zu stellen, kein Gleichgewicht zwischen dem Angebot an Arbeitskräften und der Nachfrage nach ihnen herstellen zu können. Exogen hat die Globalisierung eine wesentliche Bedingung des Sozialstaats unterhöhlt: dessen nationalstaatliche Verfasstheit. Unter der Entwicklung des Weltmarktes sieht sich das ökonomische System in der Lage, sich nationalstaatlichen Belastungen durch den Sozialstaat zu entziehen. Beide Entwicklungen haben dazu geführt, dass der Staat sich von der Ökonomie hat in Pflicht nehmen lassen, den Sozialstaat abzubauen. Unter ihrem Druck ist der Sozialstaat seiner Idee nach erneut gescheitert; seiner materiellen Substanz nach droht er zur Armutsverwaltung zu verkommen.

Mit der Krise des Sozialstaats rückt das wirkliche Problem der Marktgesellschaft in den Blick: das systemische und organisatorische.

14 H. G. Hockerts, Die historische Perspektive, S. 39.

Der volkswirtschaftliche Reichtum wird nicht nur im ökonomischen System geschaffen, er wird dort auch verteilt, als Lohn und Gehalt einerseits, als Kapitaleinkommen andererseits. Was immer der Sozialstaat an Leistungen erbringt, beruht deshalb notwendig auf Umverteilungen von Einkommen, die im ökonomischen System schon einmal verteilt wurden. Und die werden von Unternehmern und Shareholdern als eine Art Enteignung verstanden. Die ökonomische Theorie verlangt, die Unternehmen hinkünftig nur noch soweit zu belasten, wie es zur Sicherung der Infrastruktur notwendig ist.[15] Unter der Meinungsführerschaft der ökonomischen Theorie hat sich der Sozialstaat in der Marktgesellschaft eine veritable Inversion seiner Wahrnehmung und Wertung gefallen lassen müssen. Unternehmer und Shareholder haben ihm bereits während der Weimarer Republik ablehnend gegenüber gestanden. Heute gilt es der ökonomischen Theorie als ausgemacht, dass der Sozialstaat der Grund dafür ist, den Sozialstaat überhaupt nötig zu haben.

Mit der ökonomischen Theorie könnte man leben, wäre sie nur eine Theorie unter anderen, die sich im Feld der Gesellschaftstheorie breit gemacht haben. Sie hat es jedoch verstanden, sich in das politische Bewusstsein einzubringen und in den Köpfen der Führungselite der politischen Parteien festzusetzen. Selbst gestandene Theoretiker des Sozialstaats sind unter ihrem Einfluss zu der Überzeugung gelangt, dass sich die einstmals verfolgten Ziele des Sozialstaats nicht halten lassen. Esping-Andersen stellt fest:

> »If, as in most of Europe, welfare states are committed to uphold existing standards of equality and social justice, the price is mass unemployment; to reduce unemployment, Europe appears compelled to embrace American-style deregulation. This will inevitably bring about more poverty and more inequality. ... Basically, the welfare state produces too much protection where flexibility is needed, too much equality where differentiation is the order of the day.«[16]

Wenn das die Alternative ist, dann, so sollte man meinen, sei dem von der gesellschaftlichen Entwicklung geforderten Abbau der Gleichheit, wenn die denn jemals das Ziel des Sozialstaates war, inzwischen Genüge getan. Denn der gesellschaftliche Reichtum lagert sich zunehmend im oberen Viertel der Einkommenspyramide an. Das untere Viertel verarmt. Darüber hinaus sieht auch die untere Mittelschicht ihre Einkommenslage zunehmend mehr in Mitleidenschaft gezogen. Die oberen 10 Prozent der Haushalte verfügten 2004 über 40 Prozent des privaten Vermögens, die unteren 50 Prozent dagegen nur über 4 Prozent. Der

---

15 S. H.-W. Sinn, Ist Deutschland noch zu retten?, S. 19 ff.
16 G. Esping-Andersen, Social Foundations of Postindustrial Economies, S. 3.

Prozess setzt sich fort. Unaufhaltsam treibt die Gesellschaft auseinander. Der gegenwärtige Aufschwung ändert daran nicht das geringste. Auf diese Entwicklung komme ich noch zurück.

6 Der Widerstand gegen Gerechtigkeit

6.1 Der Verruf der Gerechtigkeit

Der Abbau der sozialstaatlichen Leistungen bis zur Grenze der Armut geht in eins mit dem Abbau sozialer Gerechtigkeit. Deren Geltung wird von der neoliberalen Theorie schlicht in Abrede gestellt. Die neoliberale Doktrin erklärt, mit dem Postulat der sozialen Gerechtigkeit nichts anfangen zu können. In ihr stellt sich Gerechtigkeit als Trugbild ohne Bedeutungsgehalt dar, so recht als eine Unsinnskategorie.[17] Man kann in der Negation der sozialen Gerechtigkeit den Ausdruck einer Borniertheit sehen, die jedes System kennzeichnet. Es sieht nur, was es sieht, und es versteht nur, was sich in der Logik des Systems verstehen lässt. Jedes System entwirft deshalb nicht nur immer auch eine Theorie des Ganzen,[18] sie sucht das Ganze – die Gesellschaft – auch von ihr bestimmt sein zu lassen. Man muss die Botschaft recht verstehen, die der Verruf der Gerechtigkeit zu übermitteln sucht: Wem der Markt nicht hilft, dem soll auch nicht geholfen werden. Hilfe zum Überleben, wenn es denn sein muss, aber keine, die ihm die Eingliederung in die Gesellschaft sicherte. Das ist die Botschaft.

Die neoliberale Theorie ist keine Theorie wie jede andere. Der schiere Umstand, dass sie sich im Einklang mit der Verfassung des ökonomischen Systems weiß, lässt sie sich auch im Einklang mit dem Interessen- und Machtpotenzial des ökonomischen Systems, das heißt des Kapitals, wissen. Seine Interessenten zögern nicht, sie auch zu nutzen. Mehr als 600 Think-Tanks haben über die ganze Welt eine Glaubenskongregation geschaffen, deren Zielsetzung es ist, die öffentliche Meinung von der Wahrheit des Neoliberalismus zu überzeugen. Jene eigenartige Überzeugung, die häufig auch in philosophischen Diskursen zu finden ist: die Wahrheit letzten Endes auf einen Glauben gründen, sie dann aber rational auskleiden zu müssen,[19] zeichnet auch den Neoliberalismus aus.[20] Es ist der Glaube an den Markt, den die neoliberale Theorie in

---

17 So Fr. A. Hayek, Recht, Gesetz und Freiheit, S. 213 ff., 229.
18 H. Willke, Supervision des Staates, S. 99.
19 So P. Kondylis, Die Aufklärung im Rahmen neuzeitlichen Rationalismus, S. 37.
20 Zur Grundlage der neoliberalen Theorie in einer letzten Glaubensentscheidung explizit Fr. A. Hayek, Recht, Gesetz und Freiheit, S. 64.

den Medien propagiert und den sie dem politischen Bewusstsein der Öffentlichkeit einzuprägen weiß. Es ist ihr nicht ganz gelungen. Im politischen Bewusstsein der Öffentlichkeit findet sich das neoliberale Credo nur in einer gebrochenen Form wieder. Der Kernsatz der Theorie, dem Markt die Gestaltung der Gesellschaft überlassen zu müssen und der Politik nur die Aufgabe zuzuweisen, für den Markt günstige Bedingungen herzustellen, erfreut sich der Zustimmung einer Mehrheit, von der Gerechtigkeit will die öffentliche Meinung gleichwohl nicht lassen.[21] Auch die Politik getraut sich nicht, der Verruferklärung der Gerechtigkeit durch die neoliberale Theorie explizit zuzustimmen. Gerechtigkeit ist eine der meist gebrauchten Zielbestimmungen der politischen Meinungsmache. Das allerdings hindert weder die ökonomische Theorie noch die praktische Politik, sich dem politischen Credo verpflichtet zu wissen, die Gestaltung der Gesellschaft dem Markt zu überlassen und so, wenn möglich, die Verhältnisse zu bessern. Unter diesem Credo ist der Abbau des Sozialstaats erfolgt; unter diesem Credo sind mit dem Abbau des Sozialstaats Millionen von Menschen, Erwachsene wie Kinder, der Armut überantwortet worden.

Es scheint angezeigt, einem Missverständnis vorzubeugen: Wir sind der Marktgesellschaft verhaftet. Und in der ist es überaus bedeutsam, wenn mit den Mitteln des Marktes Arbeitsplätze geschaffen werden. Nur ändert das nichts an dem Befund, dass Millionen arbeitslos bleiben und weitere Millionen in Niedriglohngruppen arbeiten, deren Verdienst an der Armutsgrenze oder darunter bleibt. Nichts ändert sich auch an dem Befund, dass die Gesellschaft auseinanderdriftet, die Reichen immer reicher und die Armen immer ärmer werden. Exakt das ist das Problem der Gerechtigkeit, wie es sich in der gegenwärtigen Gesellschaft stellt. Ihre Problemdimension lässt prägnant bestimmen, was Gerechtigkeit in der Marktgesellschaft verlangt:

Das ökonomische System kann keiner anderen Logik folgen als der Logik der Kapitalakkumulation. Es braucht, wen es braucht und lässt außen vor, wen es nicht braucht. Wenn Gerechtigkeit sein soll, dann muss es Aufgabe der Politik sein, Strategien zu entwickeln, die die für die Gesellschaft negative Inklusionskapazität des ökonomischen Systems auffangen.

Die Aufgabe des politischen Systems, der Gerechtigkeit Geltung zu verschaffen, hat eine historische Dimensionierung, die wir erörtern müssen, weil sie bei dem Bemühen, zu einer Klärung zu kommen, mitgeführt werden muss.

---

21 Vgl. die schon angeführte Studie der Friedrich-Ebert-Stiftung »Gesellschaft im Reformprozess«.

6.2 Zeitenwende

Die Marktgesellschaft liegt im Schnitt zweier historischer Entwicklungslinien, die beide eine gattungsgeschichtliche Dimension aufweisen. Ich habe die konstruktive Genese beider Entwicklungslinien bis zur Neuzeit verfolgt.[22] Die eine der Entwicklungslinien wird von den konstruktiven Bedingungen bestimmt, unter denen sich die Gesellschaft seit urgeschichtlicher Zeit gebildet hat. Macht stellt die Grundlage ihres Bildungsprozesses dar und bestimmt ihre Strukturen. Durch die Geschichte hin haben sich die Gesellschaften über die Machtpotenziale gebildet, die Subjekte in sie einzubringen vermochten. Nie hat es eine Gesellschaft gegeben, in der Gerechtigkeit schon in die Strukturen der Gesellschaft eingelassen gewesen wäre. Das ist eine der Einsichten, die sich in der Rekonstruktion der Genese der Gerechtigkeit in der Geschichte aufdrängt. Macht liegt auch dem ökonomischen System der Marktgesellschaft zugrunde. Nur ist das Medium, durch das sie gewonnen wird, der Markt. Wenn man wissen will, warum es das überhaupt gibt, Gerechtigkeit, warum es sich überhaupt als notwendig erwiesen hat, das Postulat auszubilden, dann sieht man sich an den Bildungsprozess der Gesellschaft über Macht verwiesen.

Die andere der Entwicklungslinien wird von der Entwicklung des Bewusstseins bestimmt, dass die Lebensformen des Menschen von ihm selbst konstruktiv geschaffene Lebensformen darstellen. Weite historische Räume waren notwendig, um die Handlungs- und gesellschaftliche Organisationskompetenz des Menschen weiter zu entwickeln, bevor sich dieses Bewusstsein auszubilden vermochte. An den Gewinn dieses Bewusstseins ist die Genese der Idee der Gerechtigkeit geknüpft. Ich habe die Genese dieser Idee von den archaischen Hochkulturen über die philosophische Reflexion in der Antike bis zur Neuzeit und der Moderne verfolgt.[23] An den Gewinn des Bewusstseins der Konstruktivität sieht sich auch die Politik verwiesen, die der Gerechtigkeit Geltung verschaffen soll.

Ansätze eines Bewusstseins der Konstruktivität wurden bereits am Beginn der Neuzeit als philosophische Reflexion auf den Umbruch im Naturverständnis gewonnen. Kants kopernikanische Wende in der Philosophie ist ein prägnanter Ausdruck dieses Bewusstseins.[24] Nietzsches Philosophie dient das Verständnis, die Welt als Konstrukt und das heißt

---

22 G. Dux, Von allem Anfang an: Macht nicht Gerechtigkeit. Studien zur Genese und historischen Entwicklung des Postulats der Gerechtigkeit. (In Vorbereitung; Erscheinen für Ende 2008 vorgesehen.)

23 Dazu die eben in Fußnote 22 angeführte Arbeit: G. Dux, Von allem Anfang an.

24 I. Kant, Kritik der reinen Vernunft, B 12.

für ihn als unendliche Interpretation zu verstehen, bereits als metho-
dische Grundlage seines Philosophierens.[25] Systematisch bewältigen
lässt sich das Bewusstsein der Konstruktivität aber erst, wenn man es
an die evolutive Entwicklung der anthropologischen Verfassung anzuschließen versteht.[26] Dann nämlich lässt sich nach den Bedingungen
und nach den Verfahren fragen, unter denen sich die konstruktive Daseinsform des Menschen auszubilden vermochte. Dann lässt sich aber
auch fragen, wie ein bewusst gewordenes Vermögen der Konstruktivität
genutzt werden kann, um den Belastungen entgegenzuwirken, die sich
aus dem naturwüchsigen Bildungsprozess der Gesellschaft über Macht
ergeben und die in allen Gesellschaften Menschen – Gruppen, Kasten,
Schichten, Klassen – an der Gesellschaft haben leiden lassen.

*Das Wissen um die Konstruktivität der menschlichen Daseins-
form hat eine Zeitenwende in der Geschichte heraufgeführt.
Seither trifft die naturwüchsige Entwicklungslinie über Macht
auf ein über die Konstruktivität der menschlichen Daseinsform
aufgeklärtes Wissen, das sich nicht damit abfinden will, die
gesellschaftliche Lebensform der Machtverfassung des ökonomischen Systems unterworfen sein zu lassen. Mit dem Postulat
der Gerechtigkeit wird das Bewusstsein der Gestaltungshoheit
der menschlichen Daseinsform im Interesse der Subjekte eingefordert.*

Im Postulat der Gerechtigkeit wird nach allem ein Konflikt virulent,
der mit den historischen Entwicklungslinien heraufgeführt und unvermeidlich geworden ist. Er zieht sich durch die Neuzeit und hat deren
Geschichte bestimmt. Drei Phasen sind es, in denen er sich ausprägt. Sie
lassen sich am ehesten bestimmen, wenn man den vom Bewusstsein der
Konstruktivität heraufbeschworenen Konflikt mit der Machtverfassung
der Gesellschaft von jenem Postulat bestimmt sieht, das für das Selbstverständnis des Subjekts in der Neuzeit grundlegend geworden ist und
auch dem Postulat der Gerechtigkeit eng verbunden ist: dem Postulat
der Selbstbestimmung und Freiheit.

6.3 Selbstbestimmung und Freiheit

Selbstbestimmung und Freiheit gehören seit Beginn der Neuzeit zum
Selbstverständnis des Subjekts. Beide Postulate liegen den frühen Gesellschaftstheorien der Neuzeit zugrunde. Darin, sie als Prinzipien der

---

25 Fr. Nietzsche, Fröhliche Wissenschaft 3, 627 (374); ders., Jenseits von Gut
   und Böse, 5, 37 (229).
26 Dazu G. Dux, Historisch-genetische Theorie der Kultur, S. 29 ff., 50 ff.

neuzeitlichen Verfassung der Gesellschaft hervorgekehrt zu haben, liegt die Wahrheit des Liberalismus. Weshalb ist das so? Es ist selten gesehen worden, dass Selbstbestimmung und Freiheit ihren Grund im Bewusstsein der Konstruktivität haben. Wenn die Gesellschaft nicht schon von Natur aus ist, wie jeder sie vorfindet, wenn sie sich stattdessen aus dem konstruktiven Vermögen des Menschen heraus gebildet hat und auf den Menschen konvergiert, dann gibt es für deren Gestaltung nur eine Vorgabe: den Menschen selbst. ›Den Menschen‹ gibt es aber nur als einzelnes Subjekt, mag jeder einzelne in seiner Lebensführung auch noch so gesellschaftlich bedingt sein. Was in der Antike angedacht wurde, tritt deshalb in der Neuzeit ins helle Licht des Bewusstseins: Der Mensch ist das Maß aller Dinge. Das Subjekt im Konvergenzpunkt der Gestaltungshoheit ist die einzige Wertigkeit, die nicht infrage gestellt werden kann, weil alle Wertigkeit erst von ihm als Gattungswesen ausgeht. Wer mit der Gestaltung der gesellschaftlichen Lebensform die Lebensbedingungen des Subjekts infrage stellt, stellt das Dasein der menschlichen Lebensform selbst infrage. Die aber ist wie das Leben selbst ein schlechthinniges Apriori. Ich komme auf diese Feststellung später noch zurück.

Das Postulat der Selbstbestimmung und Freiheit des Subjekts ist in den Gesellschaftstheorien der frühen Neuzeit in einer für die Zeit höchst charakteristischen Weise verstanden worden. Es wurde von denen, die die Grundlagen der Marktgesellschaft schufen, von Kaufleuten und Handwerkern, und denen, die sich in der mit dieser Gesellschaft ausbildenden Berufsstruktur, in der Verwaltung wie im Bildungsbereich, günstig zu plazieren wussten, von Bürgern, für ihre eigene Tätigkeit in Anspruch genommen. Auch wenn der Liberalismus zu keiner Zeit gänzlich mit dem Bürgertum zur Deckung kam, das Bürgertum bildete in den Jahrhunderten der frühen Neuzeit sein eigentliches Substrat. Dem Postulat von Selbstbestimmung und Freiheit wurde dadurch eine historische Ausprägung zuteil, die man nicht hatte erwarten können: Es wurde der sich über den Markt bildenden Machtverfassung der Marktgesellschaft integriert. Der Konflikt zwischen der Machtverfassung der Gesellschaft und dem Wissen um ihre Konstruktivität im Interesse des Subjekts, das ja immer nur das Interesse eines jeden einzelnen Subjekts sein kann, blieb verdeckt. Doch das ist nicht die ganze Geschichte und perspektivisch nicht einmal ihr wichtigster Teil: Fürderhin sollte durch das Junktim zwischen der Marktgesellschaft und dem Postulat von Selbstbestimmung und Freiheit gelten, dass sich Selbstbestimmung und Freiheit überhaupt nur in einer über den Markt bildenden Verfassung der Marktgesellschaft sollten realisieren lassen. Der Markt wurde als Garant der Selbstbestimmung und Freiheit verstanden. Man kann den Anteil, den das ökonomische System an der freiheitlichen Verfassung der modernen Gesellschaft hat, nicht übersehen. Das ökonomische System hat nachhaltig dazu beigetragen, den Rechtsstaat auszubilden. Wenn man jedoch als soziologischer Beobachter die Masse derer im Blick hat, die vom ökonomischen System in den vergangenen Jahrhunderten aus der Gesellschaft exkludiert wurden und heute exkludiert werden, wäre es schlicht Aberwitz, das ökonomische System als Garanten der Selbstbestimmung und Freiheit des Subjekts verstehen zu wollen. Für die ungezählten Millionen, die das ökonomische System exkludiert hat und weiter exkludiert, die unzureichende Inklusion immer eingeschlossen, stellt das ökonomische System gerade die Bedrohung ihrer Selbstbestimmung und Freiheit dar.

Der Widerspruch zwischen der Verfassung der Gesellschaft, wie sie vom ökonomischen System bewirkt wird, und dem Postulat von Selbstbestimmung und Freiheit kam im Liberalismus der frühen Neuzeit nicht zu Bewusstsein. Zu übersehen war die elende Lage der Massen am Rande der Gesellschaft im Pauperismus des 19. Jahrhunderts nicht. Die Liberalen des ausgehenden 18. und der ersten Hälfte des 19. Jahrhunderts waren jedoch mit den Massen am Rande der Gesellschaft, dem Pöbel, ganz einfach nicht befasst, jedenfalls nicht im mainstream ihrer politischen Programmatik. Seine gesellschaftspolitische Artikulation fand der Widerspruch zwischen den Postulaten von Selbstbestimmung und Freiheit und der gesellschaftlichen Verfassung in dem sich organisierenden Proletariat in der zweiten Hälfte des Jahrhunderts. Mit ihm gewann der Konflikt eine Ausprägung, die die Zeitenwende bestimmt:

Mit der Organisation des Proletariats wird eingefordert, was als Erkenntnis gewonnen und als Postulat von Selbstbestimmung und Freiheit umgesetzt wurde: die Gestaltung der Gesellschaft im Interesse des Subjekts, genauer: eines jeden Subjekts.

Dem Proletariat blieben im Verfolg seiner eigenen Selbstbestimmung und Freiheit nur zwei Möglichkeiten der politischen Programmatik: die Überwindung der Marktgesellschaft, die kommunistische Perspektivierung, oder ihre Revision im Interesse des Proletariats, die sozialdemokratische Perspektivierung. In Deutschland führte die Revolution vom November 1919 zum Sozialstaat. Er scheiterte. Das Scheitern hatte komplexe Gründe in der historischen Konstellation. Wir werden sie erörtern. Doch einer der stärksten Gründe für das Scheitern war der Widerstand des Kapitals resp. der Strukturen der Ökonomie gegen den Sozialstaat. Das ökonomische System war in seiner Machtverfassung stärker als das politische Potenzial, das das Proletariat für den Sozialstaat aufzubieten vermochte. Jedem ist bewusst, dass das Scheitern der Weimarer Republik in die Katastrophe der Machtergreifung durch die Nationalsozialisten führte. Nicht gleicher Weise bewusst ist jedoch, dass der eine von zwei Gründen, die das Scheitern der Weimarer Republik bewirkt haben und die Katastrophe des Nationalsozialismus über die Menschen haben kommen lassen, in den Strukturen der Marktgesellschaft gelegen ist.[27] Wenn irgendwo, dann liegt das darin gelegene Verhängnis schon in den Strukturen einer Gesellschaft, in der es nicht gelingt, die Subjekte zu gedeihlichen Bedingungen in die Gesellschaft zu integrieren. Mit dem Scheitern des Sozialstaats der Weimarer Republik müssen wir uns deshalb im gegenwärtigen Kontext befassen, weil dem Scheitern des Sozialstaats der Weimarer Verfassung eine strukturelle Konstellation unterliegt, die auch die Konfliktlage der Gegenwart darstellt. Das Problem ist nicht, dass die politischen Verhältnisse von Weimar wiederkehren könnten, das Problem ist, dass der Bildungsprozess der Gesellschaft über die Machtverfassung des ökonomischen Systems damals wie heute die Integration der Subjekte in die Gesellschaft zu gedeihlichen Bedingungen blockiert. Es ist die Dauerhaftigkeit des integrativen Defizits und des dadurch bewirkten Konflikts, die den Schrecken der Katastrophe ebenfalls fortdauern lässt.

Auch wenn die Konfliktlage andauert, das politische Bewusstsein der gegenwärtigen Verhältnisse unterscheidet sich signifikant von dem des 19. und der ersten Jahrzehnte des 20. Jahrhunderts. Im Proletariat des 19. und 20. Jahrhunderts war das Bewusstsein virulent, der Bedrückung der Millionen, die vom ökonomischen System bewirkt wurde, abhelfen zu müssen, aber auch abhelfen zu können. Gerechtigkeit lag im Horizont der politischen Programmatik nicht nur, aber vor allem der Sozialdemokratie. In der Marktgesellschaft der Gegenwart hat sich eine Mehrheit gebildet, von der man annehmen muss, dass sie den Konflikt für unvermeidlich hält. Arme hat es immer gegeben, so hat ein sozialdemokratischer Alt-Bundeskanzler sich verlauten lassen. *So what! Schnauze halten!* Es ist eine gewaltige Inszenierung, die sich tagtäglich mit der immer gleichen Botschaft in der Öffentlichkeit abspielt: Die gegenwärtige Gesellschaft, so lautet die Botschaft, ist die beste aller möglichen Gesellschaften, wenn sie nur belassen wird, wie sie aus dem ökonomischen System hervorgeht. Mitgeführt wird ein Glaube, von dem man nicht weiß, ob er meint, was er sagt: Die Zukunft werde besser sein, als die Gegenwart ist. Das mag man mit Fug bezweifeln. Denn selbst wenn man glauben wollte, was man nicht glauben kann, dass die Arbeitslosigkeit beseitigt und Vollbeschäftigung erreicht werde, auch unter dem Zugewinn an Arbeitsplätzen bleibt die bedrückende Lage der Unterschicht erhalten.

27 Erörtert ist der Zusammenhang in der Kritischen Theorie. M. Horkheimer, Die Juden und Europa, S. 115-137 (115).

7 Die Aufgabe der Wissenschaft

Wissenschaft ist mit dem befasst, was in der Welt der Fall ist. Diesen Positivismus schuldet sie ihrer Verpflichtung auf Wahrheit. Denn Wahrheit lässt sich nur für das, was ist, in Anspruch nehmen. Mit der Bestimmung dessen, was in der Gesellschaft der Fall ist, hat es allerdings eine besondere Bewandtnis. Denn die Gesellschaft ist zum einen offen für Entwicklungen, die in der Konsequenz ihrer gegenwärtigen Verfassung liegen. Und sie ist zum andern offen für eine politische Gestaltung, die sich einem politischen Willen und mit ihm auch normativen Bestimmungen ausgesetzt sieht. Die Soziologie als Wissenschaft der Gesellschaft ist deshalb unumgänglich mit der Möglichkeitsform der Gesellschaft befasst und eben deshalb auch mit ihrer normativen Verfassung. Es ist weder nötig, noch machte es Sinn, die Soziologie selbst auf normative Aussagen zu verpflichten. Die Normativität der gesellschaftlichen Verfassung, Moral wie Gerechtigkeit, ist so gut ein Konstrukt wie alle anderen Gestaltungsformen auch. Die Konstruktion der Gesellschaft fällt aber einzig den Mitgliedern der Gesellschaft zu. Die Soziologie kann und muss jedoch die gesellschaftlichen Bedingungen klären, unter denen die Entwicklung der Gesellschaft möglich ist und normative Postulate sich ausbilden und realisieren lassen. Sich dieser Aufgabe für das Postulat der Gerechtigkeit zu unterziehen, ist für sie geradezu imperativisch. Denn mit der Gerechtigkeit wird die Integration der Subjekte in die Gesellschaft eingefordert. Deren Bedingungen zu klären, liegt aber im Fokus einer Theorie der Gesellschaft. Die Aufgabe lässt sich präzisieren.

1. Es ist notwendig, die Dimensionen der gegenwärtigen Konfliktlage bewusst zu machen. Es muss bewusst werden, dass sich die Grundverfassung der Gesellschaft über Interessen von Akteuren gebildet hat, die einem einzigen Ziel verpflichtet sind: der Kapitalakkumulation. Und es muss ebenso bewusst werden, dass es die daraus hervorgehende Verfassung des ökonomischen Systems ist, die mit dem Interesse von Millionen Menschen konfligiert, zu Bedingungen in die Gesellschaft integriert zu werden, die ein sinnvolles Leben zu führen ermöglichen. Dieser Aufgabe kommt nicht zuletzt deshalb eine erhebliche Bedeutung zu, weil es zur gegenwärtigen Konfliktlage gehört, dass die Interessenten an einer uneingeschränkten Formierung der Gesellschaft durch das ökonomische System ihre politische Gestaltung in Abrede stellen. Es entspricht einer historisch-genetischen Erkenntnisstrategie, diese Dimensionierungen am historischen Bildungsprozess der Gesellschaft aufzuklären.

2. Die historische Rekonstruktion der Konfliktlage hat einen Vorzug, der kaum zu überschätzen ist. Sie macht deutlich, dass sich die Marktgesellschaft über Prozesse gebildet hat, denen zwar das Handeln der

historischen Akteure zugrunde lag, über deren gesellschaftliche Ausprägung und historische Entwicklung die Akteure aber nicht schon deshalb verfügen konnten. Wenn es richtig ist, dass die jüngste hinter uns liegende Geschichte wie ein Verhängnis über die Menschen gekommen ist, dann gilt es zu zeigen, dass dieses Verhängnis zwar in der historischen Konstellation lag, dass aber die historische Konstellation entscheidend von den Strukturen der Marktgesellschaft bestimmt wurde. Aus der Geschichte, sagt man, kann man nicht lernen. Mag sein. Eines aber kann man lernen: Die Strukturen der Marktgesellschaft haben ein Katastrophen generierendes Potenzial. Das lässt sich zeigen.

3. Es ist Aufgabe der Wissenschaft, Möglichkeiten der Veränderungen der Gesellschaft aufzuzeigen und mit den Möglichkeiten auch Bedingungen, unter denen der Gerechtigkeit Geltung verschafft werden kann. Dazu ist eine Kritik jener Theorien notwendig, die die Änderungen zu blockieren und der Gesellschaft die Machtverfassung des ökonomischen Systems aufzuzwingen suchen. Es muss bewusst werden, was eigentlich für die Menschheit mit der Frage nach der Gerechtigkeit auf dem Spiel steht. Es ist, so hat Sokrates sich verlauten lassen, keine Kleinigkeit zu bestimmen, wie es jeder einrichten muss, um das zweckmäßigste Leben zu führen.[28] Sokrates hatte die Gestaltung des Lebens eines einzelnen im Sinn, die jedem selbst oblag. Wir sind mit der Gestaltung der Gesellschaft befasst, von der aber hängt das gute Leben eines jeden einzelnen ab.

---

28 Platon, Politeia 344 d-e.

Teil 1
Die Marktgesellschaft als Verhängnis

1 Die Gerechtigkeit der Bürger
Gerechtigkeit in frühneuzeitlichen Gesellschaftstheorien

1 Das konstruktive Verständnis der Gesellschaft in der frühen Neuzeit

Die Ausbildung der Marktgesellschaft in den Jahrhunderten der frühen Neuzeit ließ das Bewusstsein, das Leben unter konstruktiv geschaffenen Organisationsformen zu führen, für das Verständnis der Gesellschaft bestimmend werden. Es fand in Gesellschaftstheorien, wie sie von Hobbes, Locke und Rousseau konzipiert wurden, seine Umsetzung. Ich nehme sie hier als exemplarisch für das Bewusstsein der Konstruktivität, wie es sich in der frühen Neuzeit ausgebildet hat. So unterschiedlich sich die Gesellschaftstheorien ausnehmen, sie weisen eine Reihe von Gemeinsamkeiten auf, um die es hier geht.

– Jede ist bemüht, die Gesellschaft als Konstrukt des Menschen aus der Natur hervorgehen zu lassen.
– Jede weist sie als Machtverfassung aus, die von den Machtpotenzialen bestimmt wird, die die Subjekte in sie einbringen.
– Jede zeichnet sich dadurch aus, dass für sie das Theorem der Gerechtigkeit thematisch geworden ist.

Im Kontext unseres Erkenntnisinteresses ist eine Gemeinsamkeit von Interesse, die jede der drei hier erörterten Theorien aufweist: Jede versteht die Gesellschaft als Konstrukt exakt so von der Natur bestimmt, wie sie sich als Marktgesellschaft mit dem ökonomischen System ausgebildet hat oder auszubilden im Begriff ist. In jeder der Theorien gelten exakt jene Verhältnisse als gerecht, die sich mit den Strukturen der Marktgesellschaft ausgebildet haben. In keiner der hier erörterten Theorien stellt sich die Frage der Gerechtigkeit, wie sie sich uns stellt: als Frage nach der Inklusion derer, die sich von der Gesellschaft exkludiert finden. Die Theorien bieten keinen Angriffspunkt für sie. Das bringt für uns die Frage nach der Gerechtigkeit gleichsam via negationis ins Spiel: Weshalb verweigern sich diese Theorien einem Problem, von dem wir mit guten Gründen annehmen, dass es den Strukturen der Marktgesellschaft immanent ist und von dem gar nicht fraglich sein kann, dass es realiter auch schon in den Jahrhunderten der frühen Neuzeit bestand? Die Frage präzisiert nicht nur unser Interesse an den frühneuzeitlichen Theorien der Gesellschaft, sie gewinnt deshalb eine herausragende Bedeutung für das Verständnis der gegenwärtigen Problemlage, weil die neoliberale Theorie bis heute keinen Zugang zum Problem der Ge-

rechtigkeit gefunden hat. Ich denke, dass die frühneuzeitlichen Gesellschaftstheorien geeignet sind, uns auf die Spur der kognitiven Blockade
zu führen. Denn um eben die handelt es sich. – Inwiefern?

Das vorherrschende Interesse der frühneuzeitlichen Theorien der
Gesellschaft ist darauf gerichtet, die Handlungsmacht und die Handlungsfreiheit der Subjekte so zu sichern, wie sie sich als Errungenschaft
der Subjekte im Bildungsprozess der Marktgesellschaft darstellen. Vordringlich ist das Interesse an der durch die Handlungsmacht der Subjekte geschaffenen Eigentumsverfassung. Dass beide, Handlungsmacht und
Handlungsfreiheit der Subjekte, durch die sich bildende Verfassung der
Marktgesellschaft auch bedroht sein könnten, liegt nicht im Horizont
der Wahrnehmung derer, die sich daran machen, ihren Bildungsprozess
reflexiv aufzuarbeiten. Die Entdeckung der konstruktiven Gestaltungshoheit in der Gesellschaft lässt das Gestaltungsvermögen des Subjekts
zwar reflexiv, aber zugleich auch affirmativ werden. Das ist das Phäno-
men, das es zu verstehen gilt. Es liegt nahe, es dem bürgerlichen Interesse
an der Sicherung des Bestandes der Gesellschaft und damit der Sicherung ihrer Position in der Gesellschaft zuzuschreiben. Gewiss, doch das
ist nicht die ganze Geschichte. Die Blockade der Frage nach der Gerechtigkeit ist auch eine Folge der Begrenzung der kognitiven Kompetenz,
vermöge derer sich diese Theorien auszubilden vermochten. Und exakt
in der Begrenzung der kognitiven Kompetenz behauptet sich das früh-
liberale Verständnis der Gerechtigkeit in der neoliberalen Theorie der
Gegenwart. Es gibt die Ungleichzeitigkeit des Gleichzeitigen nicht nur
im Verhältnis unterschiedlich entwickelter Kulturen, sondern auch in
der eigenen. Wir müssen deshalb den Grenzen der Reflexionskompetenz
besondere Aufmerksamkeit schenken, wenn wir die Grundverfassung
der frühneuzeitlichen Theorien erörtern. Weshalb gibt es sie?

2 Der Anschluss an das Naturverständnis der frühen Neuzeit

2.1 Der Rückgriff auf Natur

Jede der frühneuzeitlichen Theorien lässt die Gesellschaft sich aus der
Natur heraus bilden. Jede versteht den Bildungsprozess auch zumindest
in dem Sinne konstruktiv, dass sie ihn durch Vertrag bestimmt sieht.
Der konstruktive Anschluss der Gesellschaft an die Natur ist für das
Verständnis des Gesellschaft deshalb bedeutsam, weil die naturwissen-
schaftliche Revolution mit der Eliminierung des der Handlungslogik
entlehnten teleologischen Naturverständnisses auch dessen Sinnhaftigkeit und Normativität eliminiert hat. Die Konsequenz, sich seit der naturwissenschaftlichen Revolution mit einer entgeisteten Natur befasst
zu sehen, geriet allerdings am Beginn der Neuzeit nur sehr zögerlich

in den Blick. Scharf artikuliert wird sie bei Hobbes. Dessen politische Philosophie zeichnet sich dadurch aus, den Bildungsprozess der Gesellschaft radikal von den erkenntnistheoretischen Vorgaben des Naturverständnisses der Neuzeit bestimmt sein zu lassen. Hobbes sieht die grundlegenden Prinzipien für den Aufbau der Gesellschaft, das Prinzip der Selbstgesetzgebung wie des Gesellschaftsvertrages, sich aus einer Natur heraus entwickeln, der er kategorial ein machinales Muster unterlegt. Die Schärfe, mit der Hobbes im »Leviathan« den Umbruch im Welt- und Selbstverständnis des Menschen in der frühen Neuzeit erfasst und seinem gesellschaftstheoretischen Diskurs unterlegt, kommt darin zum Ausdruck, dass er die naturalistische Grundverfassung durch den Trägheitssatz bestimmt sieht.[1] Der machinalen Organisationsform der Natur sieht er auch die Organisationsform des Menschen unterworfen. Von ihr aus will er zur Gestaltung der Gesellschaft gelangen. Gewiss, Hobbes konnte es unmöglich gelingen, auf dem Stande des Wissens seiner Zeit den Übergang aus der Naturgeschichte in die Geschichte der soziokulturellen Organisationsformen einsichtig zu machen. Denn das ist nur möglich, wenn man den Bildungsprozess der Gesellschaft in eins mit der Enkulturation der Gattung zu rekonstruieren sucht.[2] Umso bedeutsamer will mir scheinen, dass Hobbes sich doch jedenfalls die Aufgabe stellte, ein konstruktives Verständnis der Gesellschaft zu gewinnen, das dem Umbruch im Weltverständnis gerecht zu werden suchte.

Auch für den Entwurf einer liberalen Gesellschaftstheorie, wie Locke sie konzipiert, gibt die Nötigung, die Gesellschaft sich konstruktiv aus der Natur heraus bilden zu lassen, den Anstoß.[3] So bedeutsam Lockes Erkenntnistheorie für die frühe Neuzeit ist,[4] im Hinblick auf das Verständnis der Gesellschaft ist Locke derjenige unter den Denkern der frühen Neuzeit, der seine Gesellschaftstheorie am wenigsten von dem Umbruch im Naturverständnis am Beginn der Neuzeit bestimmt sein lässt. Er weiß das christliche Gedankengut mit der säkularen Vernunft in Einklang zu bringen.[5] Für ihn wurde der Naturzustand, aus dem heraus sich die gesellschaftliche Verfassung entwickelte, nicht von einer Natur bestimmt, wie sie sich in der naturwissenschaftlichen Revolution des 17. Jahrhunderts zu erkennen gegeben hatte. Locke verstand die Natur, soweit sie die Daseinsform des Menschen bestimmte, wie Gott sie geschaffen hatte und die Schöpfungsgeschichte sie darstellt. Der

---

1 Th. Hobbes, Leviathan, I, 2 (13).
2 G. Dux, Von allem Anfang an: Macht nicht Gerechtigkeit. Studien zur Genese und historischen Entwicklung des Postulats der Gerechtigkeit.
3 J. Locke, Über den wahren Ursprung, die Reichweite und den Zweck der staatlichen Regierung.
4 J. Locke, Essay Concerning Human Understanding (1690).
5 Dazu J. Locke, The Reasonableness of Christianity (1695).

Mensch bringt denn auch bereits aus der Natur eine gesellschaftliche Daseinsweise mit. Die Aufgabe, die sich Locke stellt, besteht darin, deutlich zu machen, dass die Gestaltung der Gesellschaft von dem naturalen Bauplan so bestimmt ist, wie es das Interesse des Bürgertums und die sich mit ihm entwickelnde liberale Konzeption der Marktgesellschaft verlangt. Sein Interesse daran, die Gesellschaft als Konstrukt zu bestimmen, wird voll und ganz beherrscht von der Absicht, Sicherungen für das Eigentum zu schaffen.

Eine überragende Bedeutung gewinnt die neuzeitliche erkenntniskritische Vorgabe, von der Natur auszugehen und die Gesellschaft sich allererst aus ihr entwickeln zu sehen, für die politische Philosophie Rousseaus. Bei Rousseau erfährt diese Vorgabe eine entschieden naturgeschichtliche Dimensionierung. Gleichwohl hatte auch Rousseau so wenig wie Hobbes – von Locke nicht zu reden – die Möglichkeit, den Bildungsprozess der für den Übergang in die soziokulturelle Daseinsform notwendigen konstruktiven Kompetenzen rekonstruktiv einsichtig zu machen. Die Menschen, die sich bei ihm zur Gesellschaft verbinden, verfügen bereits über alle Fähigkeiten, die sie nur in der Gesellschaft erworben haben können. Rousseau ist sich allerdings darüber im Klaren, dass sich diese Fähigkeiten aus der Ontogenese der Gattungsmitglieder heraus entwickelt haben müssen. Erstmals wird bei ihm die Spur ersichtlich, die sich aus der Ontogenese der Gattungsmitglieder in die Geschichte hinein erstreckt.[6] Eine »ontogenetische Wende« in der Anthropologie und Theorie der Gesellschaft wird damit aber auch bei ihm nicht eingeleitet.[7] In dem ›Diskurs über den Ursprung der Ungleichheit‹ hat Rousseau versucht, den naturgeschichtlichen Prozess darzustellen. Er versteht die dort skizzierte Entwicklung selbst als ein hypothetisches Konstrukt. Der Bildungsprozess der Gesellschaft mag sich so oder anders abgespielt haben, an der naturgeschichtlichen Entwicklung selbst besteht jedoch für ihn kein Zweifel.

Die Grenze der kognitiven Kompetenz, vermöge derer sich in den frühneuzeitlichen Theorien die Gesellschaft aus der Natur heraus entwickelt, ist heute evident. Sieht man einmal von den Bemühungen Hobbes' ab, die Elemente der Gesellschaft in der naturalen Verfassung des Menschen zu verorten, so wird sonst die Natur lediglich als naturale Ressource mitgeführt, die den Eigenheiten der menschlichen Lebensform vorgegeben und unterlegt werden kann. Keiner der frühneuzeitlichen Theoretiker ist in der Lage, einsichtig zu machen, dass sich die für die Konstruktion der soziokulturellen Lebensformen kategorialen Kompetenzen: die Ausbildung der Handlungsform, der Formen der In-

---

6 J.J. Rousseau, Diskurs über den Ursprung der Ungleichheit.
7 Zur ontogenetischen Wende vgl. G. Dux, Historisch-genetische Theorie der Kultur, S. 90 ff.

teraktion, der Formen der Kommunikation, der kategorialen Strukturen des Denkens und der Sprache, schließlich der Normativität selbst erst entwickeln. Das eigentlich konstruktive Moment in der Ausbildung der Gesellschaft, der Gesellschaftsvertrag, bestimmt denn auch gar nicht die Elemente der Gesellschaft und ihre Vernetzung, es bestimmt lediglich die Organisation des Regierungssystems und den Zweck, dem es dient: Frieden zu gewährleisten (Hobbes), das Eigentum zu sichern (Locke) und die Selbstbestimmung des Subjekts zu sichern (Rousseau). Die ganz unvermeidliche Konsequenz der begrenzten kognitiven Kompetenz ist, dass sich jede der Theorien gezwungen sieht, den Menschen so mit den naturalen Vorgaben ausgestattet zu sehen, wie er sich zu ihrer Zeit in der Gesellschaft darstellt. Die ebenso unvermeidliche Weiterung ist, dass sich auch die Gesellschaft, so wie sie sich am Beginn der Neuzeit ausgebildet hat und auszubilden im Begriff ist, als Resultat naturhafter Bestimmungen darstellt.

2.2 Die Grenze der frühneuzeitlichen Reflexivität

Bringt man die Bestimmung der Grenze der kognitiven Kompetenz auf den Punkt, so liegt sie beim Verständnis der Konstruktivität. Die frühneuzeitlichen Theorien der Gesellschaft bringen den Durchbruch im Verständnis der Gesellschaft als einer konstruktiv geschaffenen Organisationsform menschlichen Daseins. Die Konstruktivität wird jedoch so verstanden, als habe sich die Gesellschaft vermöge der dem Menschen eigenen naturalen Fähigkeit just so ausbilden müssen, wie sie sich in den Organisationsformen der frühneuzeitlichen Gesellschaft ausgebildet hat. Darin bringt sich ein realistisches Moment zum Ausdruck. Die Konstruktivität steht wirklich unter naturalen Bedingungen. Und die setzen sich wirklich in die je konkrete historische Gestaltung der Gesellschaft um. Aber die naturalen Bedingungen erklären nicht schon die je historische Form der Gesellschaft. Wie erklärt sich die stupende anthropologische Fundamentalisierung der eigenen, frühneuzeitlichen Gesellschaft?[8] Der Grund liegt in den Grenzen der Reflexivität, die den Denkern der frühen Neuzeit zu Gebote stand. – Inwiefern?

Reflexivität ist kein freischwebendes Vermögen des menschlichen Geistes, vielmehr ein Vermögen, das von jedem in der frühen Ontogenese in eins mit der Handlungskompetenz erworben wird.[9] Sie

---

8 Dazu auch C. B. McPherson, Die politische Theorie des Besitzindividualismus.

9 Dazu ausführlich G. Dux, Von allem Anfang an: Macht nicht Gerechtigkeit. Studien zur Genese und historischen Entwicklung des Postulats der Gerechtigkeit, Kap. 1.

bleibt zunächst auch an die Handlungs- und Organisationskompetenz des Subjekts rückgebunden. Durch die Geschichte der Praxisformen menschlichen Daseins hat sich deshalb die Reflexivität nur in den Grenzen der Handlungs- und Organisationskompetenz auszubilden vermocht, die sie hervorgebracht haben. Auch als sich das Bewusstsein der Machbarkeit der Gesellschaft ausbildete und die mit ihm entwickelte Reflexivität sich zum Bewusstsein der Konstruktivität erweiterte, blieb die Reflexivität zunächst den faktisch hergestellten Konstrukten verhaftet. Die gelten dem Vermögen der Konstruktivität geschuldet, das Vermögen der Konstruktivität stellt sich jedoch reflexiv exakt so dar, wie es seine konstruktive Ausgestaltung im Bildungsprozess der Gesellschaft erfährt. Noch nicht in den Horizont des Bewusstseins rückt jenes Moment, das erst entwickelt werden muss: das Bewusstsein, dass auch die Konstruktivität ein Konstrukt ist. Noch nicht in den Horizont des Bewusstseins rückt mit anderen Worten, dass die Konstruktivität erst in der Geschichte eine Ausprägung erfährt, die in der Gegenwart terminiert. Erst unter der Erfahrung der Veränderbarkeit der Gesellschaft in der Neuzeit entwickelt sich ein Bewusstsein der Historizität, das die eigene Gesellschaft einschließt und nicht als Ausdruck der Vernunft so gut wie der Natur versteht. Das nun ist für das Verständnis der Gesellschaft wie für das Selbstverständnis der Subjekte in der Gesellschaft überaus bedeutsam. Denn erst wenn bewusst wird, dass sich historisch mit jedem Konstrukt die Bedingungen für die konstruktive Gestaltung der Gesellschaft verändern, erst mit dem Bewusstsein der Konstruktivität der Konstruktivität lässt sich die Gesellschaft auf die konstruktiven Möglichkeiten ihrer künftigen Gestaltung befragen. Erst damit rückt die Möglichkeitsdimension der menschlichen Lebensform in den Horizont des Bewusstseins. Wir sind auf die Möglichkeitsdimension der menschlichen Daseinsform schon einmal gestoßen. Und wir haben dabei bereits festgestellt, dass sie von der Gestaltung der Gesellschaft abhängig ist. Erst mit ihr kommt das Theorem der Gerechtigkeit ins Spiel. Das verlangt nämlich, die Gesellschaft nicht einfach sein zu lassen, als was sie sich konstruktiv bildet.

Erst das reflexiv gesteigerte Bewusstsein der Konstruktivität, das Bewusstsein der Konstruktivität der Konstruktivität, verschafft einer Gerechtigkeit Ausdruck, die nicht einfach mit der Ordnung zur Deckung kommt, die vielmehr die Gesellschaft auf ihren Sollwert hin zu verändern sucht. Die frühneuzeitlichen Gesellschaftstheorien sind von diesem Verständnis der Gerechtigkeit weit entfernt. Sie lassen sie mit der gesellschaftlichen Ordnung zur Deckung kommen. So will der Liberalismus sie heute noch verstanden wissen.

Wir werden auf die Grenzen der kognitiven Kompetenz der frühneuzeitlichen Theorien erneut stoßen, wenn wir die Stellung des Subjekts in ihnen erörtern. Sie ist für uns deshalb von besonderem Interesse, weil von
ihr auch das Verständnis der Selbstbestimmung und Freiheit bestimmt
wird, das die frühneuzeitlichen Theorien auszeichnet. Nicht anders als
das Verständnis der Konstruktivität erweist es sich als ein durch die
kognitive Kompetenz borniertes Verständnis von Selbstbestimmung
und Freiheit. Auch das setzt sich im Liberalismus der nachfolgenden
Jahrhunderte bis in die Gegenwart fort.

3 Das Subjekt in den Theorien der frühen Neuzeit

3.1 Die Konvergenz auf das Subjekt

Die Schwierigkeit der frühneuzeitlichen Theorien, den Bildungsprozess der Gesellschaft aus der Natur heraus verstehen und verständlich
machen zu müssen, ohne über das materiale Wissen zu verfügen, um
diesem Postulat nachkommen und wirklich Genüge tun zu können,
wurde deshalb kaum wahrgenommen, weil sie durch die Anschauung
kompensiert wurde, die die Marktgesellschaft den Theoretikern bot.
Was deshalb in den Gesellschaftstheorien der frühen Neuzeit als Bildungsprozess *der Gesellschaft* erscheint, ist am Bildungsprozess der
Marktgesellschaft abgelesen. Möglich war das deshalb, weil sich in ihm
ein konstruktives Moment zur Geltung brachte, das in der Tat geradezu
als exemplarisch gelten kann: dessen Konvergenz auf die Handlungskompetenz und Handlungspotenziale des Subjekts. Vergegenwärtigen
wir uns den Bildungsprozess der Gesellschaft, wie er verstanden werden
muss, wenn man wahrnimmt, dass er sich im Anschluss an eine evolutive Naturgeschichte ausgebildet hat.[10]

Evolutiv können die soziokulturellen Kompetenzen, durch die sich
die Praxisformen des Daseins ausbilden ließen, nur von den einzelnen
Subjekten ausgebildet worden sein, auch wenn jedes einzelne Subjekt
dazu auf die Interaktion und Kommunikation mit den anderen seines
sozialen Umfeldes angewiesen war. Nur das je einzelne Subjekt verfügte
über den Genpool und die auf ihm beruhende anthropologische Verfassung, um den Erwerbsprozess der konstruktiven Kompetenzen in Gang
zu setzen. Nur das je einzelne Subjekt war in der Lage, in der frühen
Ontogenese die kategorialen Formen auszubilden, die notwendig waren, um medial verfasste Organisationsformen des Daseins auszubilden.

10 Eingehend dazu G. Dux, Von allem Anfang an: Macht nicht Gerechtigkeit. Studien zur Genese und historischen Entwicklung des Postulats der
   Gerechtigkeit, Kap. 1.

Die Konvergenz des Bildungsprozesses der Gesellschaft auf das einzelne Subjekt drängte sich auch den Theoretikern der frühen Neuzeit auf. Die Marktgesellschaft ist eine Gesellschaft, in der das einzelne Subjekt so recht als deren Konstrukteur sichtbar wird. Das hat mehr als einen Grund.

3.2 Das Subjekt als Unternehmer

Bereits in der frühesten Phase in der Entwicklung der Marktgesellschaft konzentriert sich das Interesse auf das Subjekt als Träger der Entwicklung. Denn die Entwicklung der Marktgesellschaft hat die Entwicklung der Stadt und damit einhergehend der Stadt als Markt und Handelsstadt zur Voraussetzung. Deren Entwicklung aber wurde von den Kaufleuten bestimmt. Sie waren es, die seit dem 9. und verstärkt seit dem 12. Jahrhundert die Märkte in alten Handelsstädten wiederbelebten[11] und neue Märkte in Städten, die für den Handel günstig gelegen waren, entstehen ließen.[12] Ihre Entwicklung ging einher mit dem Aufblühen eines frühmittelalterlichen Handwerks, das wesentlich für den Export arbeitete.[13] Nachdem sich diese Entwicklung verfestigt und der Handel sich vollends von den Luxusgüter auf gehobene Gebrauchsgüter verlegt hatte, auf Wolle und Textilien insbesondere, war es nur noch eine Frage der Zeit, bis geschah, was die Marktgesellschaft ihren Anfang nehmen ließ: die Produktion durch Lohnarbeit für den Markt. Bereits im 14. Jahrhundert und verstärkt im langen 16. Jahrhundert (etwa von 1450-1620) beginnen vor allem Kaufleute, aber auch Handwerker, die Produktion von Waren durch Lohnarbeit für den Markt zu organisieren, um die Waren hernach auf translokalen Märkten zu vertreiben.[14] Die Verlagerung der Produktion von der Stadt auf das Land im Verlagssystem trug in dieser Phase der Entwicklung zum Ausbau der Marktgesellschaft wesentlich bei.[15] Historisch, das verdient festgehalten zu werden, bestätigt sich, was wir als innere Logik des Systems eingangs diagnostiziert haben: Die Marktgesellschaft wird von den Handlungsstrategien

11 Vgl. M. Mitterauer, Jahrmärkte in Nachfolge antiker Zentralorte, S. 68-153; ders., Jahrmarktkontinuität und Stadtentstehung, S. 154-191.

12 P. Spufford, Handel, Macht und Reichtum. Kaufleute im Mittelalter; E. Ennen, Die europäische Stadt des Mittelalters, S. 51 ff., 78 ff.

13 M. Mitterauer, Von der antiken zur mittelalterlichen Stadt, S. 52-67 (60).

14 Zur Entwicklung der Marktgesellschaft im Mittelalter vgl. R. S. Duplessis, Transitions to Capitalism.

15 P. Kriedte/H. Medick/J. Schlumbohm, Industrialisierung vor der Industrialisierung. Vgl. weiter P. Kriedte, Die Stadt im Prozess der europäischen Protoindustrialisierung, S. 19-51.

und Handlungspotenzialen der Unternehmer formiert. Ihr Interesse an der Kapitalakkumulation ist es, das sich hernach als Logik des Systems manifestiert. Sie sind es auch, die das »Kapital« beschaffen, das notwendig ist, um Rohstoffe und Lohnarbeit zu bezahlen und damit die Produktion für den Markt überhaupt in Gang zu setzen. Das ›primäre Kapital‹ scheint vor allem dem Handelskapital zu entstammen. Nur in ungleich geringerem Maße und zudem von Land zu Land unterschiedlich scheint es aus Grundbesitz und Renten in den Kapitalbildungsprozess eingeschossen worden zu sein.[16] Entscheidend für das Verständnis der Genese der Marktgesellschaft ist jedoch, dass auch jenes »Kapital«, das aus Grundbesitz und Renten für den Produktionsprozess mobilisiert wird, sich erst in den Händen derer, die es zur Organisation eines Produktionsprozesses für den Markt nutzen, also doch wiederum vorzugsweise in den Händen von Kaufleuten, zu Kapital im marktwirtschaftlichen Sinne transformiert. Wie auch immer, es sind viele, die als Kaufleute und als Kaufleute tätige Handwerker Möglichkeiten nutzen, für die sich in den Strukturen der feudal-ständischen Gesellschaft Freiräume auftun. Sie sind es, die die Voraussetzungen schaffen, unter denen sich der Bildungsprozess der Marktgesellschaft vollzieht. Sie sind es deshalb auch, die noch innerhalb der feudal-ständischen Organisation der Gesellschaft mit der Produktion für den Markt eine Produktionsform einführen und Produktionsverhältnisse begründen, die schließlich die Strukturen der alten Gesellschaft auflösen.

Nicht weniger bedeutsam stellt sich die personale Seite dieses Prozesses dar. Den Unternehmern gelingt es, sich aus der feudal-ständischen Gesellschaft herauszudrehen. Die Handlungs- und Machtpotentiale, die sie mit der Kapitalbildung aus der Produktion für den Markt erwerben, unterminieren die Position der feudalen Trägerschicht und lassen die neue Trägerschicht der sich bildenden Marktgesellschaft entstehen. Die wird auch als Schicht von lauter individuellen Akteuren gebildet. Nicht nur die Praxis ihrer Lebensführung weist sie so aus, auch ihr Selbstbewusstsein ist so ausgelegt. Unternehmer, Kaufleute, Rechtsanwälte und nicht zuletzt die Beamten einer Bürokratie, die schon zu Zeiten des absoluten Staates Aufgaben übernimmt, die den Bestand der Gesellschaft sichern und fördern, wissen ihre Position in der Gesellschaft dem eigenen Tun und dem eigenen Erfolg zuzuschreiben. Wenn irgendetwas auf der personalen Ebene den von Sombart und Weber beschworenen Geist des Kapitalismus auszeichnet,[17] dann die Überzeugung des Bürgers, die

16 Der Streit um das »primäre Kapital« ist bekanntlich von K. Marx, Das Kapital, MEW 24 entfacht. Zur zurückliegenden Erörterung vgl. J. Kulischer, Allgemeine Wirtschaftsgeschichte, S. 396 ff.; A. Bürgin, Zur Soziogenese der Bürgerlichen Ökonomie.

17 W. Sombart, Der Bourgeois, S. 1 ff. 72 ff., 86 ff., 135 ff.; M. Weber, Die protestantische Ethik und der Geist des Kapitalismus, S. 17-206.

Position in der Gesellschaft dem eigenen Verdienst zuschreiben zu können. Das frühneuzeitliche Theorem der Selbstgesetzgebung, von dem in den Gesellschaftstheorien von Hobbes bis Rousseau das neuzeitliche Verständnis des Subjekts bestimmt wird und die Theoriekonstruktion ihren Ausgang nimmt, findet in der Position des Unternehmers und vor allem: im Bewusstsein des Unternehmers, Autor der eigenen Lebensführung zu sein, seinen prägnanten Ausdruck. Das Bürgertum macht es sich zu eigen. Es weiß mit ihm die Theoreme von Selbstbestimmung, Freiheit und Gleichheit zu verbinden. Seither formiert sich in der Trias von Selbstbestimmung, Freiheit und Gleichheit die Doktrin eines Liberalismus, der durch die Jahrhunderte die Kerndoktrin des Bürgertums hat werden lassen.[18]

So sehr die Konvergenz der Marktgesellschaft auf das Subjekt von den Praxisstrategien derer bestimmt wird, die den Markt als ökonomisches System allererst entstehen lassen, man würde der systemischen Verortung des Subjekts in dieser Gesellschaft nicht gerecht, wenn man es bei ihr bewenden ließe. Dass sich diese Gesellschaft allererst über die individuierten Strategien der Lebensführung einzelner Unternehmer bildet, über Strategien, die sich auf dem Markt vernetzen, zeitigt einen signifikanten Effekt: Je weiter dieser Prozess fortschreitet, desto mehr Menschen sehen sich gezwungen, sich in den Markt zu inkludieren, um die Mittel zu ihrer Lebensführung zu erwerben. Schließlich sind es alle. Und je mehr Menschen sich gezwungen sehen, die Mittel zu ihrer Lebensführung auf dem Markt zu erwerben, desto mehr vernetzt sich der Markt zu einem System, in dem sich zunächst noch unter der Decke der feudal-ständischen Gesellschaft die Grundverfassung der künftigen Gesellschaft ausbildet. Mit ihrer Ausbildung sieht sich das Subjekt in eine prekäre Lage versetzt. Es sieht sich nicht nur gezwungen, sich in den Markt zu inkludieren, es bleibt ihm auch überlassen, dafür Sorge zu tragen, dass es geschieht und wie es geschieht. Eben weil der Markt als System nur der zeit-räumliche Ort ist, auf dem sich Angebot und Nachfrage nach Arbeit und Gütern vernetzen, wird er von den Interessen des Subjekts, das sich in das System des Marktes zu inkludieren sucht, nicht berührt. Das System des Marktes hat ganz einfach kein Sensorium dafür, ob es dem Subjekt gelingt oder nicht gelingt und wie es ihm gelingt, wenn es ihm gelingt. Wir müssen diese strukturelle Indifferenz des Marktes genauer erörtern. Denn zum einen unterscheidet sich die Marktgesellschaft dadurch von der ständischen Gesellschaft, zum andern wird dadurch das eigentümliche Unvermögen der Marktgesellschaft, mit der Gerechtigkeit etwas anfangen zu können, bewirkt.

18 W. Kaschuba, Zwischen deutscher Nation und deutscher Provinz, S. 87.

3.3 Das Subjekt in der Grenze der Marktgesellschaft

In allen Gesellschaften findet sich das nachgeborene Gattungsmitglied bei seiner Geburt in eine Lage versetzt, die es dazu nötigt, sich erst selbst in Handlungen, Interaktionen und Kommunikationen in die Gesellschaft einzubringen. Will man seine Zugehörigkeit zur Gesellschaft schärfer fassen, wird man, wie wir eingangs erörtert haben, sagen müssen, das nachgeborene Gattungsmitglied sei in der Grenze der Gesellschaft verortet, um sich aus ihr heraus in das Netzwerk der Gesellschaft zu integrieren.[19] In feudal-ständischen Gesellschaften ist dieser Prozess dadurch vorstrukturiert, dass die Herkunftsfamilien in ihrer Bindung an die ständischen Ordnungen für die Nachkommen des jeweiligen Standes als Platzhalter gelten. Stände bilden sich durch die positionale Fixierung derer, die zur Gesellschaft gehören, über Generationen hinweg. Auf eben diese Weise haben es die Mächtigen verstanden, die Machtpotenziale ihrer Familien zu sichern und die Unterworfenen über Generationen unterworfen zu halten. Die Weiterung, die sich aus dieser Verfassung für den Prozess der Integration des nachkommenden Gattungsmitgliedes ergibt, liegt auf der Hand: In den feudal-ständischen Gesellschaften wird die für jedes nachkommende Gattungsmitglied bestehende Nötigung, sich aus der Grenze der Gesellschaft erst in die Gesellschaft einzubringen, durch die ständische Platzzuweisung in der Gesellschaft aufgefangen. Der Platz eines jeden nachkommenden Gattungsmitgliedes in der Gesellschaft ist bestimmt, noch ehe es begonnen hat, sein Leben in die Hand zu nehmen.

Ganz anders nehmen sich die Verhältnisse in der Marktgesellschaft aus. In ihr findet sich das nachkommende Subjekt so in der Grenze der Gesellschaft verortet, dass erst seine eigenen Handlungen und Handlungsstrategien, sich in das Marktsystem zu inkludieren und dadurch in die Marktgesellschaft zu integrieren, über seine Position in der Gesellschaft entscheiden. Die Position des Subjekts in der Gesellschaft ist mit anderen Worten das Resultat einer Interaktion zwischen Subjekt und System. Präzisieren wir den Befund: Auch in der Marktgesellschaft ist die Inklusion des Subjekts in den Markt an Voraussetzungen auf der Seite des Subjekts gebunden. Auch in ihr bleibt die Herkunftsfamilie für den Prozess der Integration deshalb von Belang, weil sie es ist, in der der Erwerb der Kompetenzen erfolgt, um sich in das ökonomische System zu inkludieren. Die familial vermittelte Bildung vor allem wird zur entscheidenden Ressource.[20] Auch die ökonomische Abstützung durch die Herkunftsfamilie ist für die Chance, sich in die Gesellschaft

---

19 G. Dux, Das Subjekt in der Grenze der Gesellschaft, S. 233-267.
20 M. Hartmann, Der Mythos von der Leistungselite.

vorteilhaft zu integrieren, weiter von Bedeutung. Über Jahrhunderte haben sich Unternehmer am ehesten aus dem Kreis der Unternehmer rekrutiert.[21] Ebenso sind Arbeiterkinder wieder zu Arbeitern geworden. Nicht anders sieht es heute aus. Unterschicht-Kinder haben schlechte Karten, um sich vorteilhaft in der Gesellschaft plazieren zu können. Die Bedingtheit der Positionierung in der Gesellschaft, die Bedeutung, die insbesondere der Familie auch in der Marktgesellschaft zukommt, relativiert nach allem die Differenz zwischen der ständischen und der modernen Gesellschaft, hebt sie aber nicht auf. Denn in der Marktgesellschaft sind die Bedingungen nicht ad personam bestimmt, vielmehr generalisiert. Prinzipiell ist der Erwerb günstiger Bedingungen für die Positionierung im ökonomischen System deshalb auch jenen möglich, die keine privilegierte Ausgangsposition in der Gesellschaft haben. Das gilt insbesondere für die Ressource Bildung. Bildung ist etwas, das man erwerben muss, um es zu besitzen. Und dieser Erwerb gelingt auch einer Anzahl von Kindern der Unterschicht.

3.4 Selbstbestimmung und Freiheit im Verständnis der frühen Neuzeit

Gemeinsam ist den Gesellschaftstheorien der frühen Neuzeit, den Bildungsprozess der Gesellschaft auf das Subjekt konvergieren zu lassen; gemeinsam ist ihnen deshalb auch, das Subjekt von einer schöpferischen Potenz bestimmt zu sehen, die dazu mächtig ist. Selbstbestimmung und Freiheit sind seit der frühen Neuzeit Bestimmungen, mit denen das Subjekt bedacht wird. Zu Recht! Das Problem liegt im Verständnis des Subjekts, dem diese Bestimmungen zugeschrieben werden. Dieses Verständnis nämlich wird von einer kognitiven Struktur bestimmt, die das Verständnis an vorneuzeitlichen Verständnisvorgaben festhält. – Inwiefern?

In der frühen Neuzeit hat sich mit dem Umbruch im Naturverständnis auch ein Umbruch der Struktur der Erkenntnis vollzogen. An die Stelle einer zweistellig relationalen Struktur der Erklärung ist eine systemische Struktur getreten, die sich anfangs in einem spezifischen Gesetzesverständnis Ausdruck verschafft hat.[22] Auf der abstraktiv reflexiven Ebene hat sich dagegen in der Reflexion auf die Lebensform des Subjekts eine Logik erhalten, die vormals die Logik kat exochen war. Sie wird von einer Struktur der Erklärung bestimmt, die grundhaft-

---

21 H.-U. Wehler, Deutsche Gesellschaftsgeschichte 1849-1914, S. 115.
22 Eingehend dazu G. Dux, Historisch-genetische Theorie der Kultur, S. 29 ff., 115 ff.

absolutistisch verfasst ist. Grundhaft-absolutistisch verfasst will sagen: In dieser Struktur wird die Erklärung für das, was ist und geschieht, dadurch gewonnen, dass ein Grund für es namhaft gemacht wird, der es aus sich herausgesetzt hat. Der Grund verweist allemal auf einen letzten Grund, der in dieser Struktur einen absoluten Status gewinnt. Er ist letzter und erster Konvergenzpunkt für das, was ist und geschieht in der Welt. Diese Form der Erklärung hat ihre Genese in der Handlung des Subjekts, wie sie in aller Vergangenheit verstanden wurde. Diese Logik behauptet sich deshalb vor allem im Verständnis des Subjekts, das mit dem Bewusstsein der Konstruktivität am Beginn der Neuzeit in den Konvergenzpunkt der soziokulturellen Daseinsform als einer konstruktiv geschaffenen Daseinsform des Menschen tritt. Dessen Vermögen, zu handeln und die gesellschaftlichen Organisationsformen zu entwickeln, wird einer substanzhaften Verfassung seiner eigenen Natur zugeschrieben. Unter dieser Logik werden deshalb auch Selbstbestimmung und Freiheit des Subjekts einer substanziell verstandenen Anlage des Subjekts zugeschrieben. Ersichtlich geschieht die Zurechnung strukturlogisch in ganz der gleichen Weise wie in der Erkenntnistheorie die transzendentale Verortung der Erkenntnisformen. Es ist diese Form einer substanziell verstandenen Selbstbestimmung und Freiheit des Subjekts, die den Gesellschaftstheorien der frühen Neuzeit unterliegt. Es ist eine Form von Selbstbestimmung und Freiheit, die in einem dem Subjekt substanziell eigenen Vermögen ihre ratio essendi haben. Der absolute Status, der ihnen in diesem Denken zukommt, lässt den Gedanken, das Subjekt könne in seinem Handeln und seiner Freiheit gesellschaftlich bedingt sein, nicht zu.

Gehen wir den von der Logik bestimmten Grenzen der Reflexivität weiter nach. Die Reflexivität, haben wir vordem gesagt, bildet sich mit dem Erwerb der Handlungskompetenz in der frühen Ontogenese eines jeden Gattungsmitgliedes aus. Sie bleibt durch die Geschichte auch insofern an die Handlung gebunden, als die Reflexion das Geschehen in der Welt explikativ der Handlungsstruktur verbunden hält. Auch das frühneuzeitliche Verständnis der sich bildenden Marktgesellschaft lässt es, wie wir gesehen haben, dabei bewenden, sie dem Subjekt zuzuschreiben. Das ist zwar der Natur verhaftet, aber doch so, dass das Handeln aus der Selbstbestimmung und Freiheit des Subjekts hervorgeht. Die zuvor erörterte Genese der Marktgesellschaft aus dem Handeln der Subjekte stellt sich deshalb als eine Genese aus deren Selbstbestimmung und Freiheit dar. Selbstbestimmung und Freiheit werden dahin verstanden, in den Organisationsformen der Gesellschaft ihre institutionalisierte Entsprechung zu finden. Zwischen der Freiheit des Subjekts und dem aus ihm hervorgegangenen Handeln besteht ein Verhältnis der Identität: So wie das Handeln aus der Freiheit des Subjekts seine Bestimmung erfährt, so erfährt die Freiheit im Handeln ihre Manifestation.

Vordringlich ist sie danach eines: das Handeln auf dem Markt. Mit der Selbstbestimmung und Freiheit steht es deshalb nicht anders als mit dem zuvor erörterten Bewusstsein der Konstruktivität: Es fehlt das reflexive Vermögen, die Selbstbestimmung auf die Selbstbestimmung und die Freiheit auf die Freiheit zu richten.

Was könnte es bedeuten, Selbstbestimmung und Freiheit reflexiv werden und auf sich selbst richten zu lassen, Selbstbestimmung mit anderen Worten auf ihre Selbstbestimmung und Freiheit auf ihre Freiheit zu befragen? Selbstbestimmung und Freiheit, die auf sich selbst gerichtet werden und dabei erneut auf Selbstbestimmung und Freiheit als Quellpunkt im Handeln stoßen, werden in einen Prozess verstrickt, aus dem sich das Handeln allererst bildet. In diesen Prozess müssen Bedingungen Eingang finden, unter denen sich Selbstbestimmung und Freiheit zum Handeln verdichten. In ihn müssen auch Bedingungen Eingang finden, unter denen das Handeln überhaupt erst möglich wird. Ein Bewusstsein der Selbstbestimmung und Freiheit, das reflexiv wird, zeitigt deshalb den Effekt, das Handeln aus einer absolutistischen in eine prozessuale Logik zu überführen. Die aber begründet in dem Wissen um die Bedingtheit der Selbstbestimmung und Freiheit wie des Handelns eine Distanz gegenüber jenen Praxisformen, in denen Selbstbestimmung und Freiheit ihren Ausdruck finden. Erst durch diese Form der Distanzierung zu den Verhältnissen findet das Subjekt zu einer Form der Selbstbestimmung und Freiheit, die sich nicht von den Verhältnissen konsumieren lässt.[23] Und erst dadurch gewinnt es jenes Vermögen, auf das ich ebenfalls bei der Erörterung des Reflexivität der Konstruktivität schon hingewiesen habe: offen zu sein für Möglichkeiten seines Daseins, die sonst durch die Praxis verstellt werden.

Es ist diese Form einer reflexiv werdenden Selbstbestimmung und einer reflexiv werdenden Freiheit, einer Selbstbestimmung und Freiheit mit anderen Worten, die sich selbst noch einmal von sich bestimmen lassen, die eine Perspektive der Gerechtigkeit eröffnet.

Denn erst mit ihr kommt in den Blick, dass die Praxisformen, sie mögen sich noch so sehr als konstruktiv geschaffen erweisen, so, wie sie sich vernetzen, das Subjekt in den Griff nehmen. Das mag für die, die sich in ihnen zu behaupten und günstig aufzustellen wissen, nicht von Belang sein. Übermäßig attraktiv freilich will mir die Freiheit derer, die sich der Kapitalakkumulation verschrieben haben, allerdings auch nicht erscheinen. Für die, die sich in den Praxisformen der Gesellschaft nicht oder nur schlecht zu behaupten wissen, bedeutet eine Selbstbestimmung und

---

23 Bekanntlich hat A. Gehlen gemeint, das sei die Art, in der das Subjekt zu leben gezwungen sei. A. Gehlen, Urmensch und Spätkultur.

Freiheit, die nicht reflexiv wird, die Knechtschaft der gesellschaftlichen Verhältnisse. In den Gesellschaftstheorien der frühen Neuzeit sind aber Selbstbestimmung und Freiheit gerade nicht selbstreflexiv geworden.

Die Grenzen der kognitiven Kompetenz, die durch die Fixierung auf eine absolutistische Logik bestimmt werden, machen sich auch in der Konstruktion der Gesellschaft geltend. Wenn in den frühneuzeitlichen Theorien das Subjekt in der Vereinigung der vielen als Volk erscheint und als Volk zum Konstrukteur des Gesellschaftsvertrages wird, so gewinnen beide, Subjekt und Volk, den Status einer absoluten Instanz im Bildungsprozess der Gesellschaft. Es ist oft bemerkt worden: In der legitimatorischen Form, die dem Volk für die gesellschaftliche Verfassung zukommt, tritt das Volk als dasjenige Subjekt, das den Gesellschaftsvertrag in und durch die vielen einzelnen abschließt, an die Stelle Gottes. Und so, wie es zu dessen Schöpfung keinen Widerspruch geben kann, so auch nicht zu dem, was sich als Schöpfungsakt im Gesellschaftsvertrag ausbildet. Die Theorie des Gesellschaftsvertrages kennt keine Opposition gegen die Strukturen der Gesellschaft, wie der Gesellschaftsvertrag sie ausbilden lässt. Sie kennt sie deshalb nicht, weil die Gesellschaft als aus der Substanz der Subjektivität des Subjekts wie des Volkes hervorgegangen verstanden wird. Wir stoßen hier erneut auf das Verhältnis der Identität zwischen dem Ursprung der Gesellschaft und dem, was sich als Emanation aus ihm heraussetzt. Wo immer sich ein Verständnis der Identität zwischen einem (absoluten) Ursprung und der realen Gestaltung der Gesellschaft bildet, kann ein Widerspruch gegen die Gesellschaft, so wie sie sich ausgebildet hat, erst gar nicht aufkommen. Exakt das ist der Grund dafür, dass sich in keiner der hier erörterten Theorien der Gesellschaft die Gerechtigkeit als Widerspruch zu den Strukturen der Gesellschaft ausbilden konnte.

Gerecht ist, was sich aus dem konstruktiven Vermögen des Subjekts als gesellschaftliche Verfassung ausgebildet hat. Das ist der wiederkehrende Tenor in Gesellschaftstheorien, die auf halbem Wege in die Moderne stecken geblieben sind. Sie verstehen die Gesellschaft als Konstrukt, aber als eines, das sich strukturlogisch absolutistisch begründet.

Sehen wir uns das Verständnis von Gesellschaft und Gerechtigkeit in den genannten Theorien genauer an.

4 Gesellschaft und Gerechtigkeit
in den Theorien von Hobbes bis Rousseau

4.1 Gesellschaft und Gerechtigkeit in der Theorie Hobbes'

Die Bedeutsamkeit der politischen Philosophie Hobbes' für ein neuzeitliches Verständnis der Gesellschaft liegt, das habe ich schon deutlich zu machen gesucht, vor allem darin, dass er das neuzeitliche Naturverständnis auch für das Verständnis der Gesellschaft bestimmend sein lässt. Die Verbindung zwischen beiden hat Hobbes in zwei Theoremen festgehalten:

- 1. im Theorem der Selbstbehauptung, das mit dem der Selbstbestimmung in eins geht. Selbstbehauptung stellt sich als Ausdruck der systemischen Verfassung des Organismus dar. Es übersetzt sich in der soziokulturellen Lebensführung des Menschen in Strategien des Handelns. Daher rührt das Junktim mit der Selbstbestimmung.
- 2. im Theorem der Macht. Macht stellt das Medium dar, um der Selbstbehauptung und Selbstbestimmung nachkommen zu können. Hobbes gibt deshalb der Macht einen Bedeutungsgehalt, der sie der anthropologischen Verfassung eng verbunden hält. Macht ist ihm das Vermögen, mit gegenwärtigen Mitteln ein zukünftiges Gut zu erlangen.[24] Notwendig streben alle Menschen nach Macht. Eben weil das so ist, erweist sich der Abschluss eines Gesellschaftsvertrages ebenfalls als notwendig. Denn das Streben nach Macht führt dazu, Macht über andere gewinnen zu wollen.

MacPherson hat die Grundlegung der Hobbesschen Theorie im Theorem der Macht als Reflex der gesellschaftlichen Verfassung des 17. Jahrhunderts verstanden, als eine frühe Form des Besitzindividualismus im Kampf um Macht und Anerkennung. Der Weg Hobbesschen Denkens, erklärt McPherson, »war der vom Menschen in der Gesellschaft zurück zum Menschen als einem mechanischen System bewegter Materie und erst dann wieder hin zu des Menschen notwendigem Verhalten in der Gesellschaft.«[25] Die Gesellschaft aber, die das Denken Hobbes' beherrschte, war die Marktgesellschaft, so wie sie sich im 17. Jahrhundert in England bereits ausgebildet hatte. Dieses Verständnis der Hobbesschen Theorie trifft zu, wird jedoch der Bedeutung der Hobbesschen Theorie der Gesellschaft nicht gerecht. Denn die liegt gerade darin, die Chance ergriffen zu haben, die der Naturalismus bot, im Ausgang von der Natur zu denken. Hobbes begreift, dass die Machtprozesse seiner Zeit und zwar ebenso die, die sich in den Auseinandersetzungen

24 Th. Hobbes, Leviathan, 1,10 (66).
25 L.B. McPherson, Die politische Theorie des Besitzindividualismus, S. 42.

zwischen Adel und Bürgertum im 16. und 17. Jahrhundert in England abspielen, wie jene, die konstitutionell der sich neu entwickelnden Gesellschaft des Marktes eigen sind, Ausdruck einer anthropologischen Verfassung sind.[26] An dieser Einsicht hat der Naturalismus deshalb einen entscheidenden Anteil, weil er geradezu dazu zwingt, die Frage zu stellen, wodurch denn Gesellschaft sich zu bilden vermag, wenn das Zusammenleben in der Gesellschaft ebenso wenig durch die Schöpfungsmacht Gottes wie durch eine in sich schon normativ verfasste Natur gesichert erscheint. Hobbes meint, was er sagt: Es ist die Gesellschaft, deren Bildungsprozess und Verfasstheit von Macht bestimmt wird. Nicht weniger als das Verständnis der sich bildenden Marktgesellschaft trägt dazu das Verständnis der feudalen Gesellschaft bei. Es ist Hobbes, der als einer der ersten darauf hinweist, dass sie eine auf Eroberungen gegründete Gesellschaft ist, dass Macht und Gewalt an ihrem Grunde liegen.[27] Nur sieht Hobbes sehr deutlich, dass die sich entwickelnde bürgerliche Gesellschaft ebenfalls auf Macht gegründet ist. Die bürgerliche Gesellschaft eliminiert das Moment physischer Gewalt, findet jedoch andere Formen, um die Prozessualität der Macht für die Gesellschaft bestimmend sein zu lassen: die der Konkurrenz auf dem Markt. Und auch die ist auf die Unterwerfung anderer gerichtet.

Hobbes' eigenartige Konstruktion des Gesellschaftsvertrages, durch den er einen absoluten Herrscher eingesetzt sieht, um den Frieden ebenso im Innern der Gesellschaft wie auch nach außen zu sichern,[28] hat am meisten dazu beigetragen, Hobbes' Ruf als Theoretiker der Macht zu begründen. Für uns ist sie nur insoweit von Interesse, als sie Hobbes' Verständnis der Gerechtigkeit bestimmt. Hobbes sieht Gerechtigkeit schon in der Natur angelegt. Keine der frühneuzeitlichen Theorien kommt ohne Annahmen aus, die der Natur beilegen, was sich erst mit dem Menschen gebildet haben kann. Hobbes schreibt der naturalen Anlage zu, zum Frieden hinzulenken.[29] Sie ist in etwa mit dem Gefühl identisch, dass man anderen nicht tun soll, was man selbst von ihnen nicht erleiden möchte.[30] Bedeutsam wird das Theorem der Gerechtigkeit erst, nachdem ein Staat errichtet ist. Dann nämlich wird die Ge-

---

26 Zur Macht im Bildungsprozess der Gesellschaft G. Dux, Von allem Anfang an: Macht nicht Gerechtigkeit. Studien zur Genese und historischen Entwicklung des Postulats der Gerechtigkeit, Kap. 1.

27 Th. Hobbes, Leviathan, 1,13 (95).

28 Th. Hobbes, Leviathan, II, 17 (134). Souverän kann ein einzelner oder eine Versammlung von Menschen sein. Im Grenzfall kennt Hobbes deshalb so gut wie Rousseau die Begründung der Demokratie durch den Gesellschaftsvertrag, wenn er selbst auch die Übertragung auf einen einzelnen und damit die Monarchie favorisiert.

29 Th. Hobbes, Leviathan, II, 26 (205).

30 Th. Hobbes, Leviathan, II, 26 (208).

rechtigkeit auszeichnendes Merkmal der Gesetze selbst und zwar aller Gesetze. »Denn kein Gesetz kann ungerecht sein.«[31] Hobbes beruft sich auch zur Begründung dieser rigiden Bestimmung der Gerechtigkeit auf das Theorem der Selbstgesetzgebung: Alles, was vom Souverän als Gesetz erlassen wird, wird vom Untertan als eigene Handlung anerkannt. »Da jeder Untertan durch die Einsetzung (des Souveräns) Autor aller Handlungen und Urteile des eingesetzten Souveräns ist, so folgt daraus, dass dieser durch keine seiner Handlungen einem seiner Untertanen Unrecht zufügen kann«.[32]

»So folgt daraus...«? Wie kommt Hobbes zu einem Schluss, der uns aberwitzig erscheint? Für uns kann es keineswegs als ausgemacht gelten, dass die, die einen Herrscher als Herrscher eingesetzt haben, dadurch auch allen seinen Akten zugestimmt haben. Für Hobbes aber war der Schluss zwingend. Der Grund liegt in der Logik der Argumentation. Hobbes' Denken wird, so neuzeitlich es sich sonst darstellt, in der Struktur von der zuvor erörterten absolutistischen Strukturform bestimmt. Die verlangt den Rekurs auf einen Grund, der immer auf einen letzten Grund geht und als letzter Grund auf alle Weiterungen in der Kausalkette der Geschehnisse durchschlägt. Unter dieser Logik ist es dann allerdings konsequent, dass mit dem Akt, mit dem der Souverän in seine Rechte eingesetzt wird, auch die Zustimmung zu allen seinen Akten gegeben wurde. Denn für deren Grund ist die Einsetzung der erste und letzte Grund.

Hobbes hat in der gesellschaftlichen Verfassung seiner Zeit kein soziales Problem gesehen; er hat insbesondere die soziale Ungleichheit der Menschen nicht als Problem verstanden. Er nimmt sie wahr, die Ungleichheit im Landbesitz vor allem, er sieht jedoch auch den Landbesitz und mit ihm dessen Ungleichheit durch den Souverän bewirkt. Und was der Souverän tut, kann nicht ungerecht sein. Die Ungleichheit im Gewerbe versteht er als eine natürliche Folge der mit ihm verbundenen Tauschgeschäfte. Die bürgerlichen Betätigungsfelder: das Recht, untereinander Verträge abzuschließen, die Freiheit des Kaufs und Verkaufs, sowie die Sorge für Ernährung und Beruf, verbleiben den Untertanen. Auch dann wird ihre Betätigung jedoch von ihrem letzten Grund her verstanden: der Einsetzung des Souveräns. Der Souverän stellt seinen Untertanen die wirtschaftliche Betätigung in der Gesellschaft frei.[33] Er selbst bestimmt für den Markt lediglich die Regeln der Abwicklung der Tauschbeziehungen. Mehr, konstatiert Hobbes, ist über den Markt nicht zu sagen.[34] Mehr auch nicht über die Gerechtigkeit. Als gerecht

---

31 Th. Hobbes, Leviathan, II, 30 (264).
32 Th. Hobbes, Leviathan, II, 18 (139).
33 Th. Hobbes, Leviathan, II, 21 (165).
34 Th. Hobbes, Leviathan, II, 25 (192).

gilt zum einen, was das Gesetz des Herrschers bestimmt, als gerecht gilt zum andern, was auf dem Markt erzielt werden kann.[35] Auf dem hat alles seinen Preis, vor allem die Arbeit. Hobbes lässt sich hinreißen, selbst den Wert des Menschen in dieser Weise zu bestimmen. »Die *Geltung* oder der *Wert* eines Menschen ist wie der aller anderen Dinge sein Preis. Das heißt, er richtet sich danach, wie viel man für die Benützung seiner Macht bezahlen würde ...«[36]

4.2 *Gesellschaft und Gerechtigkeit in der Theorie Lockes*

Hobbes' politische Philosophie ist darauf gerichtet, den Frieden zu sichern und die Macht zu zähmen. Die politische Philosophie Lockes ist dagegen voll und ganz auf die Interessen gerichtet, die die Subjekte in der Marktgesellschaft verfolgen.[37] Wenn die Marktgesellschaft für irgendeinen der Denker der frühen Neuzeit das Modell der politischen Theorie abgegeben hat, dann für Locke. Für Lockes politische Philosophie ist wenig mehr von Interesse, als die gesellschaftliche Verfassung so eingerichtet zu sehen, dass sie den Schutz des Eigentums sicherstellt. Eben das ist das Ziel des Gesellschaftsvertrages. Der Abschluss des Gesellschaftsvertrages stellt sich auch bei Locke als ein von der Vernunft gebotener Akt der Selbsterhaltung wie der Selbstgesetzgebung dar. Als Akt der Selbstgesetzgebung gründet er in der Freiheit und Gleichheit der Individuen im Naturzustand. Für den Abschluss des Gesellschaftsvertrages müssen alle als gleich erachtet werden, der Gesellschaftsvertrag muss deshalb auch einstimmig geschlossen werden. Für alle weiteren Gesetze genügt die Mehrheit. Es irritiert Locke in gar keiner Weise, dass er feststellen muss, dass die Gleichheit spätestens mit der Einführung des Geldes und der damit möglich gewordenen Appropriation der Arbeit anderer verloren gegangen ist. Es genügt dem Liberalismus Lockes, dass vor der Gesellschaft alle gleich sind, nachher dürfen alle auch ungleich werden. In eben dieser Form weiß sich der Liberalismus bis heute der Gleichheit verpflichtet. Man kann diese Form, sich der Gleichheit verpflichtet zu wissen, schlicht als Ausdruck bürgerlicher Selbstbehauptung verstehen. Das bürgerliche Interesse liefert jedoch nicht die ganze Erklärung für die Philosophie der Gesellschaft bei Locke. In Lockes Philosophie findet sich vielmehr ein eindrücklicher Beleg für jenes substanzielle Verständnis des Subjekts und der Subjektivität, wie wir es zuvor erörtert haben. Die Lebensführung des Subjekts geht

---

35 Th. Hobbes, Leviathan, I, 15 (115).
36 Th. Hobbes, Leviathan, I, 10 (67).
37 Zu Lockes politischer Philosophie W. Euchner, Naturrecht und Politik bei John Locke.

aus einer substanzhaft verstandenen Verfassung seiner selbst hervor. Sie lässt sich nicht hintergehen. Jeder ist, was er ist, und er findet sich in der Gesellschaft wieder, wie er sich in ihr unterzubringen vermochte. Mehr ist darüber nicht zu sagen, mehr aber auch nicht über die Verfassung der Gesellschaft. Auch sie ist, was sie sein kann und sein muss, ganz so, wie sie sich aus den Handlungspotenzialen der Subjekte bildet.

Eigentlich sind, darauf habe ich schon hingewiesen, die frühneuzeitlichen Theorien nicht darauf aus, die Gesellschaft in der Vielzahl ihrer kategorialen Bestimmungen und der Vielzahl ihrer organisatorischen Formen entstehen zu lassen. Ihr eigentliches Interesse gilt der Regierungsbildung. Deren Zweckbestimmung ist eng gefasst. Sie ist ganz auf die bürgerliche Gesellschaft zugeschnitten. Nicht anders als der Abschluss des Gesellschaftsvertrages selbst ist für Locke der vordringliche und zuweilen geradezu ausschließliche Zweck der Einsetzung der Regierung, das Eigentum zu sichern.

> »Das große und *hauptsächliche Ziel*, weshalb Menschen sich zu einem Staatswesen zusammenschließen und sich unter eine Regierung stellen, ist *also die Erhaltung ihres Eigentums*«.[38]

Eigentum im Sinne Lockes stellt aber nicht nur das Gut dar, das zu erwerben dem Menschen möglich war, Eigentum im Sinne Lockes ist zuvörderst das Vermögen der Arbeit selbst. Sie ist es, die das im strikten Sinne individuierende Moment im Eigentum begründet. Denn sie geht aus einer naturalen Verfassung hervor, die dem Eigentum an der beweglichen und unbeweglichen Habe noch vorweg liegt: dem Eigentum an der eigenen Person. »Jeder Mensch hat«, sagt Locke, »*ein Eigentum* an seiner eigenen Person. Auf diese hat niemand ein Recht als nur er allein. Die *Arbeit* seines Körpers und das *Werk* seiner Hände sind, so können wir sagen, im eigentlichen Sinne sein Eigentum«.[39] Die Eigentumsverfassung weist bei Locke eine historische Dimensionierung auf. Die anfängliche Form der Aneignung, wie sie den Naturzustand bestimmte, bestand darin, sich vom Boden und den Früchten so viel anzueignen, wie der Mensch zum Leben brauchte. Dabei blieb es jedoch nicht. Locke lässt mit der Erfindung des Geldes eine ganz andere Form der Aneignung und der Bildung von Eigentum entstehen: die Aneignung der fremden Arbeitskraft resp. der durch sie geschaffenen Werte. Durch sie werden die ursprünglichen Grenzen der Aneignung, nur so viel nehmen zu dürfen, wie jeder für seinen eigenen Bedarf braucht, außer Kraft gesetzt. Eigentum liegt, sagt Locke, so »tief im Wesen des Menschen«[40], dass von ihm auch die neue Form gedeckt wird. Man mag sich fragen,

---

38 J. Locke, Über den wahren Ursprung, § 124.
39 J. Locke, Über den wahren Ursprung, § 27.
40 J. Locke, Über den wahren Ursprung, § 44.

wie Locke über das zuvor konstatierte Naturgesetz hinwegkam, für jeden einzelnen müsse genügend übrig bleiben. Denn Locke wusste um den elenden Zustand der Arbeiter, die zu seiner Zeit schon die Hälfte der arbeitenden Bevölkerung in England ausmachten und am Existenzminimum ihr Leben fristeten.

Um das Eigentum zu sichern, überträgt Locke die Legislative einer gesetzgebenden Versammlung. In der Frühzeit, stellt er fest, mag es anders gewesen sein und die Gesetzgebung mit der Exekutive einem einzelnen zugestanden haben. Die bürgerliche Gesellschaft jedenfalls verlangt, die Legislative einer von der Regierung unterschiedenen kollektiven Körperschaft zu übertragen.[41] Die Gewaltenteilung ist zur Sicherung von Freiheit und Recht unabdingbar. Ersichtlich orientiert sich die Lockesche Verfassung an einer gemäßigten Monarchie, gemäßigt vor allem durch die eigenständige Legislative. Mit einer absoluten Monarchie de iure divino ist die Verfassung der Lockesche Gesellschaft unvereinbar.[42] Von der Demokratie, wie Locke sie versteht, unterscheidet sich die gemäßigte Monarchie dadurch, dass in ersterer das Volk die Gesetze nicht nur erlässt, sondern auch durch seine Beamten ausführen lässt.

So konservativ sich die Philosophie der Gesellschaft Lockes dadurch ausnimmt, dass er den Status quo der bürgerlichen Gesellschaft abzusichern sucht, so revolutionär stellt sie sich dar, wenn man darauf achtet, welcher Bedeutungswandel des Staates mit der Übertragung der Sicherungsrechte auf den Staat eingeleitet wird. Die Organisationskompetenz und Organisationshoheit des Staates wird genutzt, um eine sich ökonomisch neu und autonom entwickelnde Gesellschaft in ihrer Trägerschicht abzusichern. In der Französischen Revolution sollte diese Funktionsdifferenzierung – eine Neubildung, keine bloße Ausdifferenzierung – real werden. Wir werden sie erörtern.

Im frühneuzeitlichen und zugleich frühliberalen Verständnis, in dem die Gesellschaft aus der bloßen Vereinigung der auf ihre Selbsterhaltung bedachten Subjekte hervorgeht, ist der Bildungsprozess der Gesellschaft auch von nichts anderem als den Handlungs- und Machtinteressen jedes einzelnen bestimmt. Für deren Verfolgung sind keine anderen Grenzen auszumachen als die gegen Gewalt geschützte Integrität der Person des anderen. Als eine Gesellschaft, die sich aus der Vernetzung dieser Handlungsinteressen bildet, ist sie auch eine gerechte Gesellschaft. Denn nichts vermag sie zu legitimieren als der Grund, aus dem sie hervorgegangen ist: eben das Interesse des Subjekts. Es liegt am Grunde des Gesellschaftsvertrages und reicht durch alle durch ihn bewirkten Gestaltungen hindurch. Dem Gesellschaftsvertrag aber haben alle zugestimmt. Nicht anders als bei Hobbes lässt die absolutistische Denkform

41 J. Locke, Über den wahren Ursprung, § 94.
42 J. Locke, Über den wahren Ursprung, § 90.

auch in der Gesellschaftstheorie Lockes jede spätere Ausbildung der gesellschaftlichen Verfassung zur Emanation des Grundaktes der Gesellschaft, eben des Gesellschaftsvertrages, werden. Insbesondere gelten für jeden in der Gesellschaft die Akte der Legislative und wohl auch die der von der Legislative autorisierten Regierung als seine eigenen Akte.[43]

Noch gänzlich außerhalb des Horizonts der Reflexion liegt für Locke der Gedanke, die dem einzelnen im Naturzustand zugestandene Selbstgesetzgebung könnte durch die gesellschaftliche Entwicklung beeinträchtigt sein. Als Problem hat Locke weder die Lage der Arbeiter auf dem Lande noch in der Manufaktur verstanden. Im Gegenteil! Dem niederen Volk kam im Verständnis Lockes eine geradezu naturgegebene Inferiorität zu. Da das Subjekt substanzhaft verstanden wurde, konnte die soziale Ungleichheit dem Subjekt selbst zugerechnet werden. In eben diesem Sinne hat sich Locke über die Zunahme der Arbeitslosigkeit in seiner Zeit geäußert.[44] Unter der Ägide dieses Denkens ist die Einsicht, dass das Subjekt den Strukturen einer gesellschaftlichen Verfassung unterworfen und in seiner Lebensführung durch sie bedingt ist, blockiert.

4.3 Gesellschaft und Gerechtigkeit in der Theorie Rousseaus

Die überragende Bedeutung, die Rousseaus politische Philosophie für die politische Theorie gewonnen hat, beruht auf einer Anlage seiner Theorie, die einen intrinsischen Bezug zur Gerechtigkeit zu haben scheint: Rousseau gibt dem Gesellschaftsvertrag eine prozedurale Form. Rousseau ist es darum zu tun, die Gesellschaft so einzurichten, dass die Selbstgesetzgebung des einzelnen auch in der organisierten Verfassung des Staates sichergestellt ist.

> »Wie findet man,«, so lässt er sich in dem berühmten 6. Kapitel des Gesellschaftsvertrages vernehmen, »eine Gesellschaftsform, die mit der ganzen gemeinsamen Kraft die Person und das Vermögen jedes Gesellschaftsmitgliedes verteidigt und schützt und kraft dessen jeder einzelne, obgleich er sich mit allen vereinigt, gleichwohl nur sich selbst gehorcht und so frei bleibt wie vorher.«[45]

Dieses Ziel sucht Rousseau dadurch sicherzustellen, dass er einen Gesamtkörper entstehen lässt, der aus allen am Abschluss des Gesell-

43 J. Locke, Über den wahren Ursprung, § 88.
44 Vgl. McPherson, Die politische Theorie des Besitzindividualismus, S. 251.
45 J. J. Rousseau, Der Gesellschaftsvertrag, 1, 6 (43).
46 J. J. Rousseau, Der Gesellschaftsvertrag, 1, 6 (44).

schaftsvertrages Beteiligten besteht.[46] Und dem obliegt die Kompetenz der Gesetzgebung. Dadurch, dass alle sich in der gesetzgebenden Versammlung als Gesetzgeber wiederfinden, sucht Rousseau die Selbstgesetzgebung jedes einzelnen zu sichern. »Das Volk, das Gesetzen unterworfen ist, muss auch ihr Urheber sein«.[47] Durch eben diese Bestimmung übersetzen sich Selbstgesetzgebung, Freiheit und Gleichheit in die politische Gestaltung der Organisationsform von Gesellschaft und Staat. Die Selbstgesetzgebung liegt so sehr in der Natur der politischen Vergesellschaftung, dass sie für alle Staatsformen gilt. In jeder muss die oberherrliche Gewalt der Gesetzgebung beim Volk liegen.[48] Auch in der politischen Philosophie Rousseaus besteht eine Identität zwischen dem Willen derer, die den Gesellschaftsvertrag abgeschlossen haben, und den Akten der staatlichen Gesetzgebung. Die Identität ist jedoch nicht fiktiv, wird vielmehr zum einen durch die reale Präsenz des Volkes im Gesetzgebungsverfahren, zum andern durch den allgemeinen Willen vermittelt, der beiden zugrunde liegt. Sehen wir uns Rousseaus Gesellschaftskonzept genauer an.

Die Absicht, die Selbstgesetzgebung im Gesetzgebungsverfahren dadurch zu sichern, dass alle an ihm beteiligt werden, die Gesetzgebung mit anderen Worten zu einem täglichen Plebiszit werden zu lassen, lässt ein prozedurales Problem entstehen, das Rousseau deutlich gesehen hat und auf dessen Bewältigung die Theorie aus ist: Wodurch, so kann man das Problem bestimmen, wird es möglich, eine Gesetzgebung so einzurichten, dass an ihr zwar alle beteiligt sind, aber doch mit Interessen, die, wie man weiß, erheblich divergieren und sich in Klassen zu verfestigen beginnen. Es ist die Antwort auf dieses Problem, die an Rousseaus Theorie fasziniert hat und immer noch fasziniert. Rousseau legt der Gesellschaft wie der Gesetzgebung einen substanziell allgemeinen Willen zugrunde. Nur dieser aus einem gemeinsamen Interesse begründete allgemeine Wille hat die Errichtung der Gesellschaft möglich gemacht.[49] Nur durch ihn lässt sich der Bestand der Gesellschaft sichern. Und nur unter der Bedingung, dass der Gesellschaftsvertrag wie die daraus abgeleitete Gesetzgebung auf das gemeinsame Interesse aller begrenzt wird, macht es Sinn, dem Gesellschaftsvertrag die Bedeutung beizulegen, dass der einzelne sich aller seiner Rechte zugunsten des größeren Gesamtwesens entäußert, ohne seine Selbstgesetzgebung preiszugeben.[50] Der allgemeine Wille, erklärt Rousseau, zielt immer auf das allgemeine Beste ab, er ist beständig der richtige. Eben weil jeder Form von Gesetzgebung ein gemeinsames Interesse und ein substanziell gemeinsamer Wille, die

47 J.J. Rousseau, Der Gesellschaftsvertrag, 2, 6 (71).
48 J.J. Rousseau, Der Gesellschaftsvertrag, 3, 11 (132).
49 J.J. Rousseau, Der Gesellschaftsvertrag, 2, 1 (54).
50 J.J. Rousseau, Der Gesellschaftsvertrag, 1, 6 (24f.)

volonté générale, zugrunde liegt, bedarf der Erlass eines Gesetzes keines Diskurses. Der allgemeine Wille rechtfertigt auch, im Gesetzgebungsverfahren das Mehrheitsprinzip gelten zu lassen,[51] während doch für den Abschluss des Grundvertrages Einstimmigkeit erforderlich ist. Es ist allerdings nicht recht klar, ob Rousseau meint, der allgemeine Wille, wie er dem Abschluss der Grundvertrages unterliege, decke das Verfahren oder der Wille der Mehrheit sei der gemeinsame Wille. Man wird das letztere annehmen und dabei Rousseaus Vorstellung zugrunde legen müssen, dass nicht die zahlenmäßige Mehrheit das Allgemeine des Willens ausmacht, die Allgemeinheit sich vielmehr in der Mehrheit Ausdruck verschafft.

So sehr Rousseau die politische Willensbildung von einer substanziellen Gemeinsamkeit bestimmt sein lässt, so sehr scheint es ihm angezeigt, prozedurale Sicherungen einzubauen, um den gemeinsamen Willen auch zur Geltung zu bringen. Denn der Wille des einzelnen ist als einzelner dem allgemeinen Willen entgegengesetzt, der Wille der vielen (*de tous*) deshalb nicht auch schon der allgemeine Wille, der *volonté générale.* Wie wird aus dem Willen der vielen ein allgemeiner Wille?

> »Von sich selbst will das Volk immer das Gute«, heißt es im Gesellschaftsvertrag, »aber es erkennt dasselbe nicht immer von sich selbst. Der allgemeine Wille ist stets richtig, allein das Urteil, welches ihn leitet, ist nicht immer im Klaren. Man muss ihn die Gegenstände so sehen lassen, wie sie sind, bisweilen so, wie sie ihm erscheinen sollen«.[52]

Rousseau führt deshalb einen »Gesetzgeber« ein. Ihm kommt an sich nur die Aufgabe zu, die Gesetze zu formulieren, ihm fällt damit aber auch die Aufgabe zu, das Volk von seinem eigentlichen Interesse zu überzeugen und den allgemeinen Willen seiner authentischen Form zuzuführen.

Auch für das Verständnis der Gerechtigkeit stellt der allgemeine Wille, die *volonté générale,* den Schlüssel zum Verständnis dar. So weit der gemeinsame Wille reicht, sind jedermanns Interessen in gleicher Weise berücksichtigt, so weit gemeinsamer Wille und gemeinsames Interesse reichen, muss deshalb die Gesellschaft auch eine gerechte Gesellschaft sein. Auch für Rousseau gilt deshalb, dass kein Gesetz ungerecht sein kann, weil jeder mit seinem freien Willen daran beteiligt ist und niemand gegen sich selbst ungerecht sein kann.[53] Wie Platon lässt Rousseau den gemeinsamen Willen durch das Gute bestimmt sein; das Gute ist aber auch das Gerechte.

---

51 J. J. Rousseau, Der Gesellschaftsvertrag, 4, 2 (142).
52 J. J. Rousseau, Der Gesellschaftsvertrag, 2, 6 (71).
53 J. J. Rousseau, Der Gesellschaftsvertrag, 2, 6 (70).

In der Konzeption eines gemeinsamen Willens und eines gemeinsamen Interesses als Grundlage der Gesellschaft hat Rousseau überlebt.[54] Bis heute erhalten sich substanzlogische Reste in der Struktur philosophischen Denkens. Für das Verständnis der Marktgesellschaft ist die Annahme irreal und kontraproduktiv. Denn so weit die Gemeinsamkeiten in der Marktgesellschaft reichen, sichern sie keine Vernetzung der Praxisformen, und so weit die Vernetzung der Praxisformen auf dem Markt reicht, wird ihre Verfolgung von Interessen bestimmt, die divergent sind. Bereits das Verständnis der Gesellschaft, wie es von Rousseau entwickelt wird, lässt erkennen, dass es für die sich entwickelnde Marktgesellschaft völlig unergiebig und unzeitgemäß ist. Das wird, wenn nicht schon an der Konzeption eines gemeinsamen Willens, so zumindest am Verständnis der Gerechtigkeit sichtbar. Hält man sich an die Theorie Rousseaus, so reicht die Gesellschaft genau so weit, wie der gemeinsame Wille und das gemeinsame Interesse reichen. Nur so weit die Gemeinsamkeit der Interessen und der darauf gegründete gemeinsame Wille reichen, sichert der gemeinsame Wille Freiheit und Gleichheit der Staatsbürger. Wenn es deshalb in der Marktgesellschaft jene Gemeinsamkeit geben sollte, die Rousseau dem Zusammenleben in der Gesellschaft unterlegt, so müsste man die Ökonomie aus der Gesellschaft herausnehmen. Vergleichbares gälte überdies für die kulturellen Differenzen, die in der modernen Gesellschaft anzutreffen sind. Festzustellen, dass eine auf den gemeinsamen Willen restringierte Gesellschaft auch eine gerechte Gesellschaft ist, wird dann zur Tautologie. Alle Differenzen bleiben außen vor. Das Postulat der Gerechtigkeit liefe vollständig leer.

Ersichtlich lässt sich das Problem der Gerechtigkeit, wie es sich in der Marktgesellschaft stellt, nur erfassen, wenn man feststellt, dass die Gesellschaft darauf gründet, die Einheit über die Differenz der Interessen herzustellen. Erst dadurch gewinnt das Problem auch seine Schärfe. Von diesem Verständnis aber waren die frühneuzeitlichen Theorien weit entfernt.

---

54 So bei J. Habermas, Theorie des kommunikativen Handelns. Die Gemeinsamkeit lässt sich unterschiedlich begründen, als nationale Schicksalsgemeinschaft (P. Graf Kielmansegg, Integration und Demokratie, S. 55 ff.), zumeist wohl als Wertegemeinschaft, die ein Bewusstsein der Identität in sich schließt. Irgend eine Form von Solidarität muss jedoch her (H. Abromeit, Wozu braucht man Demokratie?, S. 116 f.).

Resümee

I

Die Neuzeit stellt eine Zeitenwende dar. Sie findet in den Gesellschaftstheorien der frühen Neuzeit ihren Niederschlag. Jede der hier erörterten Theorien versteht die Gesellschaft als eine aus der Natur hervorgegangene konstruktiv geschaffene Organisationsform menschlichen Daseins. Jede führt ihren Bildungsprozess auf die Handlungs- und Machtpotenziale der Subjekte zurück, die zur Gesellschaft gehören. In jeder auch führt das Bewusstsein der Konstruktivität dazu, Gerechtigkeit als Anforderung an die Gesellschaft zu verstehen. Umso frappanter ist es, feststellen zu müssen, das in jeder der erörterten Theorien die Gerechtigkeit für die Ausgestaltung der Gesellschaft völlig unergiebig ist. In jeder der hier erörterten Theorien ist die Gesellschaft so, wie sie sich gebildet hat, auch die gerechte Gesellschaft. Der Befund lässt unser Erkenntnisinteresse eine Bestimmung erfahren, die so nicht zu erwarten war: Was, das ist die Frage, bestimmt den Positivismus der Gerechtigkeit und lässt die frühneuzeitlichen Erkenntnistheorien für das Verständnis der Gerechtigkeit selbst so unverständig wie unergiebig werden? Die Pointe an dieser Wendung ist, dass die frühneuzeitlichen Gesellschaftstheorien just dadurch für das Verständnis der Problemlage der Gegenwart brisant werden. Denn in der neoliberalen Theorie setzen sich Unverständigkeit und Unergiebigkeit im Verständnis der Gerechtigkeit fort.

2

Man wird nicht fehlgehen, wenn man in der affirmativen Ausprägung der Gerechtigkeit den Ausdruck des bürgerlichen Interesses sieht, die Eigentumsverfassung so zu sichern, wie sie sich unter der Marktgesellschaft ausbildet. Doch das ist nicht die ganze Geschichte. Es erklärt nicht die völlige Bedenkenlosigkeit, mit der die existente Gesellschaft auch als gerechte Gesellschaft verstanden wird. Der Grund liegt in den Grenzen der kognitiven Kompetenz, mit der die liberalen Theorien der Gesellschaft in der frühen Neuzeit die gesellschaftliche Entwicklung aufzuarbeiten suchen. Die werden zum einen von einer tradierten Logik des Denkens bestimmt, durch die Selbstbestimmung und Freiheit ihre substanzielle Verankerung im Subjekt finden. Jeder verfügt über sie, jeder kann sie nutzen. Ein Problem kann es nicht geben. Die Grenzen der kognitiven Kompetenz werden zum andern von den Grenzen der Reflexivität bestimmt. Die nämlich bildet sich mit dem Erwerb der Handlungs- und Organisationskompetenz in der Lebensführung des Subjekts aus. Ihr folgt sie auch in der Geschichte. Wenn sich deshalb am Beginn der Neuzeit die Reflexion auf die sich neu bildende gesellschaftliche Verfassung richtet, so bleibt die reflexive Vergegenwärtigung doch der Gesellschaft verhaftet, die sich tatsächlich ausgebildet hat. Der Positivismus der Wahrnehmung ist mit anderen Worten entwicklungslogisch bedingt. Er ist der noch naiven Form der reflexiven Wahrnehmung des Neuen geschuldet. Auch das neu gewonnene Bewusstsein der Konstruktivität stellt sich deshalb in der Reflexion so dar, wie sich die Konstruktivität in der Gesellschaft ausgebildet hat: just in den Verhältnissen, die vorgefunden werden. Nichts anderes gilt für die dem Subjekt unter dem Bewusstsein der Konstruktivität zugeschriebene Selbstbestimmung und Freiheit. Als Selbstbestimmung und Freiheit gelten just jene Betätigungen, in denen sie sich Ausdruck verschafft haben. Das sind wiederum die Betätigungen, wie sie in der Verfassung der Marktgesellschaft ausgebildet wurden.

3

Welche kognitive Kompetenz fehlt den frühneuzeitlichen Gesellschaftstheorien? Welche den liberalen Theorien der Gegenwart? Wie anders müsste Gerechtigkeit sich unter aufgeklärten Verhältnissen darstellen? Den frühneuzeitlichen Theorien fehlt das Vermögen, das Bewusstsein der Konstruktivität sich auf das Bewusstsein der Konstruktivität und das Bewusstsein der Selbstbestimmung und Freiheit sich auf das Bewusstsein der Selbstbestimmung und Freiheit richten zu lassen. Erst durch das reflexiv auf sich selbst gerichtete Bewusstsein der Konstruktivität entsteht eine Distanz zu den gesellschaftlichen Verhältnissen, die dem Subjekt Souveränität im Dasein verschafft. Erst durch das Bewusstsein, dass die Selbstbestimmung und Freiheit selbst unter dem Postulat der Selbstbestimmung und Freiheit stehen, entsteht das Bewusstsein, nicht den Verhältnissen ausgeliefert zu sein. Und erst damit kommt Gerechtigkeit in den Blick. Denn die stellt in Rechnung, dass die Stellung des Subjekts in der Gesellschaft eine von den Verhältnissen bedingte Stellung ist, dass sich seine Selbstbestimmung und Freiheit mithin nur gewinnen und sichern lässt, wenn sich das konstruktive Vermögen darauf richtet, die Verhältnisse so zu gestalten, dass Selbstbestimmung und Freiheit lebbar werden. Den frühneuzeitlichen Theorien kann man nicht anlasten, in der kognitiven Kompetenz nicht fortgeschrittener gewesen zu sein. Erst müssen die Verhältnisse sich entwickeln, bevor die Reflexion ihnen nachkommen kann. Was aber soll man von einem Liberalismus halten, für dessen kognitives Unvermögen in der Gegenwart Nobelpreise vergeben werden?

1.1 Die Gerechtigkeit der Französischen Revolution

1 Die Konstruktivität wird praktisch

Mit der Französischen Revolution gewann das am Beginn der Neuzeit gewonnene Bewusstsein, unter konstruktiv geschaffenen gesellschaftlichen Bedingungen zu leben, eine praktische Dimension. Als eine praktisch in Anspruch genommene Konstruktivität wurde sie politisch. Seither bestimmt das Bewusstsein der Machbarkeit die gesellschaftliche Ordnung. Über Jahrhunderte hatte sich unter der Decke der feudalständischen Gesellschaft eine Schicht von Unternehmern, Rechtsanwälten und Verwaltungsbeamten zur Trägerschicht der künftigen Marktgesellschaft zu entwickeln vermocht. Ihr Konflikt mit der ständischen Ordnung des Ancien Régime war unvermeidlich. Der Grund liegt in dem Widerspruch, den die Strukturen der agrarisch-feudalen Gesellschaften zu den Strukturen der Marktgesellschaft aufweisen. In der sich entwickelnden Marktgesellschaft verschafft er sich als Widerspruch des Bürgertums gegen die Ordnung des Ancien Régime Ausdruck. Das Bürgertum weiß sich ungerecht aufgestellt in den Strukturen der agrarisch-feudalen Gesellschaft. Es trägt nahezu alle Lasten, sieht sich aber hinter die beiden privilegierten Stände zurückgesetzt. Anfangs wurde die revolutionäre Bewegung durch das Interesse und die Forderung des Bürgertums nach Gleichheit zwischen den Ständen bestimmt. Konkret gefordert wurden Gleichheit der Besteuerung und Gleichheit des Zugangs zu den öffentlichen Ämtern, insbesondere zur Offizierslaufbahn in der Armee. Die Forderung des dritten Standes nach Gleichheit enthielt jedoch eine Sprengkraft, die weit über die konkreten Forderungen hinausging. Denn wenn sich auch der dritte Stand mit der Forderung nach Gleichheit der ständischen Ordnung einzupassen schien, strukturlogisch drohte die Forderung nach Gleichheit die ständische Ordnung zu sprengen. Denn der dritte Stand ließ sich der ständischen Ordnung nicht einpassen. Er war anders verfasst als die beiden anderen Stände. Der ›dritte Stand‹ war kein Stand im hergebrachten Sinne. Er wurde von Subjekten gebildet, die ihre Stellung in der Gesellschaft dem Markt verdankten und mit ihrer Stellung auch die Machtpotenziale, die sie in der Gesellschaft zur Geltung zu bringen suchten. Die Sprengkraft, die der dritte Stand für die Ordnung des Ancien Régime besaß, lag darin, dass er offen für den Machterwerb war. Die, die ihre gesellschaftliche Machtposition auf dem Markt erwarben, ließen sich von einer Prozessualität von Macht bestimmen, die geeignet war, den Raum der anderen Stände weiter zu beschränken und in Frage zu stellen. Diese Leute gaben sich nicht damit zufrieden, ihr Leben unter den stabilen Verhältnissen eines einmal erworbenen Machtpotenzials zu führen. Sie suchten ihre Macht auszubauen. Gegen die innere Dynamik dieses Standes vermochten sich die beiden anderen Stände nicht zu behaupten. Sie erwiesen sich denn auch als eigentümlich machtlos, als sich die Revolution in Bewegung setzte.

Die Bewegung, die der dritte Stand mit seiner Forderung nach Gleichheit in die Verfassung des Ancien Régime brachte, enthielt den Umsturz in sich. Sie kommt in der kleinen Schrift des Abbé Sieyès ›Was ist der dritte Stand‹ deutlich zum Ausdruck. Die Schrift ist noch während der Notabelnversammlung 1788 verfasst und im Januar 1789 veröffentlicht. In ihr heißt es: Wir haben uns drei Fragen vorzulegen:

> »Was ist der dritte Stand? Alles.
> Was ist er bis jetzt in der politischen Ordnung gewesen? Nichts.
> Was verlangt er? Etwas zu sein.«[1]

›Etwas‹ sein zu wollen, nimmt sich eher bescheiden aus. Gleichwohl zielt die Forderung auf nicht weniger als den Umsturz der gesellschaftlichen Ordnung. Denn wenn sich auch die direkten Forderungen anfangs nur gegen Adel und Geistlichkeit richten und den König verschonen, die Absicht ist doch, das Bürgertum zur bestimmenden Macht im Lande werden zu lassen. Worauf gründet die Macht des Adels, fragt Sieyès. Und seine Antwort ist: auf Eroberung. Nun, fährt er fort, wenn auf Eroberung, so muss der dritte Stand seinerseits zum Eroberer werden.[2] Auf Eroberung sind seine Forderungen in der Tat angelegt. Vordergründig geht es dem dritten Stand darum, seine Interessen zu sichern. Das ist nicht ungewöhnlich. Das haben die beiden anderen Stände auch getan. Mit der Forderung des dritten Standes wurde gleichwohl etwas Neues in die ständische Verfassung eingeführt. Bis dahin galten die Interessen, so wie sie in der feudalen Ordnung der Gesellschaft manifest geworden waren, als einer Ordnung eingeschrieben, die eine göttliche und mit der göttlichen eine naturrechtliche Geltung für sich in Anspruch nehmen konnte. Aber schon mit seiner Forderung nach Gleichheit kündigte der dritte Stand diese Ordnung auf. Denn mit ihr wird nicht weniger verlangt, als die Strukturen der Gesellschaft der Marktmacht ihrer Interessenten zu unterwerfen. Es ist diese Forderung, mit der das Bürgertum das moderne Verständnis der Gerechtigkeit entstehen lässt. Denn die zielt, das habe ich deutlich gemacht, anders als die Moral auf die Strukturen der Gesellschaft. In der Revolution richtet sie sich gegen die alten Strukturen, die des Ancien Régime, sie zielt auf die Schaffung neuer Strukturen, jener, die sich als Machtverfassung der Marktgesellschaft ausbilden.

---

1 Sieyès, Was ist der dritte Stand?, S. 119.
2 Sieyès, Was ist der dritte Stand?, S. 126.

2 Die Ausbildung des politischen Systems

Der eigentliche revolutionäre Akt der Französischen Revolution lag darin, dass sich der dritte Stand am 17. Juni 1789 zur Nationalversammlung erklärte. Die Erklärung stellt die Manifestation der historischen Schnittlinie dar, die wir zuvor erörtert haben. Es ist eine Manifestation der neu gewonnenen Gestaltungskompetenz und Gestaltungshoheit über die gesellschaftliche Ordnung. Nur ist es eine Manifestation, die den Widerspruch zur hergebrachten Machtverfassung zwar artikuliert, zugleich aber dadurch entschärft, dass sie sich gleichfalls auf Macht, auf jene, die dem Bürgertum zugewachsen ist, stützt. Zwar übt das Bürgertum die Macht im Namen des Souveräns, der Nation, aus, der Souverän gewinnt jedoch in der Versammlung eine sehr konkrete Gestalt, eben die seines bürgerlichen Substrats.

Die Souveränität der Versammlung ist zunächst nicht gesichert. Es dauert jedoch nur wenig mehr als zwei Monate, bis die Nationalversammlung im Dekret vom 11. August feststellt: »Die Nationalversammlung zerstört das Feudalregime vollständig.« Noch im selben Monat sichert die Nationalversammlung die Freiheitsrechte des dritten Standes in der Erklärung der allgemeinen Menschen- und Bürgerrechte vom 26. August. Mit beiden Gesetzeswerken leitet die Nationalversammlung einen Prozess ein, der die historische Dimension, die der Französischen Revolution zukommt, bis heute bestimmt: den Transformationsprozess des Staats von einer auf dem Eigenrecht und dem Eigeninteresse der Krone gegründeten Herrschaftsverfassung zum politischen System der Marktgesellschaft.[3] Man kann diesen Prozess als einen der Differenzierung zwischen Ökonomie und Politik verstehen. So stellt er sich dar, wenn der Prozess abgeschlossen ist. Damit jedoch ist der Prozess selbst historisch weder erklärt noch verstanden. Was also ist gemeint?

Die, die sich die Gewalt des Souveräns aneignen, die Mitglieder der Nationalversammlung, belassen es nicht dabei, die Freiheitsrechte für den dritten Stand zu schaffen. Sie haben auch nicht die Absicht, es bei der Gleichheit mit den beiden anderen Ständen sein Bewenden haben zu lassen. Ihr Ziel ist, die Gesellschaft ihrem Interesse entsprechend zu organisieren. Fortan sollen Verwaltung, Legislative und Rechtsprechung den Bürgern offen stehen. Notwendig lösen sich dadurch alle drei Gewalten von der zunächst noch fortbestehenden Gewalt des Königs. Von der Gemeindeverwaltung über die Distrikte und Departements zieht ein bürgerlich-demokratischer Aufbau in die Verwaltung ein. Vergleichbares gilt für die Organisation der Rechtsprechung. Furet und

---

3 Zur Ausbildung des Staates als politisches System in der frühen Neuzeit N. Luhmann, Der Staat des politischen Systems, S. 345-380.

Richet stellen fest: »Die Verwaltung des Reiches, die gesetzgebende und die richterliche Gewalt sind von ihm (dem König) auf eine bürgerliche Gesellschaft übergegangen.«[4]

Die Repräsentation des Bürgertums im Aufbau der Gesellschaft ist eines, die organisatorische Gestaltung, die die Marktgesellschaft mit der bürgerlichen Organisation ihrer Verfassung erfährt, ein anderes. Die Marktgesellschaft gründet, wie wir wissen, in einem ökonomischen System, das sich autonom über den Markt ausbildet. So sehr jedoch das ökonomische System das eigentlich Gesellschaft begründende System darstellt, es ist auch nur ein Teilsystem und für sich allein nicht in der Lage, das Gesamtsystem entstehen zu lassen. Die Vernetzung der Lebenspraxen der Subjekte bedarf neben der Vernetzung ihrer ökonomischen Lebensführung einer Regulierung und Gestaltung eben dieser Lebensführung in der Gesellschaft, die das ökonomische System von sich aus nicht zu bewirken vermag. Dazu bedarf es eines komplementären Systems, eben des politischen Systems. Die Funktionsdifferenzierung zwischen dem ökonomischen und politischen System besteht nach allem darin, dass das ökonomische System zwar die Grundverfassung der Gesellschaft bildet, durch es werden die Praxisformen der Lebensführung zur Gesellschaft vernetzt, aber es vermag auch nicht mehr, als eben diese Grundverfassung zu bewirken. Um das Zusammenleben der Subjekte in der Gesellschaft zu ermöglichen, bedarf es komplementärer Organisationsleistungen des politischen Systems. Dieses System beginnt sich mit der Organisation der Gesellschaft durch die Nationalversammlung auszubilden. Mit seiner Ausbildung entsteht in der Marktgesellschaft eine höchst eigentümliche Differenzierung, die sich mit einem systemtheoretischen Verständnis, demzufolge Teilsysteme wie andere Systeme verstanden werden sollen: in gleicher Weise autonom und voneinander unabhängig, nicht erfassen lässt. Präzisieren wir die Zuordnung: Dem ökonomischen System kommt dadurch, dass es die Praxisformen der Subjekte allererst zur Gesellschaft vernetzt, im Gesamtsystem eine vorrangige Bedeutung zu, also doch auch gegenüber den anderen Teilsystemen. Dem politischen System kommt aber dadurch, dass es die Rahmenorganisation schafft, und das ebenfalls für die Teilsysteme wie für das Gesamtsystem, eine Gestaltungskompetenz und eine Gestaltungshoheit zu, die auch das ökonomische System als Bedingung der eigenen Verfassung wie der Gesamtverfassung der Gesellschaft nicht infrage stellen kann.[5] Das Problem, das daraus entsteht, ist evident: Auch wenn das politische System keine Oberhoheit über die anderen Teilsysteme in Anspruch nehmen kann – Hegels Philosophie der Gesellschaft hat sich

---

4 F. Furet/D. Richet, Die Französische Revolution, S. 156.
5 Zum Problem der Zuordnung der Teilsysteme H. Willke, Supervision des Staates.

überlebt –, bleibt die Funktionsbestimmung des politischen Systems, die Bedingungen der Einheit und damit der Integration der Subjekte zu garantieren, erhalten. Der Konflikt mit dem ökonomischen System, resp. jener seiner Interessenten, die sich eine Vorzugsstellung in ihm zurechnen, ist vorprogrammiert. Das Bürgertum vermochte ihn in der Französischen Revolution ein erstes Mal für sich zu entscheiden.

Vergegenwärtigt man sich die funktionale Differenzierung, die die Marktgesellschaft in ihrer Verfassung durch die Gestaltung der Verwaltung, Legislative und Rechtsprechung erfährt, rückt deren bürgerliche Okkupation erst recht ins Licht. Mit der Okkupation der drei Gewalten durch das Bürgertum wird die Systemkonformität zwischen dem ökonomischen und politischen System auf eine gleichsam lautlose Weise gesichert. Die anfangs dem König noch belassenen Mitwirkungsrechte an den politischen Gewalten stellten im System der sich nun formierenden Marktgesellschaft einen Fremdkörper dar. Es konnte nicht lange dauern, bis man darauf kam, dass es in der Logik der eingeleiteten Entwicklung lag, dem König den Kopf abzuschlagen.

Die vom Bürgertum für sich entschiedene Konformität des Gesamtsystems umfasste auch die kulturelle Dimensionierung, die in der bürgerlichen Okkupation der Gewalten mitgeführt wurde. Mit der Aneignung der Gestaltungshoheit im politischen System erfährt der für das Bürgertum bestimmende Gedanke der Selbstgesetzgebung seine reale gesellschaftliche Ausgestaltung. Mit ihm nimmt es das Bürgertum in die Hand, mit den politischen auch die kulturellen Bedingungen für seine eigene Entwicklung zu schaffen.

3 Gerechtigkeit für den Bürger

3.1 Freiheit und Gleichheit

Die Französische Revolution war eine bürgerliche Revolution, aber sie war auch eine Revolution im Namen der Gerechtigkeit. Seit 1789 richtet sich das Postulat der Gerechtigkeit darauf, die Strukturen der Gesellschaft so zu gestalten, dass sie denen eine Teilhabechance verschaffen, die sich von diesen Strukturen unterdrückt sehen und an der Gesellschaft leiden. Es versteht sich: Die Gerechtigkeit, die die Revolution zu begründen suchte, war eine Gerechtigkeit für das Bürgertum. Sie richtete sich gegen die Verfassung des Ancien Régime. Allein, sie war eine Gerechtigkeit, wie sie sich nur in der Neuzeit auszubilden vermochte. Mit ihr wurden die Integrationsdefizite, die die Gesellschaft des Ancien Régime aufwies, beseitigt. Ihre Verwirklichung fiel einem politischen System zu, das sich eigens zu diesem Zwecke bildete. Es war diese Form der Gerechtigkeit, der die Revolution Geltung zu verschaffen suchte, indem sie die Postulate von Freiheit und Gleichheit gegen die Strukturen der ständischen Gesellschaft richtete und der Verfassung als Organisationsprinzipien einschrieb.

Die Repräsentanten des Souveräns, die Mitglieder der Nationalversammlung, vermochten die Postulate von Freiheit und Gleichheit als Parolen der Befreiung aus den Strukturen der ständischen Gesellschaft nur universal zu formulieren. Zum einen hätte jeder gesellschaftliche Vorbehalt den Repräsentanten der ständischen Verfassung dazu dienen können, sich ihrerseits eines Vorbehalts gegen die Postulate des Bürgertums zu bedienen, zum andern war das Denken in der frühen Neuzeit weiterhin einer Logik verhaftet, die die normativen Postulate lediglich als aus Prinzipien abgeleitet zu verstehen vermochte. Denen aber war eine vorbehaltlose begriffliche Generalisierung eigen. Als Prinzipien waren Freiheit und Gleichheit im Denken der frühen Neuzeit naturrechtlich verankert, wie unterschiedlich auch immer man Natur verstand. Das Bürgertum hatte mit der Generalisierung keine Probleme. Eben weil der dritte Stand sich dahin verstand, alles zu sein, das Volk schlechthin,[6] ließen sich Freiheit und Gleichheit als Freiheit und Gleichheit für alle einfordern. Die Stellung des Subjekts in der Grenze der Gesellschaft erfuhr durch sie eine für die Marktgesellschaft kennzeichnende Artikulation: Freiheit wie Gleichheit meinten, dass jeder sich erst selbst seinen Platz in der Gesellschaft verschaffen sollte. Für dieses Verständnis von Freiheit und Gleichheit war die Selbstverwirklichung auf dem Markt konstitutiv. Dieses Verständnis von Freiheit und Gleichheit schloss ein, zwar vor der Gesellschaft als gleich zu gelten, sich in der Gesellschaft aber als ungleich und darin auch als unfrei wiederzufinden. Der Liberalismus artikuliert deshalb Freiheit auch in den nachfolgenden Jahrhunderten am liebsten als gleiche Freiheit, sich in die Gesellschaft zu integrieren.[7]

In der Revolution entfalteten Freiheit und Gleichheit, die beiden sich aus dem Selbstverständnis des bürgerlichen Subjekts heraussetzenden normativen Postulate, deshalb eine doppelte Stoßrichtung: Retrospektiv richteten sie sich gegen alle ständischen Privilegien, prospektiv hatten sie eine radikale Befreiung von allen askriptiven Fixierungen des einzelnen durch die Gesellschaft zum Ziel. Künftig soll jeder jedem darin gleich sein, dass er sich selbst erst vermöge seiner Fähigkeiten und seiner Möglichkeiten in der Gesellschaft einen Platz verschafft. Und dadurch, so hätte das liberale Bürgertum fortfahren können, hat es aber naturgemäß nicht zur Fanfare der Revolution werden lassen, soll jeder auch allen anderen ungleich werden können. Mit diesem Bedeutungsgehalt,

6 Sieyès, Was ist der dritte Stand?, S. 119.
7 So der Artikel von Pfizer über Liberalismus im Staatslexikon von Rotteck und Welcker (1847); P. Pfizer, Liberal, Liberalismus, S. 523-534.

jedem die gleiche Chance zu sichern, sich in die Gesellschaft einzubringen, setzten sich die Postulate in die Deklaration der Menschen- und Bürgerrechte vom 26. August 1789 in Frankreich um.[8] »Die Menschen werden frei und gleich an Rechten geboren und bleiben es.«

Mit dem bürgerlich-liberalen Verständnis von Freiheit und Gleichheit, mit ihrer Allgemeinheit insbesondere, hat es allerdings eine eigenartige Bewandtnis. Das Bürgertum bedarf der Freiheit und Gleichheit als Garantien ebenso des Zugangs zum Markt wie der Betätigung auf dem Markt. Und es bedarf ihrer Garantie im politischen System, weil die Freiheit der ökonomischen Betätigung ohne die der politischen nicht zu haben ist. Die Ökonomie war es, die der Demokratie Geltung verschafft hat, mag auch zu ihrer Durchsetzung die politische Philosophie hilfreich gewesen sein. Das Bürgertum bedarf der politischen Postulate von Freiheit und Gleichheit im politischen System aber auch nur für sich, um sie mit der ökonomischen Freiheit und Gleichheit in eins gehen zu lassen. Unterhalb der Schicht bürgerlicher Liberalität befindet sich jedoch jene breite Schicht derer, denen es nicht gelungen ist, sich die ökonomischen Voraussetzungen der Bürgerlichkeit zu verschaffen. Es ist dieses Junktim zwischen einer ökonomischen und politischen Ausprägung der Liberalität, die das Bürgertum veranlasst hat, die Teilhabe an der politischen Gewalt ungeachtet der Universalität der Postulate jenem Teil des Volkes vorzuenthalten, der nicht zu ihm zählt. Es ist ersichtlich ein gespaltenes Bewusstsein, das vom Bürgertum auch mit gespaltener Zunge artikuliert wird. Das zeigt sich im Wahlrecht. Das im Dezember 1789 beschlossene zweistufige Wahlrecht schließt von der Aktivbürgerschaft alle aus, die im Dienstbotenverhältnis stehen. Überdies ist nur wahlberechtigt, wer eine direkte Steuer im Wert von drei Arbeitstagen abführt. Von der Teilnahme an der Wahl ausgeschlossen ist damit etwa ein Drittel der andernfalls wahlberechtigten Männer. Auf der zweiten Stufe, der Stufe der Wahlmänner, die die Abgeordneten wählen, ist die Restriktion noch um einiges rigider. Die Wahlmänner müssen, um gewählt werden zu können, den Gegenwert von zehn Arbeitstagen abführen. Auch die Wählbarkeit zur Nationalversammlung selbst ist vom Grundbesitz und von einer Steuerleistung von etwa fünfzig Livres, der berühmten »Silbermark«, abhängig. Zwar bestimmt die Verfassung von 1791, dass alle Bürger zu allen Stellen und Aufgaben zugelassen sind, ohne einen anderen Unterschied als den der Tugend und der Fähigkeiten, und der Artikel 3, Abschnitt III fügt noch hinzu: ›Alle Aktivbürger, gleich welchen Standes, welchen Berufs oder welcher Steuerleistung können zum Repäsentanten der Nation gewählt werden‹, die Verfassung von 1791 setzt dafür aber die Steuerleistung der Wahlmänner herauf. Erst die Verfassung von 1793 lässt jeden, und zwar wirklich

8 Text: W. Heidelmeyer, Die Menschenrechte, S. 56 ff.

jeden, auch als Aktivbürger zu den Wahlen zu. Der Artikel 7 bestimmt: »Das Volk ist als Souverän die Gesamtheit der französichen Staatsbürger.« Die Verfassung von 1793 ist jedoch nie umgesetzt worden.

3.2 Macht als Bedingung der Gerechtigkeit

Im Kontext unserer Erörterung ist das bürgerlich liberale Verständnis von Freiheit und Gleichheit und deren Umsetzung in die politische Verfassung deshalb von Interesse, weil es auf eindrückliche Weise dokumentiert, wodurch sich das Verständnis der Gerechtigkeit in der Marktgesellschaft ausbildet. Es haftet am Bewusstsein der Konstruktivität. Das wurde am Beginn der Neuzeit zunächst auf einer abstraktiv-reflexiven Ebene artikuliert. Als es sich in der Französischen Revolution praktisch und politisch umsetzte, verbindet sich das Postulat der Gerechtigkeit einem Bildungsprozess der Gesellschaft, wie er sich eine Geschichte lang beobachten lässt: Es sind die Machtpotenziale des Bürgertums, durch die das Bewusstsein der Konstruktivität seine gesellschaftliche Relevanz gewinnt. An den Ereignissen der Französischen Revolution lässt sich deshalb eindrücklich dokumentieren, was wir eingangs als Befund an der Marktgesellschaft erhoben haben: In der Marktgesellschaft setzt sich der Bildungsprozess der Gesellschaft über die Machtpotenziale derer fort, die sich in ihr vergesellschaften. Mit der Marktgesellschaft bildet sich deshalb aber auch die Problemlage aus, in der wir uns seither befinden: Zwar erfolgt die Gestaltung der gesellschaftlichen Verhältnisse zunächst durch das Bürgertum und zwar ausdrücklich unter dem Postulat der Gerechtigkeit, nachdem aber die Machbarkeit der Gesellschaft evident geworden ist, wird Gerechtigkeit auch von denen eingefordert, die sich von den Machtpotenzialen des Bürgertums an den Rand der Gesellschaft gedrängt finden. Auch sie sind, nicht anders als das Bürgertum, bestrebt, die Organisationskompetenz und Organisationshoheit des politischen Systems für sich in Anspruch zu nehmen. Ihre Erfolgschance ist jedoch nicht die gleiche. Das Bürgertum verfügte über die Machtbasis, um Gerechtigkeit für sich geltend zu machen, die, die sich in der Gesellschaft an den Rand gedrängt sehen und sie nunmehr für sich einfordern, sehen sich jedoch darauf verwiesen, sich im politischen System eine Machtbasis zu verschaffen, die sie im ökonomischen System der Gesellschaft nicht zu gewinnen vermochten. Die Dramatik, die dieser Entwicklung innewohnt, fand in der Französischen Revolution ihren Ausdruck, als es dem Volk in der Phase der Terreur gelang, Einfluss auf die Revolution zu gewinnen.

4 Die andere Gerechtigkeit, die Gerechtigkeit der Terreur

Die Französische Revolution kannte unterschiedliche Trägerschichten. Das Bürgertum, das in der Nationalversammlung repräsentiert war, war nur eine, wenn auch die wichtigste. Daneben wirkte das Volk von Paris in der Revolution mit. Überdies gab es noch eine Anzahl von Revolutionen in den Provinzen, an denen wiederum unterschiedliche Trägerschichten beteiligt waren. Am nachhaltigsten hat das Volk von Paris auf die Revolution eingewirkt. ›Das Volk von Paris‹, das waren, in einer nur unbestimmt möglichen Abgrenzung, die kleinen Leute: die Händler, Handwerker und Gesellen und nur zu einem geringen Teil schon Arbeiter in den Manufakturen. Mit ihm brachte sich jene Bevölkerungsschicht in die Revolution ein, deren Armut vom Ancien Régime übernommen war. Am Anfang des 17. Jahrhunderts lebte der Schätzung eines Zeitgenossen zufolge ein Viertel der Pariser Bevölkerung in bitterer Armut.[9] Dazu kamen noch die Arbeiter der Hausindustrie und in den Manufakturen. Auch die Forderungen des Volkes richteten sich in der Revolution gegen die Bedrückungen des Ancien Régime, wenn das niedere Volk diese Bedrückungen auch anders erfahren hatte als das Bürgertum. Zwar hatte der absolutistische Staat die mittelalterliche Versorgungsverpflichtung der Städte übernommen und fortgeführt,[10] vermochte ihr aber je länger desto weniger nachzukommen. Den einfachen Leuten des Volkes standen die Bedrückungen des Ancien Régime deshalb vor allem in den ständigen Hungersnöten ins Haus. Die Forderungen des Volkes richteten sich denn auch auf eines: auf die Garantie von Arbeit und damit auf Brot. Denn obgleich sich das Volk zur Zeit der Revolution noch in keiner Weise in die Marktgesellschaft integriert fand, die hatte sich noch längst nicht durchgesetzt,[11] fand es sich in deren ökonomischer Vorform einer defizitären Integration ausgesetzt, die schon sein Dasein im Ancien Régime bestimmt hatte. Die Ökonomie nahm die Arbeitskraft eines Großteils des Volkes, gleich ob sie direkt oder in Form von handwerklichen Produkten angeboten wurde, nicht ab oder doch nur unter Bedingungen, die das Volk hungern ließen. Für das Volk mussten deshalb die großen Postulate, unter denen die Revolution in Gang gesetzt wurde und die dann auch in der Deklaration der Menschen- und Bürgerrechte vom August 1789 ihren Niederschlag fanden: Freiheit und Gleichheit vor allem, geradezu chiliastische Hoffnungen wecken. Mit der Forderung nach Gleichheit formierte sich deshalb

9 Nachweise bei M. Dobb, Entwicklung des Kapitalismus, S. 226.
10 W. Sombart, Der moderne Kapitalismus I.1, S. 363.
11 E. Schmitt, Die Französische Revolution.

eine zweite Revolution, eine andere als die erste, eine Revolution in der Revolution: die Revolution der Terreur.[12]

Die Sansculotten der Pariser Sektionen forderten, als sie Einfluss auf die Revolution gewannen, denn auch vor allem das Recht auf Arbeit, daneben das Recht auf Bildung. Sie artikulierten damit Jahrzehnte vor der industriellen Revolution exakt jene Bedingungen, die seither als Bedingung der Inklusion in die Ökonomie eingefordert werden: Arbeit und Bildung. Allerdings verstanden sie auch Gleichheit anders als das Bürgertum. Das hatte, wie wir gesehen haben, die Gleichheit als ein geradezu vorgesellschaftliches, naturrechtliches Prinzip verstanden, das dazu dienen sollte, jedem die Entfaltung seiner Möglichkeiten zu gewährleisten. Das Volk verstand Gleichheit als Garantie einer Gleichheit der Lebenslagen. Und die wurde bestimmt von der Vorstellung einer Gleichheit des Besitzes an jenen einfachen Dingen des Lebens, die ein wenig Sicherheit gewährleisteten. Dem Volk war bewusst, dass sich diese Garantie nicht auf dem Markt gewinnen ließ, es suchte sie mit den Mitteln der Politik zu realisieren. In der Endphase der Terreur vermochte sich die Verfolgung deshalb schließlich gegen alle zu richten, die über ein nicht näher zu bestimmendes Mittelmaß an Besitz hinausragten.

Es ist bekannt, wie die Geschichte ausgegangen ist. »Nach dem Ende der Terreur«, stellen Furet und Richet fest, »ist die Geschichte weitergegangen auf ihrem Weg, der für mehr als ein Jahrhundert ein liberaler, bürgerlicher Weg bleibt.«[13] Weitergegangen auf ihrem Weg ist die Geschichte auch darin, dass sich der Konflikt zwischen denen, die von den Interessen des Kapitals zu profitieren vermochten, und denen, die von diesen Interessen nicht inkludiert wurden, weiter verschärfte. Durch die Geschichte der Marktgesellschaft zieht sich die Spur der Verelendung derer, die als Lohnarbeiter auf den Arbeitsmarkt drängen, ohne von ihm in das ökonomische System inkludiert zu werden. Durch die Geschichte der Marktgesellschaft zieht sich deshalb auch die Spur einer anderen Gerechtigkeit: der Gerechtigkeit einer Lohnarbeiterschaft, die mit der industriellen Revolution zum Proletariat wird.

---

12 A. Soboul, Französische Revolution und Volksbewegung: die Sansculotten, S. 70 ff.

13 Fr. Furet/D. Richet, l. c. S. 331. Zur Behauptung der liberalen Errungenschaften der Revolutionszeit in der Phase der Restauration gegen ausländische Intervention und Ultraroyalisten mit Hilfe der nationalistischen Agitation vgl. die informative Studie von Heinz-Gerhard Haupt, Nationalismus und Demokratie, S. 168-203.

Resümee

1

Mit der Entwicklung der Marktgesellschaft übersetzte sich das am Beginn der Neuzeit gewonnene Wissen um die Konstruktivität in das Bewusstsein der Machbarkeit der gesellschaftlichen Verhältnisse. Mit ihm bekam die Gerechtigkeit eine Chance, mehr noch: Sie bildete sich zu dem Postulat aus, als das wir sie seither verstehen. Das Bürgertum ergriff die Chance. In der Revolution zerstörte es im Namen der Gerechtigkeit die Feudalgesellschaft und schuf für sich Verhältnisse, in denen Selbstbestimmung und Freiheit, die Theoreme, die das Grundverständnis des Subjekts in der Neuzeit ausmachen, lebbar wurden. Hält man die Errungenschaften der Revolution gegen die Strukturen der Herrschaft, die über Jahrtausende die Gesellschaft bestimmt hatten, erweist sich die Revolution als ein Geschehen, in dem sich eine Emanzipation des Menschen aus Verhältnissen vollzog, die er zwar selbst geschaffen hatte, deren er aber nicht Herr zu werden wusste.

2

Der Triumph der Machbarkeit über die Verhältnisse und mit ihr der Triumph der Gerechtigkeit über die Unterdrückung bleibt jedoch an die Verhältnisse gebunden. Die hatten längst schon begonnen, sich gegen die Strukturen der Feudalgesellschaft zu entwickeln. Die Gerechtigkeit der Revolution ist deshalb eine Gerechtigkeit, die genau so weit reicht, wie die Strukturen der Marktgesellschaft sie reichen lassen. Eben darin erweisen sich Revolution wie Gerechtigkeit auch als Gefangene der Strukturen. Überdies aber hat die Gerechtigkeit nur deshalb zu triumphieren vermocht, weil sich das Bürgertum zu organisieren verstand und damit jenes Machtpotenzial entwickelte, das notwendig war, die Feudalgesellschaft zu zerstören.

3

Mit der Marktgesellschaft, für die in Frankreich die Revolution erst den Durchbruch gebracht hat, entsteht eine Konstellation, die in der Phase der Terreur erstmals sichtbar wird und seither die Verhältnisse in der Marktgesellschaft bestimmt. Diese Gesellschaft hält, darin nicht anders als das feudale Regime vor ihr, von Anfang an Millionen dadurch unterdrückt, dass sie vom ökonomischen System exkludiert bleiben. Auch in ihr nehmen die, die an der Gesellschaft leiden, das Postulat der Gerechtigkeit für sich in Anspruch. Auch in ihr fordern sie die Machbarkeit der Verhältnisse vom politischen System ein. Die Gerechtigkeit des Volkes sieht sich aber mit zwei Problemen konfrontiert: Ihre Gerechtigkeit richtet sich gegen gesellschaftliche Strukturen, die sich eben erst durchzusetzen und zu entwickeln begonnen haben. Um in diese Strukturen auch ihre Interessen eingehen zu lassen, bedarf es eines Machtpotenzials, das es in der Phase der Terreur zwar zu gewinnen sucht, aber nicht zu organisieren und auf Dauer zu stellen vermag. Es bedurfte nahezu hundert Jahre, um mit der Ausbildung des Proletariats für diese Gerechtigkeit sich eine Machtbasis zu verschaffen.

2 Gerechtigkeit für das Proletariat
Ihre Genese aus der Klassengesellschaft

1 Die Marktgesellschaft als Verhängnis

1.1 Die Entwicklungsdynamik

Die Entwicklung der Marktgesellschaft ist durch eine Entwicklungsdynamik gekennzeichnet, die sich entlang dreier Entwicklungslinien
verfolgen lässt:
- Zum einen ist es die Entwicklung der Produktivkräfte, die sich mit
  einer außerordentlichen Stringenz vom Verlagssystem über das Ma-
  nufaktursystem und das frühe Fabriksystem zur industriellen Revolution entfalteten. Durch sie transformiert sich die vormalige Agrargesellschaft zur Industriegesellschaft des 18. und 19. Jahrhunderts.
- In eins mit den unterschiedlichen Phasen in der Entwicklung der
  Produktivkräfte entwickelt sich zum andern die Problemlage, die
  diese Gesellschaft aufweist. Ihre strukturellen Defizite der Integration
  schlagen sich in beiden Jahrhunderten in einer ungemeinen Verelendung der Lohnarbeiterschaft und ihrer Familien nieder.
- Mit der Verelendung ist schließlich die dritte Entwicklungslinie in
  der historischen Entwicklung der Marktgesellschaft verbunden: der
  Widerstand einer Lohnarbeiterschaft, die sich zum Proletariat entwickelt und für sich gedeihlichere Verhältnisse zu schaffen sucht.
Wir sind an den unterschiedlichen Entwicklungslinien aus unterschiedlichen Gründen interessiert. Die Entwicklungsdynamik der Produktivkräfte der Marktgesellschaft und die mit ihr einhergehende Entwicklung
der Produktionsform muss auf ihre bewegende Kraft befragt werden,
wenn die Marktgesellschaft richtig verstanden werden soll. Der Markt
erfährt nämlich in der ökonomischen Theorie eine eigentümliche Mystifikation. Er gilt als eine spontane Organisation, der zugeschrieben wird,
die beste aller Gesellschaften heraufgeführt zu haben. Die Entwicklung
der Verelendung der Lohnarbeiterschaft im 18. und 19. Jahrhundert
ist für uns deshalb von Interesse, weil es deutlich zu machen gilt, dass
es strukturelle, das heißt, in der Verfassung des ökonomischen Systems
gelegene Gründe sind, die sie bewirkt haben. Die Ausprägungen der
Verelendung ändern sich mit den Phasen, die das ökonomische System
in seiner Entwicklung durchläuft, die strukturellen Defizite selbst erhalten sich und bringen sich immer neu zur Geltung. Vor allem aber sind
wir an der Entwicklung des Widerstandes der Lohnarbeiterschaft interessiert. Denn mit ihm formiert sich jenes Postulat der Gerechtigkeit, um
das es auch heute noch geht. Es verschafft sich in der Revolution vom

November 1918 eine Organisationsform, die ihm Geltung verschaffen soll: den Sozialstaat.

1.2 Die Produktion für den Markt

Bereits ihre Vorgeschichte im Hochmittelalter, die Entwicklung der Stadt und des Handels mit Rohstoffen und gehobenen Gebrauchsgütern,[1] lässt die Dynamik erkennen, die die Ausbildung der Marktgesellschaft kennzeichnet. Beide, die Entwicklung der Stadt und die Entwicklung des Handels, ziehen die Organisation von Produktionsstätten nach sich, die eigens darauf angelegt sind, große Stückzahlen in Lohnarbeit für den Markt hervorzubringen. Die Produktion für den Markt erfolgte zwar zunächst nur in einigen Städten, jedoch auch im Spätmittelalter bereits in einer Vielzahl von Regionen.[2] Und vor allem: Der Absatz der Produkte erfolgte von Anfang an über große Räume hinweg, translokal und transnational. Man braucht nach der Triebkraft der Entwicklung der Marktgesellschaft nicht erst lange zu suchen: Die Aussicht auf Gewinn ist Anlass genug, um den Prozess voranzutreiben und nicht zum Stillstand kommen zu lassen. Es gibt Widerstände, die sich der Organisation der Produktion für den Markt entgegenstellen, in der Zunftverfassung der Städte vor allem, auch sie werden von dem Verlangen, die Gewinnchancen zu nutzen, die sich mit der Produktion für den Markt aufgetan haben, überwunden. Die aber unterscheiden sich signifikant von denen, die vormals mit dem Handel verbunden waren. Die Eigenart des aus der Produktion für den Markt gezogenen Gewinns besteht darin, dass er sich organisieren lässt. Während Kaufleute im Handel den Gewinn aus der Differenz zwischen Einkauf und Verkauf erzielen, erzielen Kaufleute als Unternehmer den Gewinn aus der Organisation der Lohnarbeit. Was fürderhin als Gewinn anfällt, ergibt sich aus der Differenz der Kosten für die Produktion und dem auf dem Markt erzielten Preis. Marx hat ihn als Mehrwert verstanden, als den Teil des Wertes, der nicht vergüteter Arbeit entspricht. Eben diese Differenz zu erwirtschaften, bestimmt jedoch die Absicht der Organisation. Für den Unternehmer stellt sich der Gewinn deshalb als Entgelt der Organisation dar. Wie auch immer, der Gewinn ermöglicht dem Unternehmer, Kapital zu akkumulieren und die Produktion tunlichst in größerem Umfang und mit (absolut) größerem Gewinn fortzusetzen.

---

1 Zum Zusammenhang der Entwicklung der Stadt und des Marktes im Mittelalter vgl. die Kap. 1 Ziff. 3.2 angegebene Literatur.
2 V.R.S. DuPlessis, Transitions to Capitalism. DuPlessis hegt allerdings Zweifel an der selbsttreibenden Kraft der Entwicklung: Vgl. DuPlessis, ebd., S. 12.

Die Produktion für einen Markt, auf dem die Waren unter Bedingungen der Konkurrenz angeboten werden, ist selbsttreibend. Sie lässt Unternehmer darauf bedacht sein, günstiger zu produzieren, und das heißt vor allem, nach Möglichkeiten zu suchen, die Produktionskosten zu senken. Das ist fast schon das ganze Erfolgsrezept des Marktes. Über ihn als Medium bildet sich das ökonomische System. Beide, Markt und ökonomisches System, bilden sich im Verfahren der Selbstorganisation. Die treibt auch deren Entwicklung voran. So bedeutsam das Moment der Selbstorganisation ist, man muss sich vergegenwärtigen, dass sie mit einem hohen Aufwand an Organisation verbunden ist, die eigens auf die Selbstorganisation des Marktes ausgerichtet ist. Die Selbstorganisation des Marktes resp. des ökonomischen Systems wird gleichsam von der Organisation der Selbstorganisation getrieben. Das schlägt sich in der Natur des ökonomischen Systems nieder. Soziale Systeme bilden sich über die Vernetzung von Handlungen, die das System bestimmen. Und das sind für das ökonomische System Handlungen, die von der Intentionalität der Kapitalakkumulation bestimmt werden. Sie sind es, die sich zum System der Ökonomie vernetzen. Dass sie hernach von der Selbstorganisation des ökonomischen Systems erfasst und von ihm getrieben und bestimmt werden, ändert nichts daran, dass dieses System auf eben diese Interessen als seinen energetischen Input fixiert ist. Auch der Entwicklungssog, der von diesem System ausgeht und die Güterproduktion bewirkt, wird von dem Interesse an der Kapitalakkumulation getrieben.

Das System der Ökonomie, das damit entsteht, zeigt wundersame Züge: Es ist auf die Interessen einiger, auf die Interessen der Eigner des Kapitals an der Kapitalakkumulation, angelegt, dient aber, wie man sagt, den Interessen aller. Die wundersame Geschichte zieht sich durch die ökonomische Theorie von Adam Smith bis Friedrich Hayek.[3] Gegenwärtig dient sie einer politischen Führungsriege in den westlichen Gesellschaften dazu, als *trickle down effect* die neoliberale Strategie zu legitimieren. Historisch ist jedoch gar nicht zu übersehen, dass das ökonomische Wachstum im 18. und 19. Jahrhundert zunächst einmal dazu geführt hat, dass die große Masse der Subjekte in eine verheerende Lebenslage geraten ist. Auch in der Gegenwart hat die neoliberale Politik dort, wo sie entschieden genug verfolgt wurde, wie unter Reagan und Thatcher, einen ähnlich verheerenden Effekt für Millionen Menschen mit sich gebracht. Der Grund war damals derselbe wie heute. Er liegt

---

3 A. Smith. Wealth of Nations, Buch 1, Kapitel 1. Dort heißt es: It is the great multiplication of the productions of all the different arts, in consequence of the division of labour, which occasions, in a well-governed society, that the universal opulence extends itself to the lowest ranks of the people. Ähnlich Fr. Hayek, Die Verfassung der Freiheit, S. 59.

in den beiden strukturellen Defiziten der Marktgesellschaft: In dieser Gesellschaft sind alle darauf angewiesen, in das ökonomische System inkludiert zu werden, das ökonomische System erweist sich aber nicht der Lage, das Angebot der Arbeitskraft aller, die in das ökonomische System inkludiert werden wollen, auch abzunehmen. Es gibt, darauf habe ich eingangs schon hingewiesen, in der Marktgesellschaft keinen funktionalen Mechanismus, der die Zahl derer, die in das ökonomische System inkludiert werden wollen und müssen, mit der jeweiligen Inklusionskapazität des ökonomischen Systems zur Deckung brächte. Das ökonomische System braucht einen solchen Mechanismus auch nicht. Die Interessen der Subjekte in seiner Grenze gehören ihm nicht an.

Die strukturelle Verfassung des ökonomischen Systems hat die Sozialgeschichte des 18. und 19. Jahrhunderts bestimmt. Durch sie zieht sich die Spur des Elends derer, deren Arbeitsangebot vom ökonomischen System nicht abgenommen wurde. Es gab nur wenige Phasen in der Geschichte der Marktgesellschaft, in denen Arbeitkräfte knapp waren. So vermochten in der Frühphase der Industrialisierung die Wollspinner den Bedarf der Weber nicht zu decken. Von den Wollspinnern auf der Ebinger, Tuttlinger und Balinger Alp hieß es deshalb zu Beginn des 19. Jahrhunderts, dass sie in glänzenden Verhältnissen lebten.[4] Als mit der Erfindung von Cromptons Mule-Maschine die Produktion von Garn um das 200fache stieg, wurde im Gegenzug für kurze Zeit die Arbeitskraft der Weber knapp.[5] Doch von diesen und anderen Knappheitsphasen des Angebots an Arbeitskraft abgesehen, bestand durch die Geschichte der Marktwirtschaft ein Überangebot an Arbeitskraft. Das ist der eine Grund der Verelendung der Menschen in den beiden Jahrhunderten. Der andere ist ihm eng verbunden. Dort, wo ein Überangebot an Arbeitskraft besteht, tendiert das System dazu, die Entlohnung an die Grenze des Existenzminimums zu treiben. Und ganz ebenso, wie es strukturelle Gründe waren, die das Angebot der Arbeitskraft vom ökonomischen System nicht aufsaugen ließen, waren es strukturelle Gründe, den Lohn über Jahrhunderte der Entwicklung der Marktgesellschaft bis zur Grenze des Existenzminimums zu drücken, zuweilen auch noch darunter. Die Konkurrenz der Arbeiter auf dem Markt war dafür ebenso bestimmend wie der in der Produktion für den Markt mitgeführte Antagonismus zwischen Kapital und Arbeit resp. Gewinn und Lohn. Selbst wenn der Unternehmer Arbeitskräfte benötigte, war er unter den Bedingungen eines freien Arbeitsvertrages in der stärkeren Position, um den Lohn und die Bedingungen des Arbeitsvertrages zu bestimmen.[6]

4 O. Borst, Staat und Unternehmer in der Frühzeit der Württembergischen Industrie, S. 169.
5 J. Kulischer, Allgemeine Wirtschaftsgeschichte, S. 450.
6 J. Kulischer, Allgemeine Wirtschaftsgeschichte, S. 464.

Die unterschiedlichen Phasen in der Entwicklung der Produktion zeichnen sich durch unterschiedliche Formen der Lohnarbeiterschaft aus. Sie ändern sich im Übergang vom Verlagssystem zur Manufaktur, von der Manufaktur zur frühen Fabrikarbeit, von der frühen Fabrikarbeit zur industriellen Revolution. Technologische Erfindungen haben zu dieser Entwicklung entscheidend beigetragen. Mit ihr ändert sich auch die Rekrutierung der Lohnarbeiterschaft. Arbeiter, die aus dem Handwerk hervorgehen, nehmen anfangs eine herausgehobene Stellung in der Produktion ein. Mit dem Übergang zum Fabriksystem und zur industriellen Revolution ebnen sich die Unterschiede ein, auch wenn eine gewisse Differenzierung innerhalb der Arbeiterschaft erhalten bleibt. Eines ist den frühen Phasen der Entwicklung der Marktgesellschaft gemeinsam: Je weiter die Entwicklung fortschreitet, je größer damit die Gruppe der Lohnarbeiterschaft wird, desto größer wird die Zahl derer, die sich der Verelendung am Rande der Gesellschaft überlassen sehen. Die Arbeiter sind der systemischen Entwicklung hilflos ausgesetzt. Während der industriellen Revolution reagieren sie mit Aufständen, die sich gegen die Unternehmer richten, ohne doch dadurch gegen die strukturellen Gründe etwas ausrichten zu können. [7] Die Unwiderstehlichkeit, mit der sich diese Entwicklung der Marktgesellschaft vollzieht, und der Zwang der Strukturen, mit dem sich der Konflikt zwischen Kapital und Arbeit und mit beiden die Verelendung der Arbeiterschaft ausbildet, will mir die Geschichte der Marktgesellschaft so recht als Verhängnis erscheinen lassen.[8] Es ist ein Verhängnis, das niemand verhängt hatte, dem aber auch niemand zu widerstehen vermochte. Die, die darauf bedacht waren, dass sich die Marktgesellschaft ausbildete, und den Produktionsprozess für den Markt organisierten, und die, die darauf angewiesen waren, sich in ihm mit ihrer Arbeitskraft zu verdingen, sind je eigenen Interessen gefolgt. Zusammengeführt und zusammengehalten wurden sie von einem System, das sich selbst erst im Prozess der Organisation der Produktion für den Markt bildete, dann aber unwiderstehlich wurde.

---

7 In Deutschland ist der Weberaufstand in Schlesien 1844 ein in die Sozialgeschichte eingegangenes Ereignis. Vgl. W. Wolff, Das Elend und der Aufruhr in Schlesien, S. 168.

8 Th. Schieder, Die Krise des bürgerlichen Liberalismus, S. 205, nimmt die Geschichte in eben dieser Weise wahr, sucht die Gesellschaftswissenschaft dann jedoch auf das Theorem einer »offenen Geschichte« einzuschwören. Das macht wenig Sinn.

2 Geschichte als Verhängnis

2.1 Der Pauperismus im ausgehenden 18. und im 19. Jahrhundert

Die Diskrepanz zwischen dem, was das ökonomische System der Marktgesellschaft in den Jahrhunderten ihrer Entwicklung an Arbeitskraft zu inkludieren vermochte, und der Zahl derer, die auf dem Arbeitsmarkt Arbeit suchten, wurde durch zwei für das ökonomische System externe Entwicklungen noch verstärkt: Zum einen durch den schnellen Wandel der Strukturen der agrarisch-feudalen Gesellschaft, zum andern durch das Bevölkerungswachstum. Mittelbar wurden allerdings beide Entwicklungen ebenfalls durch die Marktgesellschaft hervorgerufen.

Die ungemeine Triebkraft, die wir eingangs der neu gewonnenen Möglichkeit zugeschrieben haben, Gewinn durch die Organisation der Produktion zu erzielen, hat früh schon auch die Landwirtschaft erfasst. Die agrarische Produktion wurde dadurch ebenfalls in den Sog der Entwicklung der Marktgesellschaft einbezogen und auf eine Produktion für den Markt umgestellt. Das führte dazu, dass im Agrarsektor eine große Zahl von Bauern und Landarbeitern freigesetzt wurde. In England geschah das insbesondere durch die seit Marx viel erörterten Einhegungen von Land, durch die vor allem die Schafzucht für die Produktion von Wolle gefördert, aber auch der Getreideanbau gesteigert werden sollte.[9] Vergleichbare Prozesse lassen sich in anderen Ländern beobachten, so in Spanien und Italien, aber auch in einigen Ländern Deutschlands. Größere Bauern zogen Land, das sie bis dahin von Hintersassen hatten bearbeiten lassen oder in Pacht gegeben hatten, ein. Vielerorts wurde das Gemeindeland, die Allmende, aufgeteilt. Dabei gingen die kleinen Bauern, vor allem aber Tagelöhner mit etwas eigener Landwirtschaft, oft leer aus.

Entscheidend beigetragen zur Entwicklung des Pauperismus hat schließlich das rasche Bevölkerungswachstum. Es ist in allen westlichen Ländern festzustellen. In England wuchs, um einige Zahlen zu nennen, die Bevölkerung bereits in den zwei Jahrhunderten von 1450-1650 Schätzungen zufolge von dreieinhalb auf fünfeinhalb Millionen. Als gegen Ende des 18. Jahrhunderts in England die Bevölkerung in zehn Jahren um 10 Prozent zunahm und im ersten Jahrzehnt des neuen Jahrhunderts noch einmal um 14 Prozent,[10] war das weit mehr, als die Zunahme der Produktion im industriellen Sektor aufzufangen vermochte, obwohl die industrielle Revolution in England bereits Mitte

---

9 Vgl. zum Stand der Forschung zu den Einhegungen V.R.S. DuPlessis, Transitions to Capitalism, S. 65-68.
10 M. Dobb, Entwicklung des Kapitalismus, S. 225 f., 257, Anm. 508.

des 18. Jahrhunderts einsetzte. Auch auf dem Kontinent lag das Bevölkerungswachstum weit über dem, was das ökonomische System verkraften konnte. Zwischen 1815 und 1848 lag die Zuwachsrate in Deutschland in den einzelnen Ländern zwischen 50 und 80 Prozent, in manchen Ostprovinzen betrug sie gar bis zu 120 Prozent.[11] Die Brisanz des Bevölkerungswachstums wurde dadurch verstärkt, dass sie überproportional die »unterständischen« Schichten betraf. Die waren unter agrarisch-ständischen Verhältnissen an der Fortpflanzung eher gehindert worden, vermochten jetzt aber ihr Reproduktionspotenzial ungehindert zu entfalten.[12]

Die Entwicklung des Bevölkerungswachstums und der Anteil, der ihm am Pauperismus zugeschrieben werden muss, ist in besonderer Weise geeignet, deutlich zu machen, wie unser Interesse, die Verelendung dem ökonomischen System zuzurechnen, verstanden werden will. Es geht nicht um irgendeine Form von Schuldzuweisung. Es geht einzig darum, die Grenzen des ökonomischen Systems deutlich zu machen, Entwicklungen in seiner Umwelt aufzunehmen und die Bedürfnisse der Subjekte in seiner Grenze wahrzunehmen. Auch wenn die Produktionsverhältnisse im 18. und 19. Jahrhundert noch von personalen Bezügen zwischen Arbeitgeber und Arbeitnehmer bestimmt waren, gilt auch schon für sie, was wir eingangs als grundlegend für jedes System festgestellt haben: Es vermag nur unter den Bedingungen seiner systemischen Logik zu operieren. Die aber ist im ökonomischen System der Marktgesellschaft auf die Kapitalakkumulation fixiert. Die Bedürfnisse der Subjekte in der Grenze des Systems reichen nicht in das System hinein. Sie sind, wenn man so will, der anderen Seite der Grenze zuzurechnen. In das ökonomische System einbringen lassen sie sich deshalb immer nur soweit, wie es die Aussicht auf eine Kapitalakkumulation zulässt. Das Bevölkerungswachstum ist deshalb zwar nicht ohne Bedeutung für das ökonomische System, es hat jedoch einzig den Effekt, durch das Überangebot an Arbeitskraft die Entlohnung bis zur Grenze des Existenzminimums sinken zu lassen, vielfach noch darunter. So hemmungslos sich die Kapitaleigner das Überangebot an Arbeitskraft zunutze zu machen wussten, die krassen Formen der Ausbeutung, die sich durch die Geschichte der Marktgesellschaft und des Pauperismus des 19. Jahrhundert ziehen, sind der Logik des ökonomischen Systems zuzuschreiben und nicht etwa dem Charaktermangel der Kapitaleigner. Millionen sind an der Logik des Systems zugrunde gegangen.[13] Andere

---

11 H.-U. Wehler, Deutsche Gesellschaftsgeschichte 1815-1845/49, S. 549.

12 Zur Bevölkerungsentwicklung und ihrer schichtspezifischen Differenzierung vgl. W. Conze, Vom ›Pöbel‹ zum ›Proletariat‹, S. 113 ff.

13 Vgl. die Verlustangaben der Ostindischen Kompanie bei J. L. van den Zanden, The Rise and Decline of Holland's Economy.

vermochten nur dadurch zu überleben, dass für Jahrhunderte der erste Sektor, die Landwirtschaft, neben der Produktion für den Markt weiterhin zum Lebensunterhalt beitrug.

Mit dem Verlauf, den die Entwicklung der Marktgesellschaft im 19. Jahrhundert nahm, war das Schicksal der Arbeiter der nachkommenden Generationen so gut wie besiegelt. Der Pauperismus in der ersten Hälfte des 19. Jahrhunderts brachte für die Arbeiter, für die ungelernten insbesondere, in Deutschland so gut wie anderswo, kaum lebbare Verhältnisse.[14] Die gelernten Arbeiter bewegten sich mit ihrem Reallohn ständig an der Grenze des Existenzminimums, das große Heer der Ungelernten lebte darunter, an der Hungergrenze. Dazu kamen die unsäglichen Arbeitsverhältnisse: 12-14 Stunden um 1820, 12-17 Stunden zwischen 1830 und 1860, Frauen und Kinder nicht ausgenommen.[15] Es scheint deshalb plausibel zu meinen, die Entwicklung sei viel zu schnell gegangen, um in erträglichen Bahnen zu verlaufen.[16]

2.2 Gerechtigkeit als Lernprozess

Die Sozialgeschichte der hinter uns liegenden Jahrhunderte ist bekannt. Bekannt ist auch, dass wir in der Marktgesellschaft des 19. Jahrhunderts nach Gerechtigkeit erst gar nicht fragen können, so sehr die nach ihr verlangten, die von der Exklusion des ökonomischen Systems betroffen waren. Drei Gründe sind es vor allem, die uns Anlass bieten, die hinter uns liegende Geschichte der Marktgesellschaft in die Erörterung einzubeziehen und ihrer gegenwärtigen Verfassung hinzuzurechnen:

1. lässt sich an der hinter uns liegenden Geschichte auf eindrückliche Weise dokumentieren, dass das Problem der Marktgesellschaft sich als strukturelles Problem darstellt. Die Ausprägungen der Strukturen des ökonomischen Systems ändern sich mit der ökonomisch-technischen Entwicklung. Die Strukturen selbst bleiben erhalten. Um die postindustrielle Entwicklung zu verstehen, in der sich die strukturellen Defizite des ökonomischen Systems unter veränderten Bedingungen erneut verhärten, ist es notwendig, ihre Kontinuität mit der vorhergehenden Entwicklung im Blick zu behalten.

---

14 Um sich die Situation für die erste Hälfte des 19. Jahrhunderts zu vergegenwärtigen, ist es ratsam, den Bericht eines Zeitzeugen erneut zu lesen. Vgl. Fr. Engels, Die Lage der arbeitenden Klasse in England. MEW 1, S. 228-506. Die Verhältnisse in Deutschland waren zu dieser Zeit andere, das Elend nicht geringer.

15 H.-U. Wehler, Deutsche Gesellschaftsgeschichte 1815-1845/49, S. 241-296 (247 ff.).

16 So K. Polanyi, The Great Transformation.

2. soll die historische Vergegenwärtigung der Marktgesellschaft des 19. und hernach auch des 20. Jahrhunderts deutlich machen, dass von der Selbstorganisation des ökonomischen Systems, eben weil die Defizite strukturell bedingt sind, keine Gerechtigkeit zu erwarten ist. Auch wenn der Pauperismus der ersten Hälfte des 19. Jahrhunderts in seiner schlimmsten Form in Deutschland mit dem Beginn der industriellen Revolution in der zweiten Hälfte des 19. Jahrhunderts überwunden wurde, die Entlastungen waren zeitlich und sachlich begrenzt. Armut blieb gleichwohl erhalten, überdies kehrte die Arbeitslosigkeit nach dem ersten Weltkrieg und dann Mitte der zwanziger Jahre zurück. Heute ist sie erneut unser Problem. In der Problemlage, wie sie sich heute darstellt, ist nicht nur der kurze Traum vom immerwährenden Glück,[17] sondern auch von dem Vermögen des ökonomischen Systems, im Wege der Selbstorganisation allen die Möglichkeit zu bieten, sich zu gedeihlichen Bedingungen in die Gesellschaft zu inkludieren, ausgeträumt. Man muss, darum geht es im gegenwärtigen Kontext, die Geschichte der Marktgesellschaft zur gegenwärtigen Lage hinzunehmen, um zu sehen, dass wir mit dem ökonomischen System der Marktgesellschaft in eine Organisationsfalle geraten sind und wie sie beschaffen ist.

3. schließlich geht es in der historischen Vergegenwärtigung darum, den Lernprozess zu verstehen, in den wir mit der Marktgesellschaft verstrickt sind. Die Entwicklung der Marktgesellschaft im 19. Jahrhundert und die Organisation des Proletariats, die im ausgehenden Jahrhundert erfolgte, stellen ebenso wie die Ausbildung des Sozialstaats in der Weimarer Republik wichtige Etappen dieses Lernprozesses dar. Einem Lernprozess gegen die Strukturen der Gesellschaft Geltung zu verschaffen, exakt das, was Gerechtigkeit verlangt, ist ein problematisches Unterfangen. Gegenwärtig ist bereits im Streit, dass es einen solchen Lernprozess gibt, erst recht, worin er besteht. Ich will den Lernprozess an drei Einsichten bestimmen, die mir unabweisbar erscheinen wollen:

– Das ökonomische System mag in der Inklusion der Subjekte so effizient sein, wie es nur sein kann, auch mag der Staat tun, was in seiner Macht steht, um dessen Effizienz zu stützen, die strukturellen Defizite des ökonomischen Systems bleiben erhalten. Mit ihnen sehen wir uns in der gegenwärtigen Problemlage der Marktgesellschaft konfrontiert. In ihr zeigt sich aufs Neue: Das ökonomische System wird in seiner Selbstorganisation von der Logik der Kapitalakkumulation bestimmt. Es ist schlechterdings nicht ersichtlich, dass sie mit dem Eigeninteresse aller (!) Menschen, sich zu gedeihlichen Bedingungen in die Gesellschaft integrieren zu können, in Einklang zu bringen wäre. Das ist die eine Einsicht, die aus dem Lernprozess zu gewinnen ist. Alle Daten untermauern sie.

17 B. Lutz, Der kurze Traum vom immerwährenden Glück.

– Mit der Transformation des Staates zum politischen System ist dem Staat in der Marktgesellschaft eine Organisationsfunktion zugekommen, die ihn eine Garantenstellung dafür gewinnen lässt, dass sich alle zu gedeihlichen Bedingungen in die Gesellschaft integrieren können. Tatsächlich ist diese Gesellschaft bereits eine organisierte Gesellschaft. Die neoliberale ökonomische Theorie hindert den Staat jedoch daran, seine Organisationsfunktion entschieden genug und in effizienter Weise zur Gestaltung der gesellschaftlichen Verhältnisse zu nutzen.

– Als Spitze dieses Lernprozesses müssen deshalb zwei Einsichten gelten: Um der Gerechtigkeit Geltung zu verschaffen, kann sich die Organisationskompetenz und Organisationshoheit des Staates nicht auf das ökonomische System selbst richten. Sie kann aber die Gesellschaft auf dem Boden des vom ökonomischen System erwirtschafteten Reichtums so gestalten, dass alle den Sinnvorgaben der Gesellschaft gerecht werden können. Um diese beiden einander eng verbundenen Einsichten ist es hier zu tun. Sie stehen quer zur Indoktrination des politischen Bewusstseins durch die Ökonomie. Umso wichtiger ist es, sie aus der Geschichte zu gewinnen, die Gegenwart immer hinzugerechnet.

3. Der Staat in der Marktgesellschaft des 19. Jahrhunderts

3.1 Die Transformation des Staats zum politischen System

Die Transformation des Staates zum politischen System, die auf dem Kontinent in so eindrucksvoller Form in der Französischen Revolution eingeleitet wurde, hatte strukturelle Gründe. Das habe ich oben deutlich gemacht. Das ökonomische System bedurfte nicht nur der hoheitlichen Absicherung der gesellschaftlichen Organisationsform, es bedurfte auch der hoheitlichen Organisationskompetenz des Staates, um die Funktionsvoraussetzungen des ökonomischen Systems selbst zu schaffen. In den westlichen Gesellschaften gelang es dem Bürgertum, diesen Transformationsprozess dadurch zu bewirken, dass es die Macht im Staate eroberte und sie in einer demokratischen Verfassung sicherte. In England, Frankreich, Holland, Belgien war sich das Bürgertum des Junktims bewusst, das zwischen der Sicherung seiner Macht in der Gesellschaft und einem demokratisch verfassten politischen System bestand. In Deutschland verlief die historische Entwicklung bekanntlich anders. In Deutschland behauptete sich im 19. Jahrhundert in den Staaten des Deutschen Bundes eine agrarisch gestützte feudal-militärische Herrschaftsverfassung, die sich weiterhin als Obrigkeit gegenüber ihren Untertanen verstand. Ähnlich in Österreich. Diese Verfassung konnte durchaus rechtsstaatliche Züge entwickeln, so in der vorkonstitutionellen Periode Preußens.[18] Sie stand der Ausweitung der industriellen Produktion nicht im Wege. Auch in den Staaten des Deutschen Bundes wurde das Bürgertum in der ersten Hälfte des 19. Jahrhunderts zur gestaltenden Macht der Gesellschaft.[19] Zu einem Bewusstsein, die Neubildung der gesellschaftlichen Strukturen der Marktgesellschaft aktiv gestalten zu müssen, setzte sich die Wahrnehmung ihrer Entwicklung nicht um. Die Trennung von Staat und Gesellschaft, wie sie bei Hegel erscheint[20] und auch in die sozial- und wirtschaftswissenschaftliche Theorie Eingang fand,[21] war keineswegs eine Erfindung des Liberalismus, so gelegen sie ihm kam, sie basierte vielmehr auf der Differenz in der Genese beider Systeme. Eben weil der Staat in Deutschland einem Selbstverständnis verhaftet blieb, das kategorial von dem Verhältnis Obrigkeit – Untertan bestimmt wurde, blieb die Transformation des Staates zum politischen System hinter der ökonomischen Entwicklung der Marktgesellschaft zurück. Die Einbindung des Staates in die Marktgesellschaft nahm deshalb einen eigentümlichen Verlauf, der den Staat seine Rolle in der Marktgesellschaft nur mühsam finden ließ.[22] Aus der Rückständigkeit dieses Prozesses ging die Novemberrevolution von 1918 hervor. Sie ließ in Deutschland die Strukturen der Marktgesellschaft wie nirgends sonst unter Druck geraten. Wir werden die historische Situation erörtern. Vergegenwärtigen wir uns zunächst die Einbindung des Staates in die Marktgesellschaft, wie sie sich in Deutschland vollzog.

3.2 Der Staat als Unternehmer

Der feudale Staat hat an der Ausbildung der Marktgesellschaft von Anfang an Interesse gezeigt und sie zu fördern gesucht.[23] Sie kam seinen fiskalischen Interessen entgegen. In der Frühphase haben die einzelnen Staaten in Deutschland den Prozess der Industrialisierung dadurch zu unterstützen gesucht, dass sie selbst Unternehmen gründeten oder ihre Gründung finanzieren halfen.[24] Das gilt für Preußen nicht anders als etwa für die süddeutschen Staaten.[25] Unter dem absoluten, aufgeklärten

18 Zur preußischen Staatsidee vgl. E. R. Huber, Deutsche Verfassungsgeschichte seit 1789 Bd. 2, S. 15-22.

19 So E. R. Huber, Deutsche Verfassungsgeschichte seit 1789 Bd. 2, S. 310.

20 G. W. F. Hegel, Grundlinien der Philosophie des Rechts.

21 Zur Ausbildung einer »sozialen Theorie« in der Wissenschaft vgl. E. Pankoke, Sociale Bewegung – Sociale Frage – Sociale Politik.

22 H. Plessner, Die verspätete Nation.

23 Vgl. K. Polanyi, The Great Transformation.

24 So D. Langewiesche, Liberalismus und Demokratie, S. 30.

25 Vgl. für Preußen U. P. Ritter, Die Rolle des Staates in den Frühstadien der

Regiment Friedrich des Großen hat es, so hat man ermittelt, 13000 in-dustrielle Projekte des Staates gegeben, eine große Zahl davon in Schle-sien. Neugründungen, Übernahmen, finanzielle Förderungen von Pri-vatleuten, das waren die Maßnahmen, die der preußische Staat ergriff. Der gleichen Mittel bediente sich der österreichische Staat unter Maria Theresia und Joseph II.[26] Der Erfolg der staatlichen Bemühungen um eine Förderung der Industrialisierung stand allerdings in keinem Ver-hältnis zu dem Aufwand. Viele Unternehmungen gingen ein, für nicht wenige fehlte der Markt. Gleichwohl setzte sich die Wirtschaftspolitik als Unternehmenspolitik des Staates auch noch in der ersten Hälfte des 19. Jahrhunderts fort. Württemberg richtete, um ein markantes Beispiel zu nennen, 1848 eigens eine Zentralstelle für Gewerbe und Handel ein. Sie sollte bei Neugründungen ebenso behilflich sein wie bei der Beschaffung von Maschinen und Werkzeugen und bei der Vertre-tung der Unternehmen auf Messen. Aufs Ganze gesehen war aber die Entwicklung der Marktgesellschaft auch in Württemberg zunehmend mehr Privatinitiativen zu verdanken.[27]

Wirtschaftspolitik, die darauf abzielt, den Industrialisierungsprozess zu beschleunigen, ist unter den Bedingungen der Entwicklung im 18. und 19. Jahrhundert immer auch deshalb Sozialpolitik, weil sie Ar-beitsplätze zu schaffen hilft. Die Absicht lag durchaus im Blickfeld der Behörden, die mit ihr befasst waren. Sie bestimmte auch den forcierten Ausbau der Eisenbahnen.[28] Und der war nicht nur deshalb besonders effizient, weil in ihm eine große Zahl von Arbeitern eine Beschäftigung fand, sondern vor allem deshalb, weil er einen wirtschaftlichen Durch-bruch erzielte, der auch den Arbeitern zugute kam. Lösen ließ sich das Strukturproblem der Gesellschaft, das mit der Ausbildung der Markt-gesellschaft entstanden war, allerdings durch die unternehmerischen Aktivitäten des Staates nicht. Diese Feststellung gilt auch für jene Phase der historischen Entwicklung, die gemeinhin als der Beginn der Sozial-politik verstanden wird.[29]

Industrialisierung; ferner W. O. Henderson, The State and the Industrial Revolution in Prussia 1740-1840; für Baden W. Fischer, Der Staat und die Anfänge der Industrialisierung in Baden 1800-1850; für Württemberg O. Borst, Staat und Unternehmer in der Frühzeit der Württembergischen Industrie.

26 Bis 1785 soll der österreichische Staat die stattliche Summe von 680.000 Florin vergeben haben. Diese und sehr viel mehr Daten bei J. Kulischer, Allgemeine Wirtschaftsgeschichte, S. 399 ff.

27 O. Borst, Staat und Unternehmer in der Frühzeit der Württembergischen Industrie, S. 153 ff.

28 R. Koselleck, Staat und Gesellschaft in Preußen 1815-1848, S. 77 ff.

29 Dazu die informative Arbeit von A. Gladen, Geschichte der Sozialpolitik,

3.3 Anfänge der Sozialpolitik

Die mit Abstand wichtigsten Maßnahmen der Sozialpolitik in der ersten Hälfte des 19. Jahrhunderts in Deutschland haben die Arbeiterschutzgesetzgebung zum Gegenstand. Sie werden in Preußen durch das Regulativ über die Beschäftigung jugendlicher Arbeiter in Fabriken vom 9. März 1839 eingeleitet.[30] Das Problem der Arbeit von noch sehr jungen Kindern in den Fabriken und ihrer Unterwerfung unter einen erbarmungslos langen Arbeitstag schwelte schon geraume Zeit.[31] Auf den Gedanken, Kinderarbeit überhaupt zu verbieten, kamen die Vertreter des Staates nicht. Auch das Regulativ vom März 1839 verbot lediglich die Kinderarbeit in den Fabriken für Kinder unter 9 Jahren, außerdem begrenzte es die Beschäftigung für Kinder und Jugendliche unter 16 Jahren auf 10 Stunden. Preußen folgte damit der Kinderschutzgesetzgebung in England. Dort hatte sie 1802 mit der Akte zum Schutze der Kirchspiellehrlinge eine erste staatliche Regulierung erfahren.[32] Die Arbeitszeit der Kirchspiellehrlinge wurde auf 12 Stunden begrenzt. 1819 wurde die Schutzgesetzgebung auf alle Kinder in der Baumwollspinnerei ausgedehnt, für Kinder unter 9 Jahren gänzlich verboten und für Jugendliche unter 16 Jahren auf 12 Stunden beschränkt.[33] In Preußen wurde die Arbeiterschutzgesetzgebung durch die Gewerbeordnung vom 17. Januar 1845 fortgeführt. Die Mängel des Regulativs vom März 1839, insbesondere die Begrenzung auf Kinder unter 9 Jahren und der lange Arbeitstag von 10 Stunden, wurden erst durch dessen Novellierung von 1853 beseitigt oder doch gemildert.

Wir brauchen die Regelungen der Fabrikgesetzgebung im Einzelnen hier nicht zu erörtern. Sie ist gut dokumentiert.[34] Uns geht es um das Verständnis eines Lernprozesses, in dem die Rolle des Staates in der Marktgesellschaft gefunden werden muss. Er wurde mit der Ent-

S. 12-37; V. Hentschel, Deutsche Wirtschafts- und Sozialpolitik 1815-1945.

30 Text bei E. R. Huber, Dokumente zur deutschen Verfassungsgeschichte, S. 70 f.

31 Zur Sorge des Militärs, nicht genug taugliche Jugendliche für die Armee zu finden vgl. die Kabinettsordre von König Friedrich Wilhelm III vom 12. Mai 1828. E. R. Huber, Dokumente zur deutschen Verfassungsgeschichte Bd. 1, S. 70.

32 Kirchspiellehrlinge sind Kinder zwischen 7-13 Jahren, die von den Pfarrwaisenhäusern der Kirchspiele Unternehmern zur Beschäftigung in der Produktion überlassen wurden.

33 J. Kulischer, Allgemeine Wirtschaftsgeschichte, S. 467 f.

34 G. K. Anton, Geschichte der preußischen Fabrikgesetzgebung bis zu ihrer Aufnahme durch die Reichsgewerbeordnung.

wicklung der Marktgesellschaft eingeleitet, ist aber bis heute nicht abgeschlossen. So viel ist für dessen Frühphase festzuhalten, wenn wir uns wiederum auf Preußen beschränken: Der König, die preußische Ministerialbürokratie wie die Provinzialregierungen nahmen die Notlage der Arbeiterschaft durchaus wahr. Die Bemühungen der staatlichen Ministerialbürokratie, ihr abzuhelfen,[35] richteten sich vor allem auf die Reform der aus dem Allgemeinen Landrecht (1794) stammenden Regelung der Armenfürsorge. Noch 1806 bestand eine ihrer Maßnahmen darin, die Armen in Armenhäuser unterzubringen.[36] Gleichwohl ließ die gesetzliche Neuregelung der Armenfürsorge auf sich warten. Begonnen wurde die Arbeit an ihr 1824, verabschiedet wurde sie 1842/43 nach nahezu zwanzig Jahren. Manche der Maßnahmen, die sich die Ministerialbürokratie einfallen ließ, waren durchaus fortschrittlich, sodass sie ein halbes Jahrhundert später die Sozialpolitik der Bismarck-Ära bestimmen sollten. Dazu zählt die in der Gewerbeordnung von 1845 fixierte anteilige Beitragspflicht der Handwerker und Unternehmer für Unterstützungseinrichtungen der Arbeiter. Dazu zählt auch die direkte staatliche Förderung von Hilfskassen der Arbeitnehmer, mit der eine erste Sozialversicherungseinrichtung geschaffen wurde, sowie die Förderung von Spar- und Prämienkassen. Auch die sonstige Förderung von Vereinen im Interesse der Arbeiterschaft ist hier zu nennen.[37] Geradezu modern nimmt sich die Verpflichtung von Armenpflegern aus, arbeitsfähigen Bedürftigen Arbeit zu verschaffen, wenn sie denn zu finden war.[38]

So begrenzt die Maßnahmen der Sozialpolitik im 19. Jahrhundert waren, es ist nicht zu übersehen, dass sich während dieser Zeit ein erstes Verständnis davon entwickelte, dass die Organisationskompetenz und Organisationshoheit des Staates gefordert war, um dem von der Ökonomie verursachten Elend abzuhelfen. Es war Bismarck, der diese Einsicht als Konsequenz seiner Einschätzung der Ökonomie mit aller nur wünschenswerten Deutlichkeit formuliert hat.[39] Auch wenn die Maßnahmen sich in den Grenzen der Armenfürsorge hielten, entwickelte sich in manch einem Kopf der Obrigkeit im Verlauf des 19. Jahrhunderts ein erstes Bewusstsein davon, es mit einem strukturellen Problem der Marktgesellschaft zu tun zu haben. Insofern erscheint es berechtigt festzustellen, dass bereits mit der Arbeitsschutzgesetzgebung

35 Vgl. B. Vogel, Beamtenliberalismus in der Napoleonischen Ära, S. 45-63.

36 H. Kaufhold, Deutschland 1650-1850, S. 550.

37 H. R. Schneider, Bürgerliche Vereinsbestrebungen für das ‹Wohl der arbeitenden Klassen› in der preußischen Rheinprovinz im 19. Jahrhundert.

38 A. Gladen, Geschichte der Sozialpolitik in Deutschland, S. 8.

39 Vgl. die Wiedergabe bei Fr. Syrup / O. Neuloh, Hundert Jahre staatliche Sozialpolitik, S. 81.

Strukturpolitik getrieben worden sei.[40] Die staatlichen Behörden sahen sich jedoch außerstande, etwas gegen die strukturellen Bedingungen der gesellschaftlichen Verhältnisse auszurichten.[41] Die sozialpolitischen Maßnahmen waren lediglich geeignet, das Elend zu mildern, nicht aber es zu beseitigen. Eine Teilhabe der unteren Schicht des Volkes an dem erarbeiteten Sozialprodukt zu bewirken, die in irgend einem denkbaren Sinne als gerecht hätte verstanden werden können, lag nicht im Horizont der Maßnahmen. Selbst die christlichen Konfessionen, die doch mit dem Glauben an eine gerechte Ordnung Gottes die Integration des anderen in die Gesellschaft und dessen Wohlergehen als Hypothek der Nächstenliebe mit sich führen, hielten die Forderung in den Grenzen dessen, was als Lösung der Arbeiterfrage erörtert wurde.[42]

Man wird auch in einer historischen Vergegenwärtigung der Maßnahmen der Sozialpolitik einräumen, dass nicht ersichtlich ist, wie unter den Marktbedingungen des 19. Jahrhunderts alle zu gedeihlichen Bedingungen hätten in die Gesellschaft integriert werden können. Man kann jedoch auch nicht meinen, es sei getan worden, was hätte getan werden können. Um die Politik zu veranlassen, das Mögliche zu tun, fehlte dem Proletariat im 19. Jahrhundert eine entscheidende Voraussetzung: Macht. Interessen müssen in der Marktgesellschaft über Machtpotenziale politisch realisiert werden. Das Bürgertum hatte, wie wir gesehen haben, in der Französischen Revolution nichts Eiligeres zu tun, als diese Einsicht in die Tat umzusetzen. Das Proletariat hatte es ungleich schwerer, die Gestaltungshoheit und Gestaltungskompetenz des Staates für sich zu erobern. Es stieß allerwärts, in den liberal-demokratischen Verfassungen des Westens wie in den konstitutionellen Monarchien des Deutschen Bundes, auf den entschiedenen Widerstand des Bürgertums. Das reagierte auf die gesellschaftlichen Verhältnisse des 19. Jahrhunderts mit einer politischen Philosophie, in der zwar die Maximen der Selbstgesetzgebung, der Freiheit und Gleichheit menschlichen Daseins lautstark verkündet wurden, jedoch der eigenen Selbstverwirklichung und Glückseligkeit vorbehalten blieben. Durch das 19. Jahrhundert hat sich der Liberalismus als Widersacher der Gerechtigkeit erwiesen.

40 A. Gladen, Geschichte der Sozialpolitik in Deutschland, S. 25.

41 So erklärte der preußische Handelsminister Graf Heinrich von Itzenplitz, der Staat könne »den Notständen nicht abhelfen, welche mit den Bedingungen der Arbeit überhaupt und mit dem in der Weltordnung begründeten Unterschiede von arm und reich zusammenhängen.« A. Gladen, Geschichte der Sozialpolitik in Deutschland, S. 40.

42 Fr. J. Stegmann, Von der ständischen Sozialreform zur staatlichen Sozialpolitik. Auch in der Gegenwart beschränken sich die Kirchen darauf, die Sicherung des Existenzminimums einzufordern. So die Denkschrift der EKD »Gerechte Teilhabe«, S. 25. Mehr scheint die christliche Nächstenliebe nicht herzugeben.

4 Der Liberalismus als Widersacher der Gerechtigkeit

So zwanghaft und unwiderstehlich sich die Strukturen der Marktgesellschaft entwickelten, nachdem einmal die Produktion für den Markt in Gang gesetzt wurde, so zwanghaft und unwiderstehlich entwickelte sich mit der Produktion für den Markt ein Bürgertum, das sich auf eine Philosophie der Liberalität einschwor. Die historische Genese der Philosophie des Liberalismus liegt in dem am Beginn der Neuzeit gewonnenen Bewusstsein der Konvergenz der Organisationsformen menschlichen Daseins, der gesellschaftlichen Verfassung vor allem, auf das Subjekt. Denn damit in eins geht das Verständnis der Subjektivität als einer inneren Verfasstheit des Subjekts, dem in seiner Selbstbezüglichkeit die letztinstanzliche Bestimmung der Lebensführung zufällt. Darauf habe ich schon hingewiesen. So wie Kant die kategorialen Formen des Denkens wie der Moral im Subjekt verortet sah und von allen empirischen Bindungen freigesetzt verstand,[43] so will auch das Bürgertum in der politischen Philosophie des Liberalismus die Prinzipien der Selbstbestimmung, der Freiheit und der Gleichheit in der Selbstbezüglichkeit des Subjekts verortet und von allen empirischen Bindungen freigesetzt sehen.[44] Dieses Verständnis des Subjekts findet eine gesellschaftlich wahrnehmbare Entsprechung in der Entwicklung der Marktgesellschaft in den Jahrhunderten der frühen Neuzeit. Denn mit ihr gerät das Subjekt in eine Grenzlage, die durch keine ständischen Fixierungen länger noch aufgefangen wird. Dass das Subjekt in der Marktgesellschaft sich aus der Grenze der Gesellschaft in das Netzwerk der Gesellschaft integrieren muss, ohne dass zuvor schon der Platz für es in der Gesellschaft bestimmt wäre, lässt die Bedeutsamkeit der Freiheit des Subjekts für die Positionierung in der Gesellschaft ins Zentrum des Interesses treten. Je weiter die Entwicklung der Marktgesellschaft vorantreibt, desto entschiedener hebt sich das Subjekt von allen gesellschaftlichen Einbindungen ab, die nicht wiederum auf der Selbstbestimmung des Subjekts gründen.

Es zeichnet die Ausarbeitung des Liberalismus als eines philosophischen Systems durch John Stuart Mill Mitte des 19. Jahrhunderts aus,

---

43 Zum Absolutismus der transzendentalen Vernunft bei Kant vgl. G. Dux, Die Moral in der prozessualen Logik der Moderne, S. 47-71.

44 Wenn man deshalb den Liberalismus aus seiner Prinzipienhaftigkeit zu verstehen sucht, kann man meinen, in ihm alle Postulate von Freiheit, die das Abendland je hervorgebracht hat, wiederzufinden. So Fr. Watkins, Theorie und Praxis des modernen Liberalismus, S. 54-76. Es scheint aber mehr als fraglich, seine Wurzeln in der Freiheit der Kirche vom Staat und des Adels gegenüber dem König zu suchen. So V. Leontovitsch, Das Wesen des Liberalismus, S. 37 ff.

diesen Kontext deutlich gemacht zu haben. Die von Mill artikulierte Freiheit richtet sich nicht nur gegen die politische Gewalt, sondern gegen die viel bedrückendere der Gesellschaft. Gegen die Vorurteile der öffentlichen Meinung, gegen Brauch, Sitte und Geschmack, gilt es, die eigene Meinung zu setzen, und das nicht, wie Mill sagt, weil es die richtige wäre, sondern weil es die eigene ist.[45] Freiheit, wie John Stuart Mill sie propagiert, ist eine Daseinsform des Subjekts, die nur eine einzige Begrenzung kennt: die Freiheit des anderen. Sie ist in gleicher Weise bedeutsam für die Lebensführung des einzelnen Subjekts wie für den Fortschritt der Menschheit. Beide, das einzelne Subjekt wie die Menschheit, realisieren durch sie ihre schöpferischen Fähigkeiten.»It is indispensable«, so Mill,»to enable average human beings to attain the mental stature, which they are capable of.«[46] Letztendliches Ziel der Reklamation der Freiheit ist, jeden in der Gestaltung seiner Lebensführung dadurch sein Glück finden zu lassen, dass er seinen Möglichkeiten entsprechend lebt.[47]

Mit dem Verständnis der Freiheit als einem dem Subjekt eigenen Prinzip der Lebensführung hat es im politischen Liberalismus eine Bewandtnis, auf die wir bei der Erörterung der frühneuzeitlichen Gesellschaftstheorien schon gestoßen sind. Sie werden von den Grenzen der kognitiven Kompetenz bestimmt, wie sie sich in der frühen Neuzeit ausgebildet hat. Diese Grenzen haben sich im politischen Liberalismus des 19. Jahrhunderts konserviert. Sie bringen sich in zweifacher Form zum Ausdruck: zum einen im Restbestand einer absolutistischen Logik, wie sie vordem insbesondere die Struktur der Metaphysik bestimmt hatte, und in den Grenzen der Reflexivität, die das Subjekt in der Neuzeit entwickelt. Vergegenwärtigen wir uns beide Grenzen, um zu verstehen, weshalb der politische Liberalismus des 19. Jahrhunderts eine bürgerliche Selbstgefälligkeit zur Schau trägt und weshalb mit ihr die Intention verbunden ist, das niedere Volk von der Macht fernzuhalten. Dass sich in beiden nicht anders als in den frühneuzeitlichen Theorien der Gesellschaft ein bürgerliches ökonomisches Interesse Ausdruck verschafft, versteht sich. Aber das ist eben nicht die ganze Geschichte.

Der Liberalismus versteht die Prinzipien der Subjektivität – Selbstbestimmung, Freiheit und Gleichheit – als Prinzipien, denen eine letztinstanzliche Verortung in der Verfassung des Subjekts eigen ist. Ihnen eignen Züge einer substanzhaft verstandenen inneren Natur, die sie als dem Subjekt vorgegeben verstehen lassen. Eben darin gewinnen sie eine als absolut verstandene Geltung. Mit den als absolut verstandenen Prinzipien, mit einer absolut verstandenen Freiheit insbesondere,

45 J. St. Mill, On Liberty, S. 8 f., 75.
46 J. St. Mill, On Liberty, S. 39.
47 J. St. Mill, On Liberty, S. 17, 63.

geht es, wie es mit jedem Absoluten geht: Es ist aus sich selbst keiner Bestimmung fähig. Tatsächlich verfährt die absolutistische Logik, wo immer sie sich Ausdruck verschafft, in der umgekehrten Weise: Sie geht von dem aus, was in der Welt vorgefunden wird oder gelten soll und führt es in das Absolute an ihrem Grunde zurück, um es hernach aus ihm seine Begründung erfahren zu lassen.[48] Es ist nichts im Absoluten, das nicht zuvor real oder konzeptuell als Ordnung der Welt verstanden würde. So steht es mit dem Hervorgehen der Welt aus Gott, so mit der Verfassung der Stadt aus der Idee des Guten bei Platon.[49] Nicht anders aber steht es mit der Freiheit als einem absoluten Prinzip, von dem man sagt, dass es der Natur des Subjekts eigen sei. Wenn es wie jedes absolute Prinzip als frei von jeder empirischen Bedingtheit verstanden wird, so erfährt es seine inhaltliche Bestimmung gleichwohl erst aus den realen Bezügen der Welt. Was deshalb mit dem für den einzelnen wie für die Gesellschaft gleicher Weise bedeutsamen Prinzip der Freiheit gemeint ist, ergibt sich erst, wenn man den Bedeutungsgehalt zu ermitteln sucht, der ihm in den realen Bezügen der Lebensführung des einzelnen wie in den realen Bezügen der einzelnen zueinander in der Gesellschaft zugeschrieben wird. Die Freiheit des Liberalismus stellt sich deshalb just so dar, wie sie sich in den Formen der gesellschaftlichen Verfassung Ausdruck verschafft und verwirklichen lässt. Umgekehrt stellen sich diese Formen als Emanation der Freiheit des Subjekts dar. Auf eben diese Weise wird die Freiheit des Subjekts mit strukturlogischer Notwendigkeit eine bürgerliche Freiheit. Und von der wissen wir bereits, sowohl aus den universalen Formulierungen der Freiheit und Gleichheit in den Gesellschaftstheorien der frühen Neuzeit wie auch hernach aus der Ausgestaltung der Verfassung von 1791 in Frankreich, dass sich Prinzipien bestens mit Praxen vertragen, die, nimmt man die Allgemeinheit der Prinzipien beim Wort, ihnen widersprechen. Auch Mill haben die einnehmenden Ausführungen zum Prinzip der Freiheit nicht gehindert, die Verhältnisse so zu belassen, wie sie waren. Auch er hat sich nicht veranlasst gesehen, Abstriche zu machen an dem Ressentiment, das die Liberalen gegen die Klasse ohne Besitz und Bildung hegte. Zwar ist er verständig genug, um einzuräumen, dass auch dem Proletariat eine politische Vertretung zugestanden werden müsse, wenn ihre Interessen eine Chance haben sollten, gehört und realisiert zu werden.[50] Auch in den zwei Jahre nach der Abhandlung »Über die Freiheit« publizierten

---

48 Zu Struktur und Verfahren der absolutistischen Logik vgl. G. Dux, Historisch-genetische Theorie der Kultur, S. 120-126
49 Zur Philosophie der Gerechtigkeit Platons vgl. die Studie in: G. Dux, Von allem Anfang an: Macht nicht Gerechtigkeit. Studien zur Genese und historischen Entwicklung des Postulats der Gerechtigkeit, Kap. 4.
50 J. St. Mill, On Liberty, S. 38.

»Considerations on Repräsentative Government« (1861) versteht er die Freiheit des Subjekts ausdrücklich als Recht der besitzlosen Klasse, Anteil an der Vertretung des Volkes zu haben. Jeder muss, so sein Votum, seine Interessen selbst einbringen, um die Garantie zu haben, sie auch vertreten zu sehen.[51] Überdies billigt Mill ausdrücklich auch den Frauen das Recht zu, vertreten zu sein. Die eine wie die andere Einsicht hat ihn jedoch nicht gehindert, für ein Pluralwahlrecht zu votieren.[52]

Die strukturlogische Bindung der Prinzipien von Selbstbestimmung, Freiheit und Gleichheit an ihre bürgerlichen Ausdrucksformen geht in eins mit der Begrenzung der Reflexivität, die das Subjekt entwickelt. Die Reflexivität ist, das habe ich bei der Erörterung der frühneuzeitlichen Theorien der Gesellschaft deutlich zu machen gesucht, zunächst an diejenigen Praxen der Lebensführung gebunden, die sie heraufgeführt haben. Die Reflexivität der gesellschaftlichen Verfassung lässt diese Verfassung deshalb gerade in der Form als notwendig erscheinen, in der sie sich in den Praxisformen der Marktgesellschaft ausgebildet hat. Was der Reflexivität des Liberalismus auch noch im 19. Jahrhundert fehlt, sich jedenfalls nur zögernd auszubilden beginnt, ist das Vermögen, sich auf sich selbst zu richten und dabei der eigenen Bedingtheit durch die gesellschaftliche Verfassung inne zu werden. Diese gedoppelte Form der Reflexivität, in der die Reflexivität sich selbst reflexiv wird, müsste dann auch die Freiheit als bedingtes Vermögen des Subjekts verstehen. Von diesem Verständnis ist der Liberalismus des 19. Jahrhunderts weit entfernt.

Man kann, darum ist es mir zu tun, den Gehalt und die Bedeutung des Liberalismus als gesellschaftliche und vor allem politische Bewegung des 18. und 19. Jahrhunderts nicht aus dem Prinzip der Freiheit zu gewinnen suchen, das der Liberalismus auf seine Fahne schrieb. Was Freiheit im Liberalismus meint, bestimmt sich erst aus dem Rückbezug der gesellschaftlichen und politischen Praxis auf eben dieses Prinzip. Die aber war von allem Anfang an geprägt durch ihre Bindung an die Selbsterfahrung eines Bürgertums, das sich nach unten gegen die sich mitbildende Lohnarbeiterschaft, resp. das Volk abgrenzte. Das Ressentiment gegenüber dem Volk gehört zur Selbstbestimmung des Bürgertums und geht in die Philosophie des Liberalismus in seinen verschiedenen Parteiungen ein. In Deutschland erfolgte die Formierung des politischen Liberalismus am Beginn des 19. Jahrhunderts nur zögernd und bildete sich erst allmählich zur politischen Bewegung aus. Seine Genese, die Rückbindung an das Ideengut der Aufklärung einerseits, an die Entwicklung der Ökonomie des Marktes andererseits, ließ die Idee des

51 J. St. Mill, Considerations on Representative Government, S. 247 f.
52 G. Eley, Liberalismus 1860-1914, S. 262 f. Besitz und Bildung sollten bevorzugt werden.

Liberalismus auch hier an das Bürgertum gebunden sein, wenngleich dessen Abgrenzung nach oben, zum Adel, wie nach unten, zur Masse vermögensloser Gesellen, Arbeiter und Tagelöhner, unscharf blieb. Akademiker, Beamte und Freiberufler waren besonders stark in ihm vertreten,[53] neben ihnen jedoch auch Handwerker und Bauern, die zum niederen Bürgertum zählten.[54] Dass sich die kleinbürgerlichen Schichten und eben auch Teile des Bauerntums zum Bürgertum rechneten, bewirkte die Breitenwirkung des Liberalismus.[55] Was die verschiedenen Herkommen in einer Bewegung der Ideen und Gesinnung unter dem Banner des Liberalismus zusammenschloss und sich allmählich auch zur politischen Bewegung formieren ließ, war jenes Moment bürgerlichen Selbstverständnisses, das schon die bewegende Kraft des Bürgertums der Französischen Revolution ausgemacht hatte: die Überzeugung, die Gestaltung des eigenen Daseins wie der gesellschaftlichen Ordnung aus eigener Kraft bewirken zu können.[56] Es ist dieses Moment, durch das sich der Liberalismus auch am deutlichsten gegen den Konservatismus absetzt. Der nämlich erachtet die Verhältnisse nur für sehr begrenzt machbar.

Für die Abgrenzungen nach unten hat der Liberalismus, seit er sich in Deutschland politisch formierte, in den süddeutschen Landtagen, besonders aber in den politischen Bewegungen des Vormärz und März 1848, selbst gesorgt. Wo auch immer wir in Deutschland in den vorindustriellen Stadien des Bürgertums auf den Liberalismus stoßen, ist er bemüht, seine ständische Vorrangstellung zu behaupten und sich gegen die untere Schicht, den Pöbel, wie es heißt, abzusetzen. Es war eine höchst eigenartige Ideologie, die mit dieser Form bürgerlichen Selbstbewusstseins einherging. Das Bürgertum verstand die politische Bewegung, die sich im Liberalismus verkörperte, durchaus als Bewegung des Volkes. Allein, dieses Volk war als das ›eigentliche Volk‹, das zuweilen auch als Nation verstanden wurde, nichts anderes als der Mittelstand.[57] Der Widerspruch zwischen der Universalität der ideellen Programmatik und der politischen Partikularität, auf die wir schon bei der Bestimmung des dritten Standes der Französischen Revolution gestoßen sind, findet sich auch im deutschen Liberalismus der ersten Hälfte des 19. Jahrhunderts wieder. Die Zielvorstellung des Liberalismus dieser Zeit hat Rudolf Muhs deshalb als vom Ideal einer »klassenlosen Mittelstandsgesellschaft« bestimmt gesehen.[58] Die gesellschaftliche Auszeichnung, die

---

53 J. S. Sheehan, Wie bürgerlich war der deutsche Liberalismus, S. 37.
54 W. Kaschuba, Zwischen deutscher Nation und deutscher Provinz, S. 85.
55 Th. Schieder, Die Krise des bürgerlichen Liberalismus, S. 199.
56 W. Kaschuba, Zwischen deutscher Nation und deutscher Provinz, S. 87.
57 J. S. Sheehan, Wie bürgerlich war der deutsche Liberalismus, S. 38.
58 R. Muhs, Deutscher und britischer Liberalismus im Vergleich, S. 24.

der Liberalismus für sich in Anspruch nahm, Besitz und Bildung, diente zugleich als Barriere gegen die Massen derer, die sie nicht aufzuweisen hatten. Politisch schlug sich die Absicherung in einem nur begrenzten Interesse an einer Demokratisierung nieder. Dem Liberalismus des frühen 19ten Jahrhunderts genügte weithin die parlamentarische Repräsentation in einer konstitutionellen Monarchie, ohne an ein aktives Mitregieren zu denken. Vor allem aber hat sich der Liberalismus hartnäckig jeder Form einer Allgemeinheit des Wahlrechts widersetzt, die auch die unteren Schichten einbezogen hätte. Aufs Ganze gesehen setzte sich, wie Theodor Schieder resümiert, ein Sendungsglaube des liberalen Bürgertums durch, der das Wahlrecht als politisches Vorrecht der durch Besitz und Bildung ausgezeichneten Elite ansah.[59]

Es ist evident, dass mit dem Wahlrecht mehr als nur eine Form formeller Gleichheit der Staatsbürger auf dem Spiel stand. Vor den Türen der Wahllokale stand das Heer derer, die den ständig wachsenden Reichtum der Marktgesellschaft erarbeiteten, des Proletariats. Sie suchten durch die Beteiligung an der politischen Gewalt ihren Anteil an dem gesellschaftlichen Reichtum einzufordern. Es fehlte in Deutschland im Vormärz und besonders in der 48er Revolution nicht an Stimmen im Bürgertum, die die Notwendigkeit artikulierten, die unteren Schichten durch eine entschiedene Sozialpolitik in die Gesellschaft zu integrieren. Der Widerstand der Liberalen dagegen war jedoch nicht zu brechen. Im Verständnis der Liberalen Württembergs bildete sich, um ein Beispiel aus einem Lande anzuführen, in dem der Liberalismus starke Wurzeln hatte, eine Opposition gegen jede Form von Sozialpolitik, die über die Armenfürsorge hinausging. Auch die Selbstorganisation der Arbeiter in den Arbeitervereinen war mit dem Odium des Revolutionären belastet. Nach ihrer Trennung von den Liberalen befürworteten die Demokraten zwar die politische Integration durch die Zuerkennung des Wahlrechts, konnten sich jedoch auch nicht zu mehr und anderem entschließen.[60]

Versteht man die Wahlrechtsfrage als genau das, als was sie von den Liberalen verstanden wurde, als Barriere gegen die materiellen Ansprüche, die mit der Beteiligung des niederen Volkes drohten, wird verständlich, dass sich die europäischen Liberalen in der Ablehnung des Wahlrechts einig waren. Auch in England, das ja sehr früh eine zumindest als Vorläufer zu verstehende politische Bewegung des Liberalismus kannte, haben die mehrfachen Wahlrechtsreformen kein allgemeines Wahlrecht hervorgebracht. Das wurde erst 1919 eingeführt.[61] Wie bedeutsam das

---

59 Th. Schieder, Die Krise des bürgerlichen Liberalismus, S. 193.
60 Zur politischen Programmatik der Liberalen in Württemberg vgl. D. Langewiesche, Liberalismus und Demokratie, S. 206 ff.
61 Vgl. R. Muhs, Deutscher und britischer Liberalismus im Vergleich, S. 249.

Wahlrecht für die politische Rolle des Liberalismus in Deutschland war, zeigte sich, als 1869 im Norddeutschen Bund und 1871 im Reich das allgemeine Wahlrecht für Männer eingeführt wurde. Diese Entwicklung traf den Liberalismus so sehr, dass er sich genötigt sah, nun vollends zu einer offenen Strategie der Abgrenzung nach links Zuflucht zu nehmen. Die Gründungsbewegung der Gewerkschaften und wenig später der Sozialistischen Arbeiterpartei ließen ihn definitiv aus einer bürgerlichen Bewegung mit einer absolutistischen Programmatik und einer Ideologie der Freiheit zu einer Klassenideologie übergehen.[62]

Die historisch-genetische Lektion, die in der Ausbildung des politischen Liberalismus für das Verständnis der Gerechtigkeit liegt, besteht zunächst einmal in dem schlichten Befund, dass der Liberalismus die Gerechtigkeit für das Volk, die Arbeiter insbesondere, nicht wollte. Der Liberalismus hat zu keiner Zeit ein Verständnis dafür entwickeln können, dass das mit der Bildung des Proletariats heraufziehende soziale Problem ein von der Struktur der Marktgesellschaft heraufgeführtes Problem ist. Er hat nie ein Verständnis dafür gewonnen, dass die Freiheit des Subjekts eine gesellschaftlich bedingte Freiheit ist. Er hat es bis heute nicht! In der Abwehr der Inklusion und Integration der Arbeiter, also doch in der Abwehr der Gerechtigkeit, bringt sich offen und ohne jede Form der Verschleierung ein Klasseninteresse zum Ausdruck, das sich durch das Anwachsen der Arbeiterschaft und ihre politische Formierung bedroht sieht. Doch das ist nicht die ganze Lektion, die uns aus dem Widerstand des Liberalismus gegen die Integration der Arbeiterschaft zuteil wird. Gerechtigkeit, das wird einmal mehr deutlich, beruht, wenn sie als normatives Postulat in der Gesellschaft Geltung erlangen soll, auf zwei Säulen:

Sie muss von denen, die sie für sich in Anspruch nehmen, eingefordert werden. Und das kann unter der Marktgesellschaft des 19. Jahrhunderts nur durch eine politische Formierung der Arbeiterschaft geschehen.

Überdies aber muss es für die, die sich der Gerechtigkeit verpflichten sollen, für die Bürger also, einen Grund geben, sich ihr zu verpflichten.

Ohne Interesse geschieht nichts in der normativen Gestaltung der Gesellschaft;[63] ohne Interesse verzichtet vor allem niemand auf eine so

---

62 W. Kaschuba, Zwischen deutscher Nation und deutscher Provinz, S. 83-108 (105).

63 Niemand geringerer als J. J. Rousseau hat diese Bedingtheit der normativen Verfassung hervorgekehrt. »Ce qui prouve l'égalité de droit et la notion de justice qu'elle produit dérivent de la préférence que chacun se donne ...« J. J. Rousseau, Du Contrat social, II, 4 (254).

vorteilhafte Stellung in der Gesellschaft, wie sie das Bürgertum im 19. Jahrhundert innehatte. Wenn Gerechtigkeit als normatives Postulat Geltung erlangen soll, dann muss es zu einem Gebot praktischer Vernunft werden, dem Verlangen derer, die sich an den Rand der Gesellschaft gedrängt sehen, nach Gerechtigkeit Rechnung zu tragen und sich ihr zu verpflichten. Beide Voraussetzungen bilden sich aber erst mit der Formierung des Proletariats als einer politischen Kraft.

5 Gerechtigkeit für das Proletariat

5.1 Die Ausbildung des Proletariats

Wer ist das Proletariat? Wodurch bildet es sich? Und wodurch gewinnt seine Formierung Bedeutung für die Ausbildung einer Gerechtigkeit, die auf die Integration derer in die Gesellschaft zielt, die sich in der Marktgesellschaft exkludiert sehen? Das sind die Fragen, die uns beschäftigen müssen, um jener Form der Gerechtigkeit auf die Spur zu kommen, die sich in der Phase der Entwicklung der Marktgesellschaft als Industriegesellschaft ausbildet.

Der Begriff des Proletariats bildet sich zwar bereits unter dem Einfluss der Marktgesellschaft, hatte aber, als er in der ersten Hälfte des 19. Jahrhunderts aufkam, noch ständische Konnotationen. Er stand für die untere Schicht des Volkes, eigentlich für dessen nicht-ständischen Bodensatz.[64] Marx nutzte ihn, um dessen »Entfremdung« zu kennzeichnen.[65] Seine eigentlich klassenspezifische Ausprägung erfuhr der Begriff erst mit der Entwicklung der Lohnarbeiterschaft zur Fabrikarbeiterschaft. Mit ihr entwickelte sich eine gemeinsame Lebenslage der Arbeiter, die in den Begriff einging. Während in den Anfängen des Übergangs von der Manufaktur zur Fabrik den gelernten Handwerkern unter den Arbeitern noch eine herausgehobene Stellung zukam, wurden in der Phase der maschinellen Umstellung zur Fabrikarbeit in der industriellen Revolution die Handwerker von der großen Zahl der Fabrikarbeiter aufgesogen.[66] Sie gerieten ebenfalls zunehmend an den Rand der Gesellschaft. Für die sozialstrukturelle Formierung der Gesellschaft insgesamt verloren sie an Bedeutung, sodass mit dem Begriff des

---

64 Dazu W. Conze, Vom ›Pöbel‹ zum ›Proletariat‹, S. 117 ff.
65 K. Marx, Manifest der Kommunistischen Partei, MEW 4, S. 472.
66 Zur sozialgeschichtlichen Entwicklung des Proletariats vgl. E. P. Thompson, The Making of the English Working Class; M. Vester, Die Entstehung des Proletariats als Lernprozess; im übrigen die hier wie sonst informative Darstellung bei H.-U. Wehler, Deutsche Gesellschaftsgeschichte, 1849-1914, S. 106-166.

Proletariats auch im Bewusstsein des 19. Jahrhunderts je länger desto mehr recht eigentlich die Fabrikarbeiter gemeint waren. Die kannten zwar intern eine Differenzierung in der Entlohnung; verbunden damit war innerhalb der Fabrikarbeiterschaft auch eine Differenzierung des Status, gesellschaftlich überwog jedoch die Gemeinsamkeit der Lebenslage. Alle waren dem Fabrikregime und damit einer Arbeitsverfassung unterworfen, die 10-12 Stunden und zu Zeiten auch 12-17 Stunden Arbeit vorsah. Alle lebten an der Armutsgrenze und mussten ihr Dasein in Elendsquartieren fristen. Alle sahen sich auch der scharfen Abgrenzung vom und durch das Bürgertum ausgesetzt.

Zu der Differenz der Einkommens- und Lebenslage trat die Differenz der Bildung hinzu. Die aber wog schwer unter dem Bewusstsein des Fortschritts, das die Aufklärung mit sich gebracht hatte. Arbeit und Bildung waren, wie erinnerlich, bereits die Forderungen der Sansculotten in der Französischen Revolution. Beide Forderungen ziehen sich durch die Programmatik der Arbeiterschaft. So gut wie alle Arbeitervereine führen Bildung in ihrem Forderungskatalog mit. Auch unter den sozialen Forderungen der Sozialdemokratie wird mit der Gerechtigkeit allemal auch Bildung eingefordert. Politisch fand der vom Bürgertum artikulierte Abstand zur Arbeiterklasse seine Unterbauung im Wahlrecht, in dem bekannten Dreiklassenwahlrecht in Preußen[67] wie im Zensuswahlrecht in seinen verschiedenen Ausprägungen in anderen deutschen Staaten.

Ihre Brisanz erfährt die Entwicklung des Proletariats dadurch, dass es sich seiner Lage als einer durch die Strukturen der Marktgesellschaft bewirkten Lage bewusst wird. Mit dem Klassenbewusstsein entfaltet es auch ein Bewusstsein davon, seine elende Lage gesellschaftlichen Strukturen zuschreiben zu müssen. Erst mit der Wendung gegen die Strukturen gewinnt aber das moderne Postulat der Gerechtigkeit überhaupt seine normative Dimension. Das Sollen muss eingefordert werden, um überhaupt existent zu sein. Die reale Lebenslage der Arbeiter gab dazu allen Anlass. Politische Programmatiken suchen sich jedoch eine Legitimation auf einer abstraktiv-reflexiven Ebene zu verschaffen. Die abstraktiv-reflexive Legitimation war nicht schwer zu finden: Das Bürgertum hatte sie mit dem Theorem der Selbstbestimmung und den daran haftenden Menschenrechten: Freiheit und Gleichheit, in einer Weise formuliert, die ihre Geltung für alle nicht fraglich sein ließ. Ein Zeitgenosse, Lorenz von Stein, hat die bewegende Geschichte der Ausbildung des Proletariats seinen bürgerlichen Mitbürgern zu Bewusstsein zu bringen und dabei die Verbindung zwischen den materiellen und ideellen Forderungen des proletarischen Bewusstseins deutlich zu machen gesucht.[68]

---

67 Vgl. H. V. Gerlach, Die Geschichte des Preußischen Wahlrechts, Berlin 1908.
68 Vgl. Zum Folgenden L. von Stein, Proletariat und Gesellschaft, S. 41 ff.;

5.2 Von Stein über das Proletariat. Ein Exkurs

Lorenz von Stein sieht Bewusstsein und Programmatik des Proletariats aus der zentralen Idee der Neuzeit, der Idee der Selbstbestimmung des Subjekts, hervorgehen. An die Idee der Selbstbestimmung sieht von Stein auch die Ideen von Freiheit und Gleichheit gebunden, die mit ihr zur Grundlage der Philosophie der Neuzeit geworden sind. Erst die Verbindung mit den Ideen von Freiheit und Gleichheit verleiht der Selbstbestimmung die Bedeutsamkeit, die ihr in der Neuzeit zukommt. Umgekehrt stellen sich erst in ihrer Verbindung mit der Idee der Selbstbestimmung die Ideen von Freiheit und Gleichheit als etwas dar, das vom Menschen nicht besessen wird, vielmehr erst erworben werden muss. Alle menschlichen Auszeichnungen und alles Recht sind, so Lorenz von Stein, fürderhin ein durch den Menschen »selber Erworbenes«. Auch die Gleichheit der Staatsbürgerschaft, die von Stein ebenfalls der Idee der Selbstbestimmung verhaftet sieht, stellt für jeden nur die gleiche Möglichkeit dar, »diejenige Stufe der persönlichen Entwicklung zu erreichen, welche jedem den allgemeinen Anteil an der Staatsgewalt verleiht.«

Von Stein wäre nicht in der Weise dem Bürgertum und der bürgerlichen Philosophie verpflichtet gewesen, in der er es tatsächlich war, wenn er nicht verstanden hätte, die Idee von Selbstbestimmung, Freiheit und Gleichheit mit dem Besitz und dessen Erwerb zu verbinden. Durch den Besitz eines Guts, so von Stein, erwirbt der, der ihn sich verschafft, den ganzen Reichtum menschlicher Fähigkeiten und Kräfte, die in eine Form von Arbeit eingehen. Die aber zu entwickeln ist nur in der Gesellschaft – Lorenz von Stein sagt: in der Gemeinschaft – möglich. »In dem *Besitze* eines Gutes besitze ich daher«, sagt Lorenz von Stein, »die Masse der Lebenstätigkeit, die es hat entstehen lassen.« Und weiter: »Erst die Güter bilden daher das lebendige, stets gegenwärtige, immer aufs neue fruchtbare Band, das das Leben aller einzelnen als Gemeinschaft erscheinen lässt.«

Dieser Befund nun hat, folgt man von Stein, einen unmittelbaren Bezug zur Entstehung des Proletariats. Denn das Proletariat ist diejenige Klasse, der durch die Entwicklung der Gesellschaft die Aneignung von Besitz praktisch verwehrt ist. Die Klassenscheidung ist daher nicht einfach nur eine Scheidung nach materiellen Gütern, sie erscheint als eine Scheidung für alles dasjenige, »was dem Menschen das Beste, Edelste und Wünschenswerteste bedünkt.« Angesichts der Bedeutung, die das

52 ff. Das unter diesem Titel von M. Hahn neu herausgegebene Werk stellt die 2. Auflage von »Der Sozialismus und Kommunismus im heutigen Frankreich« (1848) dar.

neuzeitliche Selbstverständnis der Entwicklung des Subjekts und damit dem Wert der Persönlichkeit beimisst, und vor allem: angesichts der Allgemeinheit der Idee, diese Entwicklung jedenfalls der Möglichkeit nach jedem einzelnen zuzugestehen, erscheint es geradezu als historisch unvermeidlich, dass sich die Nicht-Besitzenden gegen diese Beschneidung ihrer menschlichen Möglichkeiten wenden. Sie sehen sich geradezu genötigt, sich gegen den Ausschluss vom Besitz zu wenden, wenn sie nicht des Wertes der Persönlichkeit verlustig gehen wollen. »Das Prinzip der freien Persönlichkeit,« notiert Lorenz von Stein, »ist von Staat und Gesellschaft anerkannt …«. Sich gegen den Ausschluss vom Besitz zu wenden und für andere Bedingungen zu votieren, nach denen Besitz sollte erworben werden können, stellt sich deshalb als eine sowohl historisch wie philosophisch unabweisbare Konsequenz dieses Prinzips dar. Es ist diese Wendung, die Wendung gegen den durch die Verfasstheit der Gesellschaft bewirkten Ausschluss vom Besitz, mit dem Intellektuelle des Bürgertums wie Lorenz von Stein die Idee der Selbstbestimmung für das Proletariat einfordern.

Es ist nicht das bloße Faktum des Nicht-Besitzes, der das Proletariat entstehen lässt, nicht die bloße Unmöglichkeit, Kapital zu bilden, es ist nicht der bloße Druck des Kapitals auf die Arbeiter, auch nicht deren Armut, die aus der Masse der Arbeiter das Proletariat hervorgehen lässt, so wahr alle diese Momente zu seiner Begründung beitragen, entscheidend für die Ausbildung des Proletariats ist der Geist des Proletariats, das in ihm ausgebildete Bewusstsein, als nicht-besitzende Klasse berechtigt zu sein, einen Anteil an dem Besitze zu fordern.

Sombart und Weber haben den Kapitalismus sich durch den Geist des Kapitalismus bilden sehen, der den Unternehmern eigen war.[69] Von Stein sieht ein halbes Jahrhundert vor ihnen sich das Proletariat durch den Geist bilden.

Die Ausbildung des Proletariats als Klasse geht in seiner Wendung gegen die Strukturen der Marktgesellschaft in eins mit der Ausbildung eines modernen Gerechtigkeitspostulats. Das Proletariat stellt in seinem Verlangen, Anteil zu haben an dem Besitz und dadurch, folgt man Lorenz von Stein, seine Persönlichkeit zu entfalten, geradezu die Inkorporation der modernen Gerechtigkeit dar. Von Stein bleibt jedoch bei der bürgerlichen Bestimmung der Gerechtigkeit durch die Einsicht in die Unwiderstehlichkeit der Reklamation des Besitzes auch für das Proletariat nicht stehen. Er sieht, dass es das Proletariat bei dieser Form der Bestimmung von Gerechtigkeit deshalb nicht belassen kann, weil

---

69 W. Sombart, Der Bourgeois, S. 1 ff. 29 ff.; M. Weber, Die protestantische Ethik und der Geist des Kapitalismus, S. 1-206.

es niemals in gleicher Weise wie das Bürgertum Besitz wird erwerben können. Das Proletariat braucht es bei dieser Form der Gerechtigkeit aber auch nicht zu belassen. Denn es hat eine Entdeckung gemacht: dass der Wert eines Guts durch die in es eingegangene Arbeit bestimmt wird. So aber, stellt von Stein fest, »ergab sich in leicht erkennbarer Weise der Grundsatz, dass die Verteilung der Güter nicht durch den persönlichen Besitz, sondern *allein und für alle durch die persönliche Arbeit bedingt* sein soll«. Dieser Grundsatz, erklärt Lorenz von Stein, ist der positive, praktische Angelpunkt des ganzen Proletariats unserer Zeit. Und das deshalb, weil er eine revolutionäre Weiterung zeitigte, die Lorenz von Stein sehr wohl wahrnahm: Wenn Arbeit der Angelpunkt des Proletariats und mit ihm des Organisationsprinzips der Gesellschaft sein soll, dann muss das die Konsequenz haben, dass sich der Widerspruch des Proletariats gegen seine Exklusion nicht mehr gegen den Besitz in den Händen der Besitzenden richtet, sondern gegen die Grundlage der Gesellschaft, um »eine ganz neue Ordnung der menschlichen Gemeinschaft in einem ganz neuen Prinzip für die Verteilung der Güter zu suchen«. Die Stringenz, mit der Lorenz von Stein die innerste Logik in der Entwicklung der Idee des Kommunismus zu bestimmen sucht, deckt sich mit der Vorstellung, durch die Marx Bürgertum und Proletariat historisch verbunden sah. Die politische Emanzipation des Bürgertums stellt, so Marx, zwar nicht die letzte Form der menschlichen Emanzipation überhaupt dar, wohl aber ist sie die letzte Form der menschlichen Emanzipation innerhalb der bisherigen Weltordnung.[70] Das Proletariat muss sie zum Anlass nehmen, seine eigene Emanzipation zu realisieren. Das eben verstand auch von Stein als eine Konsequenz, die in der Logik der Ideen der Neuzeit lag. Nur kam Marx auf anderem Wege zum Umsturz: nicht aus der Logik in der Entwicklung der Ideen, sondern aus der Logik in der Entwicklung der Verhältnisse, in deren Folge dann allerdings auch der Ideen.

Der Geist des Proletariats hat sich, das sucht von Stein deutlich zu machen, aus der reflexiven Verarbeitung der Strukturen der Gesellschaft gebildet. Eben deshalb vermag er auf sein materiales Substrat: die gesellschaftliche Formierung der Lebenspraxis, zurückzuwirken. Dazu aber musste er sich in eine politische Programmatik umsetzen. Seine politische Formierung gehörte zu seiner Wahrheitsbedingung hinzu. Umsetzen aber ließ er sich nur auf einem einzigen Wege: durch eine Assoziation der Arbeiterschaft. Denn nur durch sie ließ sich ein Machtpotential gewinnen, dass der Gerechtigkeit Geltung verschaffen konnte. Erst mit ihm wurde das Moment des Sollens der Gerechtigkeit in einer Weise formiert, die es gesellschaftlich bedeutsam werden ließ. Mit ihr wurde zum andern aber auch eine gesellschaftliche Konstellation

---

70 K. Marx, Zur Judenfrage, MEW 1, S. 356.

geschaffen, in der es zumindest perspektivisch für den politischen Gegner, die Konservativen wie die Liberalen, sich als vernünftig erweisen musste, dem Proletariat Gerechtigkeit widerfahren zu lassen, sich mit anderen Worten der Gerechtigkeit zu verpflichten.

5.3 Die Organisation des Proletariats

Gemeinhin lässt man die Organisation der Arbeiterschaft in politischen Parteien und Gewerkschaften in Deutschland mit der Denkschrift Ferdinand von Lassalles und der darauf folgenden Gründung des Allgemeinen Deutschen Arbeitervereins (1863) beginnen.[71] Vereinigungen von Arbeitern gab es jedoch auch schon früher. Berufsständische Gesellenvereinigungen bildeten sich in den Jahrhunderten der frühen Neuzeit immer wieder. Sie verfolgten vor allem fürsorgerische und bildungspolitische Zielsetzungen. Zu politischen Vereinigungen vermochten sie sich schon wegen des Koalitionsverbotes nicht zu entwickeln.[72] Auch die große Sammlungsbewegung der »Arbeiterverbrüderung«, die noch in den Revolutionsjahren 1848/49 erfolgte und 1850 auf dem Vereinstag zu Leipzig in den Grundstatuten in außerordentlich detaillierter Form eine Organisation erfuhr, war eine Bewegung, die zwar soziale mit politisch- demokratischen Zielsetzungen verband, sich aber weder als Arbeiterpartei noch als Gewerkschaft formierte. Sie nutzte die in der Revolution errungene Vereinsfreiheit, suchte ihre Ziele aber ohne das Mittel des Streiks durchzusetzen.[73] Wenn man nachfragt, wie die »Arbeiterverbrüderung« ihre Ideale von Gleichheit und, emphatischer noch, von Brüderlichkeit politisch zu verwirklichen gedachte, drängt sich die Annahme auf, sie habe auf die Macht der großen Zahl vertraut, wenn denn die Demokratie Wirklichkeit werden sollte.

Die reformerischen Absichten der »Arbeiterverbrüderung« haben in der historischen Literatur eine späte Anerkennung gefunden. Ihre politische Zurückhaltung hätte, so hat Frolinde Balser gemeint, den späteren Zulauf der Arbeiter zur marxistischen Ideologie verhindern können,

71 Zur Frühgeschichte der Arbeiterbewegung vgl. W. Schieder, Anfänge der Arbeiterbewegung.

72 Das Koalitionsverbot war 1835 durch Bundesbeschluss ausgesprochen und 1841 eigens noch einmal erneuert worden; hernach hatte es in die Gewerbeordnungen der Länder Eingang gefunden. In Preußen ging es in die Gewerbeordnung von 1845 ein, um dann auch auf die Fabrikarbeiter ausgedehnt zu werden.

73 Zur »Allgemeinen deutschen Arbeiterverbrüderung« vgl. Fr. Balser, Sozialdemokratie 1848/63, sowie den Auszug »Sozial-Demokratie 1848/49 bis 1863«, S. 159-176.

wenn denn die Restauration nicht so borniert gewesen wäre, selbst in der »Arbeiterverbrüderung« eine Gefahr für die bestehenden Verhältnisse zu sehen und sie zu unterdrücken.[74] Diese Einschätzung wird man bezweifeln. Es ist ja nicht auszumachen, wie man nachhaltige soziale Veränderungen hätte erreichen können, ohne zu revolutionären Ideen und vor allem zu revolutionären Maßnahmen Zuflucht zu nehmen. Es musste nicht die Marxsche Theorie sein, die die Marschroute bestimmte, irgendeine Vision revolutionärer Veränderungen musste jedoch her, wenn Veränderungen erreicht werden sollten. Unter der Entwicklung der Marktgesellschaft war jedenfalls nicht zu ersehen, wie man das für die Neuzeit so mächtige Theorem der Selbstbestimmung des Subjekts für das Proletariat hätte verwirklichen und dabei die Strukturen der Marktgesellschaft gleichwohl belassen können, wie sie waren.

Die eigentliche Entwicklungsphase der deutschen Gewerkschaftsbewegung war das Jahrzehnt zwischen 1868 und 1878.[75] Sie wurde zum einen von sozialdemokratisch gesinnten Gewerkschaftsführern ins Leben gerufen, basierte zum andern auf liberalem Gedankengut, wie es die Hirsch-Dunckerschen Gewerksvereine bestimmte. Letztere gewannen bis zur Mitte der 90er Jahre erheblichen Einfluss, verloren dann aber an Bedeutung. Die Ziele der Gewerkschaften waren wie schon zuvor die vielen spontanen Streiks auf konkrete Forderungen nach Verbesserung der Arbeitsbedingungen und der Lebenslage der Arbeiter gerichtet, vordringlich auf eine Erhöhung der Löhne und Verkürzung der Arbeitszeit. Und anders als die Arbeiterverbrüderungen in den beiden vorausgehenden Jahrzehnten gehörte der Streik als Mittel des sozialen Kampfes zu ihrem Selbstverständnis. Hochkonjunkturelle Phasen wie 1853-57 und 1864/65 wurden bewusst genutzt, um durch Streiks Verbesserungen zu erreichen. Eine große Anzahl von Streiks kennzeichnet insbesondere die Aufschwungphase 1868-73. Es ist im Kontext unserer Erörterungen von erheblichem Interesse zu sehen, dass jede dieser Verbesserungen unter dem Postulat der Gerechtigkeit eingeklagt wurde. Denn mit der Organisation der Arbeiter und mit deren Entschlossenheit, ihre Ansprüche im Kampf durchzusetzen, bildete sich jenes Bewusstsein von Gerechtigkeit, das wir hier zugrunde legen: Es ist eine Gerechtigkeit, die als politische Programmatik eingefordert wird. Politisch einfordern aber ließ sie sich nur durch die Organisationsmacht der Arbeiter, die dem Machtpotenzial der Unternehmer entgegengesetzt wurde. »Organisation allüberall bis in den entlegensten Ort... und unter jeder denkbaren Form«, das war die Parole, die vom Wydener Parteitag der Sozialdemokratie im August 1880 an die Adresse der

---

74 Fr. Balser, Sozial-Demokratie 1848/49 bis 1863, S. 168 f.
75 Vgl. G. A. Ritter, Der Durchbruch der Freien Gewerkschaften Deutschlands, S. 131-142.

Gewerkschaft gerichtet wurde.[76] Die Organisation der Arbeiter wurde deshalb zur Parole der 8oer Jahre der Gewerkschaftsbewegung. Eine große Zahl von Arbeitern hat die Parole verstanden. 1869/70 zählten die Gewerkschaften bereits 400.000 Mitglieder. Viele von ihnen waren bereits aus Arbeiterfamilien hervorgegangen.

Gewerkschaftsorganisation und Organisation der Arbeiterpartei entstanden, das ist schon deutlich geworden, im engen Verbund miteinander, die erstere später als in anderen europäischen Ländern, später insbesondere als in England, die letztere früher als in anderen europäischen Ländern, sodass sie für andere europäische Gründungen der Sozialdemokratie nach der Jahrhundertwende zum Vorbild werden konnte.[77] Die Entstehungsgeschichte der Arbeiterparteien selbst ist verwickelt. 1863 gelang, wie schon erwähnt, Ferdinand Lassalle durch sein »Offenes Antwortschreiben an das Zentralkomitee zur Berufung eines Allgemeinen Deutschen Arbeiterkongresses zu Leipzig« die Gründung des Allgemeinen Deutschen Arbeitervereins (ADAV).[78] Lassalle war seiner philosophischen und politischen Couleur zufolge Linkshegelianer mit starker Neigung zu einer programmatischen Anlehnung an den preußischen Staat. Als Reaktion auf dessen kleindeutsch-preußische Programmatik bildete sich der großdeutsch orientierte Vereinstag der Deutschen Arbeitervereine (VDAV). Ihn vermochten Bebel und Liebknecht 1868 zum Anschluss an die von Marx gebildete Internationale-Arbeiter-Assoziation zu bewegen. Der Konflikt zwischen beiden Arbeiterparteien ließ Bebel und Liebknecht nach einen Ausweg suchen und mit ihren Anhängern 1869 die Sozialdemokratische Arbeiterpartei (SDAP) gründen. Deren Vereinigung mit den Anhängern Lassalls führte 1875 in Gotha zur Gründung der Sozialistischen Arbeiterpartei (SAP). Wie schon die Organisatoren der Arbeiterverbrüderung überschätzten auch die Strategen der neu gegründeten Sozialistischen Arbeiterpartei ihr Mitgliederpotenzial beträchtlich. Eigentlich, so die Vorstellung, müssten sich alle Arbeiter ihnen anschließen. Lassalle meinte, es seien 89-98 Prozent der Gesamtbevölkerung,[79] recht eigentlich die Nation.[80] Tatsächlich waren es bedeutend weniger. Als organisationsfähig erwiesen sich überwiegend nur gelernte und mit einem Mindestmaß an Bildung ausgerüstete

76 Siehe G. A. Ritter, Der Durchbruch der Freien Gewerkschaften Deutschlands, S. 142.

77 Vgl. zur Gründung der Sozialdemokratie G. A. Ritter, Die Sozialdemokratie im Kaiserreich, S. 183-226; vgl. weiter die wie immer informative Darstellung bei H. U. Wehler, Deutsche Gesellschaftsgeschichte; Bd. 3: 1849-1914, S. 157-160, 348 ff.

78 F. Lassalle, Reden und Schriften, S. 211 ff.

79 P. Steinbach, Sozialdemokratie im Spiegel der historischen Wahlforschung, S. 3.

80 F. von Lassalle, Offenes Antwortschreiben, S. 79 ff.

Arbeiter. Dazu kam, dass zwischen Klassenlage und Klassenbewusstsein einerseits, Klassenbewusstsein und Organisationsbereitschaft andererseits beträchtliche Lücken klafften. Insgesamt waren in Wilhelminischer Zeit nur etwa 10 Prozent der Arbeiter organisiert.[81] Die Mitgliederzahl der Sozialistischen Arbeiterpartei (SAP) war gleichwohl beachtlich. Sie zählte 1876, also ein Jahr nach ihrer Gründung, etwa 38.000 Mitglieder, 1890 waren es schätzungsweise 100.000,[82] 1913/14 erreichte die Zahl die Grenze von einer Million.

Die Affinität der politischen Doktrin und Programmatik der Sozialdemokratischen resp. Sozialistischen Deutschen Arbeiterpartei und der von ihr bestimmten Gewerkschaften zur Marxschen Gesellschafts- und Revolutionstheorie ist gebrochen. Noch in den Revolutionsjahren 1848/49 fanden die aus dem Ausland einsickernden Ideen des Kommunismus kaum Beachtung bei den Arbeitern. In dem Verbandsorgan »Die Verbrüderung« sind kaum einmal Anklänge an Kommunismus und Sozialismus zu finden.[83] Überdies entsprach das Ideengut, das in die Satzung der SAP bei deren Gründung 1875 in Gotha einging, in keiner Weise den Vorstellungen Marx'.[84] Dennoch kann die Anlehnung der sozialdemokratischen Lehre und Politik an die Marxsche Theorie nicht fraglich sein. Die Frage stellt sich mithin, was schließlich die Durchschlagskraft dieser Theorie als Gesellschafts-, Geschichts- und Revolutionstheorie bewirkte. Kurz und bündig erklärt Hans-Ulrich Wehler: ihre Realitätsnähe.[85] In der Tat! Zwei Einsichten in die Theorie Marxens sind es vor allem, die die Vermittlung zwischen Praxis und Theorie bewirkten: Zum einen ist es die Einsicht in die innere Logik der kapitalistischen Gesellschaft. Dass diese Gesellschaft eine aus den Interessen des Kapitals formierte und in ihren Strukturen durch sie bestimmte Gesellschaft darstellt, war für das Proletariat eine tägliche Erfahrung. Damit in eins ging die andere Einsicht, die sich aus der Analyse des Kapitals ergab: die Einsicht in den unversöhnlichen Antagonismus zwischen Kapital und Arbeit. Und den erfuhren die Arbeiter am Leibe. Im Kontext unserer Erörterung sind beide Momente deshalb von besonderer Bedeutung, weil sich mit beiden auch das Postulat der Gerechtigkeit zu einer revolutionären Programmatik verdichtete. Diese Feststellung will allerdings für die Marxsche Theorie recht verstanden sein. Marx selbst gründete seine Gesellschafts- und Geschichtstheorie nicht auf ein normatives Postulat, nicht auf Moral und nicht auf Ge-

81 A. von Saldern, Analyse der Parteimitgliedschaft in Wilhelminischer Zeit, S. 163.
82 G. A. Ritter, Die Sozialdemokratie im Kaiserreich, S. 200.
83 Fr. Balser, Sozial-Demokratie 1848/49 bis 1863, S. 162 ff.
84 Vgl. K. Marx, Kritik des Gothaer Programms, MEW 19, S. 11-32.
85 H.-U. Wehler, Deutsche Gesellschaftsgeschichte Bd. 3, S. 166.

rechtigkeit. Er war überzeugt, das Verlaufsgesetz der kapitalistischen Marktgesellschaft entdeckt zu haben. Ihm zufolge aber ist, folgt man Marx, der Zusammenbruch des Kapitalismus in allernächster Zeit zu erwarten. Der Gerechtigkeit als eines normativen Postulats bedurfte es nicht, wenn auch nicht fraglich ist, dass Marx mit diesem Verlauf der Gerechtigkeit demnächst genüge getan sah. Für die Politik der Sozialdemokratie war dagegen das Verlangen, hier und jetzt Anteil zu haben an dem erarbeiteten Reichtum der Gesellschaft, also doch das Postulat der Gerechtigkeit, praktisch wie theoretisch Ausschlag gebend.[86] Wenn Marx und Engels im Kommunistischen Manifest konstatierten: »Das Proletariat kann sich nicht erheben, ohne dass der ganze Überbau der Schichten, die die offizielle Gesellschaft bilden, in die Luft gesprengt wird,«[87] und dieses Geschehen mit historischer Notwendigkeit kommen sahen, so mochte das den Arbeitern nur recht sein. Die Prognose ließ sie gleichwohl nicht auf deren Zusammenbruch warten, sondern Gerechtigkeit als revolutionäres Postulat einfordern.

Im historisch-genetischen Verständnis gewinnt der Bildungsprozess der Arbeiterparteien und der Gewerkschaften und die mit ihr zusammengehende politische Programmatik für den konstruktiven Bildungsprozess der Gerechtigkeit eine Schlüsselfunktion. Unter den Erkenntnisvorgaben der Moderne, unter denen auch die Normativität der gesellschaftlichen Verfassung als Konstrukt verstanden werden muss, kann sich das Sollen der Gerechtigkeit nicht anders denn aus den empirisch konkreten Anforderungen der Subjekte formieren. Das aber wird in erster Linie von denen ausgehen, die für sich gerechte Verhältnisse fordern. Mit der Organisation der Arbeiterparteien und Gewerkschaften gewinnt das Sollen der Gerechtigkeit erst die Form, die es unter den Verhältnissen der Marktgesellschaft gewinnen muss: Es formiert sich als politische Kraft. Das vom Proletariat eingeforderte Sollen ist jedoch nur das eine Moment der Normativität der Gerechtigkeit. Das andere liegt in der Verpflichtung, die sich an die anderen, die Adressaten des Sollens, richtet. Adressaten aber lassen sich nur verpflichten, wenn es für sie zu einem Gebot praktischer Vernunft wird, dem, was als Sollen der Gerechtigkeit eingefordert wird, auch zu folgen. Praktische Vernunft aber muss als politische Vernunft im Verständnis der Moderne anders verstanden werden als in aller idealistischen Philosophie: Es muss ein Interesse der Adressaten ersichtlich sein, ihr zu folgen. Eben dieses Interesse wurde mit der politischen Formierung des Proletariats begründet. Dass sich die politischen Mächte des Kaiserreichs gezwungen sahen, das Proletariat überhaupt als politische Macht wahrzunehmen, konnte

86 W. Conze, Vom ›Pöbel‹ zum ›Proletariat‹, S. 134 f.
87 K. Marx/F. Engels, Manifest der Kommunistischen Partei, MEW 4, S. 472 f.

für das Proletariat im Kampf um die Gerechtigkeit bereits als Erfolg verbucht werden. Das galt insbesondere für das 1878 erlassene Sozialistengesetz. Die Rigorosität, mit der Bismarck es umsetzte, stärkte die Organisationskraft des Proletariats, von der doch alles abhing. Überdies zwang sie die politischen Machthaber, anzuerkennen, dass sich das Proletariat in der Politik einen Platz erkämpft hatte, der sich nicht länger negieren ließ. Vollends müssen die Versicherungsgesetze der 80er Jahre als Erfolg der politischen Organisation des Proletariats angesehen werden. Mit ihnen lässt man gemeinhin den Sozialstaat beginnen. Doch das ist zweifelhaft und hängt davon ab, wodurch man den Sozialstaat zu kennzeichnen sucht. Wenn man ihn lediglich dahin bestimmt, temporäre Risiken der Lebenslage der Arbeiterklasse abzusichern, hat man dessen Genese aus der politischen Ökonomie der Marktgesellschaft nur unzureichend erfasst. Denn die Gerechtigkeit, die vom Proletariat eingefordert wird, zielt darauf ab, politisch diejenigen Strukturen zu schaffen, die notwendig sind, um den integrativ defizitären Strukturen der Ökonomie entgegenzuwirken. Das ausgehende Jahrhundert ist in den politischen Mächten, von denen die gesellschaftliche Verfassung bestimmt wird, noch weit davon entfernt, sich dieser Gerechtigkeit verpflichtet zu wissen. Das gilt für Deutschland, es gilt aber auch für die demokratisch verfassten Gesellschaften Europas.

Die Stunde der Entscheidung kam 1918 mit den beiden Revolutionen, mit der Oktoberrevolution in Russland und mit der Novemberrevolution in Deutschland. Die Oktoberrevolution erfolgte in einem Land, das noch agrarisch verfasst war, dem der Hintergrund der langen Entwicklung der Marktgesellschaft in Europa fehlte. Wenn man Revolutionen den Gesellschaften zurechnet, die sie hervorgebracht haben, dann wird man feststellen müssen, dass sich mit der Oktoberrevolution die Geschichte der Marktgesellschaft dadurch als Verhängnis fortsetzte, dass der Kommunismus meinte, die Strukturen des Marktes überhaupt als Ordnungsform eliminieren zu sollen. Die Bedeutung der Novemberrevolution in Deutschland liegt nicht zuletzt darin, dieser ex ante ja naheliegenden Versuchung nicht erlegen zu sein. Mit ihr und der Entscheidung für die parlamentarische Demokratie wird eine neue Ebene in einem Lernprozess erreicht, in dessen Horizont eine politische Verfassung liegt, die der Gerechtigkeit auch gegen die Strukturen des ökonomischen Systems Anerkennung zu verschaffen weiß. Problematisch war auch dieser Versuch. Denn er wurde von der Vorstellung bestimmt, das ökonomische System mit politischen Mitteln gestalten zu können. Es liegt eine wirkliche Tragik darin, dass auch dieser Versuch in einer Katastrophe endete. Ihre Gründe führen zu der unbewältigten Problemlage der politischen Ökonomie der Marktgesellschaft zurück.

Resümee

1

Nachdem sich einmal die Produktion für den Markt in Gang gesetzt hatte, war die Entwicklung der Marktgesellschaft unwiderstehlich. Ebenso unwiderstehlich war, dass sich das ökonomische System über die Interessen der Unternehmer an der Kapitalakkumulation bildete. Damit aber war das Schicksal der Arbeiter für Jahrhunderte entschieden. Ihre Interessen gingen nur als von der Kapitalakkumulation abgeleitete Interessen in das ökonomische System ein. Wie einem Verhängnis, das keiner verhängt hat, sahen sich die Arbeiter den Defiziten dieses Systems ausgesetzt, nicht alle in das System zu inkludieren und sehr viele nur zu Bedingungen, die sie der Verelendung preisgaben.

2

Der Entwicklungssog, der von der Marktgesellschaft ausging, ließ den strukturellen Umbau der Agrargesellschaft unter Bedingungen erfolgen, die die strukturellen Defizite der Marktgesellschaft noch verstärkten. Auch der Agrarsektor geriet unter den Imperativ, für den Markt zu produzieren und Gewinn zu erwirtschaften. Im Umbau der Agrar- zur Marktgesellschaft wurden kleine Bauern und Landarbeiter freigesetzt und gezwungen, sich in die industrielle Produktion einzugliedern. Eine explosive Bevölkerungsvermehrung ließ vollends eine Reservearmee entstehen, die auf dem Markt keine Arbeit fand. Die Marktgesetze führten dazu, sie während des ausgehenden 18. und in der ersten Hälfte des 19. Jahrhunderts durch die Arbeitsbedingungen wie durch die Entlohnung in eine kaum beschreibbare Verelendung fallen zu lassen.

3

Im Pauperismus des 19. Jahrhunderts wurde ein erstes Mal sichtbar, dass gegen die vom ökonomischen System heraufgeführten Belastungen Abhilfe, wenn sie aktuell greifen soll, nur vom politischen System kommen kann. Die aber kam äußerst zögerlich. Zwar zeigte der Staat von Anfang an Interesse an der Entwicklung der Produktion und suchte sie zu fördern. Das lag auch im Interesse der Arbeiter. Nur wurden dadurch die strukturellen Bedingungen der Produktion nicht verändert. Arbeiterschutzgesetze seit der Mitte der ersten Hälfte des 19. Jahrhunderts schufen nur geringe Erleichterungen, vor allem für die Kinderarbeit. Heute wollen uns deren Bedingungen immer noch horrend erscheinen. Insgesamt hielt sich die Sozialpolitik bis zu den Versicherungsgesetzen

Bismarcks in den Grenzen der Armenfürsorge des Staates. Strukturelle Änderungen lagen nicht im Horizont der staatlichen Fürsorge.

4

Strukturelle Veränderungen unter den Bedingungen einer Ökonomie des Marktes zu schaffen, ist zum einen eine Frage der Gestaltungsmöglichkeiten, zum andern aber auch eine Frage des Willens und der Interessen. Gegen beide hat der Liberalismus des 19ten Jahrhunderts Barrieren errichtet. Wenn er die Verelendung des überwiegenden Teils der Bevölkerung unter der Marktentwicklung überhaupt wahrnahm, so doch nicht als ein Problem, für das es politisch Abhilfe zu schaffen galt. Selbstbestimmung, Freiheit, Gleichheit stellten sich ihm als absolute, in der Substanz des Subjekts eingelagerte Prinzipien dar. Sie gehörten zur Natur derer, die diese Prinzipien auch lebten. Das Ressentiment gegen das niedere Volk bestimmte die Philosophie des Liberalismus wie das Selbstverständnis des Bürgertums. Es war den Grenzen der kognitiven Kompetenz geschuldet. Zwar verstand das Bürgertum die gesellschaftliche Verfassung als eine konstruktiv geschaffene Verfassung. Es verstand aber nicht, die Reflexivität der gesellschaftlichen Verfassung selbst reflexiv werden und sich auf deren konstitutive Prinzipien von Selbstbestimmung und Freiheit richten zu lassen.

5

Gesellschaftliche Verfassungen bilden sich über Machtpotenziale, die sich zu Strukturen verfestigen. Das gilt auch für die Marktgesellschaft. Gerechtigkeit, die sich als normatives Postulat nicht anders als andere soziokulturelle Organisationsformen auch als historisches Konstrukt darstellt, kann deshalb nur dann Geltung erlangen, wenn sie sich über ein Machtpozential einzubringen vermag, das geeignet ist, die Machtstrukturen der Marktgesellschaft zu verändern. In Deutschland blockten vor allem in Preußen militärisch-bürokratische Machtstrukturen der fortbestehenden Monarchien demokratische Bewegungen ab. Aber auch dort, wo konstitutionelle Monarchien dem Bürgertum politische Mitwirkungsrechte zugestanden, waren die autokratischen Gewalten sich darin mit dem liberalen Bürgertum einig, dem niederen Volk den Zugang zur Politik durch das Wahlrecht zu verstellen. Für das Proletariat kam deshalb alles darauf an, sich zu organisieren, um politische Mitwirkungsrechte zu erkämpfen. Nur die politische Organisation war geeignet, ihm das für eine Veränderung notwendige Machtpotenzial zu verschaffen. Als in Deutschland die politische Organisation möglich wurde, in den sechziger und siebziger Jahren mit der Gründung der Gewerkschaften und der Arbeiterparteien, öffnete sich der Gerechtigkeit eine Gasse. Die Forderungen des Proletariats, seinen Anteil an dem erarbeiteten Reichtum der Gesellschaft zu erlangen, brandeten in allen westlichen Marktgesellschaften im politischen System an. Es waren einzigartige Verhältnisse, die in Deutschland zur Revolution führten. Einzigartig war auch die Problemlage, die daraus entstand: Das politische System von Weimar war auf Gedeih und Verderb darauf angewiesen, der Gerechtigkeit Geltung zu verschaffen.

3 Gerechtigkeit
Die Weimarer Republik im Widerstreit
zwischen Ökonomie und Politik

1 Das Interesse an der Weimarer Republik

1.1 Revolution und Gerechtigkeit

Die Revolution vom November 1918 kann für sich die Logik der historischen Entwicklung in Anspruch nehmen. Seit der industriellen Revolution hatte sich aus der Arbeiterschaft ein Proletariat gebildet, das sich zu organisieren begann. Es forderte seine Integration in die Gesellschaft politisch ein. Die Revolution setzte diese Forderung in die Gestaltung der republikanischen Verfassung der Weimarer Republik um.

Unmittelbarer Auslöser der Revolution war der Widerstand gegen die Fortführung eines Krieges, der je länger desto mehr nur noch von dem Interesse eines historisch rückständigen militärisch-bürokratischen Obrigkeitsstaates zu überleben, bestimmt wurde.[1] Das Bewusstsein, sich dieses Systems entledigen zu müssen, war für viele schon während des Krieges mit der Einsicht verbunden, damit in einem die sozialen Verhältnisse grundlegend ändern zu müssen.[2] Bereits bei der Ernennung des Prinzen Max von Baden am 3. Oktober 1918 zum Reichskanzler fand dieses Bewusstsein darin seinen Niederschlag, dass die Ernennung mit einer weitgehenden sozialpolitischen Programmatik verknüpft war.[3] Als sich der Aufstand gegen das politische System zur Revolution verdichtete, gewann das Bewusstsein, die sozialen Verhältnisse umstürzen zu müssen, die Oberhand. Die Revolution zielte deshalb darauf ab, beide, das politische wie das ökonomische System, neu zu gestalten. Wenn danach auch die Revolution vom November 1918 nicht schon aus der Absicht hervorgegangen ist, eine sozialistische Republik schaffen zu wollen, so stellte sich diese Absicht doch ein, als die Revolution Tritt fasste und die sozialstrukturelle Problematik in den Vordergrund trat.[4] Seither wurde die Stoßrichtung der Revolution von dem Ziel bestimmt, die Strukturen der Marktgesellschaft grundlegend zu ändern. Der nun

1 S. Neumann, Die Parteien der Weimarer Republik, S. 29.
2 Eine empirische Dokumentation dieses Bewusstseins bietet die kleine Studie von Feldpostbriefen, die von Soldaten der österreichisch-ungarischen Monarchie stammen. P. Hanák, Die Volksmeinung während der letzten Kriegsjahre in Österreich-Ungarn, S. 58-66.
3 Vgl. L. Preller, Sozialpolitik, S. 52 ff.
4 A. Rosenberg, Geschichte der Weimarer Republik, S. 19.

schon Jahrhunderte während Bedrückung des Proletariats, sich exkludiert oder doch nur unzureichend in die Gesellschaft inkludiert zu finden, sollte ein Ende bereitet werden. Das Bewusstsein, mit dem ökonomischen System in eine Organisationsfalle gelaufen zu sein, hatte das Proletariat aus dem 19. Jahrhundert mit in das 20. genommen. Abhilfe konnte, auch das stand außer Frage, nur vom Staat kommen. Es war dieses Bewusstsein, das der Sozialdemokratie die Massen zutrieb.[5] Zugegeben, die Vorstellungen, die mit der Revolution verbunden waren, waren unscharf und unter den Revolutionären kontrovers. Die Absicht, die politische Gestaltungshoheit zu nutzen, um alle zu gedeihlichen Bedingungen in das ökonomische System zu inkludieren und die Arbeiter einen größeren Anteil am Sozialprodukt gewinnen zu lassen, lag jedoch für alle revolutionären Aktionen im Fluchtpunkt der mit der Revolution verfolgten Ziele.

1.2 Die gattungsgeschichtliche Dimensionierung

Das von der Revolution verfolgte Ziel, Gerechtigkeit mit den Mitteln der politischen Gestaltungskompetenz und Gestaltungshoheit schaffen zu wollen, begründet unser Interesse an der Weimarer Republik.

Historisch-genetisch eignet der Absicht, die politische Gestaltungskompetenz und Gestaltungshoheit des Staates nutzen zu wollen, um die Defizite des ökonomischen Systems aufzufangen, eine gattungsgeschichtliche Dimension. Mit ihr änderte sich die Prozeduralität im Bildungsprozess der gesellschaftlichen Organisationsform.

Eine Geschichte lang hatte sich der Bildungsprozess der Gesellschaft aus Handlungen vollzogen, mit denen die Handelnden ihre subjektiven Interessen verfolgten, ohne dass die gesellschaftlichen Strukturen, die sich durch ihre Vernetzung bildeten, einer Steuerung unterworfen worden wären. Eine Geschichte lang hatte sich die Gesellschaft lediglich als Resultante der Machtpotenziale auszubilden vermocht. Durch die Geschichte hin vermochte sich deshalb das Postulat der Gerechtigkeit nur als Klage über die Ungerechtigkeit auszubilden, ohne dass Aussicht bestanden hätte, gerechte Verhältnisse herzustellen. Mit der Revolution sollten die gesellschaftlichen Strukturen selbst der intentionalen Gestaltung des Menschen überantwortet werden. Die Strukturen selbst sollten einer Steuerung unterworfen werden, durch der die Gerechtigkeit in der Gesellschaft Geltung verschafft würde. In der künftigen republikanischen Gesellschaft sollten auch die Interessen derer ihr Recht finden, die

5 A. Rosenberg, Geschichte der Weimarer Republik, S. 5-26.

über Jahrhunderte von der naturwüchsigen Ordnung der Marktgesellschaft exkludiert worden waren, eben die Interessen des Proletariats.

Die Absicht, den Bildungsprozess der Gesellschaft von seiner naturwüchsigen Form zu befreien und ihn der Gestaltungshoheit des Staates zu unterwerfen, lag in der Logik der historischen Entwicklung der Neuzeit. Das Bürgertum hatte die Gestaltungskompetenz und die Gestaltungshoheit des Staates bereits für sich in Anspruch zu nehmen gewusst. Wir haben den Prozess erörtert. Das Bürgertum wusste jedoch die Inanspruchnahme des Staates im Interesse seiner Integration in die Gesellschaft in Einklang mit den Strukturen einer Gesellschaft zu halten, die sich ebenfalls über Machtprozesse, nur eben über Machtprozesse auf dem Markt, gebildet hatten. Die Integration des Proletariats in die Gesellschaft ließ sich dagegen nur erreichen, wenn die Gestaltungskompetenz und Gestaltungshoheit des Staates genutzt wurde, um sie gegen die Strukturen zu richten, die sich vermöge der Prozessualität der Macht auf dem Markt gebildet hatten. Die Eroberung der Schaltstelle der Macht im Staat durch das Proletariat veränderte deshalb die gesellschaftliche Verfassung und zwar grundlegend. Fortan sollten die Strukturen der Machtverfassung, wie sie sich aus dem ökonomischen System heraus formierten, selbst der Gestaltungshoheit der Politik unterworfen sein. Es ist dieser Konflikt mit der naturwüchsigen Verfassung der Marktgesellschaft, auf den sich die Revolution einließ, der vordringlich unser Interesse an der Weimarer Republik begründet. Denn uns steht dieser Konflikt erneut ins Haus.

Der Konflikt mit der Marktgesellschaft nahm in der Revolution einen eigentümlichen und überraschenden Verlauf. Ausgebildet hatte er sich im Verlauf des 19. Jahrhunderts in allen westlichen Marktgesellschaften. In allen westlichen Marktgesellschaften hat sich die Arbeiterschaft politisch formiert, um auf die Gestaltung der Gesellschaft Einfluss zu gewinnen. Es gehört zu den Kontingenzen der Geschichte, dass die sinnlose Fortführung des Krieges eine Wendung gegen das politische System und dessen Rückständigkeit ermöglichte, die den politischen Zielen des Proletariats entgegenkam. Die Rückständigkeit des politischen Systems begünstigte die Revolution des gesamtgesellschaftlichen Systems. Die Revolution aber nahm einen Verlauf, den man nach der revolutionären marxistischen Doktrin, von der doch die meisten Sozialdemokraten zumindest beeinflusst waren, nicht vermuten konnte. Die politischen Akteure ließen sich in der Revolution von der Einsicht leiten, dass mit der Marktgesellschaft historische Verhältnisse geschaffen worden waren, die für eine künftige Gestaltung nicht einfach unberücksichtigt gelassen werden konnten. Wenn die gesellschaftlichen Verhältnisse gleichwohl einer politischen Gestaltungshoheit unterworfen werden sollten, dann in der Weise, dass man sich die Vorzüge des ökonomischen Systems, seine ungemeine Leistungsfähigkeit in der Versorgung mit Gütern ebenso

wie das damit verbundene Freiheitspotenzial, erhielt. Die Gestaltungshoheit der Politik sollte das ökonomische System der Marktwirtschaft
zwar belassen, es aber so umgestalten, dass das Ziel der Revolution,
alle zu gedeihlichen Bedingungen in die Gesellschaft zu integrieren, erreicht wurde. Auf dem linken Flügel der Unabhängigen Sozialdemokraten (USPD), vor allem beim Spartakus, stieß die Entscheidung für die
Marktgesellschaft auf erbitterten Widerstand; sie wurde der Revolution
als Scheitern angelastet. Bis heute stellt sich die Frage, ob nicht die sozialdemokratischen Akteure mit ihrer Entscheidung, die kapitalistische
Ökonomie der Marktgesellschaft beizubehalten, dem Kapitalismus zu
viel belassen haben, um ihn zähmen zu können. Wenn man die Annahme teilt, dass mit dem ökonomischen System der Marktgesellschaft tatsächlich historische Verhältnisse geschaffen wurden, deren Errungenschaften im ökonomischen wie politischen Interesse nicht preisgegeben
werden konnten, dann wird man nicht umhin können, in dem Junktim
der Entscheidung für die Marktgesellschaft einerseits und die politische Gestaltungshoheit andererseits einen Akt politischer Vernunft zu
sehen. Sie lag 1918/19 beim Proletariat, genauer: bei der Mehrheit der
Sozialdemokratie. Gleichwohl ist nicht zu übersehen, dass mit der Entscheidung ein Konflikt heraufbeschworen wurde, der in der Weimarer
Republik nicht bewältigt werden konnte, so wenig er heute bewältigt
ist: der Konflikt zwischen dem ökonomischen und politischen System.
Er ist zugleich ein Konflikt um die Gerechtigkeit. Denn die findet im
ökonomischen System keinen Platz.

1.3 Der Widerstand der Ökonomie

Die Weimarer Republik ist gescheitert. Daran hatte die Marktgesellschaft, genauer: der Widerstand des ökonomischen Systems gegen die
politische Gestaltungshoheit, entscheidenden Anteil. Das ökonomische
System widersetzte sich der Intervention des politischen Systems; es
widersetzte sich damit überhaupt dem ›System von Weimar‹. Als die
defizitäre Integrationskraft des ökonomischen Systems unter der Weltwirtschaftskrise 1929-32 geradezu anomische Zustände in der Gesellschaft entstehen ließ, brach das »System von Weimar« zusammen. In
der politischen Geschichtsschreibung wird das Scheitern zumeist dem
Unvermögen des parlamentarischen Systems der Weimarer Republik
zugeschrieben, politisch einvernehmliche Lösungen herzustellen.[6] Man
muss sich jedoch bewusst halten, dass die Problemlage im politischen
System: das Unvermögen der Parteien insbesondere, Kompromisse zu
finden, von einer Konfliktlage bestimmt wurde, die aus dem ökonomi-

6 K.D. Bracher, Die Auflösung der Weimarer Republik.

schen System resultierte. Gleich ob man die Probleme des politischen Systems in den Machtgruppierungen des Parteiensystems sieht, in deren weltanschaulichen Fixierungen, in der Konstruktion eines Verfassungssystems, in dem sich die Stellung des Reichspräsidenten mit einer Parteiendemokratie als nur schwer vereinbar erwies, jeder dieser Problemkonstellationen lag die vom ökonomischen System ausgehende Konfliktlage in der Gesellschaft zugrunde. Sie war es, die politisch nicht zu bewältigen war und zu einem Kampf um die Verfassung führte, der schließlich in der Diktatur der Nationalsozialisten sein Ende fand. Mit der Weimarer Republik scheiterte auch der Versuch, die Marktgesellschaft doch noch mit der Gerechtigkeit in Einklang zu bringen.

Wenn die Konfliktlage, in die die Revolution mit der aus ihr hervorgehenden Verfassung mit der Marktgesellschaft geriet, unser Interesse an der Weimarer Republik begründet, so erst recht das Scheitern ihrer Bewältigung in der Katastrophe der Diktatur der Nationalsozialisten. Das Scheitern der Bewältigung der Konfliktlage wirft Probleme auf, die unter den soziologischen Erkenntnisvorgaben der Gegenwart neu bedacht werden müssen. Sie werden verdeckt gehalten, wenn man meint, es dabei bewenden lassen zu können, den Grund des Scheiterns im politischen System zu suchen. Ungleich grundlegender ist der Konflikt zwischen dem ökonomischen und politischen System, der sich in der Weimarer Verfassung ausbildete. Ist denn das parlamentarische System der Demokratie überhaupt geeignet, die vom ökonomischen System bewirkten Konfliktlagen in der Gesellschaft zu bewältigen? Lässt sich die für die Verfassung der Demokratie viel beschworene Kompromissfähigkeit politischer Parteien überhaupt auf den Ausgleich von Systemen richten, die wie das ökonomische und politische System eine Autonomie reklamieren, die jedes System für das andere unzugänglich sein lässt? Hat nicht die Borniertheit, mit der die ökonomische Theorie des Neoliberalismus das Postulat der Gerechtigkeit auch gegenwärtig als »Unsinnskategorie« versteht, ihr Fundament in der Widersetzlichkeit des ökonomischen Systems gegen eine politische Gestaltung der Gesellschaft? Welchen Grund kann es unter den Verhältnissen der Marktgesellschaft geben, gleichwohl am Postulat der Gerechtigkeit festzuhalten? Denn es versteht sich: Gerechtigkeit kann nur heißen, was sich auch herstellen lässt.

Jedes dieser Probleme ist in der Marktgesellschaft der Gegenwart von aktuellem Interesse. Von aktuellem Interesse ist dann aber auch zu wissen, weshalb die Weimarer Republik an ihrer Bewältigung gescheitert ist. Gewiss, das politische System von Bonn und Berlin ist ein anderes, als es das von Weimar war. Die politischen Parteien sind andere, und die sozialen Aggregate, die sich als Interessen in den Parteien und in den Wahlen Ausdruck verschaffen, sind ebenfalls andere. Schließlich ist auch das ökonomische System ein anderes. Erhalten geblieben ist jedoch der gegenwärtigen Gesellschaft das strukturelle Problem der Marktgesellschaft, die in die Gesellschaft zu integrieren, die vom ökonomischen System nicht inkludiert werden. Geblieben ist der gegenwärtigen Gesellschaft auch, dass keine andere Strategie in Sicht ist, als die Gestaltungskompetenz und die Gestaltungshoheit des politischen Systems zu nutzen, um alle in die Gesellschaft zu integrieren und alle ein Leben führen zu lassen, wie es die historische Entwicklung der Neuzeit ermöglicht. Und geblieben ist auch der Widerstand des ökonomischen Systems, das Problem der Gerechtigkeit überhaupt eine Lösung finden zu lassen, durch die alle zu gedeihlichen Bedingungen in die Gesellschaft integriert würden.

Es gibt in der politischen Ökonomie der Marktgesellschaft keine dringlichere Frage zu klären als die, wie denn die Autonomie des ökonomischen Systems mit der Gestaltungshoheit des politischen Systems unter dem Postulat der Gerechtigkeit kompatibel gehalten werden kann. Das aber ist exakt das Problem, das bereits in der Weimarer Republik virulent geworden ist.

1.4 Die systemische Lesart der Weimarer Republik

Die Weimarer Republik hat eine umfangreiche Forschung auf sich gezogen. Sie hat in einer großen Zahl von Einzeluntersuchungen wie in einer Vielzahl historischer Gesamtdarstellungen ihren Niederschlag gefunden. Nahezu alle werden von dem Wissen um ihr Ende bestimmt, um das Scheitern und um die daran haftende Katastrophe. Das Scheitern aber liegt wie alle historischen Geschehnisse von Bedeutung im Schnitt einer großen Zahl von Kausallinien. Wer bereit ist, der historischen Darstellung einer jeden zu folgen, sieht sich am Ende gleichwohl zu der Feststellung genötigt, nicht recht zu wissen, was denn nun das Scheitern bewirkt hat. Am ehesten noch wird man bereit sein, die Erklärung aus dem Zusammenwirken der vielen Einzelfaktoren zu gewinnen, sie mit anderen Worten der Komplexität des Geschehens zuzuschreiben.[7] In der historischen Literatur hat man deshalb versucht, die Vielzahl der Kausalverläufe zu kategorisieren und einer Mehrzahl von Kausalfeldern zuzuordnen.[8] Die historische Erklärung wäre dann aus der Bündelung der Kausallinien zu gewinnen. Damit freilich werden der historischen wie erkenntniskritischen Reflexion Steine statt Brot angeboten. Denn die Bündelung vieler Linien bleibt doch immer nur die Bündelung vieler Linien. Sie führt bestenfalls zu einem intuitiven Verständnis ihres

---

7 K. Borchardt, Wirtschaftliche Ursachen, S. 183.
8 Vgl. H. Schulze, Das Scheitern der Weimarer Republik als Problem der Forschung, S. 29.

Zusammenhangs, vermag ihn aber selbst nicht zu benennen. Überdies aber beseitigt sie nicht die Vielzahl der nur schwer kontrollierbaren Wertungen, die sich in die »Zusammenschau« des Geschehensverlaufs eingeschlichen haben.[9] Der Hinweis auf die Notwendigkeit der Bündelung ist gleichwohl bedeutsam. Er muss allerdings erkenntniskritisch stringenter gefasst werden. – Inwiefern?

Die gesellschaftliche Verfassung von Weimar stellt als Verfassung einer Marktgesellschaft eine systemisch differenzierte Gesellschaft dar, in der sich die drei »Großsysteme«: Ökonomie, Politik, Kultur, unterscheiden lassen. In deren systemischem Zusammenwirken kommt dem ökonomischen System die Bedeutung zu, das eigentlich Gesellschaft begründende System zu sein. Es ist allererst das ökonomische System, durch das die Lebenspraxen der Subjekte in einer für die Marktgesellschaft konstitutiven Weise in den Praxisformen ihres Daseins verbunden werden. Es ist deshalb auch das ökonomische System, durch das die Grundverfassung der Gesellschaft geschaffen wird. Wenn in dieser Gesellschaft der Politik die Aufgabe zugeschrieben wird, die Strukturen der Gesellschaft nicht einfach zu belassen, wie sie vom ökonomischen System bewirkt werden, wenn der Politik vielmehr die Aufgabe zufällt, die defizitäre Integrationskapazität des ökonomischen Systems aufzufangen und auszugleichen, dann wird damit ein Konflikt in das Gesamtsystem der Gesellschaft eingebracht, der mit der Politik auch die Entwicklung der Gesellschaft bestimmt.

Das hier verhandelte Erkenntnisinteresse lässt sich von der Einsicht bestimmen, dass der Versuch, die vom ökonomischen System bewirkten Strukturprobleme durch die Politik zu bewältigen, den Schlüssel zum Verständnis des Geschehens ebenso in der Phase der Revolution wie in der politischen Entwicklung der Weimarer Republik darstellt. Unter dem hier verhandelten Erkenntnisinteresse behält jede der historischen Teiluntersuchungen ebenso ihr Recht wie Versuche einer Gesamtdarstellung. Ihren Biss erhalten die historischen Darstellungen jedoch erst, wenn man sie der systemischen Verfassung und ihrer historischen Konfliktlage einschreibt. Denn es sind systemische Konflikte, die das Geschehen in der Weimarer Republik bewirken; und es sind systemische Konflikte, die sie schließlich scheitern lassen. Die systemische Konfliktlage ist es auch, die die Bedeutsamkeit des Geschehens in der Weimarer Republik für das unser Erkenntnisinteresse bestimmende Postulat der Gerechtigkeit bewirkt. Das wird sich zeigen, wenn wir die Revolution vom November 1918 und die daraus hervorgehende Weimarer Reichsverfassung eingehender auf ihre Zielvorgabe befragen.

9 D. Gessner, Das Ende der Weimarer Republik, S. 77.

2 Gerechtigkeit
Die Entscheidungsfrage in der Revolution

2.1 Marktverfassung und parlamentarische Demokratie

Die Revolution vom November 1918 richtete sich gegen eine Gesellschaft, die strukturelle Verwerfungen aufwies. In ihr hatte sich aus den feudalen Resten der Überhang eines monarchisch- militärischen Obrigkeitsstaates erhalten. Das Reich war zwar eine konstitutionelle Monarchie, aber ohne dem Parlament einen irgend bedeutsamen Einfluss auf die Regierung einzuräumen. Die Regierungsgewalt lag beim Bundesrat, in dem Preußen ein konstitutionelles Übergewicht zukam. Deutschland hatte den Weg in die parlamentarische Demokratie, den andere Länder mit der Ausbildung der Marktgesellschaft auf unterschiedlichen Wegen beschritten hatten, nicht gefunden.[10] Die Rückständigkeit der politischen Verfassung hatte jedoch die Entwicklung einer kapitalistischen Wirtschaftsverfassung nicht gehindert. Die industrielle Revolution erfolgte zwar ziemlich genau ein Jahrhundert später als in England, dann aber mit Macht.

Die politische Rückständigkeit hat die Revolution begünstigt. Darauf habe ich eingangs hingewiesen. Die Revolution zielt, als sie Tritt fasst, auf die Verfassung der Marktgesellschaft, und die umfasst ebenso die Strukturen des politischen wie ökonomischen Systems. Man muss sich die historische Dimension vergegenwärtigen: Die Probleme der Exklusion resp. unzureichenden Inklusion der Arbeiter in das ökonomische System gab es in allen Marktgesellschaften der westlichen Hemisphäre. In Deutschland erfuhr das strukturelle Problem mit der Revolution jedoch eine Zuspitzung, die es unabweislich werden ließ, es einer Lösung zuzuführen. Die Revolution schuf eine Problemkonstellation und Zielvorgabe für ihre Lösung, die sich so nirgends sonst in gleicher Weise stellte. In der kurzen Proklamation, mit der Staatssekretär Scheidemann den Umsturz am 9. November 1918 in Worte fasste, kommt die doppelte Stoßrichtung der Revolution allerdings nur verdeckt zum Ausdruck. Direkt richtet sie sich auf die politische Verfassung: »Die Hohenzollern haben abgedankt«, so Scheidemann, »es lebe die Republik«. Wie die Republik aussehen sollte, darüber bestanden im Augenblick, als sie proklamiert wurde, keine klaren Vorstellungen. Die Stoßrichtung war jedoch nicht zweifelhaft: Mit ihr sollte die Klassengesellschaft überwunden werden. Das kam in dem nur drei Tage später erlassenen Aufruf des Rats der Volksbeauftragten an das deutsche Volk vom 12.11.1918

---

10 Vgl. H. Plessner, Die verspätete Nation; H.A. Winkler, Der lange Weg nach Westen.

deutlich zum Ausdruck. Aus der Revolution sollte eine »sozialistische Republik« hervorgehen. In dem Aufruf heißt es:

Die aus der Revolution hervorgegangene Regierung, deren politische Leitung rein sozialistisch ist, setzt sich die Aufgabe, das sozialistische Programm zu verwirklichen.«[11]

Auch in Österreich war dies die Parole der Stunde bei der zunächst beabsichtigten Gründung der Republik Deutschösterreich. Auch in Wien zierte am 12. November ein Spruchband das Parlament: ›Hoch die sozialistische Republik‹.[12]

Hätte man nachgefragt, was denn das »sozialistische Programm« sei, wäre der Rat der Volksbeauftragten in beträchtliche Schwierigkeiten geraten. Die entschiedene Korrektur der Strukturen der Marktgesellschaft gehörte jedoch unter allen Umständen zu dem, was mit dem »sozialistischen Programm« beabsichtigt war. Im Fokus dieses Programms lag die Überwindung der strukturellen Problemlage der Marktgesellschaft, wie wir sie nun mehrfach schon bestimmt haben: Überwunden werden sollte die Exklusion der Millionen aus dem ökonomischen System ebenso wie die ganz unzureichende Inklusion weiterer Millionen. Zweifelsfrei sollte mit dem ›sozialistischen Programm‹ deshalb den Arbeitern auch ein größerer Anteil am Sozialprodukt gesichert werden. Ebenso zweifelsfrei war, dass mit dem sozialistischen Programm der Gerechtigkeit eine Gasse gebahnt werden sollte. Und darin liegt, das muss man sehen, jene historische Wende, auf die ich hingewiesen habe. Die Revolution will, das ist ihr Ziel, die Gesellschaft nicht belassen, wie sie aus den Bildungsprozessen auf dem Markt hervorgeht, sie will die Organisation von Macht im politischen System nutzen, um denen Gerechtigkeit widerfahren zu lassen, die vom ökonomischen System an den Rand der Gesellschaft gedrängt werden.

Wie errichtet man eine »sozialistische Republik« in einem Land, das in der Entwicklung einer kapitalistischen Marktwirtschaft weit fortgeschritten ist? In der Wahl der gesellschaftlichen Verfassung standen sich zwei radikal differente Organisationsformen gegenüber: zum einen das Rätesystem, zum andern die parlamentarische Demokratie. Ansätze für das Rätesystem hatte die Revolution selbst hervorgebracht.[13] Denn die Matrosen, die den Aufstand begonnen hatten, hatten Matrosenräte gebildet. Das gleiche geschah im Heer. Auch in ihm bildeten sich Soldatenräte. Die Kieler Werftarbeiter, die sich als erste der Revolution anschlossen, bildeten Arbeiterräte. Und auch die verbreiteten sich in Deutschland. Überdies war der Rat der Volksbeauftragten, der in den

11 R G Bl. 1918, S. 1303.
12 Festgehalten im Bilde bei K. Vocelka, Geschichte Österreichs, S. 275.
13 Vgl. die Darstellung der Revolution bei H. A. Winkler, Der lange Weg nach Westen, Bd. 1, S. 378 ff.

ersten vier Monaten die Regierung bildete, aus der Wahl der Versammlung der Berliner Arbeiter- und Soldatenräte hervorgegangen. Unter den politischen Parteien sprach sich die USPD, eine 1917 von der SPD abgespaltene radikale Gruppe mit dem Spartakusbund als ihrem linken Flügel, für das Rätesystem aus. Die Schwäche des Rätesystems war jedoch, dass niemand zu sagen wusste, wie es unter einer freiheitlichen Verfassung beschaffen sein könnte. Es so zu übernehmen, wie es sich seit der Oktoberrevolution in Russland entwickelte, stieß auf die Ablehnung der Mehrheitssozialdemokraten (MSPD), insbesondere ihrer Regierungsvertreter. Die USPD war jedoch ebensowenig wie die am 31. Dezember 1919 geschaffene Kommunistische Partei in der Lage, die Revolution in ihrem Sinne fortzuführen. Der Keim der Spaltung, der damit in die politische Verfassung der Arbeiterschaft gelegt wurde, war das Verhängnis der Revolution. Er wurde auch zum Verhängnis der Republik.[14] Denn die Spaltung der Arbeiterschaft wurde umso tiefer, je mehr die Kommunistische Partei in der Folgezeit der bolschewistischen Direktive unterworfen wurde. Sie trug wesentlich dazu bei, dass die Arbeiterschaft dem Druck der Nationalsozialisten nicht standzuhalten und ihn parlamentarisch nicht aufzufangen vermochte.

Der Konflikt um die künftige Verfassung, wie er sich mit der November-Revolution ausbildet, ist in seiner Tiefendimension ein Konflikt um die Frage, wie die Verfassung gestaltet werden muss, wenn Gerechtigkeit sein soll. Die Marktgesellschaft hatte sich durch Jahrhunderte als schlechterdings unfähig erwiesen, die Arbeiterschaft ökonomisch und politisch zu integrieren. Nichts hätte näher gelegen, als der Oktoberrevolution darin zu folgen, sich ihrer in der Revolution zu entledigen und den Umsturz in einem Land herbeizuführen, für das er durch die Marxsche Theorie eigentlich prognostiziert war: für das einer fortgeschrittenen Industriegesellschaft. Es bedurfte einer die Verhältnisse durchdringenden historischen Reflexion, um sich nicht der Einsicht zu verschließen, dass durch die Ausbildung der Marktgesellschaft historisch unwiderrufbare Verhältnisse geschaffen worden waren. Für die Mehrheit der Sozialdemokraten drängte sich diese Einsicht aus der konkreten Konstellation der politischen und gesellschaftlichen Verhältnisse auf. Ihnen stand deutlich genug vor Augen, dass die Proklamation: »Alle Macht den Räten!«, wäre sie realisiert worden, ein ökonomisches Desaster bewirkt hätte. Es war ganz einfach nicht ersichtlich, wie die ökonomische Versorgung bei einer Zerschlagung des ohnehin schwer geschädigten kapitalistischen Wirtschaftssystems hätte aufrechterhalten werden können.[15] Eines nicht minder geschärften Urteilsvermögens be-

---

14 Th. Pirker, Zum Verhalten der Organisationen der deutschen Arbeiterbewegung, S. 323-332.
15 Niemand geringerer als Eduard Bernstein, ein reflexiver Kopf der Sozial-

durfte es, um zu sehen, dass mit dem Rätesystem, wie es sich in Russland aus der Oktoberrevolution heraus entwickelte, eine freiheitliche Ordnung nicht zu gewährleisten war. Überdies aber hätte, so hat man vermutet, eine Entscheidung für das Rätesystem den Bürgerkrieg bedeutet. Denn die Parteinahme für das parlamentarische Regierungssystem konnte sich der Zustimmung der Öffentlichkeit sicher sein.[16] Auch wäre zu erwarten gewesen, dass unter dem Eindruck der Entwicklung in Russland die Entente interveniert hätte.[17] In der Revolution formierte sich deshalb das revolutionäre Bewusstsein neu und entschied sich für die parlamentarische Demokratie. Mitte Dezember legte der Reichsrätekongress die Wahl der Nationalversammlung auf den 19. Januar 1919 fest.

Die Entscheidung für die parlamentarische Demokratie dokumentiert zum einen den engen Konnex, der zwischen dem ökonomischen System und dem politischen besteht. Ihn suchen die Revolution und die Verfassungsgesetzgebung neu zu gestalten. Sie dokumentiert aber zum andern den engen Konnex, der seit der Revolution zwischen dem politischen System und der Gerechtigkeit besteht. Denn daran kann ja kein Zweifel sein: Wenn sich die Akteure der Revolution für die Republik und dann auch für die parlamentarische Demokratie entschieden, so mit der Absicht, wie vordem das Bürgertum nun ihrerseits das politische System der parlamentarischen Demokratie nutzen zu wollen, um die Integration der Klasse der Arbeiter in die Gesellschaft zu bewirken und sicherzustellen. Die Arbeiterschaft zieht denn auch durch ihre politische Organisation in der Sozialdemokratie zunächst die Leitungsfunktion in der Politik an sich, sie ändert damit die funktionale Bestimmung der Politik. Fortan soll das politische System als Komplementärsystem des ökonomischen dafür Sorge tragen, die Inklusion derer in das ökonomische System zu sichern, die vom ökonomischen System exkludiert werden. In der Funktionszuweisung an das politische System, die Integration der Arbeiter in die Gesellschaft zu sichern, verschaffte sich das revolutionäre Potential der Arbeiterschaft Geltung. Das allein macht jedoch nicht die Brisanz der Entscheidung der Mehrheitssozialdemokraten für die parlamentarische Demokratie aus. Die lag vielmehr darin, dass mit ihr auch die Strategie bestimmt wurde, dieses Ziel zu erreichen. Das politische System wurde darauf verpflichtet, die Probleme der Klassengesellschaft auf andere Weise zu erreichen, als es die revolutionäre

demokratie, der allerdings immer schon des Revisionismus verdächtigt wurde, hat diese Überlegungen dann auch zu Papier gebracht. E. Bernstein, Die deutsche Revolution, ihr Ursprung, ihr Verlauf und ihr Werk. Dazu H. A. Winkler, Der lange Weg nach Westen, Bd. I, S. 385 ff.

16 S. Neumann, Die Parteien der Weimarer Republik, S. 29.

17 H. A. Winkler, Der lange Weg nach Westen, Bd. I, S. 385 ff.

Programmatik vorgesehen hatte: nicht durch die Überführung des Eigentums an den Produktionsmitteln in das Eigentum der Produzenten, der Arbeiter, vielmehr durch die Ausbildung des Sozialstaats.

2.2 Die welthistorische Bedeutung der Revolution

Halten wir inne und bedenken noch einmal die historische Errungenschaft, die die Entscheidung für Sozialstaat und parlamentarische Demokratie darstellt. Zu allen Zeiten wurde der Bildungsprozess der Gesellschaft von den Machtprozessen der Akteure bestimmt. Zu allen Zeiten entstanden dadurch Strukturen der Gesellschaft, die Gruppen, Schichten, Klassen an den Rand der Gesellschaft drängten. Durch die Geschichte musste die Gesellschaft in eben diesen Strukturen belassen und akzeptiert werden. Durch die Geschichte zieht sich deshalb das Leiden an der Gesellschaft. In der Marktgesellschaft setzt sich diese naturwüchsige Form des Bildungsprozesses der Gesellschaft aus den Machtprozessen der Akteure fort. Der Markt hat lediglich ein anderes Medium geschaffen, in dem sich die Gesellschaft aus den Machtprozessen der Akteure in ihren Strukturen formiert. Die Marktgesellschaft entwickelt sich jedoch in einer Weise, die auf den naturwüchsigen Bildungsprozess der Gesellschaft zurückwirkt und ihn verändert. Mit ihrer Ausbildung differenziert sich das Gesamtsystem der Gesellschaft dadurch, dass neben das ökonomische System, durch das die Praxisformen der Subjekte allererst zur Gesellschaft verbunden werden, das politische System tritt. Dem Organisationspotenzial des politischen Systems fällt eine Gestaltungskompetenz und Gestaltungshoheit über die Gesellschaft zu, die auch vom ökonomischen System nachgefragt wird. An die Organisationskompetenz und Organisationshoheit des politischen Systems lässt sich deshalb die Erwartung knüpfen, die Gesellschaft nicht zu belassen, wie sie vom ökonomischen System geschaffen wird, sie vielmehr so zu formen, dass auch alle in sie integriert werden.

Die Revolution nutzt, das ist die eine Pointe, die Systemdifferenzierung zur Systemgestaltung. Sie revolutioniert dabei aber zugleich das politische System. Und das ist die andere Pointe. Auch das politische System ist ein über Macht verfasstes System. Über Jahrhunderte hatte das Bürgertum es verstanden, es für sich zu nutzen und dadurch eine Homogenität der Machtverfassung im ökonomischen und politischen System herzustellen. Fortan soll, das jedenfalls ist die Perspektive, die sich der politisch verfassten Arbeiterschaft auftut, die geballte Macht der Arbeiterklasse im politischen System dazu dienen, politisch zu konterkarieren, was ökonomisch angerichtet wurde. Wenn, wie Marx konstatierte, die vom Bürgertum geschaffene liberale Verfassung die Emanzipation des Menschen innerhalb der bestehenden Verhältnisse darstellt, so soll der Sozialstaat eine von der Arbeiterklasse geschaffene Emanzipation des Menschen darstellen, die bestimmt ist, innerhalb der bestehenden Verhältnisse über sie hinauszuführen.[18]

Die Reflexion auf die gesellschaftlichen Verhältnisse ist nach dem Scheitern der Weimarer Republik eine andere, als sie vorher war. Man kann bezweifeln, dass den politischen Akteuren die Schwierigkeit, dem ökonomischen System die Bedingungen der politischen Gestaltung der Gesellschaft aufzuzwingen, hinreichend deutlich war. Man muss jedoch sehen, dass es diese Perspektivierung war, durch die in der Revolution sich allererst eine Alternative zum Umsturz und das heißt eine Alternative zum Weg in die Rätediktatur zeigte. Nur so ließ sich das klare Bewusstsein, dass nur eine parlamentarische Demokratie eine freiheitliche Gesellschaft werde schaffen können, mit dem nicht minder klaren Bewusstsein vereinen, dem ökonomischen System nicht die letzte Entscheidung in der Gestaltung der Gesellschaft überlassen zu können. Wenn man einer Gesellschaft die Vorzüge eines freiheitlichen politischen Systems sichern will, dann, so könnte man die politische Reflexion pointieren, lässt sich nicht verhindern, dass sich im ökonomischen System die Logik der Kapitalakkumulation Geltung verschafft. Im politischen System müssen dann allerdings Machtpotenziale geschaffen werden, die geeignet sind, Gegenstrategien einer organisierten Gesellschaft zu bilden, die Millionen Menschen auffangen, die anders der Integration in die Gesellschaft verlustig gehen und Not leiden. Das war die epochale Botschaft, die von der Entscheidung für die parlamentarische Demokratie im Junktim mit dem von der Verfassung programmierten Sozialstaat ausging.

Das Junktim wies eine offene Flanke auf: die Widerständigkeit des ökonomischen Systems. Denn so, wie der Sozialstaat konzipiert war, mussten dem ökonomischen System die Lasten des Sozialstaats auferlegt werden. Das aber ließ erwarten, dass sich die, die durch die dem Sozialstaat eigene Umverteilung belastet würden, zu politischen Gegenkräften formierten, die dem Sozialstaat Widerstand leisten würden. Überdies aber war die Umverteilung geeignet, den Funktionsmodus des ökonomischen Systems, die Investitionsentscheidungen, zu beeinträchtigen. Die Grenzen, die dem politischen System bei seiner Intervention gezogen waren, waren nur schwer zu kalkulieren. Tatsächlich liegt die eine von zwei Ursachen, die die Weimarer Republik scheitern ließen, darin, dass sich die Defizite des ökonomischen Systems nicht überwinden ließen. Der Versuch, sie politisch zu neutralisieren, trug einen Konflikt in das politische System, der sich zum Kampf um die Verfassung verschärfte. Die andere Ursache des Scheiterns liegt in der Verfassung des politischen Systems selbst. Nur wird auch sie noch von der Wi-

---

18 Zu dieser Zielvorstellung E. Heimann, Soziale Theorie des Kapitalismus. Theorie der Sozialpolitik.

derständigkeit des ökonomischen Systems mitbestimmt. Sehen wir uns zunächst die Ausgestaltung des Sozialstaats genauer an.

3 Der Sozialstaat der Weimarer Reichsverfassung

3.1 Was Sozialstaat meint

Gemeinhin sieht man die Anfänge des Sozialstaats in den Versicherungsgesetzen der Bismarck-Ära.[19] Das macht Sinn, wenn man den Sozialstaat retrospektiv gegen die Armenhilfe der Vergangenheit absetzen sucht. Durch die Versicherungsgesetze erwerben Bedürftige einen Rechtsanspruch, der an die Staatsbürgerschaft gebunden ist und nicht länger zu einer Deprivation ihres bürgerlichen Status führt.[20] Prospektiv wird man für die Ausbildung des Sozialstaats jedoch jenes Moment als entscheidend ansehen, um das es hier geht: die Absicht, die in die Gesellschaft zu integrieren, denen das ökonomische System ihre Integration verwehrt. Man nähert sich der Ratio der Ausbildung des Sozialstaats am ehesten, wenn man ihn an jenes Postulat gebunden hält, das seit Beginn der Neuzeit im Fokus des Selbstverständnisses des Subjekts steht: der Selbstbestimmung.

Das Bürgertum hatte dem in der frühen Neuzeit gewonnenen Selbstverständnis des Subjekts: der Selbstbestimmung seiner Lebensführung, eine anthropologische Tiefendimension zuteil werden lassen, die der sich entwickelnden Marktgesellschaft entlehnt war: Arbeit. Es war, wie wir gesehen haben, Locke, der Arbeit als die Substanz des ›Eigentums an der Person‹ verstand.[21] Auch Hegel sah in der Arbeit ebenso die Grundlage der bürgerlichen Gesellschaft wie des Gefühls der Selbständigkeit und Ehre eines jeden Subjekts.[22] Wenn es in diesem Prozess eine Dialektik der Vernunft gab, dann konnte sie nicht, wie Hegel meinte, darin bestehen, die, die keine Arbeit fanden, dem Bettel zu überlassen.[23] Näher lag es, die Einsicht in die Bedeutung der Arbeit reflexiv weiter zu verfolgen und die gesellschaftliche Bedingtheit der Arbeit als Grund der Wertschöpfung zu verstehen. Diese Einsicht aber konnte Anlass sein, den Produktionsprozess in die Hände derer bringen zu wollen, die die Arbeit leisteten. Damit wäre dann auch das Problem des Bettels derer

---

19 G. A. Ritter, Sozialpolitik im Zeitalter Bismarcks, S. 683-720; F. Tennstedt, Vorgeschichte der Kaiserlichen Botschaft, S. 663-710.
20 Th. M. Marshall, Bürgerrechte und soziale Klassen; H. G. Hockerts, Die historische Perspektive,
    S. 29 f.
21 J. Locke, Über den wahren Ursprung, S. 215-231.
22 G. W. F. Hegel, Grundlinien der Philosophie des Rechts, § 245.
23 G. W. F. Hegel, Grundlinien der Philosophie des Rechts, § 246.

obsolet geworden, die keine Arbeit fanden. Eben das, meinte Marx, werde auch in der künftigen Entwicklung der kapitalistischen Gesellschaft geschehen.[24]

Die Geschichte hat gezeigt, dass sie nicht darauf angelegt ist, einer Dialektik der Vernunft zu folgen, nicht der Hegelschen, nicht der Marxschen. Die kapitalistische Produktionsform hat sich behauptet und ihren Entwicklungs- und Transformationsprozess fortgesetzt. Dabei ist das Problem des Eigentums an den Produktionsmitteln in den Hintergrund getreten. Nicht in den Hintergrund getreten ist aber die der Marktgesellschaft eigene Notwendigkeit, sich durch Arbeit in das ökonomische System zu inkludieren. Unter dem Zwang der Marktverfassung ist Millionen von Menschen, die auf dem Markt ihre Arbeitskraft anboten, eine Einsicht aufgenötigt worden, die den Bekennern eines ökonomischen Liberalismus verborgen geblieben ist, der sie sich jedenfalls verweigert haben: Der Zugang zur Arbeit durch Inklusion in das ökonomische System ist systemisch bedingt. Und systemisch bedingt ist auch, ob es möglich ist, von der Arbeit zu leben. Es bedurfte der politischen Organisationsmacht der Arbeiterklasse, um diese Einsicht in die sozialstaatliche Zielvorgabe einer gesellschaftlichen Verfassung umzusetzen. Auf eben diese Zielvorgabe des Sozialstaats war die Weimarer Reichsverfassung zugeschnitten.

Was der Sozialstaat, so wie er aus der Revolution hervorgeht, ist und soll, lässt sich deshalb prägnant bestimmen: Er soll mit den Machtpotenzialen des politischen Systems die gesellschaftliche Verfassung so gestalten, dass alle zu Bedingungen in sie integriert werden, die es ihnen ermöglichen, ein Leben zu führen, das den Sinnvorgaben der Gesellschaft gerecht zu werden vermag. Der Sozialstaat ist, mit einem Wort, auf Gerechtigkeit verpflichtet.

3.2 Die Sozialstaatsartikel der Weimarer Verfassung

Exakt diese Zielvorgabe legt die WRV als generelle Bestimmung der Schaffung des Sozialstaats zugrunde. Unter der beachtlichen Zahl sozialstaatlicher Prinzipien, die der Grundrechtskatalog der Weimarer Reichsverfassung enthält, hält Art. 15 Abs. 1 ausdrücklich fest:

»Die Ordnung des Wirtschaftslebens muss den Grundsätzen der Gerechtigkeit mit dem Ziele der Gewährleistung eines menschenwürdigen Daseins für alle entsprechen.«

Die Magna Charta des Sozialstaats, mit der die WRV die unter dem Kaiserreich eingeleitete Politik der Absicherung besonderer Lebensla-

---

24 K. Marx, Das Kapital. MEW 24-26.

gen fortsetzte, stellten die Artikel 161 und 163 Abs. 2 der WRV dar. Artikel 161 bestimmte:

>Zur Erhaltung der Gesundheit und Arbeitsfähigkeit, zum Schutze der Mutterschaft und zur Vorsorge gegen die wirtschaftlichen Folgen von Alter, Schwäche und Wechselfälle des Lebens schafft das Reich ein umfassendes Versicherungswesen unter Mitwirkung der Mitversicherten.«

Und Art 163. Abs. 2 ergänzte:

>Jedem Deutschen soll die Möglichkeit gegeben werden, durch wirtschaftliche Arbeit seinen Unterhalt zu erwerben: So weit ihm angemessene Arbeitsgelegenheit nicht nachgewiesen werden kann, wird für seinen Unterhalt gesorgt.«

Den Abschluss der Grundrechtsbestimmungen bildete der Artikel 165 WRV.[25] Mit ihm erlangte die Anerkennung der Gewerkschaften als Vertreter der Arbeiterschaft Verfassungsrang. Verbunden mit ihr war die Anerkennung der Koalitionsfreiheit und mit beiden auch der Tarifautonomie. Und während die Grundrechte im allgemeinen lediglich als politische Leitvorstellungen verstanden wurden, ohne unmittelbar geltendes Recht zu sein, war der Artikel 165 bereits zuvor schon in politische Praxis überführt worden. Die Anerkennung der Gewerkschaften erfolgte durch die Vereinbarung über die Zentralarbeitsgemeinschaft vom 15. November 1918. Dessen Ziffer 1. bestimmte:»Die Gewerkschaften werden als berufene Vertretung der Arbeiterschaft anerkannt.« Auch die Anerkennung der Tarifautonomie der Tarifvertragsparteien war bereits durch Verordnung vom 23 Dezember 1918 erfolgt.[26] Programmatisch bedeutsam blieb, dass der Art 165 WRV die gleichberechtigte Beteiligung der Arbeiter und Angestellten an der Regulierung der Lohn- und Arbeitsbedingungen sowie an der gesamtwirtschaftlichen Entwicklung der Produktivkräfte vorsah. Die ausdrückliche Betonung der Gleichberechtigung sollte die Integration der Arbeiter und Angestellten in die Leitungsfunktionen der Betriebe bewirken, sie sollte aber zugleich ein Bollwerk gegen das Rätesystem nach russischem Muster darstellen.[27] Denn die nach Absatz 3 vorgesehenen Betriebs- und Bezirksarbeiterräte wie auch der Reichsarbeiterrat beruhten in der Gleichberechtigung von Kapital und Arbeit auf einer ganz anderen Konzeptualisierung als die Räte nach bolschewistischem Muster.

25 Vgl. G. A. Ritter, Die Entstehung des Räteartikels 165 der Weimarer Reichsverfassung, S. 227-252; ders., Der Sozialstaat, S. 119 ff.
26 Siehe L. Preller, Sozialpolitik, S. 53 zur Zentralarbeitsgemeinschaft, S. 256 zur Tarifvertragsverordnung vom 23. Dezember 1918.
27 Vgl. G. Anschütz, Die Verfassung des Deutschen Reichs, Art. 165.

Fügt man die Bestimmungen der Weimarer Reichsverfassung zum Sozialstaat zu einem Gesamtbild dessen, was intendiert war, zusammen, so zeichnet sich ein weitgehender Einbruch in die Philosophie eines Laisser-faire-Liberalismus ab. Programmatisch war durchaus erkennbar, dass mit der ›sozialistischen Republik‹ zumindest eines gemeint war: die Integration der Arbeiter in die Strukturen der Marktgesellschaft. Das sozialistische Programm ging im Sozialstaat auf. Der aber deckte sich in seiner Programmatik mit dem, was Gerechtigkeit unter den Strukturen der Marktgesellschaft heißen kann. Diese Programmatik stellt zweifelsfrei eine Preisgabe dessen dar, was vordem als ›sozialistische Gesellschaft‹ verstanden wurde. Tatsächlich blieb schon der Rat der Volksbeauftragten in den drei Monaten seiner revolutionären Gesetzgebungshoheit in der Frage der Überführung der Grundindustrie weit hinter dem zurück, was einmal als sozialistische Grundordnung verstanden und in der Phase der Revolution und Verfassungsgesetzgebung nicht nur von den Vertretern der USPD, sondern auch von einer großen Zahl der Anhänger der MSPD erwartet worden war. Zur Prüfung der Sozialisierungsfrage hatte der Rat der Volksbeauftragten bereits im November 1918 eine Regierungskommission eingesetzt. Sie verkündete jedoch Mitte Dezember ein überaus zurückhaltendes Programm. Dort heißt es:

»Die Kommission ist sich bewusst, dass die Vergesellschaftung der Produktionsmittel nur in einem länger währenden organischen Aufbau erfolgen kann. Erste Voraussetzung aller wirtschaftlichen Reorganisation bildet die Wiederbelebung der Produktion. Vor allem erfordert die wirtschaftliche Lage Deutschlands gebieterisch die Wiederaufnahme der Exportindustrie und des auswärtigen Handels. Die Kommission ist der Ansicht, dass für diese Wirtschaftszweige die gegenwärtige Organisation noch beibehalten werden muss...[28]

Auch die Aufforderung, die Der Erste Allgemeine Kongress der Arbeiter- und Soldatenräte vom 16.-21. Dezember 1918 in Berlin an den Rat der Volksbeauftragten richtete, unverzüglich mit der Sozialisierung des Bergbaus und der sonst dazu reifen Industrie zu beginnen, vermochte die Zurückhaltung der Regierung nicht zu überwinden. Die Reichsverfassung sah zwar in Art.156 die Vergesellschaftung der dafür geeigneten privaten Unternehmungen und deren Überführung in Gemeineigentum vor, das Sozialisierungsgesetz der Nationalversammlung vom 22. März 1919 setzte jedoch die restriktive Politik des Rats der Volksbeauftragten und der von ihm eingesetzten Kommission in der Sozialisierungsfrage fort. Im Vordergrund stand das Interesse, die Wirtschaftsleistung zu

28 Reichsanzeiger Nr. 292 vom 11.12.1918. Text bei G. Brüggemeier, Entwicklung des Rechts, Bd. 1, S. 295.

erhalten und tunlichst zu forcieren. Und dazu schienen Sozialisierungsmaßnahmen nicht geeignet.

4 Die Ausgestaltung des Sozialstaats in der Weimarer Republik

4.1 Die Gunst der Stunde

Die Entscheidung, die Revolution nicht zum Umsturz der Wirtschaftsverfassung zu nutzen, vielmehr an der Marktwirtschaft festzuhalten und deshalb auch die Grundindustrie nicht in Gemeineigentum zu überführen, ließ sich nur legitimieren, wenn alsbald mit dem Ausbau des Sozialstaats begonnen wurde. Tatsächlich verstand es die Weimarer Koalition aus Sozialdemokraten (MSPD), Deutschen Demokraten (DDP) und Zentrum trotz der schwierigen wirtschaftlichen Lage nach Kriegsende die Gunst der Stunde zu nutzen und bis 1923 eine Reihe sozialstaatlicher Maßnahmen in Gang zu setzen, durch die die Lage der arbeitenden Klasse verbessert wurde.[29] Neben der revolutionären Aufbruchstimmung der ersten Jahre trug dazu auch der wirtschaftliche Aufschwung in den Jahren 1919 bis 1922 bei. Denn bis 1922 waren 71 Prozent der Vorkriegsproduktion auf dem damaligen Reichsgebiet wieder erreicht. Die Arbeitslosigkeit blieb auf einem im Vergleich zu den nachfolgenden Verhältnissen niedrigen Niveau; sie machte weniger als 3 Prozent aus. Konkret erfolgte der Ausbau des Sozialstaats auf zwei Schienen. Die sozialstaatlichen Maßnahmen richteten sich zum einen auf die Regulierung der Arbeitswelt, zum andern auf den Ausbau des im Kaiserreich begonnenen Versicherungssystems.

4.2 Die Regulierung der Arbeitswelt

Über Jahrhunderte wurde der Lohn, durch den die Arbeiter ihren Anteil an dem Sozialprodukt erzielten, durch einen Einzelvertrag zwischen Unternehmer und Arbeiter festgesetzt. Mit dem Anerkenntnis der Tarifautonomie trat an die Stelle des Einzelvertrages die tarifvertragliche Regelung. Im Widerstreit der Interessen zwischen den Tarifvertragsparteien hatte die Organisation der Arbeiter in Gewerkschaften der Arbeiterschaft ein Machtpotenzial verschafft, das es ihnen ermöglichte, den Lohnanteil am Sozialprodukt zu verbessern. Im Klartext bedeutete

---

29 Vgl. zu Gesamtdarstellung L. Preller, Sozialpolitik in der Weimarer Republik; eine knappe Zusammenfassung bei M. G. Schmidt, Sozialpolitik in Deutschland, S. 47-60.

deshalb das Anerkenntnis der Tarifautonomie durch den Staat eine Parteinahme für die Arbeiterschaft. Ihr wurde zugestanden, die Organisationsmacht der Gewerkschaften in ihrem Interesse einzusetzen. Die Einflussnahme des Staates beschränkte sich nicht auf die Anerkennung der Tarifvertragsfähigkeit der Gewerkschaften. Mit den Instrumenten der Allgemeinverbindlichkeitserklärung und des Schlichtungswesens verschaffte sich der Staat effiziente Mitwirkungsrechte an der Lohngestaltung und einen nachhaltigen Einfluss auf die Lohnpolitik. Geplant war, das Tarifvertragsrecht der Verordnung vom 23. Dezember 1918 durch das vom Arbeitsrechtsausschuss 1921 vorgelegte Tarifvertragsgesetz einer Neuregelung zuzuführen. Das Tarifvertragsgesetz wurde jedoch nie verabschiedet, sodass die Verordnung vom 23. Dezember 1918 durch eine verbesserte Tarifvertragsordnung vom 1. März 1928 ersetzt wurde.[30] Das mit dem Tarifvertragsrecht verbundene Schlichtungswesen war zunächst gedacht, die vielen, zum Teil politischen Streiks der Jahre 1920-23 unter Kontrolle zu bringen. Als die Schlichtungsordnung vom 30. Oktober 1923 schließlich erlassen wurde, diente sie jedoch eher dazu, auch dann zu einer Regelung zu kommen, wenn sich die Tarifvertragsparteien nicht zu einigen vermochten. Ebenso wie das Tarifvertragsrecht selbst wurden Verbindlichkeitserklärung und Schlichtungswesen denn auch während der ganzen Zeit der Weimarer Republik zum zentralen Angriffspunkt der Unternehmer gegen den Sozialstaat. Durch die Weimarer Republik zieht sich das Verlangen einzelner Unternehmer und Unternehmensverbände, zum Einzelvertrag zurückzukehren.

Eine umfassende gesetzgeberische Maßnahme, mit der die Arbeiter und Angestellten in die innerbetriebliche Verfassung eingebunden werden sollten, stellte das Betriebsrätegesetz vom 4. Februar 1920 dar, das in Betrieben mit über 20 Arbeitnehmern galt.[31] Es war in den Betrieben wie auf der Straße heiß umkämpft. Denn es blieb in den Beteiligungsrechten einmal mehr weit hinter dem zurück, was von einem großen Teil der Arbeiter und Angestellten gewollt war. Spätestens bei den Verhandlungen zum Betriebsrätegesetz wurde deutlich, dass das in der Revolution verkündete Ziel, eine sozialistische Republik schaffen zu wollen, in einer Marktwirtschaft, wie sie sich entwickelt hatte, nicht zu erreichen war. Es blieb bei den begrenzten Mitwirkungsrechten: bei der Entscheidung über Arbeitszeit, Arbeitsbedingungen, Entlassungen, Überstunden etc. In der Regulierung der Arbeitszeit war bereits durch das Abkommen über die Zentralarbeitsgemeinschaft eine Vorentschei-

---

30 Ausführlich L. Preller, Sozialpolitik, S. 259 ff.
31 RGBl 1920., S. 147. Dazu traten die Wahlordnung vom 14.Februar 1920 (RGBl 1920, S. 175 und die Verordnung über den vorläufigen Reichswirtschaftsrat vom 4. Mai 1920 (RGBl 1920, S. 858) in Kraft.

dung für den Acht-Stunden-Tag erfolgt, der dann durch den Rat der Volksbeauftragten im Aufruf vom 12.11.1918 für den 1. Januar 1919 als Maximalarbeitstag festgeschrieben worden war. Auch er sollte für die Unternehmer ein dauernder Stein des Anstoßes werden und zu hartnäckigen Auseinandersetzungen über seine Revision führen.

4.3 Der Ausbau des Sozialversicherungssystems

Die andere Schiene, über die die sozialstaatlichen Entwicklungen in der Weimarer Republik erfolgten, war der Ausbau der Sozialversicherungen. Die im Kaiserreich noch sehr spärlichen Leistungen, die jemand aus den Sozialversicherungen zu erwarten hatte, wurden verbessert, vor allem aber wurde der Kreis der Leistungsberechtigten beträchtlich erweitert. Von überragender Bedeutung für den Aufbau des Sozialversicherungssystems waren zwei Gesetzgebungswerke: die Reichsversicherungsordnung über die Fürsorgepflicht von 1924 und das Gesetz über die Arbeitsvermittlung und Arbeitslosenversicherung von 1927. Mit der Reichsversicherungsordnung über die Fürsorgepflicht wurde die alte Form der Armenfürsorge als einer karitativen Einrichtung, die den kirchlichen Wohlfahrtseinrichtungen, den Kommunen und dem Reich gemeinsam oblag, endgültig überwunden. Auf die Versicherungsleistungen bestand, wie übrigens schon im Kaiserreich, ein Rechtsanspruch für alle, die die rechtlichen Bedingungen erfüllten. Aufs Ganze gesehen erreichte die Sozialleistungsquote mit 15,5 Prozent im Jahre 1928 das Dreifache der Quote von 1913.[32]

Mit der Arbeitslosenversicherung wurde eine Lücke geschlossen, die angesichts der Entwicklung der Arbeitslosigkeit in der WR dringend geschlossen werden musste. Denn nach den Jahren des Aufschwungs hatte die Arbeitslosigkeit 1923 28 Prozent der Mitglieder der Freien Gewerkschaften erfasst. Sie sollte auch in den Folgejahren nie mehr unter 7 Prozent der Beschäftigten absinken. Im Reichstag stimmte deshalb eine große Mehrheit für die Verabschiedung des Gesetzes; nur die Parteien vom rechten und linken Flügel stimmten dagegen: rechts die Deutschnationalen und die Nationalsozialisten, links die Kommunisten. Die Regelung der Arbeitslosenversicherung selbst folgte dem korporatistischen Interventionsverfahren. Die Organisation der Arbeitslosenversicherung wurde der Reichsanstalt für Arbeitsvermittlung und Arbeitslosenversicherung als Körperschaft des öffentlichen Rechts übertragen. Die Anstalt selbst wurde drittelparitätisch mit Vertretern der Arbeitnehmer, Arbeitgeber und der öffentlichen Hand besetzt. Sie erhielt in den örtlichen Arbeitsämtern und in den Landesarbeitsämtern

---

32 M. G. Schmidt, Sozialpolitik, S. 49.

einen Unterbau, der die Leistungen vor Ort erbrachte. Schwer verständlich ist, dass die Arbeitslosenversicherung dauerhaft nur für 800.000 Arbeitslose ausgelegt war, kurzfristig konnten allenfalls noch 600.000 weitere Arbeitslose versorgt werden. Denn bereits 1926 war eine Spitze der Arbeitslosigkeit von 18 Prozent erreicht.[33] Die Arbeitslosenversicherung war deshalb völlig ungeeignet, mit einer Krise wie der Weltwirtschaftskrise 1929-1932 fertig zu werden.

5 Weltwirtschaftskrise und Arbeitslosigkeit

Ausgelöst wurde die Krise durch den amerikanischen Börsensturz am 24. Oktober 1929, den »Schwarzen Freitag«.[34] Innerhalb weniger Stunden notierte die Börse einen Kursverlust von 90 Prozent; der ließ das Bankensystem der Vereinigten Staaten zusammenbrechen. Die Folge war, dass die Banken ihre Auslandskredite kündigten. Die Kündigung traf das Bankensystem der deutschen Wirtschaft ins Mark. Denn Deutschland war in den zwanziger Jahren zu einem Kapitaleinfuhrland geworden. Die Wirtschaft stand beim Ausland mit 16 Milliarden zumeist kurzfristigen Auslandskrediten in der Kreide. 40 Prozent des exzessiv überhöhten Fremdkapitals der Banken stammten aus ausländischen Krediten, die zum Teil langfristig angelegt waren. Der Börsenkrach wirkte sich umso nachhaltiger aus, als er die deutsche Wirtschaft in einer Lage traf, die ohnehin durch eine beginnende Rezession belastet wurde. Zunächst schien der Börsenkrach die Rezession lediglich zu verstärken. Als aber die Rezession im Sommer 1930 in eine große Depression überging, wirkte sie sich für die Industriegüter- wie für die Konsumgüterproduktion verheerend aus.

Die durch den Niedergang bewirkte Freisetzung der Arbeitskräfte traf in besonderem Maß die Erwerbstätigen in der Schwer- und Bauindustrie. Mit 85-92 Prozent stellten sie das Gros der Arbeitslosen dar. Verschärft wurde die Arbeitslosigkeit in Deutschland noch dadurch, dass geburtenstarke Jahrgänge auf den Markt drängten. 1931 gab es, um auch hier eine Zahl zu nennen, allenfalls für 20 Prozent der Volksschulabsolventen eine Lehrstelle, 1,7 Millionen Arbeitslose waren unter 25 Jahren. Das gesamte Ausmaß der Arbeitslosigkeit zeigt die nachstehende Tabelle.

---

33 D. Petzina, Was There a Crisis Before the Crisis?, S. 8.
34 Zum Folgenden H.-U. Wehler, Deutsche Gesellschaftsgeschichte 1914-1949, S. 257 ff.

	Gemeldet	Unsichtbare geschätzt	gemeldet und nicht unterstützt	Prozentsatz der Erwerbsfähigen
1929	1.9			
1930	3.699	4.115	1.339	32,5
1931	5.060	5.943	1.989	33,5
1932	5.255	6.704	2.520	37,6
1933	6.001	7.781	2.463	39,6

Zahl der Arbeitslosen von 1929-1933 (Millionen)[35]

Die Folgen der Arbeitslosigkeit waren umso verheerender, als die Mittel der Arbeitslosenversicherung in keiner Weise ausreichten, die politischen Parteien sich aber auch nicht auf eine Abstützung der Arbeitslosenversicherung und eine Ausweitung der Leistungen an die Arbeitslosen einigen konnten. Über die Erhöhung der Beiträge von 3,5 auf 4 Prozent kam es zu einer Krise, als die Fraktion der DVP den Entwurf des Haushaltes 1930, der eine Erhöhung der Beiträge um eben diese 0,5 Prozent vorsah, ablehnte.[36] In der Folge der weiteren Verhandlungen sah sich die Regierung Müller (SPD) gezwungen, einen von Brüning vorgeschlagenen Kompromiss, es bei 3,5 Prozent zu belassen und eine Erhöhung lediglich unter Kauteln erst in der Zukunft ins Auge zu fassen, abzulehnen und den Rücktritt zu erklären. In der Literatur wird der Anlass für den Rücktritt zumeist als zu geringfügig angesehen, um die Folgen tragen zu können. Man muss jedoch sehen, dass mit der Weigerung der DVP als Partei der Industrie, die Unterstützung der Arbeitslosen aufzustocken, für den Sozialstaat eine Grenze markiert werden sollte.[37] Der Arbeitsminister Wissel brachte den Konflikt auf den Punkt: »Es handelte sich«, erklärte er, »um ganz grundsätzliche Fragen. Nicht um irgendwelche Reform in der Arbeitslosenversicherung ging es, vielmehr darum, ob man, wenn auch zunächst verschleiert, dem Abbau der Versicherungsleistungen zustimmen wollte oder nicht.«[38] So wurde die Weigerung der DVP, der Erhöhung zuzustimmen, von der Fraktion der Sozialdemokraten auch verstanden. Die Folgen des Rücktritts der Regierung Müller waren gravierend. Man wird den 27. März 1930 als Weichenstellung auf dem Weg zur Machtergreifung der Nationalsozialisten ansehen müssen. Denn damit wurde jene Phase der Präsidialkabinette eingelei-

35 H.-U. Wehler, Deutsche Gesellschaftsgeschichte 1914-1949, S. 318.
36 Vgl. zum Folgenden H. A. Winkler, Der lange Weg nach Westen, Bd. 1, S. 485 ff.
37 S. Neumann, Die Parteien der Weimarer Republik, S. 37: Es ging um mehr als nur ein paar Prozentpunkte.
38 Ausführliches Zitat bei W. Conze, Die Krise des Parteienstaates in Deutschland 1929/30, S. 43.

tet, auf die Hindenburg längst schon vorbereitet war. Die jetzt folgenden Regierungen Brüning und von Papen beschnitten die staatlichen Sozialleistungen radikal, bis zum Sommer 1932 um 23-52 Prozent. Die Versicherungsansprüche von Ehefrauen und jugendlichen Arbeitern wurden ganz aus der Arbeitslosenunterstützung herausgenommen. Die Diskriminierung und Marginalisierung von 4-8 Millionen Arbeitslosen und deren Familien wurde, wie Hans-Ulrich Wehler feststellt, bewusst in Kauf genommen.[39] War das nötig? Was hätte geschehen müssen? Und vor allem: Was hätte geschehen können, um die Arbeitslosigkeit aufzufangen? Es ist sicher nicht unproblematisch zu fragen, was hätte geschehen können, wenn es nun einmal nicht geschehen ist. Die Frage kann jedoch dazu dienen, die historische Konstellation zu klären, aus der heraus sich das weitere Geschehen entwickelte.

6 Das Scheitern der Republik

6.1 Das Scheitern der parlamentarischen Regierungsform

Die Weimarer Republik scheiterte. Mit ihr scheiterte das Projekt, Gerechtigkeit für Millionen im Sozialstaat zu verwirklichen. Die Frage ist, wann und wodurch? In der Geschichtswissenschaft ist man geneigt, das Scheitern der Weimarer Republik am Scheitern der parlamentarischen Regierungsform festzumachen. Von der aber nimmt man an, dass sie bereits gescheitert war, bevor die Weltwirtschaftskrise in der großen Depression ihre volle Wirkung entfaltete. Sie sei, so meint man, schon im Winter 1929/30 preisgegeben worden.[40] Tatsächlich hatte sich bereits zu dieser Zeit im Machtzentrum um den Reichspräsidenten, aber eben nicht nur dort, die Absicht gefestigt, einer ausschließlich auf den Art. 48 Abs. II gestützten Regierung den Vorzug vor dem parlamentarischen System zu geben. Staatssekretär Meißner hat den Plan eines ›Hindenburg Kabinetts‹ deutlich gekennzeichnet. Antiparlamentarisch sollte die Regierung sein, ohne Koalitionsgrundlage, überdies antimarxistisch, unter Zurückdrängung des Einflusses der Sozialdemokraten.[41] Arthur Rosenberg ist überzeugt, die Absicht des Kapitals sei seit 1929 auf die Diktatur gerichtet gewesen.[42] Gleichwohl kann man an der frü-

---

39 H.-U. Wehler, Deutsche Verfassungsgeschichte 1914-1949, S. 320.

40 A. Hillgruber, Unter dem Schatten von Versailles, S. 63; zustimmend K. Borchardt, Wirtschaftliche Ursachen des Scheiterns der Weimarer Republik, S. 184.

41 Vgl. die informativen Darlegungen bei W. Conze, Die Krise des Parteienstaates in Deutschland 1929/30, S. 46-51.

42 A. Rosenberg, Geschichte der Weimarer Republik, S. 205.

hen Terminierung des Scheiterns Zweifel anmelden. Denn zum einen hat der Reichspräsident die große Koalition unter Hermann Müller bis zu deren Scheitern am 27. März 1930 toleriert, zum andern lässt sich selbst die Einsetzung des Präsidialkabinetts Brüning nur dann als Scheitern verstehen, wenn man bereits die Folgen hinzunimmt. Denn die Einsetzung eines Präsidialkabinetts erfolgte formal im Einklang mit der Verfassung. Verfassungsrechtlich war zwar umstritten, ob der Art. 48 Abs. II WRV eine so weite Auslegung zuließ, die Verfassungswirklichkeit war jedoch längst über diese Zweifel hinweg gegangen. Überdies aber war nicht auszuschließen, dass von dem Kabinett Brüning der Weg auch hätte zurück in die parlamentarische Demokratie erfolgen können. Noch war der Reichstag präsent, noch die Regierung Brüning auf dessen Tolerierung angewiesen.

Sei dem, wie es sei. Mir scheint es den Verhältnissen eher gerecht zu werden, wenn man das Scheitern erst mit Entwicklung der Weltwirtschaftskrise zur großen Depression definitiv werden lässt. Zwei Gründe sprechen dafür: Erst unter dem Eindruck einer galoppierenden Arbeitslosigkeit und dem völligen Unvermögen der Politik, ihr Einhalt zu gebieten, wurde die Überzeugung allgemein, das ›System Weimar‹ habe sich überlebt. Niemand wollte zu ihm zurückkehren. Selbst eine breite Opposition in der Sozialdemokratie verlangte einen Bruch mit ihr. Das ist der eine Grund, der dafür spricht, das Scheitern der Republik erst mit der Entwicklung der Arbeitslosigkeit in der Weltwirtschaftskrise anzusetzen. Der andere Grund liegt darin, dass erst in dieser Phase der Sozialstaat definitiv scheiterte. Denn nunmehr setzte die Regierung Brüning die Absicht der DVP, den Sozialstaat abzubauen, in die Tat um. Der Sozialstaat aber machte das Herzstück der Weimarer Republik aus.

Was hat das Scheitern der Weimarer Republik bewirkt? Es liegt nahe, sich an das Geschehen auf der politischen Bühne zu halten. Dort geschah, was geschah. Allein, man kann noch so viele Motivationen und Motivationslagen der politischen Akteure aufdecken, sie sind bestenfalls Anhalt und Indiz für die dahinter stehenden Gründe. Liest man die Geschichte der Weimarer Republik, wie ich sie hier zu lesen suche: aus der systemischen Verfassung der Gesellschaft heraus, weil sie als die eigentliche causa des Geschehens verstanden werden muss, dann sieht man sich an eine komplexe und hintergründige Problemlage verwiesen. Sie wird am ehesten fassbar, wenn man sich erneut vergegenwärtigt, was ›das System Weimar‹ war, was es wollte und in welcher Weise es sich in den Jahren 1923-29 tatsächlich entfaltete.

6.2 Die Belastung durch den Sozialstaat

Man muss das Junktim zwischen der parlamentarischen Regierungsform und dem Sozialstaat als den Kern dessen ansehen, was ›das System Weimar‹ ausmachte. Denn mit ihm sollte die Zielvorstellung der
Revolution: die politische Alternative zu einem Sozialismus nach altem
Zuschnitt, verwirklicht werden. Diese Zielvorstellung ist in die Weimarer Reichsverfassung eingegangen, in den Verfassungstext ebenso
wie in die politische Wirklichkeit, die an ihn anschloss. Ich habe oben
die Logik des Sozialstaats auf die Formel gebracht, mit dem Mittel der
politischen Gestaltungskompetenz und Gestaltungshoheit die defizitäre
Integrationsleistung des ökonomischen Systems auffangen zu wollen.
Diese Absicht sieht sich mit einem systemischen Problem konfrontiert:
In Systeme lässt sich nicht hineinregieren. Systeme sind operativ geschlossen. Alles, was im System geschieht, geschieht auch durch das
System.[43] Systemen lassen sich zwar Bedingungen des Operierens von
außen, aus deren Umwelt, setzen, ob ein System ihnen folgt und zu
folgen vermag, ist jedoch allemal eine offene Frage. Tatsächlich hatte
niemand eine klare Vorstellung, wie man die Zielvorstellung des Sozialstaats verwirklichen könnte. Das Unvermögen, das ökonomische System auf die Zielvorgaben des politischen Systems festzulegen, zeigte sich
eindrücklich am Problem der Arbeitslosigkeit. Die mit dem Sozialstaat
verbundene Zielvorgabe, alle, die Arbeitskraft anbieten, in das ökonomische System der Arbeit zu inkludieren, ließ sich nicht realisieren. Die
Quote der Arbeitslosigkeit war auch in den sogen. Prosperitätsjahren
dauerhaft hoch. Eine erste Spitze erreichte sie 1923 mit 28 Prozent,
1924 betrug sie immer noch 13,1 Prozent, 1925 sodann 8,7 Prozent,
1926 kletterte sie auf 16,7 Prozent, um dann 1927-1929 zwischen 7,1
und 7,9 Prozent zu verbleiben.[44] Wenn schon die Zahl der tatsächlich
Arbeitslosen hoch war, so war die Zahl derer, die sich davon bedroht
sahen, arbeitslos zu werden, noch um ein Vielfaches höher.

Die andauernd hohe Zahl der Arbeitslosen und derer, die von der
Arbeitslosigkeit bedroht waren, belastete ›das System Weimar‹ in
doppelter Weise. Arbeitslose und vor allem marxistisch engagierte Arbeiter konnten sich in der Meinung bestätigt sehen, dass das Problem
der Inklusion der Arbeiter in das ökonomische System und die daran
gekoppelte Integration in die Gesellschaft mit dem System von Weimar

---

43 H. Maturana, Die Organisation des Lebendigen, S. 138-156; H. Matu-
rana/F. J. Varela, Autopoietische Systeme, S. 170-235.
44 Die Angaben finden sich bei H.-U. Wehler, Deutsche Gesellschaftsgeschichte
1914-49, S. 255. Unterschiedliche Angaben bei D. Petzina, Was There a
Crisis Before the Crisis?, S. 8.

gar nicht zu lösen war und darin einen Grund sehen, für die Kommunistische Partei zu votieren. Die KPD erzielte 1928 immerhin 10,6 Prozent der Stimmen, 1930 gar 13,1 Prozent. Für marxistisch nicht engagierte Arbeiter sprach gegen die Sozialdemokratie als dem eigentlichen Träger des Systems der begrenzte Erfolg. Die Sozialdemokraten erzielten denn auch selbst bei einem für sie günstigen Wahlausgang wie bei der Wahl von 1928 nur wenig mehr als 29 Prozent der Stimmen; bei der Juli-Wahl 1932 sank ihr Stimmenanteil gar auf 21,6 Prozent, obwohl der Anteil der Wähler, die aus Arbeiterhaushalten stammten, ca. 45 Prozent betrug.

Ungleich erfolgreicher erwies sich der Sozialstaat darin, den Arbeitern (und Angestellten), die Arbeit hatten, einen höheren Anteil am Sozialprodukt zu sichern. Die Lohnquote stieg, wenn man 1913 als Vergleichsjahr wählt, von 46,4 Prozent (bereinigt) auf 57,8 Prozent im Jahre 1928. Der Erfolg ist in erster Linie der Tarifpolitik zuzuschreiben, in der die Arbeiterschaft ihre geballte Organisationsmacht einzusetzen vermochte. Die Tarifpolitik wurde jedoch durch den Einfluss des Staates auf die Lohnpolitik, insbesondere das Schlichtungswesen, abgestützt. Es ist keine Frage: Der Anstieg der Löhne entsprach der Zielvorgabe der Politik, durch die Revolution und die Weimarer Reichsverfassung eine höhere Lohnquote zu erzielen. Er war jedoch nicht ohne Probleme für die Funktionsfähigkeit des ökonomischen Systems. Dem Anstieg der Löhne vor allem hat man nachgesagt, für die zu geringe private Investitionstätigkeit verantwortlich zu sein. Und die behinderte, so die Weiterung, das Wachstum. Die eine wie die andere Folge habe aus dem ökonomischen System der Weimarer Gesellschaft bereits zwischen 1923 und 1928 ein krankes System werden lassen.[45] Ist das so?

In der politischen Ökonomie nimmt man an, dass eine Reallohnentwicklung vertretbar ist, solange sie sich in den Grenzen der Steigerung der Produktivität und des Inflationsausgleichs hält. Ein Einvernehmen darüber, ob das der Fall war, ist in der Literatur nicht zu erzielen.[46] Nicht strittig ist, dass die privaten Investitionen zu gering waren, um ein nachhaltiges Wachstum zu erzielen. Nur 1927 kam die Wachstumsrate der von 1913 gleich.[47] Strittig ist dagegen, wie weit für das geringe Wachstum die Erhöhung der Löhne verantwortlich gemacht werden

---

45 So K. Borchardt, A Decade of Debate About Brüning's Economic Policy, S. 134.
46 Zur Reallohnentwicklung vgl. C. L. Holtfrerich, »Zu hohe Löhne in der Weimarer Republik?«, Bemerkungen zur Borchardt-These, S. 135. Zur Produktivitätsentwicklung vgl. D. Petzina, Was There a Crisis Before the Crisis, S. 16.
47 Vgl. die Daten bei C. L. Holtefrerich, Was the Policy of Deflation Unavoidable?, S. 71.

kann oder nicht doch eher die geringe Nachfrage und die Zinspolitik der Reichsbank.[48] Auch wenn man dem letzteren Faktor eine Priorität zuschreibt, wird man der Lohnquote einen Einfluss nicht absprechen können. Eines jedenfalls scheint sicher, wenn man die Entwicklung des ökonomischen Systems 1924-29 betrachtet: Linear fortsetzen ließ sich der Prozess nicht. Die Steigerung der Lohnquote war 1929 an eine Grenze gekommen. Das zeigt sich, wenn man die Entwicklung des Sozialprodukts mit den Investitionen und dem Konsum vergleicht.

	1910-13	1924	1925	1926	1927	1928	1929
1. Net national product	100	97	96	108	109	104	
2. Private consumption	100	105	103	116	116	115	
3. Public consumption	100	132	139	143	150	146	
4. Net investments	100	72	44	106	90	46	
5. Exports	100	78	90	90	100	113	
6. Imports	100	89	79	131	109	103	

Economic development in Germany 1910-13 und 1924-29[49] *(Average)*

Auch Kritiker, die, wie Knut Borchardt, dem starken Wachstum der Löhne einen entscheidenden Einfluss auf die Entwicklung der Ökonomie zuschreiben, räumen ein, dass ein Anstieg der Löhne politisch unabweisbar war.[50] Die Arbeiterschaft musste versuchen, einen höheren Anteil am Sozialprodukt zu erzielen. Sie musste dazu ihre Organisationsmacht einsetzen. Das lag ebenso in der Zielvorgabe der Revolution wie der daraus hervorgegangenen Verfassung. Damit aber gewann eine Pro(zedural)ität Einfluss, deren systemische Anlage nur selten reflektiert wird: Es gibt im ökonomischen System der Marktgesellschaft im Antagonismus von Kapital und Arbeit keinen Mechanismus vernünftigen Ausgleichs. Jeder sucht das eigene Interesse so weit zu verwirklichen, wie die Machtposition der anderen Seite es zulässt. Die Folge war, dass entgegen der mit dem Sozialstaat verfolgten Absicht, einen Ausgleich zwischen Kapital und Arbeit zu erreichen, ein Konflikt installiert wur-

48 D. Petzina, Was There a Crisis Before the Crisis, S. 15 seq.
49 K. Borchardt, A Decade of Debate About Brüning's Economic Policy, S. 128.
50 K. Borchardt, A Decade of Debate About Brüning's Economic Policy, S. 102.

de, der deutliche Züge eines Klassenkampfes erkennen ließ. Gleichwohl ist die Weimarer Republik nicht schon an dem Konflikt innerhalb des ökonomischen Systems gescheitert. Wirklich gescheitert ist die Weimarer Republik daran, dass sich die Klasseninteressen des ökonomischen Systems ins politische System transferierten und dort zu einem Kampf um die Verfassung entwickelten. Diesen Prozess müssen wir genauer erörtern.

6.3 Der Kampf um die Verfassung

Die Strategie des Sozialstaats, die Gestaltungskompetenz und die Gestaltungshoheit des politischen Systems zu nutzen, um die Defizite der Integration des ökonomischen Systems aufzufangen und auszugleichen, ist auf eine Umverteilung des Sozialprodukts angewiesen. Anders ist die Integration derer, die vom ökonomischen System nicht integriert werden, nicht zu erreichen. Die politischen Akteure der Revolution, die Sozialdemokraten insbesondere, aber auch der Verfassungsgesetzgeber trugen keine Bedenken, dass dieses Ziel in einer parlamentarischen Demokratie auch zu erreichen sei. Die Sozialdemokraten waren überzeugt, als Repräsentant der Arbeiterklasse die Mehrheit für sich erringen und mit ihr die Republik gestalten zu können.[51] Die Rechnung ging aus zwei Gründen nicht auf. Zum einen widersetzte sich das Leitsystem der Marktgesellschaft, das ökonomische System, der Politik. Es entstand ein Systemkonflikt, für den es keine verlässlichen Mechanismen der Regulierung gab. Zum andern war die Arbeiterschaft als politische Macht aber auch nicht stark genug, um den Konflikt für sich zu entscheiden. Zu ihrer Schwäche trug vor allem der Konflikt zwischen der Sozialdemokratie und dem Kommunismus bei. Er wirkte sich für die Republik verheerend aus. Erörtern wir die Konfliktlinien genauer.

6.3.1 Der Konflikt als Systemkonflikt – Ich habe schon deutlich gemacht, dass Systemen, um sie zu beeinflussen, nur von außen Bedingungen ihres Operierens gesetzt werden können. Offen bleibt, ob sie ihnen folgen und vor allem, ob sie ihnen folgen können. Durch den Nationalstaat auferlegte Steuern und Abgaben stellen Belastungen dar, denen sich das ökonomische System gemeinhin nicht entziehen kann und auch nicht entziehen will, soweit sie zur Finanzierung der Organisationsleistungen des Staates dienen, die Bedingungen seines eigenen Operierens schaffen. Anders nehmen sich die Belastungen aus, die eigens zu dem Zweck auferlegt werden, um Umverteilungen durch den Sozialstaat zu bewirken. Sie mindern den Kapitalertrag. Dagegen setzen sich dessen Interessen-

---

51 G. Brüggemeier, Entwicklung des Rechts Bd. 1, S. 248 ff.

ten zur Wehr und zwar im politischen System. Dort suchen und finden sie ihre Repräsentation; dort organisiert sich auch der Widerstand. Exakt das geschah in der Weimarer Republik. In der Phase der Revolution war das Kapital fast mit allen Beeinträchtigungen durch die Politik einverstanden, um den Kapitalismus zu retten.[52] Sobald sich jedoch die Marktgesellschaft konsolidiert hatte, gewann es in den Auseinandersetzungen seine alte Vormachtstellung gegenüber der Arbeiterschaft zurück, oder richtiger: Es hätte sie zurückgewonnen, wenn nicht die Interessen der Arbeiterschaft sozialstaatlich abgestützt worden wären. Damit aber zog ein Konflikt in das parlamentarische Regierungssystem ein, für den sich schon systemisch keine Mechanismen des Ausgleichs finden lassen, für den sich aber unter der Interessenkonstellation der Weimarer Republik auch pragmatisch keine Kompromisslinie finden ließ. Mit seiner Bewältigung geriet das parlamentarische Regierungssystem an die Grenze seiner Möglichkeiten.

6.3.2 Die Grenzen des parlamentarischen Regierungssystems – Entscheidungen in parlamentarischen Regierungssystemen galten während des ganzen 19. Jahrhunderts als auf Diskussionen gegründet, in denen ein von Vernunft bestimmter Ausgleich zwischen unterschiedlichen Interessen und Ideen geschaffen werden sollte.[53] Politische Philosophien, die ihre Wurzeln in Denkstrukturen der Vergangenheit haben, halten auch heute noch daran fest. Ausgleichen im Sinne der Demokratietheorie des 19. und 20. Jahrhunderts lassen sich gegensätzliche Interessen und Ideen aber nur, soweit sie subjektlogisch verortet sind. Soweit man Interessen und Ideen an Subjekte gebunden versteht, kann man jedem zumuten, sich zu entschließen, mit seinen Interessen und Ideen im Interesse des Ganzen zurückzutreten, um den Interessen der anderen Raum zu schaffen. Gänzlich anders nehmen sich die Verhältnisse aus, wenn Interessen in Systeme eingelassen sind und Systeme konfligieren. Systeme kennen nur ein Interesse: die Selbstbehauptung des Systems als Funktionseinheit. Systeme sind deshalb weder konflikt- noch kompromissfähig. Das Drama des Kapitalismus, seine Unfähigkeit, ungeachtet des Reichtums der Gesellschaften zu einem Ausgleich zu kommen, beruht darauf, dass die Kapitalinteressen, die sich durchaus als Kapitalinteressen einzelner Subjekte erweisen, systemisch verfasst sind. Die häufig zitierte Unfähigkeit der Parteien der Weimarer Republik zum Kompromiss ist der Widerständigkeit des ökonomischen Systems gegen

---

52 A. Rosenberg, Geschichte der Weimarer Republik.
53 J. St. Mill, Considerations on Representative Government, S. 259: For the publicity and discussion are a natural accompaniment of any representation. So eindrücklich wie kritisch Carl Schmitt, Die geistesgeschichtliche Lage des heutigen Parlamentarismus.

seine Belastung durch die Politik zuzuschreiben. Da ihm die Belastung und Bedrohung seiner Funktionseinheit von außen widerfährt, durch das politische System, verlagert es seine Gegenwehr in das politische System selbst. Im politischen System werden die Meinungsverschiedenheiten um die Anforderungen an das ökonomische System nicht etwa zu Problemen, von denen man meinen könnte, sie seien im politischen Diskurs zu lösen. Die Probleme werden als Machtprobleme verstanden; und die führen zum Kampf um die Verfassung.

6.3.3 *Der Rechtsruck des Kapitals* – Das Kapital fand seine Vertretung vor allem in der Deutschen Volkspartei (DVP). Deren Vertreter waren zwar liberalem Gedankengut zugänglich, der Liberalismus hatte jedoch seine Zeit, als die Arbeiterschaft sich noch nicht formiert hatte und ihre Ansprüche politisch nicht zur Geltung bringen konnte. Unter der Konstellation der Weimarer Republik fand der Liberalismus sich bedroht und sah seine Interessen am besten in einer autoritären Regierungsform aufgehoben. Die DVP beteiligte sich zwar an der Regierung, ein erstes Mal bereits 1920/21 im Kabinett Fehrenbach und seit 1923 kontinuierlich – schließlich war ›das System Weimar‹ ein marktwirtschaftliches System –, sie optierte jedoch gegen die Verfassung von Weimar und favorisierte eine autoritäre Verfassung. Während sie zunächst in einer Monarchie das Heil sah, die als »Volkskönigtum« ausgestattet werden sollte, verfolgte sie in der Krise eine Diktatur. Man kann diese Form der politischen Autoritätshörigkeit dem historisch zu lange dominanten Obrigkeitsstaat zuschreiben. Nicht widersprechen wird man auch der Annahme wollen, im Vergleich zu den westlichen Demokratien sei in Deutschland der ökonomische Individualismus unterentwickelt gewesen.[54] Für bedeutsamer halte ich, dass sich Liberalismus wie ökonomischer Individualismus als Ideologie nur solange zu behaupten wussten, als es möglich war, die Interessen des Proletariats schlicht außen vor zu lassen. Denn Liberalismus und ökonomischer Individualismus haben mit dessen Interessen zu keiner Zeit etwas anzufangen gewusst. Unter dem Anprall der organisierten Interessen einer Arbeiterschaft, die durch die Weimarer Reichsverfassung eine Plattform für ihre politischen Forderungen gefunden hatte, ließen sich deshalb Liberalismus wie Individualismus nicht länger behaupten. Die aktuelle politische Zwangslage, in die das Kapital und mit ihm das Großbürgertum durch die organisierte Arbeiterschaft gerieten, scheint mir auch der Grund für den raschen Zerfall der Deutschen Demokratischen Partei (DDP) zu sein, in die große Teile des liberalen Bürgertums und mit ihm so bedachtsame Politiker wie Hugo Preuß und Friedrich Naumann ihre Hoffnungen investiert hatten. Durch die Revolution war in Deutschland, und – einmal abgese-

---

54 T. Parsons, Demokratie und Sozialstruktur in Deutschland, S. 256-281.

hen von den vergleichbaren, aber unterschiedlichen Bedingungen in Österreich – nur hier, eine gründlich veränderte gesellschaftliche Situation entstanden. Die Revolution hatte mit der Ausrufung der ›sozialistischen Republik‹ politische Verhältnisse geschaffen, die sich insofern gegen das Kapital richteten, als sie dessen Gewinn anders zu verteilen suchten. Den Konflikt zwischen Kapital und Arbeit kannten alle westlichen Demokratien. Keine andere sah sich jedoch auf Gedeih und Verderb dem Zwang unterworfen, für den Konflikt eine Lösung zu finden.

6.3.4 Die Achse zwischen Kapital und militärisch-bürokratischem Block – Der vom Kapital in das politische System hineingetragene Kampf um die Verfassung hätte für die Sozialdemokratie als Speerspitze der Arbeiterschaft und als Verfassungspartei nicht verloren gehen müssen, wenn nicht das Kapital eine Achse mit dem feudalen Überhang des militärisch-bürokratischen Blocks hätte bilden können. Der formierte sich seit 1925 um den Reichspräsidenten und fand für einige Jahre politisch seine Repräsentation in der Deutsch-Nationalen Volkspartei. Es ist diese Achse, die Achse zwischen Kapital und militärisch-bürokratischem Block, entlang derer sich der Kampf um die Verfassung zur Bedrohung für die Verfassung entwickeln konnte. Ihr konnten sich alle politischen Gruppierungen verbinden, die sich durch die Entwicklung der Marktwirtschaft in ihrer Existenz oder sozialen Position bedrängt sahen, eine breite Schicht des Bildungsbürgertums ebenso wie eine große Zahl von Gruppen des Mittelstandes: Händler, Handwerker und vor allem Bauern. Als deshalb die Weltwirtschaftskrise 1929 in das System von Weimar einbrach und sich in den beiden nachfolgenden Jahren zur großen Depression entfaltete, fand sich im politischen System eine breite Koalition, die ›gegen das System‹ optierte. Knut Borchardt erklärt: »For almost all the politicians the actual crisis was a crisis of the economic and political *system.*«[55] Auch die Sozialdemokratie sah sich als neben der Deutschen Demokratischen Partei eigentliche Verfassungspartei nicht länger in der Lage, dieses System zu stützen.

6.3.5 Die Zerrissenheit der politischen Repräsentation der Arbeiterschaft – Die Sozialdemokraten haben in der Revolution 1918/19 die Konflikte um die Verfassung ebenso wenig vorausgesehen wie der Verfassungsgesetzgeber. Vor allem haben sie nicht vorausgesehen, dass der Konflikt zwischen Kapital und Arbeit, der hätte erwartet werden können, kein Konflikt war, den zu bewältigen die parlamentarische Regierungsform ohne weiteres in der Lage war. Die gravierendste Fehleinschätzung lag in der Fehleinschätzung ihrer eigenen Stärke. Der Kampf

---

55 K. Borchardt, A Decade of Debate About Brüning's Economic Policy, S. 124.

um die Verfassung, wie wir ihn zuvor erörtert haben, hätte nur unter einer einzigen Bedingung gewonnen werden können: wenn die Arbeiterschaft sich einig gewesen wäre. Sie war sich aber nicht einig. Verheerend hat sich ausgewirkt, dass mit der Abspaltung der USPD 1916 und ihrer Gründung als eigene Partei 1918, vollends aber mit der Gründung der Kommunistischen Partei im Dezember 1919 der Kampf um die Verfassung ausgerechnet auf dem linken Flügel des politischen Spektrums begann und sich während der ganzen Weimarer Republik fortsetzte. Die bewaffneten Auseinandersetzungen zwischen dem sozialdemokratischen Kampfbund und der sozialdemokratisch geführten Staatsmacht Preußen einerseits und den von Moskau dirigierten Kommunisten andererseits, diskreditierten für weite bürgerliche Kreise die Revolution. Sie diskreditierten aber auch die Sozialdemokratie, und das, obwohl sie es war, die die Last des Kampfes gegen die Kommunisten trug. Es half ihr wenig, dass sie mit der Entscheidung ebenso für die parlamentarische Demokratie wie für die Marktwirtschaft ihre programmatische Standortbestimmung grundlegend verändert hatte, für das politische Bewusstsein, insbesondere das politische Bewusstsein des Bürgertums, blieb bestimmend, dass die Sozialdemokratische Partei programmatisch dem Ziel einer ›sozialistischen Republik‹ verhaftet blieb. Die ihr in der Revolution eher pragmatisch abverlangte Umstellung war nicht geeignet, ihr in der wenig trennscharfen Wahrnehmung der Bürger das Odium des Kommunismus zu nehmen.[56] Das theoretische Vakuum, das mit der Umstellung entstand, war eher noch geeignet, es zu verstärken. Noch in der Bundesrepublik hat das Odium des Kommunismus den bürgerlichen Mitte-Rechts Parteien über Jahrzehnte gute Dienste getan. Als mit der Weltwirtschaftskrise die ökonomische Krise auch das politische System erfasste, sah sich die Sozialdemokratie außerstande, der Achse zwischen Kapital und militärisch-bürokratischem Block und ihrer Neigung zur Diktatur Widerstand zu leisten. Arthur Rosenberg hat gemeint, die Sozialdemokratie hätte 1929 erneut in eine revolutionäre Phase eintreten sollen.[57] Diese Vorstellung ist irreal. Denn wenn sich auch in die Gegnerschaft gegen ›das System Weimar‹ antikapitalistische Momente einzumischen vermochten, der breite Widerspruch gegen es richtete sich gegen ein Syndrom, das eines allemal einbezog: die Sozialdemokratie. Überdies hätten die Sozialdemokraten nicht gewusst, welches andere System sie an die Stelle des alten hätten setzen sollen. Es gab zwar innerhalb der Partei eine Opposition von links, zwischen der Programmatik des Kommunismus und der einer freiheitlichen Verfassung, die sich dem Sozialstaat verschrieb, war jedoch kein Platz für ein alternatives System. Der Sozialstaat aber war diskreditiert. Rückkehren

---

56 S. Neumann, Die Parteien der Weimarer Republik, S. 40.
57 A. Rosenberg, Geschichte der Weimarer Republik, S. 202 f.

zum ›System Weimar‹ konnte in in der Krise niemand, wollte auch niemand.[58]

6.4 Brünings Politik der Deflation

Das Schicksal der Weimarer Republik entscheidet sich in der großen Depression unter der Regierung Brüning. Die Frage, was hätte getan werden sollen, was getan werden können, ist deshalb, ob nicht an Stelle des Vorrangs, den Brüning der Konsolidierung der Haushaltspolitik gab, eine forcierte Investitionspolitik des Staats hätte treten sollen, um die Arbeitslosigkeit aufzufangen. Wenn man sie ins Auge gefasst hätte, hätte sie durch eine Kreditaufnahme finanziert werden müssen. Um die Frage, ob das möglich gewesen wäre, dreht sich der Streit.[59] Knut Borchardt hat zwei Annahmen zu belegen gesucht:

1. Brüning hätte, selbst wenn er nicht davon überzeugt gewesen wäre, der Reparationsfrage den Vorrang einräumen zu müssen und schon deshalb meinte, sich eine durch Kredit finanzierte Ausgabenpolitik nicht leisten zu können, auch gar nicht gewusst, woher er den Kredit hätte nehmen sollen. Das Reich dem Ausland zu verpflichten, war aus politischen Gründen nicht möglich. Blieb nur die Reichsbank. Die aber hatte nach der Inflation während der ganzen Zeit eine strenge Begrenzung der Ausgabenpolitik verfolgt. Ihr waren überdies seit dem Young-Plan international die Hände gebunden.

2. Die politischen Parteien waren von links bis rechts auch nicht willens, eine durch Kredit finanzierte Ausgabenpolitik zu betreiben. Zu sehr wurden ihre Vorstellungen von den Auswirkungen der Inflation 1920/23 bestimmt. Borchardt stellt fest: »Insbesondere die Führung der SPD, von deren Toleranz das Kabinett Brüning seit den Septemberwahlen 1930 entscheidend abhing, war – wie übrigens auch die Labourparty in England – gegen jedes Experiment mit der Währung und beschwor ständig die Inflationsgefahr, welche aus zusätzlichen Staatsausgaben notwendig erwachsen müsse.«[60]

Es lässt sich schwer abschätzen, wie weit der Widerspruch, den diese Darlegungen in der Literatur gefunden haben, den Annahmen Borch-

58 K. Borchard, A Decade of Debate About Brüning's Economic Policy, S. 124.
59 Die Beiträge von Knut Borchardt sind zusammengefasst in K. Borchardt, Wachstum, Krisen‹ Handlungsspielräume der Wirtschaftspolitik. Die kontroverse Diskussion ist zusammengefasst in: J. von Kruedener (ed.), Economic Crisis and Political Collapse. Dort findet sich auch der die Erörterung zusammenfassende Beitrag von K. Borchardt, A Decade of Debate About Brüning's Economic Policy.
60 K. Borchardt, Zwangslagen und Handlungsspielräume, S. 173.

ardts, für eine Arbeitsmarktpolitik sei kein Raum gewesen, den Boden entzieht.[61] Denn wenn es richtig ist, dass, wie Borchardt berichtet, die Nachfragelücke 32 Mrd. Reichsmark betrug, Vorschläge für Kredit finanzierte Investitionen aber lediglich 2 Mrd. Reichsmark vorsahen, hätte damit allenfalls eine psychologische Wirkung erzielt werden können.[62] Gleichwohl will im Nachhinein jede Maßnahme als sinnvoll erscheinen, die sich auf den Abbau der Arbeitslosigkeit gerichtet und die Arbeitslosenunterstützung gestärkt hätte. Schlicht als richtig lässt sich die Politik Brünings kaum verstehen.[63] Die Frage, was Versuche einer staatlichen Investitionspolitik und einer forcierten Unterstützung der Arbeitslosen, wenn sie denn trotz der Grenzen, die ihnen gesetzt waren, unternommen worden wären, hätten ausrichten können, und vor allem: ob sie die Katastrophe verhindert hätten, lässt sich nicht nur nicht beantworten, sie ist irreal. Denn eine Politik, in der der Sozialstaat unbedingte Priorität hatte, war längst preisgegeben. Was jetzt folgt, lässt sich am ehesten mit dem Bilde wiedergeben, das Walter Benjamin von dem Engel der Geschichte gezeichnet hat. Der steht mit dem Rücken uns zugewandt, vor sich die Zukunft. Mit aufgerissenen Augen, offenem Mund und aufgespannten Flügeln sieht er, wie sich vor ihm eine Katastrophe unvorstellbaren Ausmaßes vollzieht, die die Trümmer der Geschichte in den Himmel wachsen lässt.[64]

Resümee

I

Die Geschichte der Weimarer Republik als eine Geschichte zu verstehen, die von dem nicht bewältigten Problem der Gerechtigkeit bestimmt wird und deshalb ihr Scheitern als Scheitern der Gerechtigkeit zu verstehen, ist zumindest ungewöhnlich. Eben das aber ist notwendig, wenn man die hintergründige Konfliktlage verstehen will, die das Geschehen in der Weimarer Republik bestimmt. Die Absicht der Revolution vom November 1918 und der daraus hervorgehenden Verfassung der Weimarer Republik war es, das soziale Grundproblem der Marktgesellschaft: die Exklusion von Millionen und die unzureichende Inklusion weiterer

61 C.L. Holtfrerich, Was the Policy of Deflation Unavoidable?, S.63-80. Zu Holtfrerichs Darstellung der Alternativen zur Politik Brünings vgl. auch: C.L. Holtfrerich, Alternativen zu Brünings Wirtschaftspolitik in der Weltwirtschaftskrise, Wiesbaden 1982.
62 K. Borchardt, Zwangslagen und Handlungsspielräume, S.174.
63 So aber M.G. Schmidt, Sozialpolitik, S.53.
64 W. Benjamin, Über den Begriff der Geschichte, S.697f.

Millionen politisch aufzufangen. Organisationskompetenz und Organisationshoheit des Staates sollten genutzt werden, um sicherzustellen, dass alle zu Bedingungen in die Gesellschaft integriert würden, die ihnen ermöglichten, den Sinnvorgaben der Gesellschaft an die Lebensführung nachzukommen. So unbestimmt war, was mit einer ›sozialistischen Republik‹ gemeint war, so wenig in ihr noch von der revolutionären Dogmatik erhalten geblieben war, das Ziel der Revolution wie der sozialdemokratischen Politik war, alle am Wohlstand beteiligen zu wollen. Dafür gewann sie die Zustimmung der Massen in der Revolution. Unter dieser Zielvorstellung wurde der Sozialstaat zur Sollvorgabe der Politik. Mit dieser Programmatik aber wurde die Weimarer Republik zugleich ihrer innersten Verfassung nach auf Gerechtigkeit verpflichtet.

2

In der Absicht, die gesellschaftliche Verfassung mit den Mitteln der Politik konstruktiv so gestalten zu wollen, dass alle einen Anteil an den ökonomischen und kulturellen Errungenschaften gewinnen, der ihnen erlaubt, den Sinnvorgaben der Gesellschaft nachzukommen, liegt ein Umbruch im Aufbau der Gesellschaft, dem welthistorische Bedeutung zukommt. In eben dieser Absicht, der welthistorischen Bedeutung der Stunde gerecht zu werden, die parlamentarische Demokratie auf den Sozialstaat zu verpflichten und dadurch der Gerechtigkeit in der Marktgesellschaft eine Bresche zu schlagen, liegt der große Wurf der Weimarer Reichsverfassung. Man muss die historische Konstellation sehen, die dadurch entstanden ist: Die Marktgesellschaft bildete die Grundverfassung auch der anderen westlichen Gesellschaften am Beginn des zwanzigsten Jahrhunderts. Mit der strukturellen Problemlage dieser Gesellschaft sahen auch sie sich konfrontiert. Die Weimarer Republik unterschied sich von allen westlichen Marktgesellschaften darin, dass sie auf Gedeih und Verderb auf die Lösung ihrer strukturellen Problemlage angewiesen war.

3

Die dramatische Entwicklung der Weimarer Republik und ihr schließliches Scheitern macht eine andere historische Lesart notwendig, als sie in den historiographischen Darstellungen zu finden ist. In ihr ziehen zumeist die von den politischen Parteien bestimmten Geschehnisse im politischen System das Interesse auf sich. Das entspricht durchaus der Anlage der Weimarer Verfassung, die Gesellschaft mit politischen Mitteln gestalten zu wollen. Die Probleme, die sich im politischen Prozess zeigen, entstehen jedoch nicht auch in ihm. Sie entstehen im ökonomischen System. Dort bilden sie ein charakteristisches Problemsyndrom.

Zum einen setzen sich im ökonomischen System die Probleme fort, auf deren Bewältigung der Sozialstaat angelegt war, Arbeitslosigkeit vor allem. Zum andern formiert sich in ihm der Widerstand gegen den Sozialstaat und schafft neue Probleme. Bewirkt wird der Widerstand zunächst dadurch, dass sich der Mittelstand durch die Inflation belastet sieht und sie dem politischen System zurechnet. Je länger desto mehr resultiert der Widerstand jedoch daraus, dass Industrie wie Mittelstand dagegen Front machen, die Kosten des Sozialstaats zu tragen. Restbestände einer Verankerung in traditionalen Strukturen, insbesondere der noch agrarisch gebundenen Bevölkerung, verhärten den Widerstand gegen das System von Weimar.

Der sich aus dem ökonomischen System heraus bildende Widerstand überträgt sich in das politische System. Wenn es schon im ökonomischen System keine Mechanismen gibt, um das Konfliktpotenzial zwischen Kapital und Arbeit aufzufangen, so erst recht nicht im politischen System. In ihm wussten sich die Kapitalinteressen des ökonomischen Systems eine Macht- und Agitationsbasis zu verschaffen, die sie seit der Mitte der zwanziger Jahre und verstärkt in der Rezession 1929-32 gegen ›das System von Weimar‹ agieren ließen. ›Das System von Weimar‹ – das war die parlamentarische Demokratie im Verbund mit dem Sozialstaat.

4

Der Ausbau des Sozialstaats in den zwanziger Jahren war zunächst erfolgreich. Es war der organisierten Arbeiterschaft möglich, mit der Rückendeckung durch den Staat die Lohnquote zu steigern und eine sehr viel größere Zahl von Arbeitern und Angestellten in die sozialstaatlichen Versicherungssysteme zu integrieren als zuvor. Was nicht gelang, war die Beseitigung der Arbeitslosigkeit, die nach den Jahren der Inflation nie mehr unter 7 Prozent sank, zwischenzeitlich Spitzenwerte von 20 und 26 Prozent erreichte, bis sie 1932 auf mehr als 37 Prozent kletterte. Der Einbruch der Weltwirtschaftskrise 1929 und ihre Entwicklung zur großen Depression 1930-32 war der definitive Auslöser für das Scheitern. Allein der Umstand, dass Millionen arbeitslos waren und nur schlecht oder gar nicht durch den Sozialstaat aufgefangen wurden, dokumentiert dessen Scheitern. Tatsächlich aber ging die Politik dazu über, die Sozialleistungen in dem Moment drastisch zu kürzen, in dem sie am dringendsten benötigt wurden. Unabhängig von der Frage, ob der Regierung Brüning eine andere Politik möglich gewesen wäre und was Versuche, die Arbeitslosigkeit aufzufangen, hätten bewirken können, der Befund, dass die Weimarer Republik an dem Problemsyndrom des ökonomischen Systems gescheitert ist, wird dadurch nicht infrage gestellt. Dass auch die beiden anderen Großsysteme, Politik und

Kultur, zum Scheitern der Republik beigetragen haben, ist nicht fraglich. Um eine monokausale Erklärung geht es nicht. Worum es geht, ist, wahrzunehmen, dass die Konfliktlage aus dem ökonomischen System hervorgeht. Im politischen System führt sie dazu, eine Achse zwischen Kapital und militärisch- bürokratischem Block zu bilden. Sie war es, die das System von Weimar zu Fall brachte. Eine Chance, der doppelten Fronde zu widerstehen, hätte die Weimarer Republik nur unter einer einzigen Bedingung gehabt: wenn sich die Arbeiterschaft einig gewesen wäre. Sie war sich aber nicht einig. Der Kampf der Kommunisten gegen die Sozialdemokratie hat seinen Anteil am Scheitern der Republik.

3.1 Wenn Gerechtigkeit scheitert
Der Markt als Wegbereiter der Katastrophe

1 Wie war das möglich?

1.1 Das Verfassungsvakuum

Der Weg vom Scheitern der Weimarer Republik in die Katastrophe der Machtübernahme durch die Nationalsozialisten war kurz. Noch jeder, der mit der Weimarer Republik befasst war, hat sich gefragt: Wie war das möglich? Historisch liegen die großen Linien der Entwicklung unbeschadet von Kontroversen im einzelnen offen. Längst hat die Arbeit der Geschichtswissenschaft begonnen, sie auszuleuchten, zu ergänzen und dabei auch Perspektiven zu verrücken. Das hier verfolgte Erkenntnisinteresse unterscheidet sich von den im engeren Sinne historischen Erörterungen darin, dass wir in der Rekonstruktion des Weges in die Katastrophe den systemischen Konnex der Marktgesellschaft als Causa des historischen Geschehens weiter verfolgen wollen. Den aber sehen wir vom System der Ökonomie bestimmt.

Ich habe die Erkenntnisperspektive erörtert. Sie gewinnt für die Erklärung des Wegs in die Katastrophe deshalb eine gesteigerte Bedeutung, weil die gleiche historische Konstellation, die das Scheitern der Weimarer Republik bewirkt hat, auch in die Katastrophe geführt hat. Es war die systemische Verfassung der Marktgesellschaft, die nach dem Scheitern einen Ausweg blockiert hat, der, wäre er denn möglich gewesen, nur ein demokratischer hätte sein können. Er war aber nicht möglich. Die gegen den Sozialstaat widerständige Interessenlage des ökonomischen Systems und das von ihm geschaffene Konfliktpotenzial setzten sich im politischen System fort. Im politischen System löste sich im Verlauf der Entwicklung der Weimarer Republik das zunächst revolutionär oktroyierte Einverständnis mit dem Sozialstaat auf. Mit der Wendung gegen den Sozialstaat wurden nicht nur die Möglichkeiten zu einer Verständigung über den Ausweg aus der Krise blockiert, die Preisgabe des Sozialstaats war mit einer direkten Wendung gegen die parlamentarische Demokratie verbunden. Denn die war darauf verpflichtet, einen Ausgleich zwischen den verschiedenen Interessengruppen zu suchen. Eine parlamentarische Demokratie, in der wie in Weimar die Lohnabhängigen sich in Arbeiterparteien und Gewerkschaften eine Organisation geschaffen haben, kann nicht funktionieren, ohne darauf bedacht zu sein, die defizitäre Inklusionskapazität des ökonomischen Systems auffangen zu wollen. Sie muss Gerechtigkeit in ihre Verfassung schreiben und sie auch zu realisieren suchen. Mit dem Zerfall des Sozialstaats wie der parlamentarischen Demokratie entstand deshalb eine Form von Anomie der gesellschaftlichen Verfassung, die sich weniger als ein Machtvakuum darstellte, – in das rückte das Machtpotential des Reichspräsidenten ein – als vielmehr als ein Verfassungsvakuum. Zum »System Weimar«, dem Verbund von parlamentarischer Demokratie und Sozialstaat, gab es, das zeigte sich, keine Alternative – außer der einen: der Diktatur. Vergegenwärtigen wir uns die gesellschaftliche Verfassung, wie sie sich mit dem Scheitern der Republik ausbildete.

1.2 Die gesellschaftliche Verfassung der Weimarer Republik 1930-1933

Halten wir zunächst noch einmal fest: Die Weimarer Republik war ihrer Verfassung nach darauf festgelegt, für das Problem der Marktgesellschaft, die Exklusion resp. die unzureichende Inklusion der Arbeiter in das ökonomische System, eine Lösung zu finden. Sie musste mit den Mitteln des politischen Systems einen Ausgleich für die schaffen, die aus dem Markt herausfielen. Und sie musste für die, die inkludiert wurden, einen gerechteren Ausgleich zwischen Kapital und Arbeit finden, als den, den das ökonomische System von sich aus bot. Das ließ die Verfassung der Weimarer Republik im Vergleich zu allen anderen Verfassungen der westlichen Demokratien von Anfang an prekär erscheinen. Als die Rezession erfolgte, 1928, vollends als sie sich mit der Weltwirtschaftskrise verschärfte, forcierte sich der Widerstand der Unternehmer gegen den Sozialstaat. Mit dem 27. März 1930, dem Rücktritt des Kabinetts Hermann Müller, scheiterte der Sozialstaat. Sein Abbau wurde unter dem Kabinett Brüning und hernach unter Papen so weit getrieben, dass nicht einmal mehr eine wirksame Armenpflege übrig blieb.

Mit dem Sozialstaat scheiterte auch die parlamentarische Demokratie. Warum? Historiker scheinen sich darauf verständigt zu haben, Geschichte unter keinen Umständen als zwangsläufig erscheinen zu lassen. Doch was nun geschah, geschah mit einer politischen Stringenz, die man zumindest ex post als zwangsläufig verstehen muss. Denken kann man sich nahezu an jeder Zeitstelle der Geschichte alternative Möglichkeiten. Realisieren lassen haben sich immer nur die, die sich in der nun einmal entstandenen Konstellation anboten, mit Sicherheit nur die, die sich tatsächlich realisiert haben. Tatsächlich war nicht nur der Reichspräsident längst schon willens, das parlamentarische Regierungssystem durch ein System der Präsidialregierung zu ersetzen, tatsächlich zeichnete sich nach dem Sturz der Regierung Müller im Parlament keine Mehrheit für eine Verfassungsform ab, die den Verbund zwischen Sozialstaat und parlamentarischer Regierung, wie er die Weimarer Reichsverfassung bestimmte, hätte fortsetzen wollen. Es stellt keinen

Einwand dar, wenn man meint, die Depression habe 1932 die Talsohle bereits durchschritten gehabt. Das brachte den Sozialstaat nicht wieder zum Leben. Rückkehren zur Organisationsform, wie sie vordem war, wollte niemand. Nicht einmal die Sozialdemokraten wollten es. Ohne Vorkehrungen zu treffen, durch die das Problem der Marktgesellschaft: die Exklusion von Millionen und die unzureichende Inklusion weiterer Millionen, aufgefangen werden würde, ließ sich eine demokratische Verfassung nicht finden. Die Revolution lag erst ein knappes Jahrzehnt zurück. Keine der beiden Arbeiterparteien war bereit, auf politische Garantien einer Inklusion in das ökonomische System und einer Integration in die Gesellschaft zu verzichten. Das Scheitern des Sozialstaats drängt deshalb eine Einsicht auf, die für unser Erkenntnisinteresse zentral ist:

Wenn Gerechtigkeit scheitert, entstehen politische Konfliktpotentiale, die, weil sie demokratisch nicht zu bewältigen sind, auch die Demokratie scheitern zu lassen drohen.

Für den Weg vom Scheitern in die Katastrophe lassen sich neben der Blockade des Parteiensystems drei Entwicklungspfade als Ursachen ausmachen:
– der Erfolg der Nationalsozialisten bei den Wahlen;
– die Politik des Kapitals, des Kapitals der Großindustrie insbesondere;
– der militärisch-bürokratische Block um den Reichspräsidenten.
Wir müssen jeden dieser Entwicklungspfade erörtern, um den Anteil des Marktes an der Katastrophe zu bestimmen.

2 Der Erfolg der Nationalsozialisten

2.1 Die Wahlen

Der Zusammenhang zwischen der Entwicklung der Weltwirtschaftskrise und dem Erfolg der Nationalsozialisten ist augenfällig. Hatten die Nationalsozialisten noch 1928 lediglich 810.000 Stimmen und 12 Mandate erzielt, so stieg die Zahl der Stimmen, die sie auf sich vereinigen konnten, bei der Wahl vom 14. September 1930 auf 6.406.000. Sie wurden mit 107 von 577 Mandaten zweitstärkste Fraktion nach den Sozialdemokraten mit 143 Mandaten und vor den Kommunisten mit 77 Mandaten. Die Wahl vom 14. September 1930 blieb kein einzelnes Ereignis. Der Siegeszug der NSDAP setzte sich fort. Bei der entscheidenden Reichstagswahl vom 31. Juli 1932 erreichte die NSDAP 37,4 Prozent aller Stimmen und errang 230 Mandate im Reichstag. Bei der zweiten Reichstagswahl des Jahres vom 6. November 1932 ging die

Stimmenzahl der NSDAP zwar leicht zurück, sie erreichte aber immer noch 33,1 Prozent. Der Wahl vom 5. März 1933 gingen zwar bereits Monate der Verfolgung von Kommunisten und Sozialdemokraten voraus, die politische Meinungsbildung war überdies einem erheblichen Einsatz staatlicher Machtpotenziale ausgesetzt, kannte aber immerhin noch eine Mehrzahl politischer Parteien. In ihr erreichten die Nationalsozialisten 43,9 Prozent. Das war immer noch nicht die Mehrheit derer, die wahlberechtigt waren, gleichwohl war die Zustimmung gestiegen. Die Zustimmung der breiten Mehrheit des Deutschen Volkes erreichten die Nationalsozialisten erst in den Jahren nach der Machtübernahme, als sie mit der Überwindung der Arbeitslosigkeit und der Integration der Millionen, die sich vordem ausgeschlossen fanden, wirkliche Erfolge aufzuweisen hatten.[1] Der späte Erfolg wirft ein helles Licht auch auf den Erfolg bei den Wahlen 1930-32, mit dem der Weg in die Katastrophe begann. Was die Nationalsozialisten stark machte, war das Versprechen, alle in die Gesellschaft zu integrieren.

2.2 Wer waren die Wähler der Nationalsozialisten?

Wer waren die Wähler der NSDAP? Aus welchen Schichten rekrutierte sich ihre Wählerschaft? Die Weimarer Republik kannte keine gleichermaßen entwickelte Wahlforschung wie heute. Die Stimmverschiebungen zwischen den Parteien bei der Wahl vom 14. September 1930 geben einen gewissen Anhalt für die Herkunft der Stimmengewinne der Nationalsozialisten. Die gravierendste Abwanderung erfolgte von der konservativen Deutsch-Nationalen Volkspartei (DNVP). Ihre Mandate reduzierten sich von 78 im Jahr 1928 auf 41. Auch die Verluste bei der Deutschen Volkspartei (DVP) waren hoch. Ihre Mandate verringerten sich um 15 auf 30. Gravierend waren auch die Verluste bei den Liberalen, der Deutschen Demokratischen Partei (DDP), resp. der Deutschen Staatspartei. Ihre Mandate gingen von 25 im Jahr 1928 auf 14 bei der Wahl vom September 1930 zurück. Zusammenfassend kann man deshalb feststellen: Die eigentlichen Verlierer waren die konservativen und bürgerlichen Parteien und zwar deutlich vor der Sozialdemokratischen Partei, die von 153 Mandaten im Jahr 1928 nur 10 Mandate verlor. Heinrich August Winkler differenziert diesen Befund weiter.

»Protestanten«, stellt er fest, »waren für die NSDAP doppelt so anfällig wie Katholiken; Selbständige, Bauern, Beamte, Rentner und Pensionäre waren unter den Wählern der NSDAP stärker vertreten, als es ihrem Anteil an der erwerbstätigen Bevölkerung entsprach, Arbeiter und Angestellte dagegen deutlich schwächer. Die Arbeits-

1 S. Haffner, Anmerkungen zu Hitler, S. 28-48.

losen schließlich ...trugen zum Aufstieg des Nationalsozialismus nur wenig bei: Erwerbslose Arbeiter gaben ihre Stimme sehr viel häufiger der Partei Ernst Thälmanns als der Adolf Hitlers.«[2] Das sahen auch die Zeitgenossen der Wahl vom September 1930 so.[3] Inzwischen hat eine aufwendige statistische Auswertung der Wählerverzeichnisse und der Wahlergebnisse in den Wahlkreisen eine genauere Analyse des Wahlverhaltens in den Jahren 1930-33 möglich gemacht.[4] Sie ermöglicht, zunächst einen generellen Befund festzuhalten: Zum Wahlerfolg der Nationalsozialisten haben alle Bevölkerungsschichten beigetragen, wenn auch in unterschiedlichem Maße. Von keiner Gruppe lässt sich sagen, dass sie so gut wie geschlossen in das Lager der Nationalsozialisten übergegangen sei. Von einigen Gruppen des Mittelstandes, den Bauern, den selbständigen Gewerbetreibenden und den Beamten wird man feststellen müssen, dass sie überproportional in der NSDAP vertreten waren und auch überproportional zu deren Wahlerfolg beigetragen haben.[5]

Im Blick auf unser Erkenntnisinteresse wird man gut daran tun, zwei Wähleraggregate zu unterscheiden: Das eine setzt sich aus Wählern zusammen, die von den Strukturen der Marktgesellschaft in der Weise erfasst waren, dass sie von Lohnarbeitsverhältnissen in der Marktgesellschaft abhängig waren. Das waren Arbeiter und Angestellte. Das andere Wähleraggregat setzt sich aus Wählern zusammen, deren Position in der Gesellschaft sich einem Überhang traditionaler Gesellschaftsstrukturen verdankte. Sie gehörten einem Mittelstand an, der durch den schnellen sozialen Wandel, mit dem sich die Entwicklung der Marktgesellschaft nach dem Kriege vollzog, erheblich in Mitleidenschaft gezogen war. Erörtern wir zunächst die erste Gruppe, die der Arbeiter und Angestellten.

2.3 Arbeiter und Angestellte

Die Arbeiterschaft stellte in der Weimarer Zeit ein in sich vielfach differenziertes soziales Aggregat dar. Direkt betroffen und bedroht von der Arbeitslosigkeit waren vor allem Industriearbeiter, sie trugen die Hauptlast der Arbeitslosigkeit. Betroffen waren aber auch andere Gruppierungen von Arbeitern, insbesondere die Arbeiter in den Hand-

2 H. A. Winkler, Der lange Weg nach Westen Bd. I, S. 491.
3 Vgl. die Ausführungen von H. v. Gerlach in: »Die Welt am Sonntag« vom 6. 10. 1930; abgedruckt in: H. Bennecke, Wirtschaftliche Depression, S. 345-348.
4 J. W. Falter, Hitlers Wähler.
5 H. A. Winkler, Mittelstand, Demokratie und Nationalsozialismus, S. 177.

werksbetrieben. Am wenigsten direkt betroffen waren die Arbeiter auf dem Lande. Von den am meisten von der Arbeitslosigkeit betroffenen Industriearbeitern hat man schon in der zeitgenössischen Publizistik gemeint, sie seien gegen die braune Propaganda immun gewesen. Richtig ist, dass ein beachtlicher Prozentsatz insbesondere der Industriearbeiter an die Sozialdemokratische oder Kommunistische Partei gebunden war. Schon in den zwanziger Jahren vermochten jedoch beide Parteien zusammen lediglich etwa zwei Drittel der Arbeiterschaft an sich zu binden – das waren etwa 30 Prozent einer Wählerschaft, die nahezu zu 50 Prozent aus Arbeiterfamilien stammte. Sozialdemokraten und Kommunisten haben mithin nie die ganze oder so gut wie ganze Arbeiterschaft hinter sich zu sammeln gewusst. Tatsächlich zeigten sich in der Krise sowohl jene, die sich politisch schon in der Vergangenheit nicht in die Arbeiterparteien hatten integrieren lassen, als auch viele, die zuvor sozialdemokratisch gewählt hatten, zugänglich für die Ideologie des Nationalsozialismus. Zwar waren, folgt man den Angaben von Winkler, die Arbeiter als Mitglieder der NSDAP 1930 mit 28,1 Prozent gegenüber einem Anteil von 45,9 Prozent der Gesamtbevölkerung deutlich unterrepräsentiert. Der Zustrom zur NSDAP war jedoch bereits vor 1930 erheblich. Bei der Wahl vom September 1930 hat man den Anteil der Arbeiter auf 1 Million geschätzt, wobei man aber wiederum eher an Landarbeiter als an Fabrikarbeiter denken muss.[6] In der historischen Forschung geht man davon aus, dass zu Beginn der 30er Jahre 40 Prozent aller NS-Wähler aus der Arbeiterklasse stammten.[7] Insgesamt lässt sich daher feststellen, dass Arbeiter nach 1928 und insbesondere nach 1930 prozentual zwar weniger häufig NSDAP gewählt haben als Nicht-Arbeiter, dass der Unterschied aber auch nicht sehr groß war.[8] Vergleichbares lässt sich für die Angestellten feststellen. Die Annahme, sie hätten überproportional zum Erfolg des Nationalsozialismus beigetragen, hat sich nicht aufrechterhalten lassen.[9] In der Wahlforschung hat sich auch der Anteil der Angestellten an dem Wahlerfolg der Nationalsozialisten als leicht unterproportional erwiesen. Dort, wo der Anteil der Angestellten hoch war, blieb der Erfolg der Nationalsozialisten hinter dem Mittel zurück.

Arbeiter und Angestellte sind als Wählergruppe im Kontext der Frage nach dem Weg in die Katastrophe deshalb von besonderem Interesse,

---

6 So H. v. Gerlach, in: »Die Welt am Sonntag« vom 6. 10. 1930; abgedruckt in: H. Bennecke, Wirtschaftliche Depression, S. 347.

7 J. W. Falter/ D. Hänisch, Die Anfälligkeit von Arbeitern gegenüber der NSDAP, S. 214; H.-U. Wehler, Deutsche Gesellschaftsgeschichte Bd. IV, S. 323.

8 J. W. Falter, Hitlers Wähler, S. 198 ff. (223).

9 J. W. Falter, Hitlers Wähler, S. 230 ff.

weil ihre Existenz und ihr sozialer Status von der defizitären Integrationsleistung der Marktgesellschaft unmittelbar betroffen waren. Von ihnen darf man annehmen, dass sie sich durch das Scheitern der Republik politisch motivieren ließen. Die Möglichkeiten, unter denen sich ihnen politisch ein Ausweg bot, um die Bedrohung ihres Daseins durch die Marktgesellschaft aufzufangen, lassen sich durch das Links-Rechts Schema bestimmen. Links hatten die Kommunisten von Anfang an das Heil in der Zerschlagung von Marktgesellschaft und parlamentarischer Demokratie gesehen. In der linken Mitte hielten die Sozialdemokraten zwar an Marktgesellschaft und parlamentarischen Demokratie fest, wussten aber für die Krise der Marktgesellschaft keinen Ausweg anzubieten. Auch wer von den Arbeitern für die Sozialdemokratie votierte, ohne der Partei anzugehören, hielt, so dürfen wir vermuten, an der parlamentarischen Demokratie fest. Ähnlich standfest konnten sich jene Arbeiter gerieren, die sich dem Zentrum als Vertretung ihrer Interessen anvertraut hatten. Zwar stand auch das Zentrum in der Krise ratlos da, in den Jahren der Republik hatte es sich, gestützt auf die katholische Soziallehre, als ›soziale Verfassungspartei‹ verstanden, als die Verfassung zerbrach, konnten seine Wähler sich jedoch noch dem Katholizismus verpflichtet fühlen. Wem dagegen links die Kommunisten nicht attraktiv erschienen und wer sich von den Versprechungen der Sozialdemokratie durch das Scheitern des Sozialstaats enttäuscht sah und auch sonst keinen Grund hatte, sich dem Republikanismus verpflichtet zu fühlen, dem boten die Integrationsangebote der Nationalsozialisten umso eher eine Perspektive, als sie die einzigen waren, die neben den Kommunisten überhaupt einen Ausweg boten. Zwar verfügte die NSDAP über kein systematisch ausgearbeitetes Wirtschaftsprogramm, sie ließ jedoch schon in dem 25-Punkte-Programm von 1920 keinen Zweifel daran, dass sie eine eigene, eine »deutsche Form des Sozialismus« wollte. Durchaus im Einklang damit stand, dass sie in der Phase der Regierung Papen keine Gelegenheit ausließ, sich gegen den Abbau der Sozialstaatsleistungen zu wenden, um die Regierung zu diskreditieren. Der enge Zusammenhang, der zwischen der Entwicklung der Weltwirtschaftskrise und dem steilen Anstieg der Arbeitslosigkeit einerseits und dem Erfolg der Nationalsozialisten andererseits besteht, lässt sich in einem Schaubild eindrücklich zeigen. Wenn man den Anstieg der Arbeitslosigkeit und den Anstieg der Wählerstimmen zugunsten der NSDAP in den Jahren 1928-1933 in Beziehung setzt, ergibt sich ein nahezu paralleler Verlauf der beiden Geraden.[10] An dem Anstieg der Wählerstimmen waren, wie wir gesehen haben, die Arbeiter immerhin mit 40 Prozent beteiligt.

10 Vgl. die Darstellung in: J. Falter, Hitlers Wähler, S. 294.

2.4 Das Wahlverhalten der Arbeitslosen

So sehr sich der Zusammenhang zwischen Arbeitslosigkeit und Wahlerfolg der Nationalsozialisten aus der historischen Folge der Geschehnisse und dem Wahlverhalten der Betroffenen aufdrängt, die Wahlforschung zum Scheitern Weimarer Republik hat gleichwohl eine Irritation bewirkt, durch die der anscheinend eindeutige Zusammenhang in Frage gestellt wurde. Wenn man für jede Wahl zwischen 1930 und 1932 den Zusammenhang zwischen dem Anstieg der Arbeitslosen in einem Wahlkreis und dem Abschneiden der NSDAP untersucht, lässt sich der erwartete positive Zusammenhang nicht nur nicht bestätigen, es zeigt sich ein eher negativer statistischer Zusammenhang. Falter, dessen Wahlanalysen für diese Zeit die Verhältnisse aufgedeckt haben, konstatiert: »In allen Reichstagswahlen nach 1930 erzielte die NSDAP im Schnitt umso bessere Ergebnisse, je niedriger der Arbeitslosenanteil lag, während sie in Kreisen mit überdurchschnittlicher Arbeitslosigkeit tendenziell schlechter als im Reichsmittel abschnitt.«[11] Es scheint, als bestünde zwischen den Querschnittsbefunden der jeweiligen Wahl und dem Längsschnittbefund ein nicht recht verständlicher Widerspruch. Er lässt sich jedoch erklären. Denn zum einen waren es keineswegs nur die Arbeitslosen, die sich von der Arbeitslosigkeit beeindrucken ließen und NSDAP wählten, andere taten es auch. Die Arbeitslosigkeit ließ einen Zustand der Gesellschaft entstehen, der jedem in der Gesellschaft bedrohlich erscheinen konnte. Die, die sich von der Arbeitslosigkeit bedroht und von dem anomischen Zustand der Gesellschaft bedrückt sahen, haben ersichtlich stärker zum Wahlerfolg der Nationalsozialisten beigetragen als die Arbeitslosen selbst. Zwar haben auch Arbeitslose zum Anstieg der Wählerstimmen für die NSDAP beigetragen, aber eben, wie die Querschnittsanalysen zeigen, weniger als andere und weniger, als man erwarten konnte. Dafür gibt es einen einleuchtenden Grund: Ein nicht geringer Teil der Stimmen der Arbeitslosen fiel den Parteien zu, die die Arbeitslosigkeit auf anderem Wege zu beseitigen suchten: durch eine neue Revolution. Viele Arbeitslose votierten für die Kommunistische Partei. Andere zeigten ein klientelorientiertes Wahlverhalten und wählten weiter die Sozialdemokraten. Der im Längsschnitt eindrückliche Zusammenhang zwischen dem Anstieg der Arbeitslosigkeit und dem Anstieg der Wählerstimmen für die NSDAP hat inzwischen auch eine aufwendige statistische Bestätigung gefunden.[12]

---

11 J.W. Falter, Hitlers Wähler, S. 299.
12 Ch. Stögbauer, Wählerverhalten und Nationalsozialistische Machtergreifung.

Der wahlanalytische Befund, dass Arbeiter nur unterdurchschnittlich zum Erfolg der Nationalsozialisten beigetragen haben, insbesondere aber Arbeitslose signifikant weniger die Partei Hitlers gewählt haben als Menschen in Arbeit, macht deutlich, dass es nicht die Arbeitslosigkeit für sich genommen war, die aus der wirren politischen Splittergruppe der NSDAP eine Volksbewegung gemacht hat. Die Weltwirtschaftskrise und die daraus hervorgehende Depression ließen eine sehr große Zahl von Bürgern zu der gesellschaftspolitischen Überzeugung gelangen, in einer anomisch verfassten Gesellschaft zu leben. Sie ging mit der Überzeugung einher, für sie lasse sich in der parlamentarischen Demokratie des Weimarer Systems keine Lösung finden. In der Tat wusste niemand zu sagen, wie die Lösung aussehen sollte; auch die Verfassungsparteien von Weimar – Sozialdemokraten, Deutsche Demokraten und Zentrum – wussten es nicht. Nicht nur die Nationalsozialisten profitierten von der Ratlosigkeit in der Krise, die Kommunisten ebenfalls.

2.5 Der Mittelstand

Nahezu alle sozialen Gruppierungen des alten Mittelstandes sahen sich durch den schnellen sozialen Wandel in ihrer Existenz bedroht: Handwerker, kleine und mittlere Kaufleute (Händler), Lehrer und Professoren, wer sonst zum Bildungsbürgertum zählte, schließlich Beamte. Frühere Untersuchungen haben zuvörderst den Mittelstand für den Erfolg der Nationalsozialisten verantwortlich gehalten.[13] Diese Annahme hat sich nicht halten lassen. Arbeiter haben, wie sich schon gezeigt hat, zu einem beträchtlichen Teil ebenfalls dazu beigetragen. Gleichwohl bestätigt auch die neuere historische Forschung, dass der gewerbliche Mittelstand überproportional zum Sieg des Nationalsozialismus beigetragen hat.[14] Der gewerbliche Mittelstand ist jedoch in seiner sozialen Zusammensetzung erheblich differenziert, entsprechend differenziert haben die einzelnen Gruppen gewählt. Wenn man sagt, immerhin ein Viertel »der Handwerksbevölkerung« habe SPD gewählt,[15] so wird man dazu auch die schlecht bezahlten oder gar arbeitslosen Gesellen und Angestellten zählen müssen. Die aber zählen nun wirklich nicht zum Mittelstand. Zum Mittelstand gehören dagegen die Handwerksmeister. Und die waren überrepräsentiert in der NSDAP.

13 Als einer der ersten Th. Geiger, Panik im Mittelstand, in: Die Arbeit, Jg. 7, 1930, S. 637-654; vgl. sodann S. M. Lipset, Nationalismus – ein Faschismus der Mitte, S. 101-123.

14 H. A. Winkler, Mittelstand, Demokratie und Nationalsozialismus, S. 177.

15 H.-U. Wehler, Deutsche Verfassungsgeschichte, Bd. IV, S. 301.

Von besonderem Interesse im Mittelstand ist das Bildungsbürgertum. Seine soziale Absicherung war in der Inflation durch den weitgehenden Verlust des Bar- und Rentenvermögens in Mitleidenschaft gezogen. Als soziales Aggregat, das weiterhin charakteristische Merkmale eines Standes aufwies, begann es sich bereits bereits unter der Entwicklung der Marktgesellschaft im 19. Jahrhundert aufzulösen. Denn in der Marktgesellschaft wird Bildung zunehmend zu einer Funktionsanforderung der beruflichen Positionierung. Die dazu erforderliche schulische Bildung lässt das handwerklich gewonnene und tradierte Wissen an Bedeutung verlieren. Aber auch der Besitz eines Bildungswissens, der für die Positionierung von Teilen des alten Mittelstandes bestimmend gewesen war, verliert in eben dem Maße an Bedeutsamkeit, in dem das klassische Bildungswissen nicht länger die Position in der Gesellschaft zu bestimmen vermag. Der Markt kennt andere Zurechnungskriterien. Mit dem alten Mittelstand sieht sich deshalb auch das Bildungsbürgertum von der Entwicklung der Marktgesellschaft bedroht.

Die Stabilität des Weltbildes, die dem Bildungsbürgertum unter der sich nachhaltig entwickelnden Marktgesellschaft verloren zu gehen drohte, traf auch einen Teil der Beamten, jene insbesondere, die im Bildungssektor tätig waren. Nicht weniger günstig für den Erfolg der Nationalsozialisten in der Beamtenschaft war, dass sich Beamte unter einer noch agrarisch ausgerichteten und obrigkeitlich verfassten Gesellschaft in ihrer Anbindung an die obrigkeitliche Verfassung als gesellschafts- und staatstragende Schicht hatten verstehen können. Dieser Status aber geht in einer Marktgesellschaft, deren politisches System von Parteien bestimmt wird, verloren. Eine parlamentarische Demokratie, in der die Ordnung vom Kampf um Interessen bestimmt wird, entzieht der Beamtenschaft das Prestige, das sie vordem innehatte. In der Beamtenschaft fand deshalb das parlamentarische Regierungssystem der Weimarer Republik zu keiner Zeit eine Stütze. Als sich das ökonomische System der Krise ausgesetzt sah, waren die Beamten unmittelbar am wenigsten von ihr betroffen. Sie mussten zwar spürbare Gehaltseinbußen hinnehmen, die wurden jedoch zum Teil durch den Rückgang der Lebenshaltungskosten aufgefangen. Zu einem Abbau von Stellen kam es nicht. Gleichwohl waren die Beamten in den Jahren 1928-1933 unter denen, die sich nach einer Parteimitgliedschaft in der NSDAP drängten, überdurchschnittlich vertreten, die unteren Gehaltsgruppen weniger, die höheren umso mehr.[16] Ihr Wählerverhalten lässt in den Stadtkreisen einen überproportionalen Anteil an dem Wahlerfolg der Nationalsozialisten vermuten.

---

16 Vgl. zum Folgenden J. W. Falter, Hitlers Wähler, S. 241-248.

2.6 Die Landbevölkerung

Wenn man die existentielle Bedrohung ins Zentrum der Erklärung für
den Wahlerfolg der Nationalsozialisten rückt und bedenkt, dass diese
Bedrohung überdies nicht erst mit der Weltwirtschaftskrise wahrnehm-
bar wurde, dann hatte die Landbevölkerung allen Grund, sich von der
Entwicklung der Marktgesellschaft bedroht zu sehen. Noch etwa ein
Viertel der Bevölkerung hatte in der Weimarer Republik ihre Existenzgrundlage in der Landwirtschaft. In der Politik war die Landbevölkerung zwar vertreten, im Zentrum der Tagespolitik und der politischen
Auseinandersetzungen standen jedoch die Interessen der Träger der
industriellen Produktion, die des Kapitals und der Arbeiter. Der Verlust
der Existenzgrundlage stand für die Mehrheit der Landbevölkerung als
Menetekel am Horizont der gesellschaftlichen Entwicklung. Die damit
verbundene subjektive Bedrohung stellte sich für die Landbevölkerung
zugleich als Bedrohung einer Fundamentalordnung der Gesellschaft
dar. Denn der lag das Gesellschaftsbild agrarischer Lebenswelten zugrunde. Ihm war die Landbevölkerung auch noch in der Weimarer Zeit
verhaftet. Dabei spielt die Differenz der Schichtzugehörigkeit kaum eine
Rolle: Bauern, Kärrner, Landarbeiter wurden gleicher Weise von einem
konservativen Bewusstsein bestimmt, dessen Grundlage: eine agrarische
Gesellschaft unter einem obrigkeitlichen politischen System, zunehmend erschüttert wurde. Dass diese Grundlage wegbrach, traf sie umso
gravierender, als die Marktgesellschaft, wie wir wissen, das Subjekt auf
sich gestellt und dem Markt ausgeliefert sein lässt. Der Interessenvertre-
tung der bäuerlichen Betriebe wie der dazugehörigen Bevölkerung blieb
deshalb bereits während der zwanziger Jahre gar nichts anderes übrig,
als Abhilfe vom Staat zu erwarten. Und genau das taten in der Krise die,
die sich dem Nationalsozialismus zuwandten. In manchen Gegenden
geschah das früh.[17] So in Schleswig-Holstein. Rainer Lepsius lässt dem
Rechtsruck der Landbevölkerung, ihrer Hinwendung erst zur Deutsch-
nationalen Volkspartei (DNVP), dann zu den Nationalsozialisten, den
Zerfall bäuerlicher Repräsentationsorgane vorausgehen und schreibt
ihnen für die Irritation der nun auf sich selbst verwiesenen Wähler eine
entscheidende Rolle zu.[18] Der sozioökonomische Zusammenhang wird
dadurch nicht infrage gestellt. Seit der Reichstagswahl 1930 ist ein noch

---

17 So in Schleswig Holstein. Das Wählerverhalten in Schleswig Holstein ist
    besonders gut untersucht. R. Heberle, Landbevölkerung und National-
    sozialismus; G. Stoltenberg, Politische Strömungen im schleswig-holstei-
    nischen Wahlvolk 1918-1933. Zur Reinterpretation der Verhältnisse in
    Schleswig Holstein vgl. M.R. Lepsius, Extremer Nationalismus.
18 M.R. Lepsius, Extremer Nationalismus, S. 23.

schwacher, seit der Juli-Wahl 1932 jedoch ein ausgeprägter Einfluss der Landbevölkerung auf den Erfolg der Nationalsozialisten festzustellen.[19] Er führt dazu, dass in Schleswig-Holstein die Nationalsozialisten schon bei der Juli-Wahl 1932 die 50 Prozent Marke erreichen. Auch das noch ganz agrarisch, dörflich und kleinstädtisch geprägte Land Lippe-Detmold hat sich bei der Richtungs-Wahl vom 15. Januar 1933 mit 39,6 Prozent der Stimmen für die Nationalsozialisten hervorgetan.

Die beiden Wähleragglomerate, die bei der Wahl vom 31. Juli 1932 den Nationalsozialisten ihre Stimme gaben, nicht ganz zur Hälfte Arbeiter, etwas mehr als die Hälfte der Mittelstand, konnten in ihrer sozioökonomischen Positionierung in der Gesellschaft unterschiedlicher nicht sein. Die einen, die Arbeiter, waren bereits von den Strukturen der Entwicklung der Marktgesellschaft erfasst und in die Position von Lohnempfängern geraten, die andern, die Angehörigen des Mittelstandes und der Landbevölkerung, waren noch Positionen verhaftet, die realiter, aber eben auch ideell von vormarktlichen Strukturen der Marktgesellschaft bestimmt wurden. Beiden Blöcken war eines gemeinsam. Beide sahen ihre Lebenslage von der Marktgesellschaft bedroht, und beide, und das sollte zu denken geben, erwarteten einen Ausweg durch die Organisationsmacht des Staates. Die Konstellation, die 1918 in der Revolution zur Schaffung des Systems von Weimar geführt hatte, den Staat in Dienst zu nehmen, um einen Ausweg aus der Bedrohung zu finden, hielt sich durch. Für die Arbeiter galt das ohnehin, es galt aber ebenso für die, die sich im Mittelstand bedroht fühlten. Die Großagrarier suchten den Staat lange schon für ihre Zwecke einzuspannen; sie waren damit insbesondere unter der Regierung Papen auch erfolgreich. Aber auch die Gruppen des Mittelstandes suchten den Staat für ihre Interessen in Pflicht zu nehmen, gleich ob man dabei an die Forderungen des Verbandes der Einzelhändler denkt, sie gegen die großen Kaufhäuser in Schutz zu nehmen oder an die Forderungen des Reichslandbundes, die Agrarimportquoten zu senken. Die Entwicklung des politischen Systems der Weimarer Republik bot jedoch seit 1930 keinem der beiden Wähleragglomerate einen wirklichen Schutz gegen die Bedrohung, nicht den Arbeitern, nicht dem Mittelstand. Das Verfassungsvakuum, das sich mit dem 27. März 1930 auszubilden begonnen hatte und sich mit der Ablösung des Kabinetts Brüning durch das Kabinett Papen vergrößerte, schien für eine große Zahl in beiden Wählergruppen, wie unterschiedlich die Wahlmotivationen auch sein mochten, nur einen Ausweg zu lassen: die Diktatur. An dem Verfassungsvakuum wie an der Diktatur selbst hatte »die Wirtschaft«, die mittelständische Industrie wie auch die Großindustrie, entscheidenden Anteil.

---

19 J. W. Falter, Hitlers Wähler, S. 256-266.

3 Die Unternehmer, das Kapital, der Markt

3.1 Die Industrie und die Aufkündigung des Sozialstaats

Die Unternehmer hatten bereits 1918/19 keinen Anlass, über die Revolution und die Schaffung einer demokratischen Verfassung begeistert zu sein. Sie willigten in der Phase der Revolution notgedrungen in sie ein; und sie wirkten tatkräftig mit, Formen der Zusammenarbeit zwischen Unternehmern und Gewerkschaften entstehen zu lassen, die es der Mehrheit der Sozialdemokraten in der heißen Phase der Revolution und der Mehrheit der Abgeordneten in der Nationalversammlung ermöglichten, das ökonomische System der Marktgesellschaft beizubehalten. Durch die Geschichte der Weimarer Republik behielten die Unternehmer jedoch, von wenigen Ausnahmen abgesehen, die Aversion gegen das System Weimar bei, gegen den Sozialstaat ohnehin, aber eben auch gegen die parlamentarische Demokratie. In der Phase der Stabilisierung und einer gewissen Prosperität in den Jahren 1923 bis 1929 wussten sie sich zu arrangieren. Als aber die Rezession einbrach, 1929, gaben die einzelnen Unternehmer ebenso wie die Unternehmensverbände die bis dahin geübte politische Zurückhaltung auf und wandten sich voll gegen den Sozialstaat. Ihren nachhaltigen Ausdruck fand die Aufkündigung des soziopolitischen Kompromisses in einer im Dezember 1929 veröffentlichten Denkschrift des Reichsverbandes der deutschen Industrie. Die unter dem Titel »Aufstieg oder Niedergang« veröffentlichte Denkschrift enthält die Forderung, alle, aber auch wirklich alle Instrumente und Errungenschaften des Weimarer Sozialstaats zurückzunehmen.[20] Verlangt werden: Abbau der Sozialversicherung, Ausschaltung des Staates aus dem Schlichtungswesen, Senkung der Besitzsteuern, der Grundvermögenssteuer und der Gewerbesteuer, der Hauszinssteuer. Verlangt werden weiter die Herabsetzung der Einkommensteuern, insbesondere der progressiven Erhöhung in den mittleren und oberen Einkommensbereichen, Beseitigung der Kapitalertragsteuern und der Wertzuwachssteuer. Stattdessen wird eine Erhöhung der indirekten Steuern, insbesondere der Verbrauchssteuern verlangt. An die Stelle der Hauszinssteuer soll eine Mietzinssteuer treten. Es ist für die weitere Entwicklung von erheblichen Interesse zu sehen, dass die gleichen Forderungen in einer Denkschrift wiederkehren, die die Industriellen Brüning am 29. September 1931 überreichten, um anzumahnen, was Brüning bis dahin

---

20 Veröffentlichungen des Reichsverbandes der Deutschen Industrie, Nr. 29, 1929. Dazu: F. Klein, Vorbereitung der faschistischen Diktatur durch die deutsche Großbourgeoisie (1929-1932), S. 124-155.; ebenso H. A. Turner, Die Großunternehmer und der Aufstieg Hitlers, S. 60 f.

nicht realisiert hatte und erst die Regierung Papen realisieren sollte.[21] Es ist dies eine der direkten Interventionen, durch die eine direkte Einwirkung der Großunternehmer auf die Politik erfolgte. Die politischen Kräfte, die bald darauf die Ablösung Brünings bewirkten, waren andere, die Großagrarier des Ostens.[22] Man wird jedoch nicht fehlgehen, wenn man annimmt, dass die Unzufriedenheit der Industriellen mit der Regierung Brüning und die offene Front gegen ihn zu der wiederholt erklärten Absicht des Reichspräsidenten beigetragen hat, einer weiter rechts stehenden Regierung aus Fachleuten den Vorzug zu geben.

3.2 Die finanzielle Unterstützung der NSDAP

Es ist nicht einfach, den praktischen Anteil zu bestimmen, den die Unternehmer an der »Machtübernahme« Hitlers haben. Er wird nicht fassbar, wenn man den Einfluss dort sucht, wo er am ehesten vermutet werden kann und auch vermutet wurde: durch die Versorgung der Nationalsozialisten mit Geld. Die Frage der finanziellen Zuwendungen der Industrie scheint geklärt:[23] Die NSDAP erhielt vor 1923 nur unbedeutende Zuwendungen. Es gab einzelne Unternehmer, die von Hitler angetan waren und Hitler unterstützten, sie blieben jedoch auch vereinzelt. Die große Mehrzahl verhielt sich reserviert oder ablehnend. Als, um ein Beispiel zu nennen, Ernst von Borsig 1922 versuchte, Industrielle für die NSDAP zu gewinnen und Geld für sie zusammenzubringen, war der Erfolg äußerst gering.[24] Unter den Großindustriellen war es lediglich Fritz Thyssen, der sich früh schon für die Nationalsozialisten begeisterte. Er ließ ihnen 100.000 Goldmark zukommen, ob Hitler, wie in Thyssens Memoiren zu lesen,[25] oder nicht doch Ludendorff, wie Thyssen bei Vernehmungen nach dem zweiten Weltkrieg erklärte, lässt sich nicht klären. Als in der zweiten Hälfte der zwanziger Jahre die Spenden zunahmen, waren es kleine und mittlere Unternehmer, die sich von Hitler überzeugen ließen und ihrer Überzeugung mit Spenden Ausdruck verliehen. Sie reichten jedoch bei weitem nicht aus, um die Kosten der Partei zu decken. Das geschah aus den Beiträgen der schnell wachsenden Zahl der Parteimitglieder. Erst nach dem Durchbruch 1930 flossen die Spenden auch aus der Großindustrie reichlicher. Ein-

21 Text: *Deutsche Allgemeine Zeitung* vom 30. September 1931. Vgl. dazu F. Klein, l. c. S. 140.
22 Vgl. zur Ablösung Brünings die ausführliche Darstellung bei K.D. Bracher, Die Auflösung der Weimarer Republik, S. 454 ff.
23 H. A. Turner, Die Großunternehmer und der Aufstieg Hitlers.
24 H. A. Turner, Die Großunternehmer und der Aufstieg Hitlers, S. 71.
25 F. Thyssen, I Paid Hitler.

zelne Parteimitglieder und die nationalsozialistische Presse profitierten davon am meisten. Es waren mit den Worten, mit denen Hitler später enttäuschte Erwartungen Thyssens abwies, ›Versicherungsprämien auf den Machtgewinn der NSDAP‹. Auch dann handelte es sich zumeist um vergleichsweise geringe Beträge. Ein Betrag von 100.000 Reichsmark, wie ihn die Nationalsozialisten von dem Geschäftsführer des Arbeitgeberverbandes Nordwest, übrigens gegen den Willen der führenden Männer, erhielt, scheint die Ausnahme gewesen zu sein. Alsbald nach der Machtergreifung wurde die Großindustrie dann allerdings zur Kasse gebeten. Drei Millionen Reichsmark nahm ihr Schacht nach einem Treffen mit Hitler im Februar 1933 ab, um sie der NSDAP zukommen zu lassen.[26]

Ein zweiter Weg, auf dem die Unternehmer Einfluss auf die Machtergreifung Hitlers zu nehmen vermochten, war der Versuch der direkten Einflussnahme auf die politischen Entscheidungen, sei es des Reichskanzlers, sei es des Reichspräsidenten. Es gab solche Versuche insbesondere in den Jahren der Krise 1930-1933, man kann jedoch mit Sicherheit sagen, dass es nicht die Versuche dieser Unternehmergruppen waren, die den Reichspräsidenten veranlasst haben, Hitler zum Reichskanzler zu ernennen. Der wirkliche Anteil, den sich die Industrie, die Großindustrie insbesondere, an der Machtübernahme zuschreiben lassen muss, kam auf anderem Wege zustande. Er ist schwerer zu fassen, aber umso wirksamer: Er liegt in der Nachhaltigkeit, mit der die Unternehmer den Sozialstaat zerstörten. Dessen Zerstörung nämlich war es, die das oben aufgewiesene Verfassungsvakuum entstehen ließ, aus dem heraus sich die Diktatur der Nationalsozialisten ergab.

3.3 Der Widerstreit zwischen Ökonomie und Gerechtigkeit

Die Unternehmer begründeten ihren Widerstand gegen den Sozialstaat damals, wie sie ihn heute begründen: Sie sehen durch ihn die gesellschaftliche Entwicklung behindert. Arbeitslosigkeit, Firmenzusammenbrüche, Absatzstockung wurden auch damals als Folge der Soziallasten dargestellt. Das Körnchen Wahrheit in der Behauptung, sie hätten die Unternehmer der Mittel für Investitionen beraubt, lässt sich nicht in Abrede stellen. Die Argumentation stimmt immer. Was den Lohnabhängigen zukommt, fehlt den Unternehmern am Gewinn. Das eigentliche Problem der Marktgesellschaft, keine Mechanismen zu kennen, die ein Gleichgewicht zwischen den systemischen Anforderungen der Kapita-

---

26 Diese wie alle vorhergehenden Angaben bei H. A. Turner, Die Großunternehmer und der Aufstieg Hitlers. Zur Zeichnung der drei Millionen vgl. ebd. S. 395.

lakkumulation und den Bedürfnissen der Subjekte, durch Inklusion in das ökonomische System versorgt zu werden, blieb dadurch verdeckt. Es gewinnt in der Krise eine spezifische Brisanz. In der Rezession geraten zwei Zeitdimensionen in Widerspruch zueinander: die Zeitdimension des ökonomischen Systems und die Zeitdimension, die das Leben den Subjekten setzt. Während die Wirtschaft bemüht ist, eine effizientere Kapitalakkumulation auf Kosten der Versorgung der Subjekte zu gewinnen, sind die Subjekte bemüht, ihre Lebensführung hier und jetzt zu sichern. Und während die Wirtschaft argumentiert, langzeitig liege diese Strategie im Interesse der Subjekte, halten die Subjekte dagegen, langzeitig seien sie alle tot.[27] Die Aufkündigung des Sozialstaats in einer Depression, wie sie die große Depression der Jahre 1930-32/33 darstellte, bedeutete deshalb gar nichts anderes als die Aufkündigung des Staates, durch die Inklusion der Subjekte in das ökonomische System für die Sicherung ihrer Lebensgrundlage Sorge zu tragen. Das aber musste die staatliche Verfassung selbst in die Krise geraten lassen. Zwar besteht die Demokratie in ihrem Kerngehalt nur in einer Verfahrensprozedur: Sie sichert den Zugang zur politischen Meinungs- und Willensbildung für alle, nicht aber eine materiale Lebenslage. Wenn jedoch die Teilhaberechte keine Chance eröffnen, zu gesellschaftlichen Verhältnissen zu gelangen, die den materialen Erfordernissen der Lebensführung Genüge tun, wenn mit andern Worten Gerechtigkeit scheitert, verliert die Demokratie für die, die sich exkludiert finden, ihren Sinn. Eben das geschah am Ende der Republik von Weimar.

3.4 Die Aufkündigung der parlamentarischen Demokratie

Wenn die Aufkündigung des Sozialstaats in der Denkschrift vom Dezember 1929 nicht bereits die Ablösung des parlamentarischen Systems zum Ziele hatte, sie war ja längst im Gespräch, so bewirkte sie doch diesen Effekt. Der erste Schritt dazu wurde in dem Konflikt getan, der mit dem Rücktritt des Kabinetts Hermann Müller am 27. März 1930 endete. Er erfolgte, wie erinnerlich, durch die Weigerung der DVP, die Stützung des Sozialstaats mitzutragen. Die Sozialdemokraten verstanden sie, wie sie gemeint war: als Politik gegen den Sozialstaat und zogen mit dem Rücktritt der Regierung Müller daraus die Konsequenz. Die darauf folgende Regierung Brüning war jedoch immerhin

---

27 Kein geringerer als John Keynes hat mit eben diesem Argument darauf verwiesen dass die Ökonomen es sich zu leicht machen. In ›A Tract on Monetary Reform‹ heißt es: »But this *long run* is a misleading guide to current affairs. *In the long run* we are all dead.«, S. 80. Den Hinweis verdanke ich Nils Goldschmidt.

noch eine vom Parlament tolerierte Regierung. Die Sozialdemokraten wussten, was sie mit der Tolerierung taten; ihnen ging es darum, eine definitive Präsidialdiktatur zu verhindern. Die Brüning im September 1931 präsentierte Wiedervorlage des Programms der Industriellen, den Sozialstaat abzubauen, wurde jedoch von der Industrie mit der klaren Absicht verfolgt, sich jeder weiteren Rücksichtnahme auf den Reichstag zu entledigen. Mit der Regierung Papens realisierte sich der Abbau des Sozialstaats. Das Münsteraner Programm, das Papen im August 1932, mithin kurz nach der Juli-Wahl und dem sensationellen Erfolg der Nationalsozialisten, verkündete »erfüllte die kühnsten Hoffnungen der Großindustrie, die mit begeisterter Zustimmung reagierte.«[28] In ihm waren so gut wie alle Errungenschaften des Sozialstaats zurückgenommen. Zurückgenommen wurde die Lohnsicherung, die Zwangsschlichtung war schon abgebaut, weiter zurückgenommen wurden die ohnehin kärglichen Sozialleistungen. Die Unternehmer waren überzeugt, mit der Regierung Papen die demokratische Verfassung beseitigt zu haben. Für die nächsten zwölf Jahre sollten sie Recht behalten.

4 Die Achse zwischen Kapital und militärisch-bürokratischem Block um den Reichspräsidenten

Die Geschehnisse, die zum Rücktritt Papens am 17. November 1932 und nach dessen Rücktritt schließlich zur Ernennung Hitlers zum Reichskanzler am 30. Januar 1932 führten, scheinen sich nur noch aus den personalen Verwicklungen und Kontingenzen der Entscheidungen im politischen System erklären zu lassen. Sie jedenfalls bestimmen die politische und historische Darstellung der Geschehnisse zwischen Mitte November 1932 und Ende Januar 1933.[29] Im Zentrum der Macht steht der Reichspräsident. Er ist es schließlich, der Hitler ernannt hat. Und man wird nicht sagen können, dass es die Unternehmer waren, die ihn dazu gedrängt oder gar den Ausschlag gegeben hätten. Es gab einzelne Unternehmer, so den Vorsitzenden des Bergbauvereins Ernst Brandi oder den Geschäftsführer von Arbeitnordwest, Ludwig Grauert, die nach der Juli-Wahl der Meinung waren, Hitler müsse als Führer der stärksten Fraktion im Reichstag zum Reichskanzler ernannt werden. Eine Liste von neunzehn Unterschriften von Unternehmern, die Keppler, der Verbindungsmann der NSDAP zur Industrie, Mitte November 1932 im Verein mit Schacht zusammenbrachte und Hindenburg überreichte,

28 H. A. Turner, Die Großunternehmer und der Aufstieg Hitlers, S. 335.
29 K. Bracher, Die Auflösung der Weimarer Republik, S. 257 ff.; H. A. Winkler, Der Weg in die Katastrophe, S. 611 ff.; ders., Der lange Weg nach Westen Bd. I, S. 488-551; H. A. Turner, Hitlers Weg zur Macht, S. 215 ff.

um Hitler zum Reichskanzler ernannt zu sehen, stammte von weniger bedeutenden Unternehmern. Die Mehrheit der Großunternehmer – Thyssen wie immer ausgeschlossen – hielten sich an die Regierung Papen, deren Programm sie fortgesetzt sehen wollten. Überdies entfachten die Nationalsozialisten eine solche Kritik am Wirtschaftsprogramm der Regierung Papen, dass sie eher in die Nähe der Kommunisten, denn der Industrie zu geraten schienen. Den Brief, den der Sekretär des Reichsverbandes der deutschen Industrie Kastl am 26. Januar gemeinsam mit dem Geschäftsführer des Deutschen Industrie- und Handelstages Eduard Hamm an Meißner, dem Leiter der Präsidialkanzlei, schrieb, wird man als eine Rückversicherung im Hinblick auf kommende Ereignisse verstehen müssen. Sie ließen unentschieden, ob sie für Papen oder Hitler votierten.[30] Historisch ist sicher von Interesse zu wissen, wodurch Hindenburg bestimmt wurde, seinen Widerstand gegen Hitler aufzugeben. Die persönliche Motivation, die Hindenburg schließlich bewog, seinen Widerstand gegen Hitler aufzugeben, wird uns jedoch auch fürderhin verborgen bleiben. Sie ist nur von begrenztem Interesse. Von historischer Bedeutung ist einzig die gesellschaftliche Konstellation, aus der heraus sich diese Entscheidung bildete. Von ihr hat Heinrich August Winkler gesagt und mit eben diesen Worten seine breite Erörterung der Weimarer Republik und ihres Niedergangs abgeschlossen:[31]

> »Der 30. Januar war also weder ein zwangsläufiges Ergebnis der vorangegangenen politischen Entwicklung noch ein Zufall. Hitlers Massenrückhalt machte seine Ernennung möglich, aber erst durch den Willen Hindenburgs und des Milieus, das er verkörperte, wurde er Kanzler. ... Wenn es eine Ursache ›letzter Instanz‹ für den Zusammenbruch der ersten deutschen Demokratie gibt, liegt sie in der historischen Verschleppung der Freiheitsfrage im 19. Jahrhundert – oder, anders gewendet, in der Ungleichzeitigkeit der politischen Modernisierung Deutschlands: der frühen Demokratisierung des Wahlrechts und der verspäteten Demokratisierung des Regierungssystems.«

Winkler ist sehr vorsichtig in der Formulierung seines Urteils. Er erklärt:» Wenn es eine Ursache ›letzter Instanz‹ gibt«. Ursachen letzter Instanz gibt es nur in subjektlogischen Zurechnungen. In einer systemisch angeleiteten historisch-genetischen Rekonstruktion gibt es sie nicht länger. In ihr können die historischen Ereignisse, noch dazu, wenn sie die Dimension einer Katastrophe der Gesellschaft beinhalteten, nur der systemischen Verfassung und ihrer Entwicklung zugerechnet werden.

30 Vgl. dazu die Erörterungen bei H. A. Turner, Die Großunternehmer und der Aufstieg Hitlers, S. 383 ff.
31 H. A. Winkler, Der lange Weg nach Westen Bd. I, S. 550.

Das gilt auch für den letzten Schritt im Scheitern der Weimarer Republik. Die systemische Entwicklung der Weimarer Republik aber wurde primär vom ökonomischen System bestimmt. Beide, das politische und das kulturelle System, hatten ihren genuinen Anteil daran. Aber auch deren Anteile gerieten unter den Zwang der Verhältnisse, die sich aus der Logik des ökonomischen Systems, Millionen nicht inkludieren zu können, gebildet hatten.

Resümee

I

Niemand wird in Abrede stellen, dass die Krise, in die die Weimarer Republik in den Jahren 1929-32 geraten ist, vom ökonomischen System der Marktgesellschaft bewirkt wurde. Niemand kann in Abrede stellen, dass sich durch die vom ökonomischen System bewirkte Krise jene Entwicklung in Gang gesetzt hat, die zur Machtergreifung der Nationalsozialisten führte. Der Befund sucht mehr als auf eine kausative Folge von Ereignissen zu verweisen. Er sucht den kausativen Anteil festzuhalten, den das ökonomische System daran hat, dass sich die Krise zur Katastrophe entwickelte. Denn dass das ökonomische System in seiner strukturellen Verfasstheit, insbesondere durch die strukturellen Defizite der Integration der Arbeitslosen, einen entscheidenden Anteil daran hat, dass die Krise zur Machtergreifung der Nationalsozialisten führte, das ist die These, die meiner Erörterung zugrunde liegt. Die Geschehnisse selbst gehörten dem politischen System an, gewiss. Dort geschah, was geschah. Doch dadurch wird die kausative Bestimmung durch das ökonomische System für das, was geschah, nicht infrage gestellt.

Das ökonomische System wird, um zunächst die bestimmende kausative Determinante noch einmal zu nennen, von einer Logik der Kapitalakkumulation bestimmt, in die die Bedürfnisse der Subjekte nicht integriert sind. Es ist diese Logik, durch die auf zwei Entwicklungspfaden die Krise in die Katastrophe der Machtergreifung der Nationalsozialisten führt. Der eine Entwicklungspfad liegt in der Politik des Kapitals während der Krise offen vor aller Augen. Der andere bringt sich verdeckt, aber deshalb nicht weniger nachhaltig im Wahlverhalten der Massen, die der NSDAP zulaufen, zur Geltung.

2

Die Krise selbst wird von kontingenten Bedingungen heraufgeführt, dem Börsenkrach in den USA. Doch durch deren Folgen verstärkt sich nur, was als gesellschaftliches Defizit in den Strukturen des ökonomischen Systems angelegt ist und sich durch die Weimarer Republik zur Geltung gebracht hat: das Unvermögen, den Anforderungen der Subjekte in seiner Grenze Rechnung zu tragen. Die Krise verstärkt mithin nur jene Züge des Systems, die in ihm dauerhaft mitgeführt werden und in der ohnehin begonnenen Rezession ihren Ausdruck finden: Millionen werden arbeitslos und sind gezwungen, ein Leben an und unter der Armutsgrenze zu führen. Die kausative Determinante dieses Defizits, die Logik des ökonomischen Systems, setzt sich in der Krise in eine Strategie der politischen Ökonomie um. Die kennt auch in der Krise nur ein Ziel: dem Markt die Macht zu überlassen. Wenn diese Logik schon in den Jahren der Republik den Widerstand gegen den Sozialstaat bewirkt hat, so bietet die Krise Gelegenheit, den Sozialstaat definitiv aufzukündigen. Die Kündigung bringt sich in Forderungskatalogen an die Regierung Brüning und von Papen zum Ausdruck. Deutlicher als in diesen Forderungskatalogen kann nicht hervorgekehrt werden, dass das ökonomische System auf eine Logik der Kapitalakkumulation fixiert ist, die um das Schicksal der Subjekte in der Grenze des ökonomischen Systems unbekümmert ist. Man kann darüber streiten, was denn hätte getan werden können, nachdem sich nun einmal die Marktgesellschaft entwickelt hatte, wie sie sich entwickelt hatte. Das jedoch ist in der Krise nicht das Problem der Repräsentanten des ökonomischen Systems. Sie bieten nichts an, was den bedrängten Subjekten zu Hilfe käme. Mit dem Sozialstaat kündigen sie das System Weimar, mit dem System Weimar die parlamentarische Demokratie. Diese Politik will die Diktatur, wenn auch nicht die Diktatur Hitlers, so doch eine autoritäre Regierungsform unter dem Reichspräsidenten. Davon, wie eine mögliche Diktatur Hitlers aussehen könnte, hatte von ihnen niemand eine Vorstellung. Als sie aber kam, wussten sich die Repräsentanten des ökonomischen Systems mit ihr zu arrangieren.

Die Politik des Kapitals ist der eine Entwicklungspfad in die Katastrophe. Der andere verläuft verdeckter; er führt über das Volk. Auch er wird vom ökonomischen System bestimmt.

3

Das Volk sah sich in der Krise erst recht darauf verwiesen, Hilfe vom Staat zu erwarten. Das Proletariat blieb auf ihn angewiesen. Und jene Gruppierungen des Kleinbürgertums und Mittelstandes, die sich von der Marktgesellschaft bedroht fühlten, erwarteten ebenfalls Hilfe vom Staat. Das Volk verlor aber in der Krise den Glauben an den Verbund, der zwischen der parlamentarischen Demokratie und dem Sozialstaat in der Revolution geschaffen war, mithin an die für das System Weimar konstitutiven Grundlagen. Der Verlust des Glaubens hat tiefliegende Gründe. Die Demokratie beruht darauf, dass sie einen Zugang aller zu

den Meinungs- und Willensbildungsprozessen im politischen System
garantiert. Sie garantiert damit nicht auch schon Bedingungen, die ein
gedeihliches Leben zu führen erlauben. Das verbietet die Differenzierung zwischen dem ökonomischen und politischen System. Wenn aber
für das Volk oder Teile des Volkes keine Aussicht besteht, durch den
Zugang zum politischen System auch die materialen Anforderungen
an die Lebensführung gewährleistet zu sehen, verliert die Demokratie
für die, die sich exkludiert finden, ihren Sinn. Das zeigt sich in den
Wahlen der Krisenjahre an dem Zulauf zur NSDAP. Die Krise lässt ein
Verfassungsvakuum entstehen, in dem sich die Bereitschaft zur Diktatur
auszubilden vermochte. Gleichwohl war es bis zuletzt keine Mehrheit,
die Hitler die Stimmen gab. Aber es war eben auch keine Mehrheit, die
dem System Weimar die Treue gehalten hätte. Für die Bereitschaft des
Volkes zur Diktatur, für die Bereitschaft jenes Teils wenigstens, der den
Nationalsozialisten die Stimme gab, hat Carl Schmitt eine hintergründige Erklärung gefunden, wenn man sie auch anders verstehen muss,
als er sie verstand. Demokratie, so sagt er, ist nur noch als Diktatur
möglich.[32] Schmitt versteht die Demokratie als Identität des Volkes mit
sich. Das Konstrukt einer Identität des Volkes mit sich beruht auf einer
metaphysischen Denkstruktur, die in einem Absoluten verortet weiß,
was als Wirklichkeit manifest wird. Das Volk war dieser Logik verhaftet. Die Nationalsozialisten wussten dieses Denken mit der Propaganda
eines radikalen Nationalismus zu bedienen. Dessen Durchschlagskraft
beruhte auf dem höchst realen Verlangen nach einer gesellschaftlichen
Verfassung, die es allen möglich machen sollte, den Sinnvorgaben der
Lebensführung Rechnung zu tragen. Sollen wir nicht sagen, es sei das
in einer Marktgesellschaft irredentistische Verlangen nach Gerechtigkeit gewesen, das die Machtergreifung der Nationalsozialisten möglich
gemacht habe?

32 C. Schmitt, Verfassungslehre, S. 237.

3.2 Der Nationalismus der Nationalsozialisten
Seine Genese aus der Marktgesellschaft

1 Das Erkenntnisinteresse

Der Erfolg der Nationalsozialisten ist, das haben die vorhergehenden Erörterungen gezeigt, dem Versprechen zuzuschreiben, aus der von dem ökonomischen System der Marktgesellschaft bewirkten anomischen Verfassung der Gesellschaft herauszuführen. Es bedurfte dazu wenig mehr, als in das Zentrum der nationalsozialistischen Propaganda die politische Programmatik der Einheit zu rücken. Sie wurde in der Formel »Ein Volk, ein Reich, ein Führer« ins politische Bewusstsein eingeschweißt. Es war jeder Gruppe des Volkes, die sich vom System der Marktgesellschaft bedroht sah: den Angehörigen des Mittelstandes, der Landbevölkerung, insbesondere aber den Arbeitern, soweit sie sich von dieser Programmatik gefangen nehmen ließen, möglich, ihre eigenen Zukunftserwartungen in das mit der Formel der Einheit einhergehende Versprechen einer künftigen Integration hineinzulesen. Das allein erklärt jedoch nicht den Erfolg. Der Erfolg des Versprechens der Einheit gründete vielmehr darauf, dass das Versprechen eine kulturelle Bewegung für sich in Anspruch nehmen konnte, die ihre Wurzeln in der Entwicklung der Neuzeit hatte: den Nationalismus. Die Nationalsozialisten nutzten den Nationalismus, wie er sich durch die Jahrhunderte der Neuzeit entwickelt hatte, für ihre Bewegung. Sie radikalisierten den Bekenntnischarakter und nutzten ihn, um den Totalitarismus des Systems auszubilden.

Wie war das möglich? Wodurch konnte eine kulturelle Bewegung, deren Wurzeln in der geistesgeschichtlichen Entwicklung der Neuzeit gelegen sind, die deshalb auch gesamteuropäische Dimensionen aufwies, in einer Weise genutzt werden, um zunächst die Partei, hernach aber jede der verheerenden Entwicklungen, den Angriffskrieg wie die Vernichtung der Juden, zu legitimieren? Man muss, scheint mir, um auf die Frage eine Antwort zu finden, den Nationalismus noch einmal auf seine Genese befragen. Denn in der großen Zahl bedeutsamer Untersuchungen zum Entstehen des Nationalismus ist eine seiner Wurzeln verdeckt geblieben: die Ausbildung der Marktgesellschaft. Die aber trägt im Kontext unseres Erkenntnisinteresses die Last der Erklärung. Den Anteil des ökonomischen Systems an dem politischen Geschehen, aus dem die Katastrophe entstanden ist, habe ich deutlich zu machen gesucht.

Das ökonomische System hat jedoch seinen Anteil auch an jenem kulturellen Konstrukt, das den Nationalsozialisten dazu gedient hat, ihre Diktatur in die Köpfe der Menschen einzuschreiben: dem Konstrukt des Nationalismus.

Das muss man sehen. Anders lässt sich, was geschehen ist, nicht verstehen. Nur um dieses Moment, den Anteil des ökonomischen Systems, geht es. Alle anderen Aspekte bleiben ausgeblendet. Für das Verständnis der Durchschlagskraft, die die Nationalsozialisten mit dem Konstrukt des Nationalismus erzielten, kommt dem ökonomischen System eine Schlüsselfunktion zu. Bestimmen wir zunächst den Begriff des Nationalismus, wie er sich aus den historischen Erörterungen ergibt.

2 Zum Begriff des Nationalismus

Der Nationalismus entwickelt sich seit seinen Anfängen im 17. Jahrhundert und seiner Ausbildung im 18. und 19. Jahrhundert aus dem Bemühen des Subjekts, unter den Lebens- und Entwicklungsbedingungen der Neuzeit seine Identität neu zu bestimmen. Das Subjekt sucht sich dazu jener sozialen Einheit zu verbinden, von der es annehmen muss, dass sie es ist, die ihn seine Lebensform mit den andern seiner sozialen Umgebung teilen lässt. Es fragt nach den Wir-Beziehungen seines Daseins und der Wir-Welt seiner Lebensführung. Die aber lassen es einer Gesellschaft verbunden erscheinen, deren Einheit zwar nicht erst durch den Staat begründet wird, die aber im Staat ihre Ausgestaltung und Repräsentation erfährt. Volk, Nation, Staat – das ist das Trivium, um das herum sich das Theorem des Nationalismus formiert. In der Einheit von Volk, Nation, Staat sieht das Subjekt hinkünftig seine Lebensform verwurzelt. In der zweiten Hälfte des 19. Jahrhunderts verdichtet sich diese Vorstellung zu dem Postulat, dass jeweils ein Volk als eine Nation unter dem Dach eines Staates seine Einheit finden soll.[1] Erst im Nationalstaat gewinnen Volk und Nation die für die moderne Lebensform maßgebende Bedeutung. Wenn seit Beginn der Neuzeit die Sinnbestimmung des Lebens auf die Selbstbestimmung des Subjekts konvergiert, so findet diese Form der Selbstbestimmung des Subjekts im Nationalismus des 18. und 19. Jahrhunderts ihre Verortung in einer Sozialität, die sich im Nationalstaat formiert und durch ihn repräsentiert sieht. Im Staat sucht und findet das Subjekt, das sich dem Nationalismus verschreibt, die Manifestation eines Sinns im Dasein. Der Sinnbestimmung im Dasein aber liegt im 18. und 19. Jahrhundert noch die metaphysische Struktur zugrunde, die auf einen letzten Sinn verweist und jeden noch

---

1 E. Gellner, Nations and Nationalism, S. 43; E. J. Hobsbawm, Nationen und Nationalismus, S. 20.

so vorläufigen Sinn auf ihn konvergieren lässt. Das Subjekt reklamiert denn auch, mit der Verortung der Sinndimension des Daseins im Nationalstaat einen letzten Geltungsgrund in Anspruch zu nehmen.[2] In dieser Dimensionierung: als letzte Sinnbestimmung des Daseins, werden Nationalismus und Nationalstaat für das Subjekt handlungsleitend. Dadurch, dass Nationalismus und Nationalstaat zum Sinnträger der Lebensführung derer werden, die sich in ihm durch Volk und Nation verbunden sehen, gewinnen Nationalismus und Nationalstaat jene Auszeichnung, die noch alle historischen Erörterungen an ihnen wahrgenommen haben: Sie werden zur Ausprägung einer Zivilreligion.[3] Mit ihr kommt ein Glaube in die Welt, der Glaube, in der Einheit von Volk und Staat eine säkulare Sinndimension des Daseins finden zu können. Jeder Glaube steht der Usurpation offen. Dieser Glaube drängte sich in der Krise der Usurpation durch die Nationalsozialisten deshalb auf, weil er schon als Antwort auf eine gesellschaftliche Entwicklung entstanden war. Am nächsten lag das Bekenntnis zu Nationalismus und Nationalstaat dem bürgerlichen Bewusstsein. Der Nationalismus ist schon als bürgerliche Bewegung entstanden. Auch viele der Arbeiter wussten jedoch für ihre bedrohte Lebenslage keinen anderen Ausweg, als ihr Heil in der substanziellen Einheit von Volk und Staat zu suchen. Um zu verstehen, wie sich dieser Glaube bilden konnte und vollends, weshalb ihn die Nationalsozialisten so erfolgreich für sich zu nutzen vermochten, müssen wir die Genese des Nationalismus neu verhandeln.

3 Auf der Suche nach der verlorenen Identität

3.1 Verlust der Identität

Der Nationalismus hätte sich nicht auszubilden vermocht, wäre nicht das Subjekt mit Beginn der Neuzeit in eine Situation geraten, die es danach suchen lässt, seine soziale Identität neu zu bestimmen. Was, das also ist die entscheidende Frage, führt das Subjekt dazu, seine soziale Identität neu bestimmen zu müssen? Die Frage ist im Kontext unseres Erkenntnisinteresses deshalb von Bedeutung, weil sich zeigen wird, dass die Suche nach der sozialen Identität aufs engste mit der Ausbildung der Marktgesellschaft verbunden ist. Die nämlich lässt die alten Identitäten brüchig werden. – Inwiefern?

Eine Geschichte lang haben sich Identitäten dadurch gebildet, dass die frühkindlich kategorial erworbenen Formen des Daseins und die

2 Zum Nationalismus als Letztwert D. Langewiesche, Nationalismus und Nationalstaat in Deutschland und Europa, S. 17.
3 Für viele H.-U. Wehler, Nationalismus, S. 27 ff.

daran anschließenden Praxisformen als Lebensformen verstanden wurden, die von anderen geteilt und konsentiert wurden. Die Wir-Beziehungen und Wir-Welten bestimmten die sozialen Organisationsformen der Gemeinschaften, in denen hernach auf dem Erwachsenenniveau das Leben geführt wurde. Identitäten wurden dadurch begründet, dass sich das nachkommende Gattungsmitglied in Gemeinschaften vorfand, in denen das Leben interaktiv und kommunikativ in dichten sozialen Bezügen geführt wurde, die ganz überwiegend von den Praxisformen der Subsistenzsicherung bestimmt wurden. Nicht nur die direkten agrarischen Tätigkeiten waren an diese Form der Sozialität gebunden, Handwerk und Handel waren es ebenfalls. Für jede der Praxisformen stand die Sinnhaftigkeit der Lebensführung außer Frage. Von ihr wurde auch die Sinnhaftigkeit der Organisationsformen der Gemeinschaft selbst erfasst. Beide, die Praxen der Lebensführung und die Organisationsformen der Gemeinschaft, waren nicht zu trennen. Beiden, den Praxen der Lebensführung wie den Organisationsformen der Gemeinschaft, wusste man sich gleichermaßen verbunden. Diese Form der Verortung des Selbst in den sozialen Bezügen der kleinen Gemeinschaften des täglichen Lebens sicherte mit der Sinnbestimmung der Lebensführung auch die Identität des Subjekts. Doch damit nicht genug!

Was sich auf der Praxisebene der alltäglichen Lebensführung als so sinnhaft wie sinnvoll darstellte, erfuhr seine Affirmation auf der Weltbildebene dadurch, dass diese Form der Lebensführung durch die kognitive Begründungsstruktur eine grundhafte Verortung im Absoluten Gottes erfuhr. Wie auch immer sich die Praxis der Lebensführung für das einzelne Subjekt gestaltete, jede Form der Sinnhaftigkeit des Daseins konnte sich der Sinnhaftigkeit des Absoluten sicher sein. Denn für jede galt, dass sie sich aus ihm herausgesetzt hatte. Nichts in der Welt fiel aus der Allmacht Gottes heraus. Sinn war in aller Vergangenheit nicht nur ein durch die Praxis der Lebensführung wie durch die Lebensform der Gemeinschaft abgestützter Sinn, mit beiden war er ein religiös und metaphysisch legitimierter Sinn. In eben diese praktisch und sozial stabilisierte und religiös und metaphysisch legitimierte Sinnhaftigkeit des Daseins war die soziale Identität des Subjekts eingebunden. Sie hatte die soziale Realität für sich. Als in der frühen Neuzeit ebenso die Sinnhaftigkeit der Praxis wie deren religiös-metaphysische Absicherung verloren ging, ging das Subjekt auch seiner sozialen Identität verlustig.

Die Entwicklung der Marktgesellschaft löst die vorneuzeitlichen Strukturen der Lebensführung in den kleinen Gemeinschaften des täglichen Lebens auf. Das nachkommende Gattungsmitglied wächst zwar weiter in einem familialen Ambiente auf, die familial vermittelte kognitive und auch emotionale Entwicklung bleibt bedeutsam für den Kompetenzerwerb, um sich in die Gesellschaft zu integrieren, die Integration selbst wird aber nicht schon durch die familiale Herkunft abgesichert. Das Subjekt findet sich vielmehr in der Grenze der Gesellschaft verortet, um sich erst selbst in sie zu integrieren, ohne dass, wie vordem, ein Platz für es bestimmt und gesichert wäre. Durch die Nötigung, sich erst selbst in die Gesellschaft zu integrieren, geht das nachkommende Gattungsmitglied der vormaligen Koppelung seiner Daseinsform an die künftigen Praxisformen seiner Lebensführung verlustig. Es verliert dadurch auch eine präformierte Form seiner Identität. Prinzipiell wird jede Form der Lebensführung möglich und jeder Platz in der Gesellschaft zugänglich, auch wenn für jede Lebensform verschiedene Vorbedingungen gegeben sind und jeder Platz Zugangsbedingungen kennt. Es ist die Unbestimmtheit der Lebensformen, die die soziale Identität unsicher werden und so lange unsicher bleiben lässt, bis sie durch die Positionierung in der Gesellschaft eine Abstützung erfährt. Auch dann gewinnt sie nie wieder die Sicherheit zurück, wie sie der ständischen Verortung in der Gesellschaft eigen war.

Die zweite Entwicklungslinie, entlang derer die vorneuzeitliche Identität verloren geht, wird durch den Umbruch im Weltbild der frühen Neuzeit bestimmt. Durch ihn findet sich das Subjekt in eine Welt versetzt, die es in der Immanenz ihrer Bezüge allererst zu erkennen gilt, um auch sich selbst in ihnen verorten zu können. Ein schier unendlicher Erkenntnisprozess tut sich vor dem Subjekt auf. Wenn das Subjekt sich in diesem Prozess als Konstrukteur seiner eigenen Welt versteht, so ist es doch zugleich selbst schon eingebunden in die Bezüge, die es neu zu bestimmen gilt. Bildung wird nicht nur zur Bedingung, durch die das Subjekt sich Kenntnis von der Welt verschafft, in der es lebt, sie wird zur Bedingung seines säkularen Selbstverständnisses. Aufklärung, ihrem innersten Wesen nach die Erkenntnis, sich einer in relationalen Bezügen zugänglichen Welt vorzufinden und sich eben diesen Bezügen selbst verhaftet zu sehen, wird zur Bedingung der Selbstbestimmung des Subjekts. Was kann unter einer solchen Bedingung Identität meinen? Wenn sich das Selbst schon durch den Verlust stabiler Praxisformen der Lebensführung in seiner Selbstbestimmung mit einer nur schwer zu bewältigenden Unsicherheit konfrontiert sieht, so erst recht durch die Unterwerfung unter einen Prozess der Reflexion in der Bestimmung dessen, wie das Leben geführt werden soll. Einfach preisgegeben werden kann die Frage nach dem Selbst nicht. Sie wird dem Subjekt von der Reflexivität der menschlichen Daseinsform aufgezwungen. Wenn das einzelne Subjekt deshalb daran festhält, in einer Weise nach seiner Identität zu fragen, wie es seit eh und je nach Identität gefragt hat, dann als Frage nach den Wir-Beziehungen und einer Wir-Welt, in die es sich eingebunden wissen kann. Die Suche nach einer Antwort sieht sich an die Marktgesellschaft verwiesen. Sie ist es, die hinkünftig die Praxisformen des Daseins bestimmt. Die aber werden vom Basissystem der Marktgesellschaft: dem ökonomischen System, vereinnahmt. Es gibt in der Marktgesellschaft keinen anderen Weg, die Subsistenzen des Daseins zu gewinnen und sich dadurch in die Gesellschaft zu integrieren, als den über das ökonomische System. Just dieser Weg versperrt aber die Ausbildung einer Identität, die leistete, was vormals Identität leistete: ein Einverständnis ebenso mit sich wie mit der Welt zu finden.

3.2 Das ökonomische System als Barriere der Identitätsfindung

Identität, wie sie in vorneuzeitlichen agrarisch verfassten Gesellschaften ausgebildet wurde, war eine Identität, die sich an Praxisformen des Daseins festmachte, die deshalb den Konsens der Menschen in der Gesellschaft fanden, weil ihnen die Alternativen fehlten. Eine solche Identität lässt sich aber in einer Gesellschaft, die das Subjekt zu seiner Integration an die Inklusion in das ökonomische System verweist, nicht finden. Denn das ökonomische System ist nicht nur darin defizitär, dass es keine Garantie enthält, das Subjekt überhaupt inkludieren zu können, es ist vor allem in dem Sinne defizitär, um den es uns gegenwärtig zu tun ist: Die Inklusion deckt nicht ab, wonach das Subjekt bei seiner Suche nach sozialer Identität verlangt: nach der Vergewisserung einer sinnhaften Lebensführung am Konsens der anderen. Denn das ökonomische System ist der Ort der Differenz der Interessen. Auf dem Markt handelt jeder einzelne als einzelner mit anderen einzelnen. Jeder verfolgt je eigene Interessen. Marktteilnehmer vermögen sich auch nicht unter Praxisformen zu solidarisieren, die allen Interessen gleicher Weise gerecht würden. Als einziger Wert auf dem Markt, der verbindet, fungiert ein Kampf um ein Interesse, der auch einen Kampf um die immer erneute Bestimmung der Position in der Gesellschaft darstellt. Das Subjekt sucht aber für seine Identität nach einem Ort, der die Gemeinsamkeiten der Interessen ebenso umschließt wie die Gemeinsamkeit der Wertungen. Der Vernetzung der Marktteilnehmer im ökonomischen System geht deshalb jedes personale Moment ab, das sie in einer Weise verbände, die eine soziale Identität zu begründen vermöchte.

Man muss nach allem den Nationalismus, mit dem sich die Menschen dem Staat des politischen Systems zuwenden, als Antwort auf die sich aus der Entwicklung der Marktgesellschaft aufdrängende Einsicht verstehen, im ökonomischen System, das doch das eigentlich Praxis begründende System ist, keine Grundlage für eine Identität finden zu können.

In einer eindringlichen Studie hat Ernest Gellner auf das Zwanghafte dieser Entwicklung verwiesen:

»Nationalist ardour«, erklärt er, »ought not to allow anyone to conclude, erroneously, that nationalism is a contingent, artificial, ideological invention (!), which might not have happened...«[4]

In der Tat! Nationalismus und Nationalstaat sind so sehr Resultate der inneren Logik der von der Ausbildung der Marktgesellschaft bestimmten historischen Entwicklung der Neuzeit, dass sie auch nur aus deren innerer Logik heraus ihre Erklärung finden können. Gellner hat allerdings gemeint, den historischen Konnex zwischen der Identitätssuche und dem Aufkommen des Nationalismus und Nationalstaates kurzschließen zu können. Da, so seine Argumentation, eine neuzeitliche Identität nur durch Bildung gewonnen werden kann, Bildung aber vom Staat organisiert und vermittelt wird, gerät der Staat in die Rolle, zur sinnbestimmenden Instanz der Identität zu werden.

«Nationalism is, essentially, the general imposition of a high culture on society, where previously low cultures had taken up the lives of the majority, and in some cases the totality, of the population. It means that generalized diffusion of school-mediated, academy-supervised idiom, codified for the requirements of reasonably precise bureaucratic and technological communication. ...That is what *really* happens.«[5]

Das geschieht wirklich. Auch kann nicht fraglich sein, dass der Staat jene Bildung organisiert, durch die sich die neue »Hochkultur« entwickelt. Gellners Argumentation sieht sich gleichwohl zwei Einwänden ausgesetzt. Zum einen verdeckt sie, dass durch die Hinwendung zum Staat als Träger der Bildung keine neue Identität gewonnen werden kann. Eine Identität lässt sich nur aus den Praxisformen begründen, in denen das Subjekt das Leben führt. Überdies aber lassen sich durch den Erwerb von Bildung keine Gemeinsamkeiten begründen, die das Anerkenntnis der eigenen Lebensform durch die anderen bewirkten. Darauf aber baut die soziale Identität auf. Mit der Hinwendung zu Nationalismus und Nationalstaat findet deshalb von Anfang an ein irreales, ideologisches und illusionäres Moment Eingang in die Selbstbestimmung des Subjekts und seiner gesellschaftlichen Daseinsform. Das festzuhalten ist im Kontext unserer Erörterung deshalb wichtig, weil es dieser irreale, ideologische und illusionäre Zug ist, der in den Krisenjahren am Ende der Weimarer Republik, als sich die desintegrativen Strukturen des ökonomischen Systems zur Anomie der Gesellschaft steigern, die Hypertrophie des Nationalismus bewirken. In der Anomie der Gesellschaft bietet sich der Nationalismus der nationalsozialistischen Usurpation geradezu an.

4 E. Gellner, Nations and Nationalism, S. 56.
5 E. Gellner, Nations and Nationalism, S. 57.

Damit ist auch schon der zweite Einwand gegen Gellners kurzen Weg der Begründung des Nationalismus genannt. Der Befund, dass der Staat die Bildung organisiert, Bildung aber die Wertschöpfung der Neuzeit darstellt, an die das Subjekt sich soll halten können, erklärt in gar keiner Weise, wieso der Staat zur Substanz eines kulturellen Deutungssystems wird, das sich zu einer Zivilreligion aufspreizt, von der jene, die sich dem Nationalismus verpflichtet wissen, die Sinnbestimmung ihres Lebens ausgehen sehen. Der Weg von der Identitätssuche zur Ausbildung des Nationalismus und zur Überhöhung des Nationalstaats ist historisch ungleich verwickelter. Wir müssen dem Prozess ihrer Ausbildung folgen, um zu verstehen, weshalb beide vom Nationalsozialismus so überaus erfolgreich genutzt werden konnten.

4 Volk, Nation, Gesellschaft, Staat

4.1 Die gemeinsame Welt

Die Suche nach einer sozialen Identität beruht darauf, dass sich das Subjekt unter den konstruktiven Bedingungen seiner Lebensführung der Gemeinsamkeit einer Welt vergewissern muss, wenn es für die Praxen seiner Lebensformen ebenso seine eigene wie Zustimmung der anderen gewinnen soll. Tatsächlich haben Menschen sich zu allen Zeiten über die kleinen Gemeinschaften des täglichen Lebens hinaus, also jenseits von Familie, Verwandtschaft, Dorf oder Stadt größeren sozialen Einheiten zugehörig verstanden. Wie auch immer ihre Grenzen bestimmt waren und worin auch immer der Grund der Gemeinsamkeit gesehen wurde, es waren allemal Gemeinsamkeiten, die in hinreichend gemeinsamen Praxisformen der Lebensführung ihren Ausdruck fanden. Kriterien der Identifikation waren zumeist die Zuschreibung einer gemeinsamen Abstammung oder eine gemeinsame Sprache. Volk und Nation standen als begriffliche Kristallisationsgrößen für sie bereit, Volk als die eher personale Dimension, Nation als die eher kulturelle Dimension der Gemeinsamkeit. Man braucht auf die Bestimmung dieser Größen jedenfalls im Kontext unserer Überlegungen keine übermäßigen Anstrengungen zu verwenden. Denn nicht sie sind es, das haben die ebenso tiefschürfenden wie breit angelegten Untersuchungen Hobsbawms gezeigt,[6] die den späteren Nationalismus und den darauf gründenden Nationalstaat bewirkt haben. Nationalismus und Nationalstaat sind, darin ist sich die historische Forschung einig, Errungenschaften der neuzeitlichen Gesellschaft. In sie haben sich die davor gelegenen kultu-

6 E. J. Hobsbawm, Nationen und Nationalismus.

rellen Einheiten lediglich einbeziehen lassen. Perspektivisch kann über die soziale Einheit, der sich das Subjekt des 18. und 19. Jahrhunderts, das bürgerliche Subjekt vor allem, zurechnete, kein Zweifel bestehen: Es war exakt jene, die die Praxisformen seiner Lebensführung bestimmte. Und das war die Marktgesellschaft. Nur war die in beiden Jahrhunderten noch in einen Entwicklungsprozess verstrickt, in dem sich ihre Organisationsform, insbesondere die Bedeutsamkeit ihrer Bindung an den Staat, erst ausbildete.

4.2 Gesellschaft und Staat

Wenn es zum einen die für die Ausbildung einer Identität defizitäre Verfassung des ökonomischen Systems war, die dem Subjekt Anlass bot, sich dem Staat zuzuwenden, so ist es zum andern auch die Entwicklung des Staates selbst, die dazu herausforderte. Der Vorgang lässt sich am Bildungsprozess des Nationalismus, wie er aus der Französischen Revolution hervorgeht, ablesen. Die Französische Revolution bewirkt mit der Zerschlagung des Ancien Régime den Durchbruch zu einer neuen Gesellschaftsverfassung, eben der der kapitalistischen Marktgesellschaft. Sie erzielt ihn dadurch, dass die Revolution, je durchgreifender sie verfährt, desto mehr damit befasst ist, einen Transformationsprozess des Staates einzuleiten.

Wir haben den Vorgang erörtert. Der Staat wird aus einer Organisationsmacht, die vorgibt, mit Monarchie und Adel sich eigenem Recht zu verdanken und eben deshalb auch eigenen Interessen folgen zu können, zu einem Teilsystem der Gesellschaft, das funktionale Aufgaben für die Ökonomie wie für die Gesamtgesellschaft übernimmt. Im politischen System formulieren sich jene Ideen als Leitideen der Lebensführung aus, die künftig den Bedeutungsgehalt der Lebensführung des einzelnen ausmachen sollen: Freiheit und Gleichheit. Über das politische System lässt sich eine Teilhabe an der Gesellschaft und vor allem der Anspruch auf eine Teilhabe an der Gesellschaft formulieren: die Staatsbürgerschaft. Das politische System gewährt dazu auch in den Bürgerrechten die Anschlussrechte gleich mit. Einzig in der Ausgestaltung, die die Marktgesellschaft durch das politische System erfährt, vermag sie die beiden Anforderungen, die der mit der Revolution sich ausbildende Nationalismus an die Gesellschaft richtet, kulturell wie ökonomisch fortschrittlich zu sein, zu erfüllen.

Die Erklärung für die Genese des Nationalismus findet sich nach allem in der systemischen Verbindung, die sich in der Entwicklung der Marktgesellschaft zwischen dem ökonomischen System als dem eigentlich Gesellschaft begründenden System und dem politischen System als dem System, das im Staat eine Teilhabe der Subjekte an der Gestaltung der Gesellschaft bewirkt, herstellt.[7] Erst das politische System erfasst die einzelnen in ihrer personalen Lebensform. Erst das politische System verpflichtet jeden auf die Organisationsform der Gesellschaft und nimmt sie für Leistungen in Anspruch, die sie benötigt, von der Grundsteuer bis zum Wehrdienst. Überdies gibt erst das politische System des Staates dem Markt Grenzen, durch die bestimmt wird, wer zu ihm gehört. Selbst die Ökonomie entsteht bekanntlich als Nationalökonomie.

4.3 Der Staat als Repräsentant des kulturellen Systems

Die Entwicklung der Marktgesellschaft als einer systemisch differenzierten Gesellschaft ist nur die eine der Linien, entlang derer sich die Suche nach der verlorenen sozialen Identität ausbildete, die andere wurde von dem Umbruch des Weltbildes am Beginn der Neuzeit bewirkt. Mit ihm wird ein Bewusstsein gewonnen, unter konstruktiv entstandenen Welten zu leben. Das lässt den Sollwert der gesellschaftlichen Ordnung ebenso wie der eigenen Lebensform unsicher und die Suche nach Rückversicherungen virulent werden. In der Philosophie wird das Bewusstsein der Konstruktivität zum Anlass, die Erkenntniskritik ins Zentrum des Interesses zu rücken. Das gemeine Bewusstsein im Volk bleibt der Positivität der konstruktiv geschaffenen Welten verbunden. Es sucht die Rückversicherung der eigenen Lebensform an einer für die soziale Identität bestimmenden kulturellen Gemeinsamkeit der Lebensform mit den anderen. Gemeinsame Ursprünge sind leicht konstruiert. Ebenso leicht lässt sich das Postulat der nationalen Einheit an sie heften. Am leichtesten konnte sich der Nationalismus naturgemäß in den Ländern entwickeln, die wie England schon zu einer nationalstaatlichen Form gefunden hatten. In Frankreich, das sich seit Beginn der frühen Neuzeit als Nationalstaat entwickelt hatte, konnte sich die Kultur einer gemeinsamen Sprache versichern und die Sprache deshalb auch als Manifestation gemeinsamer Kultur erscheinen. In den beiden anderen großen Nationalstaaten in Mitteleuropa, in Deutschland und Italien, war es dagegen die Sprache, die den Bildungsprozess des Nationalstaates erst beförderte, auch wenn wie in Italien die Gemeinsamkeit eher in einer Schnittmenge von Dialekten und Idiomen gelegen war.[8] Auch in anderen Ländern gewinnt die Sprache seit der frühen Neuzeit eine zunehmende Bedeutung. Sie wird zur Grundlage einer durch die Schule vermittelten Bildung. Denn die lässt sich am ehesten über eine

---

7 Zum Problem, Gesellschaft als Gemeinschaft begründen zu wollen H. Plessner, Grenzen der Gemeinschaft; jüngst G. Vobruba, Gemeinschaft als Gesellschaftsprojekt?
8 E. J. Hobsbawm, Nation und Nationen, S. 50 (für Italien).

im nationalstaatlichen Rahmen gemeinsame Sprache erwerben.[9] Zum schlechterdings bestimmenden Kriterium der Nation und des daraus hervorgehenden Nationalismus wird Sprache gleichwohl erst im späten 19. Jahrhundert – und jetzt vor allem deshalb, weil sie politisch benötigt wird.[10]

4.4 Der Nationalismus als Zivilreligion

Es ist nach allem verständlich, dass das Subjekt die Gemeinsamkeit der Lebensformen in der Marktgesellschaft in jenem System verortet, das alle wirklich umfasst und das als Repräsentant des kulturellen Systems gelten kann, dem politischen System. Das erklärt jedoch nicht hinreichend, wieso das Subjekt meint, dadurch seine soziale Identität gewinnen zu können. Und es erklärt noch in gar keiner Weise, wieso Nationalismus und Nationalstaat dahin verstanden werden, eine Sinndimension der Lebensführung zu bewirken, die die Geltung eines ›Letztwertes der Lebensführung‹ für sich in Anspruch nehmen kann.[11] Es will ja für einen aufgeklärten Bürger der Gegenwart fast schon unverständlich erscheinen, Nationalismus und Nationalstaat zur Sinnbestimmung des Lebens werden zu lassen und in ihnen eine moderne Form der Zivilreligion begründet zu sehen. Den Grund muss man in der Struktur des Denkens suchen, die aus der Metaphysik in die Neuzeit transformiert wurde und das philosophische Denken der frühen Neuzeit bestimmt. Wir müssen sie erörtern, denn sie zeitigt weitreichende Konsequenzen für den Weg vom Scheitern der Weimarer Republik zur Machtergreifung durch die Nationalsozialisten.

Das das frühneuzeitliche Denken zeichnet sich dadurch aus, dass sich im Umbruch des Weltbildes in der Philosophie wie in den bald darauf aus der Philosophie ausgegliederten Geistes- und Sozialwissenschaften die argumentative Struktur der Erklärung, die auch vordem das Denken bestimmt hat, erhält.[12] In den Naturwissenschaften hat sich mit der Fixierung auf ein Gesetzeswissen eine relationale Logik Geltung verschafft. Im Bereich der Philosophie und in den Geistes- und Sozialwissenschaften bleibt die zweistellig relationale Erklärungsstruktur von Grund und Folge erhalten. Jeder Grund aber verweist auf einen letzten Grund. Das gilt insbesondere, soweit es das Verständnis von Sinn an-

---

9 Darauf stellt E. Gellner, Nations and Nationalism, ab.

10 E. J. Hobsbawm, Nation und Nationen, S. 121 ff.

11 So D. Langewiesche, Nationalismus. Nationalstaat in Deutschland und Europa, S. 17; ders., E. J. Hobsbawm's Blick auf Nationen, S. 225.

12 Eingehend dazu G. Dux, Historisch-genetische Theorie der Kultur, S. 138 ff.

geht. Menschen handeln sinnhaft und tunlichst auch sinnvoll. Unter der Ägide einer absolutistischen Logik verweist jedoch der Sinn einer jeden Sinnbestimmung auf einen letzten Sinn. Der wird zum ›Sinn des Lebens‹ und verlangt, für die Lebensführung insgesamt verbindlich zu sein. Strukturlogisch verfährt die Rückbindung sinnhaften Daseins an das politische System des Staates in der Marktgesellschaft in eben dieser Weise. Durch sie gewinnt der Staat den Status einer Letztbegründung für die Lebensführung des Subjekts. Mehr bedarf es nicht, um aus einem Nationalismus, der im Staat die Repräsentation der Gesellschaft und in der Gesellschaft die Grundlage der eigenen Lebensform sieht, eine Zivilreligion werden zu lassen.

4.5 Nationalismus als Erfindung

Der Nationalismus stellt sich, wenn man den zuvor angestellten Erörterungen folgt, als ein Konstrukt dar, das ebenso wie seine Ausprägung im Nationalstaat aus den Erfahrungen und der Beobachtung der Entwicklung der Marktgesellschaft hervorgegangen ist. Er hat sich in Gedanken formiert. Und er ist erst in Gedanken, bevor er sich in politische Praxen eingebracht hat.[13] Die eine seiner Determinanten stammt, so kann man seine Genese verdeutlichen, aus der Erfahrung, die andere aus der Verarbeitung der Erfahrung in Gedanken und damit der explikativen Struktur, die diese Gedanken mitführen. Es will mir deshalb wenig sinnvoll erscheinen, wenn Nationalismus und Nationalstaat in der Literatur als eine ›Erfindung‹ bezeichnet werden.[14] ›Erfindung‹ wie ›Erzählung‹ haben sich deshalb als Topoi der Kulturphilosophie auszubilden vermocht, weil man Gesellschaft, Kultur, Geschichte zwar als Konstrukt versteht, die Konstrukte jedoch nicht aus den Bedingungen zu rekonstruieren versteht, unter denen sie sich gebildet haben. Mehr noch: Erkenntniskritisch gilt es als aussichtslos, Konstrukte und Erzählungen aus ihren Bedingungen rekonstruieren zu wollen. Denn die Bestimmung der Bedingungen wäre ja wieder nur ein Konstrukt und wieder nur eine Erzählung. Man setzte einen unendlichen Regress in Gang. Ersichtlich bleibt dieses Verständnis des Konstruktcharakters der menschlichen Daseinsform einer absolutistischen Begründungsstruktur verhaftet. Man verstellt sich dadurch die Möglichkeit, zu einem historisch einsichtigen Verständnis seiner Genese zu kommen.[15]

---

13 H.-U. Wehler, Nationalismus, S. 28.
14 Nachhaltig B. Anderson, Die Erfindung der Nation.
15 Sehr zu Recht hält Hans-Ulrich Wehler einem Konstruktivismus, der Konstrukte als bloße Erzählung oder eben Erfindung verstehen will,

Im aufgeklärten Verständnis der Moderne haben auch die Konstrukte der menschlichen Daseinsform einsichtige Gründe, die sie so und nicht anders entstehen lassen. Auch das Konstrukt des Nationalismus geht, wie übrigens alle Formen der Zivilreligion, aus einsichtigen Gründen hervor.[16] Es sind Erfahrungen, die die Konstrukte ausbilden lassen; zu den Erfahrungen hinzu gehören immer auch die kognitiven Strukturen, unter denen sie verarbeitet werden. Sie in die Reflexion des Nationalismus einzubeziehen, ist besonders wichtig, wenn man verstehen will, weshalb sich auch das Bildungsbürgertum und auch eine Bildungselite im Bildungsbürgertum zum Nationalsozialismus hingezogen fühlte. Deren Denken wurde weiterhin von einer absolutistischen Begründungsstruktur bestimmt, die gegen die Usurpation eines letzten Grundes und eines letzten Sinns machtlos war. Den Sätzen, mit denen Heidegger 1933 in der Freiburger Studentenzeitung die Studenten auf den Führer als Weg zum Sein zu verpflichten suchte, kommt eben deshalb ein zeitgeschichtlicher Wert zu.[17] Heideggers Denken ist seiner Struktur – und nicht nur seinem Inhalt – nach grundhaft- absolutistisch verfasst.[18] Es war die grundhaft-absolutistische Begründungsstruktur, durch die sich eine Homogenität zwischen seinem philosophischen und politischen Denken herstellte. Die grundhaft-absolutistische Logik, die dem Nationalismus unterlag, begründete in ihrer Konvergenz auf eine letzte Sinndimension zunächst eine Manifestation des Seins im Staat, dann im Führer. Die im Nationalismus mitgeführte grundhafte Struktur des Denkens ist auch der Grund dafür, dass sich der Nationalismus des »Symbolmagazins der jüdisch – christlichen Überlieferung« bedienen konnte und bedient hat.[19] Das Volk, das sich in dieser Weise im Grunde der Ordnung der Welt verortet findet, wird zum ›auserwählten Volk‹. Noch alle Völker, die sich unter dem Nationalismus in dieser Weise im Grunde des Seins verortet sahen und Bedeutung für die Menschheit insgesamt reklamierten, haben sich als das ›auserwählte Volk‹ verstanden.[20] Die politischen Konsequenzen eines Nationalismus, der für die

entgegen, dass damit die kausativen Bezüge unterschlagen würden. H.-U. Wehler, Nationalismus, S.37.

16 Die Einsicht in die Gründe verstellt sich B. Giesen in seinen geistesgeschichtlich kenntnisreichen Erörterungen zum Nationalismus durch eine Kulturtheorie, die Kultur auf Rituale und letztendlich unbegründbare Weltbilder gegründet sehen will. B. Giesen, Die Intellektuellen und die Nation; ders., Kollektive Identität.

17 Dazu H. Ott/M. Heidegger, Ein Brief des Rektors der Freiburger Universität.

18 Eine eindrückliche Dokumentation dieser Struktur in M. Heidegger, Der Satz vom Grund.

19 H.–U. Wehler, Nationalismus, S.27-35.

20 M. Jeismann, Alter und neuer Nationalismus, S.19.

national verfasste Marktgesellschaft zur Zivilreligion wurde, waren verheerend. Wir müssen sie erörtern.

4.6 Die politische Brisanz des Nationalismus als Zivilreligion

Man muss sich die strukturlogische Konsequenz vergegenwärtigen, die mit der Ausbildung des Nationalstaates als Letztwert der Lebensführung des Subjekts verbunden ist. Letztwert der Lebensführung wird der Staat dadurch, dass das Subjekt aus seiner Substanz heraus zu denken und zu leben sucht. Mit der Substanz des Staates aber geht es, wie es mit allem Absoluten geht: Es hat seine Bestimmung noch immer von der Welt her gewonnen; nie ist aus dem Absoluten selbst ein Inhalt hervorgegangen. Auch im Nationalismus erfahren deshalb die politischen Maximen ihre abstraktiv-reflexive Vergegenwärtigung und Fundierung aus den Praxis- und Organisationsformen, die sich in der Welt schon ausgebildet haben. Die aber werden in der Marktgesellschaft von der Ökonomie bestimmt. Das gilt für das Subjekt, dessen Praxis vorwiegend vom Erwerb der Mittel für die Subsistenzsicherung bestimmt wird; und es gilt für den Staat, dessen machtpolitische Fundierung durch das ökonomische System erfolgt.

Die Rückbindung des Nationalismus an die Praxis- und Organisationsformen der Gesellschaft und damit vor allem an die des ökonomischen Systems lässt den Nationalismus zwei seiner politisch schärfsten kategorialen Ausprägungen erfahren, und das, bevor der Nationalsozialismus sie nutzte: als Kampf um Interessen und als Kampf um die nationale Eigenheit. Man braucht nicht erst lange zu forschen, woher die Kategorie des Kampfes stammt. Zu allen Zeiten hat sich, wie wir wissen, die Gesellschaft über die Machtpotenziale der Subjekte gebildet. In der Marktgesellschaft wird der Bildungsprozess der Gesellschaft in seiner Grundverfassung von der Konkurrenz auf dem Markt bestimmt. Ihr eignen Züge des Kampfes um die Durchsetzung der Interessen. Wenn dieser Kampf in seiner ökonomischen Zielsetzung noch eine moderate Form der Interessenverfolgung bleibt, so gewinnt er die Bestimmung eines wirklichen Kampfes, wenn er in den Dienst einer Sinnbestimmung des Daseins aus einem letzten Wertbezug gestellt wird. Eben das geschieht, wenn der Staat zum letzten Wertbezug des Daseins wird, dem die Lebensführung des Subjekts in ihrer Totalität untergeordnet werden soll. Dann gewinnt der Kampf eine kategoriale Form, die sich zur agonalen Form der Verfassung der Gesellschaft selbst erweitert. Reflexiv kann sie ebenso durch eine historische wie naturalistische Untermauerung abgestützt werden. Nietzsche wie Weber haben es gleicher Weise verstanden, beide Argumentationslinien zusammenzuführen. Kampf ist unter dem Eindruck der Marktgesellschaft zuvörderst Kampf um

Interessen, der aber wird durch den Kampf um Werte als letzte Sinnbestimmung im Dasein überhöht. Max Weber hat dieser Form des Nationalismus einen prägnanten Ausdruck gegeben.

>Nicht Frieden und Menschenglück haben wir unseren Nachfahren
mit auf den Weg zu geben, sondern den *ewigen Kampf* um die Erhal-
tung und Emporzüchtung unserer nationalen Eigenart.«[21]

Die Artikulation eines zivilreligiösen Absolutismus, der sich auf die
innere Verfassung der Marktgesellschaft richtet, lässt bereits ihre Ausprägung nach außen erkennen. Seiner inneren Logik nach sieht sich das
ökonomische System der Marktgesellschaft an einen transnationalen,
universalen Markt verwiesen. Es hat lediglich historische und in diesem
Sinne kontingente Gründe, dass sich die Marktgesellschaft in den Grenzen von Nationalstaaten ausbildet. Der zivilreligiöse Absolutismus nationaler Wertigkeiten lässt, was sich zunächst als Letztwert im Handeln
des Subjekts darstellt, zu einem Letztwert in der Machtverfassung des
Staates werden. Die aber lässt sich einzig in der grenzüberschreitenden
Bewegung des Kapitals steigern. Beide, die Letztwertbestimmung des
Handelns des Subjekts durch die Steigerung der nationalen Eigenart
und die Letztwertbestimmung des Staates durch die Steigerung seiner
Machtentfaltung, verschmelzen. Weber hat an dieser Dimension des
Letztwertes keinen Zweifel gelassen:

>Nicht das Wohlbefinden der Menschen, sondern diejenigen Eigen-
schaften möchten wir in ihnen emporzüchten, mit welchen wir die
Empfindung verbinden, dass sie menschliche Größe und den Adel
unserer Natur ausmachen.«[22]

>Unserer nationalen Natur« – versteht sich. Wenn es im allgemeinen
auch fraglich ist, was philosophische Ideen in der Wirklichkeit auszurichten vermögen, die Idee des Nationalismus, das Ideale am Grunde
des Realen zu verorten, war, so spekulativ sie sich heute ausnimmt,
geschichtsmächtig. Der Nationalsozialismus hat es verstanden, beide
Dimensionen der zivilreligiösen Verabsolutierung der gesellschaftlichen
Verfassung: das der Einheit und das des Kampfes, für sich zu nutzen.

---

21 So hat Weber sich in der Freiburger Antrittsrede 1895 verlauten lassen.
   M. Weber, Der Nationalstaat und die Volkswirtschaftspolitik, S. 14.
22 M. Weber, Der Nationalstaat und die Volkswirtschaftspolitik, S. 12 f.

5 Der Nationalismus des Nationalsozialismus

5.1 Das liberale Defizit in Deutschland

Der Nationalismus war, eben weil er an die Entwicklung der Marktgesellschaft gebunden war, eine europäische Bewegung. Und ebenso
war es der Nationalstaat. In Deutschland wies der Nationalstaat, als
er sich schließlich als Gesamtstaat im Deutschen Reich realisiert hatte,
eine Verfassung auf, die ihn deutlich von den westlichen europäischen
Nationalstaaten unterschied, in denen der Nationalstaat eine Verfassung gefunden hatte, die ihn mit der anderen großen Idee Europas, der
Idee des Liberalismus,[23] zusammen gehen ließ. Seine Realisierung mit
den Mitteln der Machtpolitik in den drei Kriegen von 1864, 1866 und
1871 bewirkten, dass die ohnehin nur schwach entwickelten Ansätze
eines auf eine parlamentarische Verfassung verpflichteten politischen
Liberalismus weiter verkümmerten. Das Deutsche Reich, das schließlich aus der historischen Entwicklung als Nationalstaat hervorging,
war eine konstitutionelle Monarchie, die in ihrer Verfassung weit
von einer parlamentarisch-demokratischen Verfassung entfernt war.
Mit der Reichsgründung verlor deshalb in Deutschland das auch hier
existente liberal-demokratische Moment im Nationalismus den Boden.
Es wurde von einem »Reichsnationalismus« erdrückt, der sich mit der
auf Militär- und Beamtenschaft gestützten Einheit zufrieden gab.[24]
Das Einverständnis mit dieser Form des Nationalismus fiel dem Bürgertum deshalb nicht schwer, weil es sich unter der gouvernementalen
Verfassung gesichert fühlen konnte. Die Wirtschaft durfte sich in ihrer
Expansion fortentwickeln, das gesellschaftliche Bewusstsein des Groß-
bürgertums wusste sich dem vom Militär gestützten aristokratischen
Lebensgefühl anzupassen. Das Bildungsbürgertum konnte neben seiner
ökonomischen Sicherung am Sendungsbewusstsein des Nationalstaats
seine kulturelle Überhöhung finden.

In dem liberalen Defizit, das zugleich das Defizit eines liberal-demokratischen Bewusstseins war, wird vielfach der Hauptgrund für die
verheerende Entwicklung gesehen, die die Geschichte in Deutschland
mit dem Sieg des Nationalsozialismus 1933 nahm.[25] Man wird das
Defizit nicht bestreiten wollen. Die Unfähigkeit der parlamentarischen
Demokratie, die Krise der Weimarer Republik zu bewältigen, lässt sich
jedoch mit dem Mangel liberalen Bewusstseins nicht erklären. Auch die

---

23 J. Osterhammel, Liberalismus und kulturelle Revolution.
24 Zur spezifisch deutschen Form eines Reichsnationalismus vgl. H.-U. Wehler, Nationalismus, S. 76 ff.
25 T. Parsons, Demokratie und Sozialstruktur in Deutschland, S. 256-281.

immer wieder angeführten weltanschaulichen Fixierungen der Parteien von Weimar gewinnen ihre Bedeutung nur, wenn man sie an die sozial-strukturelle Problemlage gebunden hält. Die aber wurde von den Strukturen einer Marktgesellschaft bestimmt, in der sich der Antagonismus von Kapital und Arbeit nicht ausgleichen ließ. Gewiss, diese Strukturen bestimmten auch die anderen Marktgesellschaften des Westens. Die Weimarer Republik sah sich jedoch, wie wir gesehen haben, durch die Revolution auf Gedeih und Verderb darauf verpflichtet, diesen Konflikt zu bewältigen. Er ließ sich aber nicht bewältigen. Durch die Geschichte der Weimarer Republik zieht sich die Konfrontation.[26] Die massive Organisation der Kapitalinteressen in den Industrie- und Arbeitgeberverbänden fand in den Gewerkschaften zwar eine ebenfalls organisierte Gegenmacht. Sie vermochte sich aber nur mühsam zu behaupten; und das nicht zuletzt deshalb, weil der parlamentarische Rückhalt, den sie an den Sozialdemokraten fanden, dadurch geschwächt wurde, dass die Sozialdemokraten von 1923 (Kabinett Marx I) bis 1928 (Kabinett Müller) nicht die Regierung bildeten. Strukturprobleme ließen sich unter dem Antagonismus der Machtkonstellation im politischen System, das hat unsere Erörterung gezeigt, nicht lösen.

Man muss nach allem die Erklärung für den Erfolg der Nationalsozialisten der Problemlage zuschreiben, durch die die Bürger der Weimarer Republik in die Enge getrieben wurden. Das aber war der unbewältigte Sozialkonflikt, der sich in dem Unvermögen der Marktgesellschaft, alle zu gedeihlichen Bedingungen in das ökonomische System zu inkludieren, zur Geltung brachte. Diese Bruchlinie in der Gesellschaft zu kitten, war der Liberalismus auch in den Nachbarländern, in denen er sich eine politische Verfassung zu geben vermochte, nicht in der Lage. Eben weil aber die Weimarer Republik als Erbe der Revolution darauf festgelegt war, für dieses Grundproblem der Marktgesellschaft eine Lösung zu finden, sie aber nicht zu finden vermochte, scheiterte mit dem Sozialstaat auch die Republik. Es war die Anomie der Gesellschaft, die daraus folgte, die den Nationalsozialisten die Wähler zutrieb. Die Radikalisierung des Nationalismus war der Schlüssel zu ihrem Erfolg.

5.2 Nationalismus als Ideologie

Der Nationalismus überzog die Marktgesellschaften der Neuzeit mit einem Theorem, das sich aus der Wunschvorstellung der Subjekte, für ihre subjektive Lebensform erneut eine soziale Verortung in der Gesell-

---

26 Vgl. für die Mittzwanziger Jahre H. Mommsen, Die verspielte Freiheit, S. 226-274.

schaft zu finden, gebildet hatte. Eben deshalb waren sie willens, sich auf einen Nationalismus einzuschwören, in dem die Einheit der Gesellschaft ihren Ausdruck finden sollte. Der enthielt jedoch Verwerfungen, die sich ihrer Reflexion entzogen. Heute wollen sie uns evident erscheinen: Es ist schlicht unmöglich, durch eine Bindung an den Staat eine Identität zu gewinnen. Identität wurde in aller Vergangenheit durch die Einheit der Lebensformen mit den kulturellen Überzeugungen gebildet. Selbst wenn man sie hinkünftig allein auf eine kulturelle Gemeinsamkeit hätte stützen wollen, wären diese Gemeinsamkeiten nicht zu finden gewesen. Es ging den Menschen in der Krise der Weimarer Republik aber gar nicht nur um kulturelle Gemeinsamkeiten. Es ging mehr als je zuvor um eine Praxis der Lebensführung, durch die die Anomie der gesellschaftlichen Verfassung überwunden wurde. Unter diesem Interesse aber wird eine reflexive Selbstbestimmung, die die Verortung des Subjekts in der Gesellschaft an dem die Gesellschaft begründenden System der Ökonomie vorbei zu gewinnen sucht, um es dann doch durch die Hintertür Eingang finden zu lassen, zu einer ideologischen Veranstaltung. Wenn man die gesellschaftliche Verfassung der Marktgesellschaft nimmt, wie sie vom ökonomischen System begründet wird, dann kann man sich der Einsicht nicht verweigern, dass diese Gesellschaft nicht auf der Gemeinsamkeit der Interessen, sondern auf deren Differenz beruht. Die Aufgabe dieser Gesellschaft ist nicht, die Einheit über Gemeinsamkeit zu begründen, sondern über Differenz.

Die Verkennung, die dem Nationalismus zugrunde liegt und seine Ausprägung als Ideologie zur Folge hat, besteht darin, von der Marktgesellschaft überhaupt eine Einheit zu erwarten, die die Identität und mit ihr die Sinnbestimmung im Dasein des Subjekts bereit stellen sollte.

Wie ein Sog wirkte in dieser Situation die Ideologie der Einheit auf die Wähler, die ihr in der Krise folgten, auf das Bürgertum vor allem, aber eben auch auf eine große Zahl von Arbeitern und Angestellten. Nur erwarteten Bürgertum und Arbeiter von den Nationalsozialisten, sehr unterschiedliche Formen der Einheit hergestellt zu sehen – die Bürger eine Einheit, die sie von dem Widerspruch des Proletariats als Klasse befreite, die Arbeiter eine Einheit, in der sie in die Ökonomie integriert waren.

Ideologien, dessen muss man sich bewusst sein, haben ihr Fundament in den Verhältnissen, aus denen sie hervorgehen und auf die sie sich richten. Wenn die Interpretamente, die daraus hervorgehen, sich als ›falsches Bewusstsein‹ erweisen, so ist es deshalb nicht weniger notwendig, das falsche Bewusstsein von den Verhältnissen der Marktgesellschaft heraufgeführt zu sehen. Das wird an der Übersteigerung des Nationalismus zum Radikalnationalismus in der politischen Ideologie des

Nationalsozialismus deutlich. Ihre Propaganda zielte auf die innerste Schwachstelle »des Systems von Weimar«, auf die der Marktgesellschaft eigene, vom System der Ökonomie bewirkte innere Zerrissenheit der Gesellschaft. Mit dem Theorem der Einheit richtet sich die Propaganda auf die existentielle Bedrohung ebenso eines großen Teils des Bürgertums wie der Arbeiter und Angestellten. Die Aussichtslosigkeit, dieser Bedrohung aus dem Innern des Weimarer Systems zu begegnen, war es, die den Nationalsozialisten zum Erfolg verhalf.

Kann es irgend zweifelhaft sein, dass die systemische Kausalität, die vom ökonomischen System in der Marktgesellschaft ausging, sich auch in dem Erfolg zur Geltung brachte, den die Nationalsozialisten durch die Steigerung des Nationalismus zum Radikalnationalismus erzielten? Kann es irgend zweifelhaft sein, dass die Marktgesellschaft mit dem von ihren Strukturen bewirkten Defizit der Integration auch die Ideologie hervorbrachte, die dem Defizit abhelfen sollte? Es ist die Ideologie einer Einheit, in die alle integriert sind, die in die Katastrophe geführt hat und der Welt zum Verhängnis geworden ist.

Das ist es, was es wahrzunehmen gilt. Sehen wir uns die Ausprägung des Radikalnationalismus genauer an.

5.3 Volksgemeinschaft als Ideologie der Bürger

Entwicklungsgeschichtlich beruhte der Nationalismus nach allem, was wir erörtert haben, auf einem überholten Denken. Überholt war die absolutistische Struktur des Denkens, durch die Identität und Sinn des Lebens in einer letzten Wertigkeit verbunden werden sollten. Überholt waren auch die Inhalte, die mit der Identität verbunden waren. Denn eine soziale Identität, die wie in vorneuzeitlichen Gemeinschaften auf die Einheit personaler Beziehungen gegründet war, lässt sich nicht wieder herstellen. Just diese Form der Einheit beschworen aber die Nationalsozialisten. Es ist die Assoziation von Einverständnis und Einheit, die die Gemeinschaft des Volkes in der Einheit des politischen Systems zum Gegenbild einer in Anomie verfallenen Gesellschaft werden lässt. Das Gegenbild eines Nationalismus, dem die soziale Organisationsform der Gemeinschaft unterlegt ist, hat die Durchschlagskraft des Nationalismus in der nationalsozialistischen Propaganda bewirkt. Es fiel dem Bürgertum leicht, ihre Wunschvorstellung unter der Decke der Einheit unterzubringen und den Versprechungen einer vom radikalen Nationalismus geprägten Rhetorik Glauben zu schenken. Denn das Bürgertum sah sich in der Ideologie des Nationalsozialismus in jener Maxime bestätigt, die auch dem liberalen Credo unterlag: der Hochschätzung einer Persönlichkeit, die sich im Kampf um letzte Werte ihres Lebens einen Sinn gibt.

Wir haben mehrfach schon erörtert, dass das bürgerliche Subjekt die Überzeugung, sein Selbst wie seine Position in der Gesellschaft der eigenen Kraft zu verdanken, in die Selbstreflexion seiner Identität eingeholt hat. Die agonale Form der Marktgesellschaft, der Kampf um Interessen, aber darin doch zugleich um letzte Werte, war, wie wir gesehen haben, für sein Selbstverständnis bestimmend. Diesem Selbstverständnis des Bürgertums kam die nationalsozialistische Propaganda gleich zweifach entgegen. Unter den drei wesentlichen Grundsätzen, die Hitler der Nation unterlegte, führte er in einer Schrift, die eigens verfasst war, um sich der Industrie anzubieten, nach der Nennung des rassischen Wertes die Bedeutung der Persönlichkeit als zweiten und den Kampf als dritten Wert an.[27] Nachgeborenen mag es einigermaßen schwierig erscheinen, die Kategorie des Kampfes mit dem der Einheit zu verbinden. Das Bürgertum hatte damit keine Not. Es verstand die Einheit, wie es sie immer verstanden hatte: als Einheit der Erfolgreichen. Auch in der Vergangenheit hatte der bürgerliche Liberalismus eine Einheit der Gesellschaft konzipiert, von der man gesagt hat, sie sei am ehesten die einer klassenlosen Mittelstandsgesellschaft.[28] Wenn von der Einheit der Gesellschaft fortan auch das niedere Volk, der Pöbel, und in seiner Nachfolge das Proletariat eingeschlossen werden sollte, und daran ließ Hitler keinen Zweifel, so lag diese Entwicklung ohnehin im Zug der Zeit. Sie brauchte der Vorrangstellung des Mittelstandes nicht hinderlich zu sein. Was dem Mittelstand wirklich geschehen würde, wenn Hitler einmal an der Macht war, davon, so wird man vermuten, hatte kaum jemand eine Vorstellung. Der rassische Wert, den Hitler mit der Idee des Kampfes verband, mochte manch einem aufstoßen, außerhalb der kategorialen Bestimmungen lag auch er nicht. Weber hatte im ewigen Kampf um die »Emporzüchtung der nationalen Eigenart« sicher noch kulturelle Selektionen im Sinn.[29] Sie biologistisch zu vereinnahmen, machte dem Denken der Zeit keine Schwierigkeiten.

Vollends konnte sich das Bürgertum dadurch bestätigt sehen, dass der Nationalsozialismus Front machte gegen den Marxismus und damit also gegen die Sozialdemokratie, die dem Marxismus zugerechnet wurde. Genau das hatte der Mittelstand immer gefordert. »Keinerlei Gemeinsamkeit und Abhängigkeit vom Marxismus und von den sozialistischen Parteien«, so ließ sich etwa der Reichsverband deutscher Feinkostkaufleute vernehmen.[30] Das war auch die Parole der NSDAP.

27 A. Hitler, Der Weg zum Wiederaufstieg, S. 52.
28 R. Muhs, Deutscher und britischer Liberalismus im Vergleich, S. 24.
29 M. Weber, Der Nationalstaat und die Volkswirtschaftslehre, S. 14.
30 Vgl. H. A. Winkler, Mittelstand und Demokratie, S. 172.

Innenpolitisch traf der Kampf gegen das System deshalb vor allem die Sozialdemokratie und, versteht sich, die Kommunisten. Er wurde mit dem Versprechen einer klassenlosen Gesellschaft geführt. Das war selbstredend eine klassenlose Gesellschaft anderer Art als die kommunistische oder sozialistische. »Die neue Bewegung«, so ließ sich Hitler 1937 in der zuvor angeführten Schrift vernehmen, »lehnt kategorisch jede Standes– und Klassenteilung ab und proklamiert an deren Stelle eine zusammenfassende deutsche Einstellung.«[31] Das Bürgertum konnte nach allem meinen, dem Nationalismus der Nationalsozialisten deshalb Vertrauen entgegenbringen zu können, weil die keineswegs die Absicht äußerten, die Marktgesellschaft beseitigen zu wollen, wenn auch nicht wenige wirtschaftspolitische Äußerungen geeignet waren, Bedenken hervorzurufen. Die Großindustrie war darin schon sensibler. Beide, Bürgertum wie Großindustrie, konnten sich aber der Gewissheit überlassen, ohne die Marxisten und Sozialdemokraten besseren Verhältnissen entgegen zu gehen.

5.4 Die Verführbarkeit der Arbeiter durch den Nationalismus

Es waren nur 14,96 Prozent der Wähler, die als Arbeiter-Wähler der NSDAP in der Juli-Wahl 1932 die Stimme gaben. Sie müssen gemeint haben, die versprochene Einheit der Gesellschaft werde sie aus ihrer existentiell bedrohlichen Lage herausführen. Auf den Realitätsgehalt dieser Erwartung habe ich bereits hingewiesen: Der defizitären Integrationsleistung des ökonomischen Systems kann nicht anders als durch das politische System begegnet werden. Zu dieser Annahme konnten die wirtschaftspolitischen Vorstellungen der NSDAP beitragen. Die waren aufs Ganze gesehen zwar überaus verschwommenen, kannten aber im einzelnen ›sozialistisch‹ anmutende Absichten. So sah bereits das 25 Punkte Programm der Partei von 1920 die »Verstaatlichung aller bereits bisher vergesellschafteten (Trusts) Betriebe« vor. Auch sollten Banken und Börsenmakler-Unternehmen verstaatlicht werden, überdies sollte eine Gewinnbeteiligung an Großunternehmen erfolgen. Hitler nutzte mehrfach die Gelegenheit, darauf hinzuweisen, die beiden Leitideen des 19. Jahrhunderts: Nationalismus und Sozialismus, im Namen der NSDAP zusammengeführt zu haben. Zwar konnte niemandem verborgen bleiben, dass mit beiden Begriffe andere Gehalte verbunden waren als gemeinhin. Der Nationalismus des Bürgertums war ohnehin nicht mehr nur an den Liberalismus eines Bildungsbürgertums gebunden, der Sozialismus nicht durch eine marxistische Lehre, die mit der Vorstellung assoziiert wurde, den Staat abschaffen zu wollen. Das mochte den Ar-

---

31 A. Hitler, Der Weg zum Wiederaufstieg, S. 55 f.

beitern, die Hitler wählten, gerade recht sein. Höchster Nationalismus, erklärte Hitler, ist gleich mit höchstem Sozialismus.[32] Was von beiden Begriffen übrig blieb, ging in der Idee der Volksgemeinschaft auf. Mit dem Versprechen einer »restlosen Eingliederung des sogen. vierten Standes in die Volksgemeinschaft«[33] sicherte Hitler den Arbeitern die Integration in die Gesellschaft zu. Hitler traf damit den Nerv des gesellschaftlichen Problems, wie es sich in der Marktgesellschaft darstellte. Er versprach, von den Arbeitern die Bedrohung abzuwenden, die in der Exklusion aus der Gesellschaft lag. Es ist deshalb nicht verwunderlich, wenn der Zustrom ehemals linker Wähler aus dem Reservoir der Arbeiter und kleinen Angestellten zu den Wählern der NSDAP seit 1930 beträchtlich war. Die NSDAP konnte einen Nettogewinn von zwei Millionen ehemaliger SPD Wähler verbuchen.[34] Dass die Nationalsozialisten erkennen ließen, eine Diktatur anzustreben, mochte gerade ein Grund mehr des Vertrauens sein. Das System von Weimar, der Sozialismus der Sozialdemokraten, hatte ihre Integration jedenfalls nicht erreicht. Der Diktatur mochte man zutrauen, was der Demokratie nicht länger zuzutrauen war. Bestätigt sehen konnten sich die Wähler der NSDAP in ihren Erwartungen durch die vehemente Polemik der Nationalsozialisten gegen die Wirtschaftspolitik von Papens. Die Polemik richtete sich gegen die weitere Kürzung der Löhne und Sozialleistungen; sie unterstützte die Streiks, die sich gegen die Kürzung richteten. Die Nationalsozialisten schienen mit der Absicht, der »Klassenkampfpartei Papens« den Kampf anzusagen, in die Nachbarschaft der Kommunisten zu rücken. Einmal mehr zeigt sich, dass die Bedrohung, die in der defizitären Integrationsleistung des ökonomischen Systems der Marktgesellschaft liegt, der Grund für die Hinwendung der Arbeiter zu den Nationalsozialisten war. Sie hat den Weg in die Katastrophe bereitet, sie hat sie schließlich auch herbeigeführt. Auch wenn man in der nationalsozialistischen Propaganda noch so viele ideologische Züge aufdecken kann, die dazu beigetragen haben, den Nationalsozialisten zum Erfolg zu verhelfen, die Bedrohung, der sich die Menschen durch die Arbeitslosigkeit in der Anomie der Gesellschaft ausgesetzt sahen, bleibt der harte Kern der Motivation der Arbeiter, die den Nationalsozialisten ihre Stimme gaben.

32 A. Hitler, Der Weg zum Wiederaufstieg, S. 57.
33 A. Hitler, Der Weg zum Wiederaufstieg, S. 37.
34 H.-U. Wehler, Deutsche Gesellschaftsgeschichte 1914-1949, S. 322 f.

5.5 Nationaler Antisemitismus

Die Nationalsozialisten haben es verstanden, die Idee des Nationalismus mit den Konglomeraten einer Rassenlehre und die Rassenlehre mit dem Antisemitismus zu verbinden. Beide gingen nicht schon der Genese des Nationalismus zufolge mit ihm zusammen. Beide, Rassenlehre wie Antisemitismus, ließen sich aber so mit dem Nationalismus verbinden, dass auch die, die darauf nicht festgelegt waren, sich bereit finden konnten, dieser Abart des Nationalismus zu folgen. Nichts hat so verheerend gewirkt am Nationalismus wie die Möglichkeit, die er den Nationalsozialisten geboten hat, die Trägeridee für den Antisemitismus zu stellen. Beide, Nationalismus und Antisemitismus, sind in der nationalsozialistischen Ideologie so sehr amalgamiert worden, dass daraus die Figur eines ›nationalen Antisemitismus‹ entstanden ist, von dem man nicht zu sagen weiß, welchem seiner beiden Momente die Führungsfunktion zukommt.[35] Man musste, um Hitler zu wählen, kein Antisemit sein; es genügte, sich vom Nationalismus angesprochen zu fühlen oder gar von ihm das Heil zu erwarten, um den ›nationalen Antisemitismus‹ passieren zu lassen.

Resümee

1

Unsere Erörterung verfolgt das Ziel, deutlich zu machen, dass die Strukturen der Marktgesellschaft nicht nur das Scheitern der Weimarer Republik bewirkt haben, sondern hernach auch ihren Anteil daran hatten, vom Scheitern in die Katastrophe zu führen. Auch die ideologische Determinante, die den Nationalsozialisten die Machtergreifung ermöglichte, der Nationalismus, wurde nachhaltig vom ökonomischen System mitbestimmt.

2

Der Nationalismus ist ein Konstrukt, das sich ausbildet, als mit der Entwicklung der Marktgesellschaft das Subjekt seiner alten Identität verlustig geht und eine neue zu suchen beginnt. Seine Genese geht aus

---

35 In der Forschung zum Antisemitismus ist ›nationaler Antisemitismus‹ durch die wegweisende Untersuchung von K. Holz, Nationaler Antisemitismus, zum der Topos geworden, um die Ausformung des Antisemitismus in der Ideologie des Nationalsozialismus zu kennzeichnen.

der kognitiven Verarbeitung von Erfahrungen, die das Subjekt mit der sich ausbildenden Marktgesellschaft macht, hervor. Der harte Kern der Erfahrungen besteht darin, dass es in jenen Praxisformen, die sein Leben durchdringend bestimmen, in den Praxisformen des Marktes, diese Identität nicht finden kann. Soziale Identität sucht sich einer Gemeinsamkeit ebenso der Interessen wie der Wertungen, die in die Praxisformen der Lebensführung eingegangen sind, zu vergewissern. Sie sucht den Konsens der anderen. Eben die vermag aber das ökonomische System nicht zu bieten. Denn das ökonomische System wird von der Differenz der Interessen gebildet. Unter der Entwicklung der Differenzierung von Gesellschaft und Staat, wie sie sich im 18. und verstärkt im 19. Jahrhundert vollzieht, sucht das Subjekt deshalb seine soziale Verortung in der Gemeinschaft eines politischen Systems, das sich im Staat manifestiert. Der Staat wird einer substanziellen Geistigkeit verbunden gehalten, die ihn als Repräsentanten der kulturellen Gemeinschaft des Volkes und damit zugleich zum Repräsentanten der Einheit der Gesellschaft werden lässt.

3

Die Verortung der sozialen Identität des Subjekts im Staat führt zu einer wahrhaft metaphysischen Einheit von Subjekt und Staat. Beider Verständnis ist nämlich an eine kognitive Struktur gebunden, die aus der Metaphysik in die Neuzeit überführt worden ist. Es ist eine absolutistische Struktur, derzufolge alles, was in der Welt ist und geschieht, einem letzten Grund zugeschrieben wird. Unter dieser Logik wird der Staat als Manifestation eines substanziellen Letztwertes der Sinnbestimmung im Dasein verstanden. Durch die Verortung der sozialen Identität des Subjekts in einer kulturellen Gemeinsamkeit, die sich politisch begründet und im Staat manifestiert, sieht das Subjekt seine Identität der sinnstiftenden Substanzialität des Staates verbunden. Es ist dieser substanzielle Verbund von Staat und Subjekt, durch den der Nationalismus zur Zivilreligion wird. Mit ihr wird er auch zur Ideologie.

4

In der zivilreligiösen Ausprägung des Nationalismus ist das Verhängnis bereits angelegt. Denn wenn der Nationalstaat zur letzten Sinnbestimmung der Lebensführung wird, dann wird damit für das tägliche Geschehen des einzelnen Subjekts wie für das Geschehen in der Politik ein Moment bestimmend, das sich überhaupt nur durch die Ökonomie realisieren lässt: die Steigerung der Macht. Auf eben diese Weise wird die Ökonomie in den Dienst einer Politik gestellt, in der die Machtentfaltung des Staates eben diesen Letztwert in Anspruch nimmt. Die bürgerliche Lebensform erfährt dadurch nicht nur eine Legitimation, sondern eine eigentümliche Überhöhung. Auf dem Markt wird die bürgerliche Lebensform nur von der Differenz der Interessen bestimmt. Der Markt kennt einen Kampf um die Vorherrschaft auf dem Markt. Der aber bedeutet auch nichts anderes und nicht mehr als den Kampf um ökonomische Interessen. Der an den Nationalstaat gebundene Nationalismus lässt jedoch dadurch, dass er die Identität des Subjekts an die politische Gemeinschaft gebunden und im Staat manifest werden sieht, die Machtentfaltung des Staates aber zu dessen Letztwert werden lässt, auch den Kampf zum Letztwert werden. Unter dieser absolutistischen Überhöhung lässt der Kampf sich zum sinnbestimmenden Leitbegriff der Lebensform des Subjekts überhöhen. Unter diesem vom Nationalismus gedeckten Leitbegriff des Kampfes vermochten die Nationalsozialisten die Wähler ebenso auf die Partei zu verpflichten wie auf die braunen Horden der SA.

5

Die durch das Scheitern der Weimarer Republik entstandene Anomie der Gesellschaft war wie geschaffen, um der nationalsozialistischen Radikalisierung des Nationalismus Erfolg zu verschaffen. Der beruht schlicht auf dem Versprechen, die im Nationalismus postulierte Gemeinsamkeit als Gemeinschaft des Volkes herzustellen und als soziale Verfassung der Gesellschaft ökonomisch wie politisch Realität werden zu lassen. Politisch ließ sich dieses Versprechen dem Kampf um den Nationalstaat dadurch leicht verbinden, dass es an die Annulierung des Diktats von Versailles gebunden wurde. Bürgertum und Arbeiterschaft verbanden mit dem Versprechen überaus unterschiedliche Vorstellungen. Das Bürgertum verstand darunter, sich endlich der Gegnerschaft des Proletariats entledigt zu sehen und an Stelle des Klassenkampfes die Vorherrschaft der eigenen Klasse wiederhergestellt zu sehen. Arbeiter, die sich von der Parole der Volksgemeinschaft einfangen ließen, vermeinten in ihr zu erreichen, was vom Sozialstaat von Weimar nicht zu erreichen war: ihre Integration in die Gesellschaft.

Kann es irgend zweifelhaft sein, dass die Katastrophe, als die sich der Erfolg der Nationalsozialisten erwies, durch das Defizit der Marktgesellschaft, die Interessen nicht ausgleichen und Millionen Subjekte nicht in die Gesellschaft integrieren zu können, bewirkt worden ist? Es ist eine eigenartige Kausalität, gewiss, exakt jene, die den Anteil der Realität am Gedanken bestimmt, um den Gedanken zur Realität der Gesellschaft werden zu lassen.

Teil II
Der Sozialstaat der Bundesrepublik

4 Das Scheitern des Sozialstaats in der Bundesrepublik

1 Die Entscheidung für den Sozialstaat

1.1 Die historische Dimension der Entscheidung

Der Ausbildung des Sozialstaats eignet, das haben die vorhergehenden Erörterungen gezeigt, eine historische Dimension, durch die er politisch imperativisch wird. Die historische Dimensionierung lag auch im Rücken des Verfassungsgesetzgebers der Bundesrepublik. Der Sozialstaat war zwar in der Weimarer Republik gescheitert, gleichwohl gab es keine Alternative zu ihm. In allen westlichen Gesellschaften ist denn auch nach dem Kriege der Ausbau des Sozialstaats erfolgt. Überhaupt freihalten konnte sich nicht einmal das kapitalistische System der USA von ihm.

Es bedurfte innerhalb der von den Westmächten bestimmten Besatzungszonen keiner Diskussion, entsprach aber wohl auch dem Willen einer breiten Mehrheit der Bevölkerung, den Wiederaufbau in den Bahnen der Marktwirtschaft und gebunden an eine parlamentarische Demokratie zu betreiben. Mit beiden waren die ideellen Postulate von Selbstbestimmung und Freiheit verbunden. Mit der Entscheidung für die Marktgesellschaft und die parlamentarische Demokratie verband der Verfassungsgesetzgeber erneut die Entscheidung für den Sozialstaat, wenn auch in einer weniger ausgeprägten Form als in der Weimarer Reichsverfassung. Der Verfassungsgesetzgeber war sich, so wird man in Nachhinein feststellen müssen, der Notwendigkeit, einen sozialen Ausgleich zur Marktwirtschaft zu schaffen, bewusst. Dass die Weimarer Republik als Verbund von parlamentarischer Demokratie und Sozialstaat gescheitert war, bewirkte schon deshalb keine Bedenken, weil das Scheitern der Weimarer Republik den politischen Parteien angelastet wurde. Die Parteienkonstellation von Weimar aber war nicht länger die von Bonn. Überdies stellte der Bund zwischen parlamentarischer Demokratie und Marktwirtschaft erst dadurch, dass beide an den Sozialstaat gebunden wurden, eine wirkliche Alternative zum politischen und ökonomischen System des Kommunismus dar, wie es sich in der Sowjetunion entwickelt hatte und im östlichen Teil Deutschlands entwickelt werden sollte.

1.2 Der anfängliche Ausbau

Wir brauchen die Entwicklung der gesellschaftlichen Verfassung der Bundesrepublik hier nicht zu erörtern.[1] Unter dem hier einzig interessierenden Aspekt der Entwicklung des Sozialstaats ist es allerdings von erheblichem Interesse festzustellen, dass dessen Ausbau in den ersten Jahrzehnten auf überaus günstige Bedingungen traf. Der Wiederaufbau der Wirtschaft ermöglichte Wachstumsspitzen von über 12 Prozent (1955). Mehr als 4 Millionen Arbeitsplätze konnten allein bis 1955 geschaffen werden. Es gab dadurch in den ersten Jahrzehnten nur eine äußerst geringe Arbeitslosigkeit. Noch 1970 betrug sie lediglich 0,7 Prozent. Durch die vorteilhafte Entwicklung des ökonomischen Systems in den beiden ersten Jahrzehnten nach 1950 erfolgte vor allem der Ausbau der Versicherungssysteme: der Krankenversicherung und Rentenversicherung. Die Rentenreform von 1957 brachte mit der Anhebung des Rentenniveaus und der Dynamisierung der Rente erstmals für die große Masse der Rentner lebbare Verhältnisse.[2] Ein politisches Moment trug zum Ausbau des Sozialstaats bei: Noch waren die Organisationspotenziale der Lohnabhängigen virulent. In beiden Volksparteien erfreute sich der Sozialstaat deshalb einer ungeschmälerten Anerkennung.

Ein erster Einbruch in die bis dahin außergewöhnlich günstige Entwicklung des ökonomischen Systems zeichnete sich mit der weltweiten Rezession Mitte der 70er Jahre ab. Erneut entwickelt sich seither der innere Widerspruch, den die Marktgesellschaft aufweist, in stetig wachsender Form. Und erneut übersetzt sich der Widerspruch in das politische System: Je notwendiger die Entwicklung des ökonomischen Systems den Sozialstaat werden lässt, desto stärker wird der Widerstand, der sich aus dem ökonomischen System heraus in das politische System übersetzt und gegen ihn richtet. Vergegenwärtigen wir uns zunächst den inneren Widerspruch in der Verfassung der Marktgesellschaft systematischer, als es eingangs möglich war.

---

1 Zusammenfassend M. G. Schmidt, Sozialpolitik, S. 75 ff.
2 H. G. Hockerts, Sicherung im Alter. Kontinuität und Wandel der gesetzlichen Rentenversicherung 1889-1979, S. 296-323.

2 Der Widerspruch im System der Marktgesellschaft

2.1 Die Logik des ökonomischen Systems

Den prinzipiellen Widerspruch selbst habe ich eingangs schon benannt: In der Marktgesellschaft müssen alle in das ökonomische System inkludiert sein. Alle müssen die Subsistenzen ihres Daseins über den Markt erwerben, so gut wie alle auch die Mittel dazu durch die Verwertung ihrer Arbeitskraft. Aber nicht alle finden den Zugang zum Arbeitsmarkt, um sich die Mittel zu erwerben. Das Problem dieser Gesellschaft stellen zum einen schon jene Menschen dar, die aus Gründen, die in ihrer Person liegen, dem Arbeitsmarkt erst gar nicht zur Verfügung stehen. Sie stellen jedoch nicht das eigentliche Problem der Marktgesellschaft dar. Sie machen ein Fürsorgesystem notwendig, aber keinen Sozialstaat. Das eigentliche Gravamen der Marktgesellschaft liegt darin, dass das ökonomische System selbst unter Bedingungen operiert, die das Interesse der Subjekte, die Subsistenzen des Daseins durch die Inklusion in das ökonomische System zu gewinnen, nicht abdeckt. Durch die Jahrhunderte der Geschichte der Marktgesellschaft hat es Menschen gegeben, die vergeblich versucht haben, ihre Arbeitskraft auf dem Markt abgenommen zu sehen. Nur unter kontingenten, seltenen Bedingungen sind alle untergekommen. Und auch die, die Arbeit fanden, haben sich durch die Jahrhunderte nur unter Bedingungen in das ökonomische System zu inkludieren vermocht, die es ihnen eher schlecht als recht ermöglichten, ihre aktuellen Lebenshaltungskosten zu decken. Zu keiner Zeit haben die Entgelte ihrer Arbeit für die große Masse der lohnabhängig Beschäftigten gereicht, um für die Phasen ihres Lebens hinreichend Vorsorge zu treffen, in denen sie dem Arbeitsmarkt nicht zur Verfügung standen: bei Krankheit oder Invalidität, sowie im Alter. Eben so ist es auch heute.

Weshalb ist das so? Wie kann es geschehen, dass ein gesellschaftliches System die Integration der Subjekte in die Gesellschaft als Bedingung ihrer Lebensführung kennt, sie aber gleichwohl nicht abdeckt? Es gibt dafür eine Mehrzahl von Gründen. Gemeinsam bestimmen sie den Operationsmodus des ökonomischen Systems. Den wichtigsten Grund habe ich eingangs schon angeführt:

- Das ökonomische System ist auf eine Logik der Kapitalakkumulation fixiert. Das ist schlicht eine Folge der Genese seiner Organisation durch die Unternehmer. Die Weiterung ist, dass das ökonomische System Subjekte immer nur soweit inkludiert und inkludieren kann, wie ihre Inklusion der Kapitalakkumulation förderlich ist. Das ökonomische System inkludiert sie eben deshalb auch immer nur zu Bedingungen, die die Kapitalakkumulation der Unternehmen optimieren. Es ist mithin die Logik des ökonomischen Systems, die es für die Subjekte in seiner Grenze gänzlich unsensibel sein lässt. Deren Bedürfnisse kommen im ökonomischen System nur vor, soweit sie Bedingungen der Kapitalakkumulation sind.

– Das ökonomische System operiert unter Bedingungen der Konkurrenz. Bei einem Angebot an Arbeitskräften, das den aktuellen Bedarf übersteigt, bleiben nicht nur einige draußen, auch die Entlohnung der anderen tendiert dazu, abgesenkt zu werden und sich im unteren Segment der Grenze des Existenzminimums zu nähern. In der Vergangenheit wurde auch sie häufig genug noch unterschritten. Was fehlte, verschafften sich die Arbeiter durch einen Nebenerwerb im agrarischen Sektor.[3] Auch in der Gegenwart unterschreitet die Entlohnung von Hunderttausenden das Existenzminimum. Der Rest wird von dem zugeschossen, was als Armenpflege vom Sozialstaat übrig geblieben ist.

– Einer der Vorzüge des ökonomischen Systems ist, getrieben von den Bedingungen der Konkurrenz nach technologischen Neuerungen zu suchen und technologische Neuerungen, die sich bieten, zu integrieren. Sie verbilligen das Angebot, aber sie setzen auch Arbeitskräfte frei. Die einmal freigesetzten Arbeitskräfte lassen sich, wenn es geschieht, nur dadurch erneut integrieren, dass die Organisation der Produktion und der Dienstleistungen ausgeweitet wird. Das aber ist nicht ohne weiteres möglich. Es setzt Nachfrage voraus. Die wird jedoch im Innern der Gesellschaft dadurch inhibiert, dass viele arbeitslos sind, ein anderer Teil in Niedriglohngruppen tätig ist. Die Mittelklasse trägt dadurch zur Begrenzung der Nachfrage bei, dass sie in Zeiten der Rezession Kaufzurückhaltung übt. Gar nicht manipulieren lässt sich die Nachfrage auf dem Weltmarkt, von dem die nationalen Ökonomien abhängig sind.

– Der Weltmarkt gewinnt in der gegenwärtigen Phase der Entwicklung der Marktgesellschaft eine besondere Bedeutung. Die Globalisierung hat durch die elektronische Vernetzung des Finanzsystems nahezu unbegrenzte Möglichkeiten der Zirkulation von Kapital geschaffen. Und sie hat eine erhebliche Erleichterung der Verlagerung der Produktion gebracht. Beide Entwicklungen haben für einen Großteil der Arbeitnehmer in den Grenzen der nationalen Ökonomien prekäre Beschäftigungsverhältnisse entstehen lassen. Denn die Unternehmen sehen sich gezwungen, auf dem Weltmarkt mit Billiglohnländern zu konkurrieren. Das lässt die Löhne in den entwickelten Marktgesellschaften unter Druck geraten. Problemlos aufrechterhalten lassen sie sich nur, wo es sich um hochtechnologische Produkte handelt, insbesondere in der Forschung und Entwicklung. Die ökonomische Theorie zögert nicht zu verlangen, die Löhne in den westlichen In-

3 J. L. Van den Zanden, The Rise and Decline of Holland's Economy.

dustriegesellschaften denen der Billiglohnländer – Tschechien oder Indien – anzupassen.[4] Für die Subjekte geht diese Entwicklung an die Wurzeln der Existenz. Denn zum einen unterschreiten solche Löhne die Hungergrenze, zum andern gilt, dass sich für Menschen die Sinnhaftigkeit ihrer Lebensführung an dem Entwicklungsniveau und den Lebensmöglichkeiten ihrer Gesellschaften bemisst.

– Schließlich aber wird die prekäre Lage, in die Millionen Arbeitnehmer durch die Entwicklung des ökonomischen Systems im Verbund mit der Globalisierung geraten sind, durch die Verschärfung eines Konfliktes im ökonomischen System bewirkt, der gerne tabuisiert wird: durch den Konflikt zwischen Kapital und Arbeit. Er wird durch eine ebenso triviale wie systemisch unvermeidbare Struktur des ökonomischen Systems bewirkt: Was die Arbeiter an Lohn erhalten, fehlt dem Kapital an der Akkumulation; und was die Unternehmer an Kapital akkumulieren, fehlt den Arbeitern am Lohn. Zwischen beiden muss ein Ausgleich geschaffen werden. Als untere Grenze kann das Existenzminimum angesehen werden. Das lässt sich nur für begrenzte Zeit unterschreiten. Im Konflikt über einen Lohnanteil, der darüber liegt, entscheiden die Machtpotentiale, die beide Seiten aufzubringen vermögen. Deren Balance hat die Globalisierung aus dem Gleichgewicht gebracht. Zum einen genügt den Unternehmern die bloße Möglichkeit, die Produktion zu verlagern, um eine Vormachtstellung zu gewinnen. Sie spiegelt sich im Sinken der Löhne und der Lohnquote wieder. Zum andern orientieren die Unternehmen, die großen jedenfalls, ihre Gewinnerwartungen an dem, was der Weltmarkt an Gewinnmöglichkeiten bietet. Das lässt die Gewinne steigen und die Löhne ebenfalls sinken.

2.2 Was daraus folgt

Die zuvor angeführten Gründe für die Exklusion der Subjekte, die unzureichende Inklusion immer eingeschlossen, sind Gründe des Marktes. Sie sind hinreichend bekannt. Wenn ich die gesellschaftlichen Verhältnisse, die daraus entstehen, hier gleichwohl zusammenzufassen suche, so aus einem einzigen Grunde. Um ein Verständnis der Problemlage der Gerechtigkeit zu gewinnen, wie sie sich heute darstellt, kommt alles darauf an, diese Problemlage als Manifestation des ökonomischen Systems, seiner intrinsischen Logik, zu verstehen. Man muss sich dieser Logik bewusst sein, um nicht der Vorstellung aufzusitzen, der Markt sei die ideale Institution. Das mag von dem Bauernmarkt vergangener Zeiten gelten. Für den Markt des Kapitalismus gelten andere Strukturen. Und

4 H. Giersch, Arbeit der Zukunft, Zukunft der Arbeit, S. 158.

die werden von einer Logik bestimmt, die den Markt zu einem Markt werden lässt, an dem sich das Schicksal der Menschen entscheidet. Diese Einsicht hat eine Weiterung, die nicht weniger bedeutsam ist: Es gibt in diesem System keine Mechanismen, die einen Ausgleich zwischen dem Interesse an der Kapitalakkumulation und dem Interesse an der Inklusion in das ökonomische System zu gedeihlichen Bedingungen schaffen. Es kann sie nicht geben. Die zuvor erörterten Gravamina des Marktes, kaum einmal alle Angebote an Arbeitskraft zu integrieren und bei einem zumeist ja vorhandenen Überangebot die Entlohnung an die Grenze des Existenzminimums zu drücken, sind der Logik des Systems geschuldet.

Man kann vom ökonomischen System nicht erwarten, andere Verhältnisse zu schaffen, als sie sich durch die Logik seiner systemischen Verfassung herstellen. Wenn man deshalb das ökonomische System auch schon die gesellschaftlichen Verhältnisse bestimmen lässt, wird die Krisenlage dauerhaft werden. Ein wirtschaftlicher Aufschwung vermag zwar die Krisenlage für einige Hunderttausend zu mildern, sie aber nicht zu beseitigen. Die Feststellung wird durch den gegenwärtigen Aufschwung eindrücklich belegt. Auch nach zwei Jahren eines beeindruckenden Wirtschaftswachstums geben 36 Prozent von 100 Befragten an, ihnen gehe es schlechter als zuvor. Weitere 51 Prozent der Befragten stellen durch den Aufschwung keine Besserung ihrer Lebenslage fest. Unter denen, die feststellen, dass es ihnen schlechter gehe, sind Arbeiter mit 51 Prozent überdurchschnittlich vertreten.[5] Es ist unschwer zu erwarten, dass sich der Pauperismus der Unterschicht weiter verschärfen und die prekäre Lage der unteren Mittelschicht, das eigentliche Prekariat, sich weiter verstärken wird. Insgesamt werden die Schichten der Gesellschaft weiter auseinanderdriften. Die innere Logik des ökonomischen Systems vermag selbstredend auch ein Sozialstaat nicht zu ändern. Im System der Ökonomie hat der Sozialstaat keinen Platz. Milton Friedman, für eine deutliche Darstellung dieser Logik immer gut,[6] hat daran keinen Zweifel gelassen.[7] Es ist, das deutlich zu machen ist die Absicht der gegenwärtigen Erörterung, die innerste Logik des ökonomischen Systems der Marktgesellschaft, die uns in eine Lage geführt hat, die mehr als die Hälfte der Menschen in unserer Gesellschaft als existentielle Bedrohung empfinden. Diese Feststellung hebt noch einmal die innere Dramatik hervor, die in dieser Gesellschaft dem normativen Postulat der Gerechtigkeit innewohnt. Gerechtigkeit, haben wir gesagt, beinhaltet, jedem

---

5 Ergebnisse einer Forsa-Umfrage Mitte Juli. Quelle: SZ vom 20. 07. 2007, S. 17.

6 M. Friedman, Kapitalismus und Freiheit, S. 164: Vgl. die Wiedergabe seiner Einlassung in der Einleitung.

7 M. Friedman, Kapitalismus und Freiheit, S. 58.

die Möglichkeit zu bieten, sich zu Bedingungen in das ökonomische System zu inkludieren und damit in die Gesellschaft zu integrieren, die ihn in den Stand setzen, ein Leben zu führen, das den Sinnanforderungen der Gesellschaft zu folgen vermag. Mit dieser Bestimmung erledigen sich alle spekulativen Fragen, was Gerechtigkeit sei. Die einzige Frage ist, wie man sie herstellen kann. Und darauf gibt es nur eine Antwort: durch eine Entkoppelung von ökonomischem System und gesellschaftlicher Verfassung. Entkoppelung will sagen:

Das ökonomische System darf nicht auch schon die letztendliche Bestimmung über die Strukturen der Gesellschaft behalten. Die sozialstaatliche Integration derer, die vom ökonomischen System exkludiert sind, darf aber die systemische Verfassung der Ökonomie nicht irritieren.

3 Die gegenwärtige Verfassung der Marktgesellschaft

3.1 Die Bedrohung

Man muss sich den inneren strukturellen Widerspruch im System der Marktgesellschaft vergegenwärtigen, um zu verstehen, weshalb sich in der Bundesrepublik nach den außergewöhnlichen Bedingungen der Aufbauphase sozusagen die Normallage der gesellschaftlichen Verfassung wieder herstellt. Das geschieht auch in den anderen hochindustrialisierten Gesellschaften des Westens, wobei unterschiedliche Ausgangsbedingungen auch die Entwicklung unterschiedlich verlaufen lassen. In jeder sehen sich Millionen Menschen von der Operationalität des ökonomischen Systems bedroht. Das jeweilige politische System reagiert darauf mit unterschiedlichen sozialstaatlichen Strategien,[8] die Belastungen der Exklusion wirklich aufzufangen und zu entschärfen vermag keines der unterschiedlichen Regime. Keine der Marktgesellschaften bietet denen, die sich exkludiert finden, die Möglichkeit, sich so zu inkludieren, dass sie ein von den Sinnanforderungen der Moderne bestimmtes Leben zu führen vermögen. In keiner hat sich Gerechtigkeit in der Weise Geltung zu verschaffen vermocht, dass sie in die Organisationsform der Gesellschaft eingegangen wäre. Dass die Belastung und Bedrohung, der sich Millionen Menschen in ihrer Existenz ausgesetzt sehen, eine Bedrohung ist, die durch das System der Marktgesellschaft bewirkt wird, das ist es, was es zu realisieren gilt.

8 G. Esping-Andersen, Die drei Welten des Wohlfahrtskapitalismus, S. 19-56.

3.2 Die Daten

Die Bedrohung ergibt sich aus drei Entwicklungsdimensionen des ökonomischen Systems:
- der Entwicklung der Arbeitslosigkeit;
- einer Entlohnung im Niedriglohnsektor, die für einen großen Teil der Menschen in der Gesellschaft nicht hinreicht, um an den ökonomischen und kulturellen Errungenschaften in der Weise Anteil zu haben, wie es den Sinndimensionen der Lebensführung in der Gegenwart entspricht; einer Entlohnung, die insbesondere nicht hinreicht, um für die Risikolagen des Lebens: Krankheit und Alter, vorzusorgen.
- Die Spitze der Bedrohung durch das ökonomische System liegt schließlich darin, dass der Druck auf das politische System bewirkt hat, dass auch die Leistungen des Sozialstaats bis zur Grenze der Lebbarkeit abgebaut wurden.

Halten wir die Daten für die Bundesrepublik zunächst fest.

Die offizielle Arbeitslosenstatistik registriert für April 2007 3.967.000 Arbeitslose, das sind 9,6 Prozent der Erwerbsfähigen. Dazu muss man 1.467.224 Erwerbsfähige zählen, die dem Bericht der Bundesagentur für Arbeit zufolge im März in Förderungsmaßnahmen steckten und ebenfalls Arbeit suchten. Vergleicht man die Zahlen mit denen von 2006, ist der Abbau der Arbeitslosigkeit durch den anhaltenden Aufschwung beachtlich. Er bietet jedoch entgegen den Darstellungen in Ökonomie und Politik keinen Anhalt für die Annahme, das strukturelle Problem einer vom ökonomischen System bestimmten Marktgesellschaft werde sich demnächst lösen. Vollbeschäftigung lässt sich nur unter außergewöhnlichen Bedingungen erreichen. Die gegenwärtige Problemlage wird aber gar nicht nur durch die Arbeitslosigkeit, insbesondere die verbleibende hohe Sockelarbeitslosigkeit, bewirkt. Sie wird auch durch das seit Jahren zu beobachtende Anwachsen der Zahl derer bewirkt, die in Niedriglohngruppen beschäftigt sind. Es ist nach der Arbeitslosigkeit eines der Hauptprobleme in der Einkommensverteilung der Marktgesellschaft. Denn die Entlohnung der Beschäftigten in den Niedriglohngruppen liegt nur dicht über, zum Teil auch unter der Armutsgrenze. 14,8 Prozent der 38,7 Millionen Haushalte mussten bereits 2003 von dem in Niedriglohngruppen erzielten Einkommen leben.[9] Gegenwärtig erwerben 2,5 Millionen Voll-Erwerbstätige in Niedriglohngruppen einen Lohn, der 50 Prozent unter dem mittleren Lohn gelegen ist. Wenn von ihnen 10,5 Prozent der definitiven Armut dadurch entgehen, dass ihr Haushaltseinkommen, zumeist durch Zuverdienst eines anderen Haushaltsmitglieds,

9 Der zweite Armuts- und Reichtumsbericht der Bundesregierung 2004. Vgl. auch den Kurzbericht Nr. 3 des IAB vom 10.3.2005.

über der Armutsgrenze liegt, so geraten dafür andere 10,3 Prozent durch die mit ihnen im Haushalt lebenden Personen unter die Armutsgrenze. Unter dem Strich bleibt deshalb das Erwerbseinkommen aus Arbeit für 18,1 Prozent der Haushaltseinkommen an oder unter der Armutsgrenze. Definitiv sind 2.195.000 oder 5,8 Prozent der Erwerbstätigen arm.[10] Inzwischen dürfte der Anteil der Erwerbstätigen in Niedriglohngruppen noch gestiegen sein und damit auch der Anteil der Erwerbstätigen, die an der Armutsgrenze leben. Nur selten gelingt es Beschäftigten in Niedriglohngruppen, eine besser bezahlte Stelle zu finden.[11]

Insgesamt sind nach einer jüngst angestellten Erhebung des Statistischen Bundesamtes 10,6 Millionen Menschen oder 13 Prozent der Bevölkerung der Bundesrepublik arm.[12] Unter den Unberechenbarkeiten des Lebens bewirkt Armut auch immer die Gefahr der Verelendung. Acht Prozent der Bevölkerung, sagt die schon zitierte Studie der Friedrich Ebert Stiftung, gehören einer Unterschicht an, die es aufgegeben hat, sich und dem Leben etwas abzuverlangen. Wir kennen die Formen psychischer Verwahrlosung, die sich als Folge der Arbeitslosigkeit und Armut einstellt, seit langem.[13] Armut trifft auch eine große Zahl von Kindern. 2006 waren es 1,7 Millionen – Tendenz steigend.[14] Ein vergleichbares Bild zeigen die anderen Marktgesellschaften der EU.[15] Soziologisch macht es keinen Sinn, sich auf eine Diskussion um Armut und »relative Armut« einzulassen. Wer mit 60 Prozent des mittleren Nettoeinkommens auskommen muss, – das sind 856 Euro – ist arm. Vollends ist arm, wer mit den Leistungen für Langzeitarbeitslose und denen der Sozialhilfe auskommen muss, das sind 345 Euro für eine alleinstehende Person, zusätzlich eine angemessene Miete. Er vermag die Lebenshaltungskosten nicht wirklich zu decken. Viele von ihnen gehen bei Krankheit weniger zum Arzt; viele heizen ihre Wohnung nicht ordentlich. Für Kinder sind die Sätze so irreal wie bedrückend.[16] Für sie sind in den Sozialstaatsleistungen 207 Euro als Lebensunterhalt vorgesehen. In

10 Zu den Zahlen W. Strengmann-Kuhn, Armut trotz Erwerbstätigkeit, S. 103.
11 Quelle: IAB Kurzbericht vom 10. 3. 2005.
12 Quelle: Statistisches Bundesamt: www.destatis.de/press
13 Vgl. die Studie von M. Jahoda/P. Lazarsfeld/H. Zeisel, Die Arbeitslosen von Marienthal. Zur anomischen Verfassung als Folge der gesellschaftlichen Entwicklung vgl. E. Hennig, Demokratieunzufriedenheit und Systemgefährdung, S. 156-195.
14 Zur Kinderarmut vgl. J. Mansel/G. Neubauer, Armut und soziale Ungleichheit unter Kindern.
15 In der EU ist nach Erhebungen der Brüsseler Kommission jeder fünfte Bürger arm oder von Armut gefährdet. SZ vom 27. 2. 2007.
16 Zum Aufwand für Kinder vgl. das Presseportal des Paritätischen Wohlfahrtsverbandes vom 9. 8. 2006.

diese Rechnung eingegangen sind für Theater, Kino und Zoobesuche 1,36 Euro pro Monat.[17] Ein Ausgleich für die jährliche Inflation erfolgt ohnehin nicht. 3,13 Millionen Haushalte sind überschuldet und können ihren finanziellen Verpflichtungen nicht länger nachkommen.[18]

Arbeitslosigkeit ist nach allem der eine Grund der Belastung, der sich Millionen Menschen in der Gesellschaft ausgesetzt sehen, die geringen Einkommen trotz Arbeit in der Unterschicht und in der unteren Mittelschicht der andere. Auch Erwerbstätige in Niedriglohngruppen können bereits die Lebenshaltungskosten nur eher schlecht als recht decken. An den ökonomischen und kulturellen Errungenschaften dieser Gesellschaft nehmen sie so wenig teil wie die Arbeitslosen. Ein Leben zu führen, das den in dieser Gesellschaft heraufgeführten Sinnvorgaben entspricht, vermögen auch sie nicht. Gänzlich abgedrängt sieht sich, wer durch Krankheit oder andere Gründe dem Arbeitsmarkt nicht zur Verfügung steht und auf Sozialhilfe angewiesen ist.

3.3 Die Entwicklung der Einkommen

Angesichts der ökonomischen Entwicklung der ersten Jahrzehnte nach dem Krieg konnte man meinen, die Gesellschaft entwickele sich zu einer nivellierten Mittelstandsgesellschaft.[19] Davon kann keine Rede sein. Sehr viel bescheidener, aber immer noch anspruchsvoll klingt, wenn man meint, die sozialstaatlichen Absicherungen hätten eine ›Gesellschaft der Ähnlichen‹ geschaffen.[20] Es ist kaum zu übersehen, dass wir inzwischen in eine neue Phase der Entwicklung eingetreten sind. Sie ist mit dem häufig verwandten Begriff der ›Zwei-Drittel-Gesellschaft‹ nur ungenau bezeichnet. Denn die reale Bedrängnis der Lebensform reicht bis in die untere, zum Teil auch bis in die mittlere Mittelschicht. Kennzeichnend für die Entwicklung der Einkommen ist, dass sich die Schere zwischen arm und reich, unten und oben zunehmend weiter öffnet. Das entspricht insofern der inneren Logik der kapitalistischen Marktgesellschaft, als in ihr der Antagonismus zwischen Kapital und Arbeit darauf hinwirkt, den erarbeiteten Reichtum oben, beim Kapital, anzulagern. Das ist unvermeidlich. Unvermeidlich ist in der Phase der gegenwärtigen Entwicklung der Marktgesellschaft dann allerdings auch, dass sich unter der Deregulierung der Machtpotentiale zwischen Kapital und Arbeit und unter der Rückrollbewegung, die der Sozialstaat hinter sich hat, die Entwicklung der Einkommen vollzieht, wie wir sie gegenwärtig fest-

---

17 Ausführlich N. Klinger/J. König, Einfach abgehängt, S. 71 ff.
18 Der 2. Armuts- und Reichtumsbericht der Bundesregierung.
19 So H. Schelsky, Wandlungen der deutschen Familie in der Gegenwart.
20 R. Castel, Die Stärkung des Sozialen, S. 44.

stellen. Sie ist gewollt. Bereits die Spreizung der Einkommen zwischen den Bezügen im oberen und mittleren Einkommensfeld ist beachtlich, von den Bezügen in der Vorstandsetage nicht zu reden. Nicht minder different sind die Bezüge zwischen den mittleren und unteren Gehältern resp. Löhnen. Die entscheidende Einkommensdifferenz wird aber durch die Differenz der Einkommen aus Arbeit und Kapital bewirkt. Das zeigt die nachstehende Graphik mit aller wünschenswerten Deutlichkeit.[21] Das Wachstum schlägt sich bei den Einkünften aus Unternehmen und Vermögen nieder.

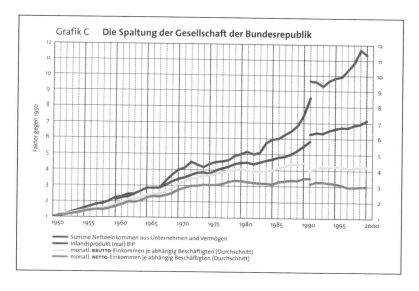

Grafik C **Die Spaltung der Gesellschaft der Bundesrepublik**

Beide Entwicklungen zusammen bewirken, dass die Armen immer ärmer und die Reichen immer reicher werden. Unter dieser Entwicklung nimmt sich die vorherrschende Sorge der ökonomischen Theorie um das Wachstum zumindest ambivalent aus. Die Wirtschaft wächst Jahr für Jahr. Von dem Wachstum kommt aber bei den Lohnabhängigen kaum etwas an. Die Empfänger von Sozialstaatsleistungen gehen nicht nur leer aus, verlieren vielmehr Jahr für Jahr durch das Fehlen eines Inflationsausgleichs. Ich kann die Entwicklung der Löhne und Einkommen durch konkretere Zahlen ergänzen. Zwischen 1980 und Ende 1999, in einem Zeitraum mithin von nahezu 20 Jahren, sind die realen Nettolöhne der Arbeitnehmer lediglich um 4.3 Prozent gestiegen.[22]

21 Die Darstellung ist der informativen Studie von H. Afheldt, Wirtschaft, die arm macht, entnommen.
22 DGB Information 4/2000.

Zwischen 1991 und 2006 ist das durchschnittliche Haushaltseinkommen inflationsbereinigt sogar um 2 Prozent gesunken. Die Folge dieser asymmetrischen Verteilung ist, dass in der Bundesrepublik 10 Prozent der Haushalte 40 Prozent des gesamten privaten Vermögens innehaben – das Betriebsvermögen nicht mitgerechnet –, auf die unteren 50 Prozent der Haushalte dagegen lediglich 4 Prozent des Gesamtvermögens entfallen.[23]

Die Einkommensverteilung, wie sie in der Grafik auf Seite 207 für Deutschland festgehalten ist, hat, das lässt sich nicht nachdrücklich genug betonen, strukturelle Gründe. Sie spiegelt die Dynamik in der Entwicklung von Kapital und Arbeit wieder. Die Linie der Einkommensentwicklung verläuft deshalb auch in den Marktgesellschaften des Westens in vergleichbarer Weise. In den USA beträgt, um ein Beispiel zu nennen, das Einkommen des obersten Quintil etwa das 15fache des Einkommens im untersten Quintil.[24]

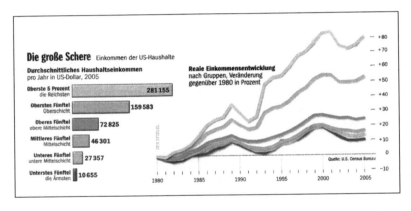

Die Verhältnisse im untersten Quintil sind von denen in der Bundesrepublik allerdings dadurch unterschieden, dass die USA nur zeitlich begrenzte Auffangleistungen des Wohlfahrtsstaats kennen. Im Gesamtverlauf zeigt die Linie der Einkommensentwicklung jedoch einen frappanten, nahezu isomorphen Verlauf zu der in der Bundesrepublik. Einkommens- wie Vermögensentwicklung lassen keinen Zweifel an dem eingangs erhobenen Befund aufkommen:

23 Armuts- und Reichtumsbericht der Bundesrepublik von 2004.
24 Quelle: U. S. Census Bureau. Vgl. die Wiedergabe im Spiegel, 38, 2006, S. 97.

Wir sind mit der Marktgesellschaft in eine Organisationsfalle geraten. Ohne Not könnten in dieser Gesellschaft alle ein gedeihliches Auskommen finden, wenn denn eine Umschichtung von oben nach unten erfolgte. Die Logik des ökonomischen Systems geht aber in die entgegengesetzte Richtung: Sie lagert den Reichtum unaufhörlich oben an.

3.4 Gerechtigkeit nicht Gleichheit

Der Vergleich der Einkommen legt den Schluss nahe, dass, wenn etwas geschehen soll, eine Umverteilung von oben nach unten erfolgen muss. Gegessen werden kann der Kuchen schließlich nur einmal. Eine Umverteilung aber ist nur gegen die Logik des ökonomischen Systems möglich. Eben deshalb ist sie blockiert. Wer nach Wegen sucht, sie gleichwohl möglich werden zu lassen, setzt sich dem Verdacht aus, es gehe ihm wie vor Zeiten im Verständnis der Gerechtigkeit in Wahrheit um Gleichheit. Missgünstige Interpreten des Sozialstaats wollen die Forderung nach Gerechtigkeit so verstanden wissen. »Gesagt wird Gerechtigkeit, gemeint ist Gleichheit.«[25] Das nun ist schon deshalb abwegig, weil nirgendwo Stimmen zu hören sind, die eine Gleichheit der Einkommens- und Vermögensverteilung fordern. Gleichheit ist ein metaphysisches Postulat, mit dem die Frage nach der Ordnung der Gesellschaft auf letzte Prinzipien gegründet werden soll. Darum geht es im modernen Verständnis der Gesellschaft nicht. Eben deshalb geht es im aufgeklärten Verständnis der Gerechtigkeit weder um eine Gesellschaft der Gleichen noch um eine »Gesellschaft der Ähnlichen«.[26] Die Annahme, es werde ›denen da oben‹ ein Reichtum geneidet, den ›die da unten‹ gerne hätten, ist ein zwar häufig gehörtes Argument, es ist angesichts der Bedrängnis, der sich ›die da unten‹ ausgesetzt sehen, so unsinnig wie pervers. Mit dem Postulat der Gerechtigkeit wird nichts anderes eingefordert als das, was jeder für sich einfordern muss, wenn er ein Leben führen will, dass den Anforderungen gerecht wird, die unter der Entwicklung der Moderne an die Sinnbestimmungen im Dasein gestellt werden. Gewiss, der Gerechtigkeit ist in der Marktgesellschaft eine ökonomische Basisdimension eigen. Und das ganz einfach deshalb, weil alles Geld kostet. Mit dem Postulat der Gerechtigkeit ist jedoch eine Tiefendimension verbunden, die weit über die ökonomische Bedingung hinausweist, auch wenn sie an sie gebunden bleibt. Mit ihr werden, um es zu wiederholen, Möglichkeitsbedingungen des Daseins eingefordert, die von dem Entwicklungsniveau der Gesellschaft heraufgeführt wor-

---

25 M. Miegel, Die deformierte Gesellschaft, S. 103.
26 R. Castel, Die Stärkung des Sozialen, S. 44.

den sind. Das eigentliche Gravamen der Marktgesellschaft liegt nicht schon in der planen Differenz der Einkommens- und Vermögenslage, mag sie noch so exorbitant sein. Das eigentliche Gravamen liegt darin, dass mit dieser Differenz das untere Segment der Gesellschaft in eine Lebenslage gerät, die sich als kaum lebbar erweist. Den Menschen ohne Arbeit und den Menschen mit Arbeit, die ihnen gleichwohl nicht ermöglicht, die Entfaltungsmöglichkeiten der Lebensführung, wie sie sich in der Moderne anbieten, zu nutzen, geht mit der Exklusion die Sinndimension des Daseins verloren. Die aber ist für die menschliche Daseinsform konstitutiv. Mit dem Verlust der Sinndimension verlieren sie auch die Fähigkeit, ihr Leben aktiv zu organisieren. Ihre psychische Verfassung wird so anomisch wie ihr Dasein in Gemeinschaft und Gesellschaft.[27] Die gegenwärtige Bedrohung reicht bis in die Mittellage der Gesellschaft hinein.[28]

Was hat diese Entwicklung bewirkt und weshalb scheitert mit ihr der Sozialstaat? Denn gescheitert ist er, soweit man mit ihm das Ziel des Autonomiegewinns der Subjekte im Beschäftigungssystem verbindet. Darüber später mehr. Erörtern wir zunächst die Gründe der ökonomischen Entwicklung. Auch dabei geht es mir einzig darum, die systemische Dimensionierung hervorzukehren.

4 Der Weg in die Krise

4.1 Krise für wen

Es kann problematisch erscheinen, die gegenwärtige Problemlage der Gesellschaft als Krise zu verstehen. Denn wenn man die gesellschaftliche Verfassung in ihrer systemischen Differenzierung zu verstehen sucht, ist ein Befund nicht zu übersehen: Dem ökonomischen System geht es gut.[29] Das zeigt der Verlauf des Wirtschaftswachstums in der Bundesrepublik zwischen 1951 und 2006.[30] (siehe rechts))

Zwar ist das Wachstum, wenn wir uns auf die Problemphase konzentrieren, seit 1974 noch zweimal in den Negativbereich gerutscht, aber doch nur, um wenig später beachtliche Höhenmarken zu erreichen. Selbst seit der Mitte der neunziger Jahre geriet es nur einmal an

27 Jahoda, Marie/Lazarsfeld, Paul F./Zeisel Hans, Die Arbeitslosen von Marienthal.
28 Vgl. die Studie der Friedrich-Ebert-Stiftung »Gesellschaft im Reformprozess«.
29 H. Ganßmann/R. Weggler/M. Wolf, »Krise des Sozialstaats« – Krise für wen?, S. 135-152.
30 Quelle: Statistisches Bundesamt.

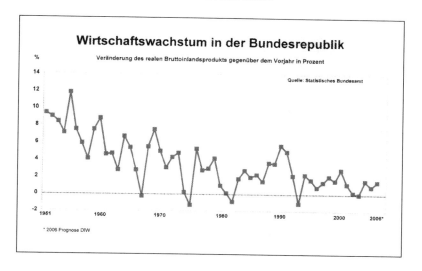

die Nulllinie. Auch das politische System ist in seiner systemischen Verfassung stabil. Es wird von den Arbeitslosen nicht bedrängt. Denn die sind politisch immobil. Und auch die Millionen, die sonst an der Armutsgrenze angesiedelt sind, melden sich politisch kaum zu Wort; politisch bedeutsam sind sie am ehesten durch ihre Absenz. Denn die Politik sieht sich dadurch in der Lage, ungerührt einer neoliberalen Theorie zu folgen und Verbesserungen dem ökonomischen System anheim zu stellen. Wenn sie etwas tut, dann dessen Bedingungen zu optimieren. Gewiss, die Sozialdemokraten suchen in letzter Zeit das Interesse der Arbeitnehmer an Mindestlöhnen gegen das Interesse der Unternehmer an Niedriglöhnen zu stützen. Das ist aber fast schon alles. Die mit der Fixierung des Arbeitslosengeldes II und der Sozialhilfe gezogene Demarkationslinie wird nicht mehr in Frage gestellt. Sie sinkt jährlich durch das Fehlen des Inflationsausgleichs weiter ab. Für die, die unten angekommen sind, rührt, solange sie unten sind, kaum jemand den Finger. Für sie ist die Sinnfrage, wie man leben solle, entschieden, bevor sie gestellt wurde. Die Ungerechtigkeit, die darin liegt, hat auch die Sozialdemokratie akzeptiert. Sie hat sie politisch herbeigeführt und schreibt sie fest.

Eine wirkliche Krise stellt die gegenwärtige Problemlage mithin nicht für die Gesellschaft, sondern nur für jene Millionen dar, die sich exkludiert finden oder fürchten müssen, exkludiert zu werden. Es kann für ein systemisches Verständnis der Gesellschaft allerdings nicht zweifelhaft sein, dass sich deren Krisenlage als Folge der Entwicklung ausgebildet hat, die die Marktgesellschaft durch die Entwicklung des ökonomischen Systems genommen hat. Es ist das ökonomische System, das den Menschen in der unteren Hälfte der Gesellschaft ihr Schicksal bereitet. Eben weil das so ist, kommt alles darauf an, was das politische System mit den Vorgaben des ökonomischen Systems macht.[31] Dadurch wird die Kausalität des ökonomischen Systems für die Problemlage jedoch nicht infrage gestellt, die Verantwortung des politischen aber ebensowenig. Was hat die Problemlage entstehen lassen?

4.2 Produktivitätszuwachs und Arbeitslosigkeit

Die wirtschaftliche Entwicklung der ersten Jahrzehnte in der Bundesrepublik erfolgte unter den besonderen historischen Bedingungen der Nachkriegszeit. Der Wiederaufbau wurde durch eine rasante technologische Entwicklung in der Produktion gestützt; sie griff schließlich auch auf den Dienstleistungsbereich über. Sie hatte eine enorme Steigerung der Produktivität zur Folge, die sich zunächst in hohen Wachstumsraten niederschlug. Das steile Wachstum der beiden ersten Jahrzehnte des Wiederaufbaus mit Wachstumsraten bis zu 12 Prozent konnte nicht andauern. Zu bedenken ist, dass jedes Wachstum auf dem Niveau erfolgt, das vom vorhergehenden geschaffen wurde. Tatsächlich zeigt die Wachstumslinie vom Beginn der 50er Jahre bis heute einen abflachenden Verlauf, aber eben einen Verlauf auf hohem Niveau.

Die technologische Entwicklung und die damit einhergehende Steigerung der Produktivität wollen mir in erster Linie als Grund für den Anstieg der Arbeitslosigkeit seit der Mitte der 70er Jahre erscheinen.[32] Die Annahme lässt sich belegen. Denn die Arbeitslosigkeit wächst mit dem Bruttoinlandsprodukt und dem Pro-Kopf-Einkommen der Bevölkerung.[33] Bereits in der Phase des noch starken Wirtschaftswachstums zwischen 1950 und 1975 stieg das Pro-Kopf-Einkommen der Bevölkerung um das Vierfache, das Arbeitsvolumen, also die Gesamtheit der geleisteten Arbeitsstunden nahm aber gleichwohl um ein Viertel ab. In

---

31 Liberale Theoretiker wie Milton Friedman neigen dazu, die Probleme allererst durch das politische System entstehen zu lassen. Das ist eine Behauptung ohne Boden, auch wenn man noch so viele Fehler in der Art, wie das politische System auf die Vorgaben des ökonomischen reagiert, festzustellen vermag. M. Friedman, Kapitalismus und Freiheit; konkret ebd., S. 67 ff. Zu Friedmans Wirtschafts- und Gesellschaftspolitik I. Pies, Theoretische Grundlagen, S. 1-24; zu Friedmans Monetarismus Th. Polleit, »Monetarism Matters«, S. 25-48.

32 Ausführlich zu dem Zusammenhang J. Rifkin, Das Ende der Arbeit, S. 18 ff.

33 Zum Folgenden vgl. die Darstellung bei M. Miegel, Die deformierte Gesellschaft, S. 94 ff.

dieser Phase konnte die Freisetzung jedoch zum Teil durch das hohe Wirtschaftswachstum aufgefangen werden. Im letzten Viertel des zwanzigsten Jahrhunderts verzeichnen alle westlichen Marktgesellschaften eine hohe Zunahme der Arbeitslosigkeit, wenn auch in unterschiedlichem Maße. In Deutschland, das von 1950 bis 1974 nahezu eine Vollbeschäftigung kannte, stieg die Arbeitslosigkeit von 0,7 Prozent der Erwerbstätigen im Jahre 1970 auf 12,2 Prozent 1998; Im April 2007 beträgt sie, wie wir gesehen haben, 9,6 Prozent. Insgesamt stieg die Arbeitslosigkeit in den OECD Ländern, wenn wir den statistischen Vorgaben der OECD folgen, von 7 Millionen 1970 auf 28 Millionen im Jahre 2000, also um das Vierfache. Im Januar 2006 betrug sie im Durchschnitt der 25 EU Staaten 8,5 Prozent.

So unterschiedlich die ökonomische Entwicklung in der Bundesrepublik im dritten Quartal des 20.Jahrunderts im Vergleich zum vierten verläuft, ein vergleichbares Bild zeigt sich insofern, als auch im letzten Quartal bei einem Anstieg des Pro-Kopf-Einkommens der Bevölkerung von 43 Prozent das Arbeitsvolumen um 10 Prozent sank. Fasst man den Produktivitätszuwachs in dem halben Jahrhundert zusammen, so ist festzustellen, dass die Wirtschaftsleistung pro Erwerbstätigem auf das Fünffache und pro Arbeitsstunde auf das 7,6 fache stieg. In der hinter uns liegenden Debatte um den Sozialstaat hat die neoklassische ökonomische Theorie die kausative Begründung für das Anwachsen der Arbeitslosigkeit zwar nicht in Abrede gestellt, jedoch mit der These verbunden, die Steigerung der Produktivität sei selbst schon dem Umstand zuzuschreiben, dass die Löhne insbesondere im Niedriglohnbereich zu hoch gewesen seien.[34] Anders hätten die Arbeitslosen inkludiert bleiben können. Die Verantwortung für die viel zu hohen Löhne trägt, folgt man dieser These, neben der Lohnpolitik der Gewerkschaften der Sozialstaat. Die viel zu hohen Leistungen des Sozialstaats hätten auch das Lohnniveau auf einem viel zu hohen Niveau fixiert. Die Annahme, dass Unternehmen bei einem hohen Lohnniveau nach Möglichkeiten einer Technisierung Ausschau halten, um die Kosten zu senken, ist selbstredend nicht zu bestreiten. Ihre historische Nutzanwendung und historische Verdichtung zu der These, dass ein niedrigeres Lohnniveau den Produktivitätszuwachs infolge der technologischen Entwicklung und dadurch die Arbeitslosigkeit hätte verhindern können, ist jedoch wenig plausibel.[35] Denn allein schon der Konkurrenzdruck, der vom Weltmarkt ausging, ließ die Unternehmen darauf bedacht sein, einen Technologievorsprung gegenüber der Konkurrenz zu gewinnen. Die Unternehmen waren, so hat man gesagt, geradezu auf der Jagd nach

---

34 H.-W. Sinn, Ist Deutschland noch zu retten?
35 Sie ist auch ökonomisch auf Kritik gestoßen. G. Bäcker et al., Sozialpolitik und soziale Lage in Deutschland, S. 95 ff.

technologischen Neuheiten.[36] Auch sonst scheint es mir wenig Sinn zu machen, die technologische Aufrüstung und die dadurch bewirkte Steigerung der Produktivität dem zu hohen Lohnniveau insbesondere im Niedriglohnbereich zuzuschreiben, weil der Produktivitätssteigerung in einer technisch schnell fortschreitenden Entwicklung etwas Zwangsläufiges innewohnt. Verhindern lassen hätte sich die Freisetzung der Arbeitskräfte unter der Steigerung der Produktivität deshalb nur, wenn sich die Produktion im gleichen Maße hätte ausweiten lassen. Dafür fehlte es aber an der Nachfrage.

Das ökonomische System kennt nicht nur eine Logik des Operierens: die Kapitalakkumulation, es kennt auch eine Logik der Entwicklung. Die ließ das Abflachen der Wachstumslinie unvermeidlich werden. Ebenso unvermeidlich war dann allerdings unter der Steigerung der Produktivität auch die Freisetzung der Arbeitskräfte und der Anstieg der Arbeitslosigkeit.[37] Zwar konnte die Zahl der Arbeitslosen in den Aufschwungphasen abgebaut werden; es blieb jedoch nach jedem Abschwung eine gestiegene Sockelarbeitslosigkeit. Als in den 90er Jahren die Globalisierung zunehmenden Einfluss auf die nationalen Ökonomien gewann, gerieten die Löhne, vor allem aber der Sozialstaat in den Fokus der Kritik des ökonomischen Systems. Unangefochten war der Sozialstaat auch schon während des vergangenen Jahrzehnts nicht. Jetzt jedoch wurde er als Grund dafür angesehen, dass sich die Ökonomie aus der Stagnation des Wachstums auf niedrigem Niveau nicht zu befreien vermochte und zu Zeiten sogar ein Nullwachstum hinnehmen musste. Der Sozialstaat war nicht der wirkliche Grund für die Stagnation des Wachstums. Aber er konnte dafür gelten.[38] Unter seiner Kritik ist der Sozialstaat gescheitert. Das jedenfalls wird man feststellen müssen, soweit er bestimmt war, die Autonomie der Lebensführung gegen die Risiken des Beschäftigungssystems zu sichern.[39]

Es scheint mir für das hier verfolgte Erkenntnisinteresse wichtig, näher zu begründen, weshalb man den Sozialstaat, soweit er bestimmt war, Risiken des Beschäftigungssystem aufzufangen, als gescheitert ansehen muss, obgleich es ihn in den Auffangleistungen der Armenpflege und in den Leistungen der Sozialversicherungen noch gibt. Die politisch korrekte Sprachregelung will die am Ende des vergangenen Jahrhunderts getroffenen Maßnahmen lediglich als »Umbau des Sozial-

36 Vgl. L. Boltanski / È. Chiapello, Der neue Geist des Kapitalismus, S. 110.
37 Vgl. die Darstellung der Arbeitskräftebilanz 1991-97 des IAB 1/1999, S. 11.
38 Zur Inszenierung auch H. Prantl, Kein schöner Land, S. 102-111.
39 Die Sicherungssysteme Krankheit, Rente, Pflege bleiben hier außer Betracht. Wie sehr auch sie unter Druck geraten sind, ist bekannt.

staats« verstehen. Sie will deshalb auch erst gar nicht wahrnehmen, was empirisch gut dokumentiert ist, dass als Folge des »Umbaus« eine Unterschicht entstanden ist, die eine große Zahl von Menschen in eine anomische Lebenslage geführt hat. Intellektuelle Redlichkeit verlangt, den Sozialstaat als gescheitert zu verstehen. – Weshalb?

5 Das erneute Scheitern des Sozialstaats

5.1 Der Verlust der Autonomie

Begriffe, die bestimmt sind, epochale historische Entwicklungen zu erfassen, müssen von eben dieser Logik der Entwicklung geprägt und aus eben dieser Logik der Entwicklung heraus verstanden werden. Das gilt in besonderer Weise für den Sozialstaat. So elementar die ökonomische Notlage der Arbeiterklasse war, der er abhelfen sollte, so sehr dieses Ziel im Vordergrund stand, seine historische Dimension ging, als der Sozialstaat erfunden wurde, darüber hinaus. Es galt, die von der Marktgesellschaft bedrohte Einheit der Gesellschaft dadurch möglich zu machen, dass für das damalige Proletariat Bedingungen der Inklusion in das ökonomische System und mit ihr Bedingungen der Integration in die Gesellschaft geschaffen wurden. Diese historische Dimension kommt dem Sozialstaat auch zu, nachdem die Klassengesellschaft zerfallen ist und das Proletariat sich aufgelöst hat. Im Blick auf eben diese historische Dimension ist festzustellen, dass der Sozialstaat in der Bundesrepublik unter dem Druck und den Machtpotentialen des ökonomischen Systems in der Politik gescheitert ist. Die Auffangleistungen, die derzeit vorgesehen sind, um die am Leben zu erhalten, die sich nicht selbst durch Arbeit so in das ökonomische System inkludieren können, dass sie ein ausreichendes Einkommen haben, sind Maßnahmen der Armenpflege, nicht des Sozialstaats. Sie leisten nicht, was ein Sozialstaat leisten soll: Integration in die Gesellschaft.

Man kann sich den Bedeutungsverlust des Sozialstaats am ehesten an den Bestimmungen vergegenwärtigen, die er unwidersprochen noch vor wenigen Jahrzehnten erfahren hat. Die Überwindung der Klassengesellschaft, wie sie sich nach dem Kriege abzeichnete, ging zunächst mit der Vorstellung einer, Raum für eine sozialistische Gesellschaftsformation zu schaffen.[40] Wie schon in der Weimarer Republik wurde in dieser Gesellschaftskonzeption der Bestand der Marktwirtschaft nicht infrage gestellt. Gerade deshalb blieb die Stoßrichtung erhalten, die Bedrohung aufzufangen, die von dem ökonomischen System ausgeht. In einem noch von der Marxschen Theorie indoktrinierten Verständnis der Ge-

40 Eindrücklich Th. Marshall, Bürgerrechte und soziale Klassen.

sellschaft wurde dem Sozialstaat zugeschrieben, den Warencharakter der Arbeit im ökonomischen System zumindest neutralisieren zu sollen.[41] Die ›Dekommodifizierung des Subjekts‹ stellte sich als die eigentliche Funktion des Sozialstaats dar. In seiner radikalsten Ausprägung sollte der Sozialstaat die Gewähr dafür bieten, jedem als soziales Recht zu verbriefen, sich jederzeit von der Abhängigkeit vom ökonomischen System freimachen zu können. Eine minimalistische Definition (!) dekommodifizierender Wohlfahrtsstaaten müsse heißen, so Esping-Andersen,»dass ihre Bürger ungehindert und ohne drohenden Verlust des Arbeitsplatzes, ihres Einkommens oder überhaupt ihres Wohlergehens ihr Arbeitsverhältnis verlassen können, ... wenn sie dies für geboten halten, um in angemessener Weise an der sozialen Gemeinschaft teilzuhaben.«[42] Man konnte auch schon in besseren Zeiten Zweifel hegen, ob es Sinn mache, das Subjekt überhaupt von der Integration durch Arbeit in das ökonomische System freistellen zu wollen. Auch wenn die Vorstellung dem Überhang sozialistischer Ideenkonzeptionen zuzurechnen ist, bleibt an ihr die Einsicht bedeutsam, dem Staat eine Garantie dafür zuzuschreiben, dass das Subjekt in Zeiten, in denen es nicht in den Arbeitsmarkt integriert ist, in einem Maße Anteil am Gesamtprodukt der Gesellschaft hat, dass eine selbstbestimmte Lebensführung möglich bleibt, die den Sinnvorgaben der Gesellschaft Rechnung zu tragen vermag. Das Sicherungsinteresse des Subjekts an einer selbstbestimmten Lebensführung war auch für Sozialstaatskonzeptionen zentral, die sozialistischer Zielvorstellungen gänzlich unverdächtig waren. Alle sozialwissenschaftlichen Theorien des Sozialstaats hatten noch vor wenigen Jahren die Sicherung einer selbstbestimmten Lebensführung zum Ziel, die jedem die Integration in die Gesellschaft ermöglichen sollte.[43] ›Autonomiegewinn des Subjekts‹, das ist die Formel, unter der sich am ehesten die verschiedenen Konzeptionen des Sozialstaats der Vergangenheit zusammenfassen lassen.[44] Eben dieser Zielvorgabe verweigert sich der gegenwärtige »Sozialstaat«. Mit dem Widerruf eben dieser Zielvorgabe ist er gescheitert. Das Scheitern lässt sich objektivieren: Die gegenwärtigen Sozialstaatsleistungen, die jemand zu gewärtigen hat, der arbeitslos geworden ist und länger arbeitslos bleibt, zielen ebenso

41 So G. Esping-Andersen, Die drei Welten des Wohlfahrtskapitalismus, S. 19-56.

42 G. Esping-Andersen, Die drei Welten des Wohlfahrtskapitalismus, S. 38.

43 Ich nenne von den vielen durchaus optimistischen Untersuchungen zum Sozialstaat nur einige: F.-X. Kaufmann, Sicherheit als soziologisches und sozialstaatliches Problem; G. Vobruba, Politik mit dem Wohlfahrtsstaat; ferner die Arbeiten in: St. Lessenich / I. Ostner (Hg.) Welten des Wohlfahrtskapitalismus; zuletzt Fr. Nullmeier, Politische Theorie des Sozialstaats.

44 G. Vobruba, Autonomiegewinne.

wie die Leistungen, die die zu gewärtigen haben, die dem Arbeitsmarkt erst gar nicht zur Verfügung stehen, schon ihrer Bestimmung nach nicht darauf ab, denen, die darauf angewiesen sind, einen Anteil am Gesamteinkommen zu sichern, der ihnen ermöglichte, Sinnbestimmungen des Daseins Rechnung zu tagen, die der modernen Gesellschaft zugehören. Die Sozialstaatsleistungen, die gegenwärtig jemand zu erwarten hat, sind negativ evaluiert, von der Grenze zum Hunger bestimmt.[45] Gegenwärtig hilft der »Sozialstaat« nicht, prekäre Lebenslagen zu überbrücken, er zementiert sie. Denn gegenwärtig setzen die Leistungen, wenn sie länger als ein Jahr in Anspruch genommen werden müssen, voraus, dass der Empfänger nackt in der Ökonomie steht. Was immer er sich an Sicherungen geschaffen hat, muss er zunächst für seinen Unterhalt verwenden, um einen Anspruch geltend machen zu können.

Was hat den Sozialstaat scheitern lassen? Die Repräsentanten des ökonomischen Systems, und dazu wird man zum großen Teil auch die Wirtschaftsredaktionen der Medien rechnen müssen, stellen seinen Abbau als unvermeidbar dar. War er es wirklich?

5.2 Die Inversion des Sozialstaats

Die Kritik des Sozialstaats bediente sich, als sie Mitte der 70er Jahre mit Macht einsetzte, der gleichen Argumente, die schon aus der Weimarer Republik bekannt sind. Der Sozialstaat, sagt man, belastet die Gewinne und damit die Investitionsmöglichkeiten. Er setzt überdies die Marktmechanismen dadurch außer Kraft, dass er die Löhne hochhält, zu hoch. Das letztere ist insbesondere im Hinblick auf die unteren Lohngruppen gesagt, die in der Phase der Prosperität deutlicher angehoben wurden, um den Betroffenen die Integration in die Gesellschaft zu erleichtern. Unter dem Einfluss der Globalisierung in den 90er Jahren gewann die Kritik am Sozialstaat an Schärfe; sie wurde zu einer Kritik seiner Existenz. Fortan galt es den Repräsentanten des ökonomischen Systems, aber zunehmend auch im öffentlichen Bewusstsein als ausgemacht, dass der Sozialstaat unbezahlbar geworden sei. Ihren prägnanten Ausdruck fand die Kritik in einer These, die geradezu eine ›Inversion des Sozialstaats‹ darstellte. ›Inversion des Sozialstaats‹ will sagen: Während vordem das systemische Unvermögen der Ökonomie den Sozialstaat erst begründete, gilt es seither in der ökonomischen Theorie als ausgemacht, dass der Sozialstaat den Sozialstaat allererst notwendig macht. Denn, so das Argument, durch den Sozialstaat sieht sich die Ökonomie finan-

---

45 Seit Beginn des Sozialabbaus in den frühen achtziger Jahren ist diese Entwicklung zu beobachten. Vgl. M. Opielka, Das garantierte Einkommen, S. 105 ff.

ziellen Belastungen ausgesetzt, die sie daran hindern, das ökonomische System so zu entwickeln, dass ein Abbau der Arbeitslosigkeit mit der Folgewirkung auch der Entlastung für die anderen Sozialsysteme möglich wird. Was ist dran an der These von der Inversion?

Die kausalen Zurechnungen der Ökonomie und ökonomischen Theorie sind für einen um eine empirische Evaluation bemühten soziologischen Beobachter nicht oder nur begrenzt zu kontrollieren. Denn die ökonomische Theorie lässt zumeist ökonomische Funktionen hinreichend sein, um kausale Urteile zu begründen: Unternehmen müssen satte Gewinne machen, um zu investieren. Wenn Investitionen erfolgen, bringen sie Wachstum mit sich. Die Gewinne waren über Jahre zwar nicht für alle Unternehmen, aber doch für viele sehr viel geringer als vordem. Investitionen in einem Ausmaß, das die Wachstumsdelle hätte überwunden werden können, erfolgten nicht. Dass die Gewinne durch die Löhne und die Sozialstaatskosten begrenzt wurden, genügte deshalb, um sie für das niedrige Wachstum kausal sein zu lassen. Der Umstand, dass Nachfrage fehlte, um überhaupt Investitionen sinnvoll sein zu lassen, blieb zwar in der Diskussion, wurde aber von dem verständlichen Interesse an höheren Gewinnen verdrängt. Meines Wissens wurde durch keine empirische Studie belegt, dass das ökonomische System deshalb eine existente Nachfrage nicht zu befriedigen vermochte, weil die Lohnstückkosten, auf die doch alles ankommt, zu hoch gewesen seien. Dass es bei einem einzelnen Unternehmen der Fall gewesen sein mag, wird man nicht in Abrede stellen wollen. Das gibt es immer. Als die Gewinne schließlich stiegen, blieben europaweit verstärkte Investitionen gleichwohl über Jahre aus. Das ist oft festgestellt worden.[46]

Wer für das Problem des niedrigeren Wachstums seit der Mitte der 70er und vor allem seit den 90er Jahren eine Mehrzahl von Gründen wirksam werden sah: das ganz unvermeidliche Abflachen der Wachstumskurve, die Schwankungen in der Nachfrage zu Hause und auf dem Weltmarkt und ganz zuletzt vielleicht auch die Höhe der Sozialstaatskosten, konnte sich dadurch bestätigt sehen, dass der Aufschwung, als er schließlich kam (2006), sich sicher der gestiegenen Nachfrage verdankte und sonst kaum etwas anderem. Wir brauchen die Frage der Gründe für die Problemlage hier nicht zu entscheiden. Denn uns interessiert einzig die Frage: War das Scheitern des Sozialstaats, die Rückführung seiner Sicherungen an die Armutsgrenze, notwendig? Die Ökonomie beharrt darauf im Verbund mit der ökonomischen Theorie. Sie hält dafür eine zusätzliche Begründung bereit, die These von der Armutsfalle, in die der Sozialstaat Arbeitslose geraten lässt. Die Armutsfalle wird darin

---

46 Über den Zusammenhang von Gewinnsteigerung bei gleichzeitigem Rückgang der Investitionen weltweit vgl. A. Gorz, Arbeit zwischen Misere und Utopie, S. 27 ff.

gesehen, dass die Sozialleistungen so hoch seien, dass sie Arbeitslose von der Wiederaufnahme von Arbeit in Niedriglohngruppen abhielten. Macht das Sinn?

5.3 Die Armutsfalle

Man muss sich des Bodensatzes des Arguments vergewissern. Er findet in der sogen. Lohnkompressionsthese seinen Niederschlag. Die Lohnkompressionsthese sagt zweierlei: Zum einen, dass die Löhne am unteren Ende der Lohnskala zu hoch seien; die Skala erscheint gestaucht. Zum andern, dass der Abstand zwischen der Höhe der Sozialleistungen und den Niedriglohngruppen zu gering sei. Arbeitslose geraten, so nimmt man an, durch die zu großzügig ausgestatteten Auffangleistungen des Sozialstaats in eine Armutsfalle. Je länger sie im sozialen Netz verweilen, desto mehr entfremden sie sich der Arbeitswelt und berauben sich der Chance der Wiedereingliederung. Das Ziel ist mithin, die Löhne wie die Sozialleistungen abzusenken.

Die These der Armutsfalle steht auf schwachen Füßen, und das gerade dann, wenn Sozialleistungen und Niedriglohngruppen dicht beieinander liegen. Sie ist eines der Beispiele dafür, dass die ökonomische Theorie funktionale Beziehungen, die sich theoretisch herstellen lassen, bereits als empirisch kausale nimmt. Es gibt unter den Arbeitslosen eine Anzahl Menschen, die sich in der Arbeitslosigkeit einrichten und keine Arbeit suchen. Schätzungen reichen von drei bis zehn Prozent. Selbst wenn man von der hohen Zahl von 10 Prozent ausgeht, machen nicht sie das Problem aus, in das wir mit der Arbeitslosigkeit geraten sind. Es fehlt ganz einfach an Arbeitsplätzen. Und neue können am allerwenigsten von denen geschaffen werden, die in die Langzeitarbeitslosigkeit abgerutscht sind. Man kann den Fehlschluss, das Problem bei den Arbeitslosen selbst suchen zu wollen, an einer Studie zeigen, die der Bundesrechnungshof vor Jahren angestellt hat: Danach soll je einer von fünf Arbeitslosen sich gar nicht ernsthaft um Arbeit bemüht haben. Die Studie ist empirisch wenig trennscharf angelegt. Dafür, dass sich der eine nicht bemüht hat, kann es viele Gründe geben, zum Beispiel die Aussichtslosigkeit wegen seines Alters oder dass er durch die Arbeitslosigkeit in eine anomische psychische Verfassung geraten war. Entscheidend aber ist, dass vier sich bemüht haben, ohne Arbeit zu finden. Was wäre für die Verfassung des ökonomischen Systems gewonnen, wenn auch noch der eine sich bemüht hätte?

Das Problem, die Arbeitslosigkeit nicht bewältigen zu können, liegt nicht bei denen, die arbeitslos sind. Die große Mehrheit sucht Arbeit. Das zeigt sich nicht zuletzt daran, dass viele Arbeitslose auch in der Vergangenheit schon Arbeit angenommen haben, deren Entlohnung nahe an den Sätzen des Arbeitslosengeldes oder der Arbeitslosenhilfe lagen oder noch darunter.[47] Das geschieht auch gegenwärtig. Etwa 500.000 Menschen sind in Arbeitsverhältnissen beschäftigt, obwohl das Arbeitsentgelt unter den Auffangleistungen des Sozialstaats liegt, so dass sie auf ergänzende Sozialstaatsleistungen angewiesen sind.[48] Auch die starke Nachfrage nach den Ein-Euro-Jobs zeigt das Interesse, überhaupt Arbeit zu haben.

Die Verlagerung der Argumentation von den objektiven Gegebenheiten des Markts auf die subjektive Motivation der Betroffenen verdeckt das wahre Ziel, das mit dem Theorem der Armutsfalle von der Ökonomie verfolgt wird: Die Entlohnung in den Niedriglohngruppen soll ohne Rücksicht auf das Existenzminimum der Lohnbezieher abgesenkt werden. Wenn sich dabei die Notwendigkeit ergibt, den Fehlbetrag durch sozialstaatliche Leistungen zu ergänzen, so besteht erst recht die Forderung, den Grundbetrag der Sozialleistungen so niedrig wie irgend möglich anzusetzen. Denn die Finanzierung der sozialstaatlichen Ergänzungsleistungen kommt zum Teil jedenfalls zu den Unternehmen zurück. Die finden für ihre Forderungen einmal mehr den Beistand der ökonomischen Theorie. Ungerührt davon, dass die gegenwärtigen Sozialleistungen bereits an der Armutsschwelle gelegen sind, erklärt die ökonomische Theorie nahezu einmütig, sie seien zu hoch.[49] Sie sollen, so sagt das Herbstgutachten der wirtschaftswissenschaftlichen Institute 2006, um 30 Prozent gesenkt werden. Dieser Betrag liegt noch unter der Hungergrenze. Im Kontext unserer Erörterung ist an dieser These nicht die Inhumanität des Vorschlags von Interesse, sondern die Dokumentation, dass das ökonomische System die Interessen der Subjekte nur als Annex der Kapitalakkumulation kennt. Fragen wir deshalb noch einmal nach: War der Abbau des Sozialstaats bis zur Grenze des Scheiterns unvermeidbar? Was hat ihn wirklich scheitern lassen?

---

47 Vgl. R. Gebauer / H. Petschauer / G. Vobruba, Wer sitzt in der Armutsfalle? Vgl. des weiteren Chr. Pelikan et al., Welfare Policies as Resource of Management, S 260 f.; H. Steinert, The Cultures of Welfare and Exclusion.

48 SZ vom 24. November 2006.

49 So der Chefvolkswirt der Europäischen Zentralbank O. Issing, Der Spiegel 24/2005, S. 82.

6 Der Grund des Scheiterns

6.1 Die Absenkung der Arbeitslosenunterstützung

Der Abbau des Sozialstaats im Beschäftigungssystem, die Rückführung der Sozialleistungen bis zur Grenze der Lebbarkeit, sollte zwei Effekte zeitigen. Beide hat der Abbau auch erreicht. 1. Die Kosten des Sozialstaats wurden dadurch gesenkt, dass die volle Arbeitslosenunterstützung nur ein Jahr gezahlt wird. Die Übergangsregelung lassen wir hier außer Betracht. Damit verbunden wurde die Absenkung des sogen. Arbeitslosengeldes II auf das Sozialhilfeniveau. 2. Der Abbau der Sozialleistungen sollte den Weg freimachen, Erwerbstätige in ungleich größerem Umfang als zuvor in Niedriglohngruppen zu beschäftigen, in denen die Entlohnung ebenfalls an der Armutsgrenze liegt. Die Frage ist deshalb zunächst, ob die Absenkung der Sozialstaatskosten unvermeidbar war. Die Frage lässt sich unzweideutig beantworten:

Die Einsparungen, die dadurch erzielt wurden, dass das Arbeitslosengeld nur noch für ein Jahr gezahlt wird und danach Hilfe für Arbeitslose zusammen mit der Sozialhilfe auf einem Niveau erfolgt, das gerade das Überleben sichert – 345 Euro plus eine angemessene Miete – sind zu gering, um für diese Form der Bedrückung von Millionen den Grund abzugeben. Hätte eine Regulierung auf dem Niveau des Arbeitslosengeldes in Höhe von ca. 850 Euro die Möglichkeiten des Staatshaushaltes überschritten?

> »Unser Volkseinkommen«, erklärt Wolfgang Eichhorn, ein gestandener Ökonom, »ist so immens, dass wir 5 Millionen Arbeitslose mit durchschnittlich 850 Euro im Monat unterstützen können, das sind 50 Milliarden im Jahr und entspricht dennoch nur etwa 3% unseres Volkseinkommens.«[50]

Für das ökonomische System ist jede Einsparung indiziert, denn sie findet sich im Gewinn wieder. Für das politische System gilt das noch lange nicht, wenn denn Gerechtigkeit sein soll. Für das politische System war die Einsparung keineswegs unvermeidbar. Wäre sie es gewesen, und vor allem: wäre sie der einzige oder auch nur der wichtigste Grund gewesen, hätte sie unter den Bedingungen des Aufschwungs längst zurückgenommen werden müssen.

---

50 W. Eichhorn, Arbeitslohn steuerfrei, S. 85.

6.2 Der Widerstand gegen den Sozialstaat

Man muss den Hauptgrund für den Abbau des Sozialstaats in der zweiten Zielvorgabe gelegen sehen: in der Absicht, den Weg freizumachen für die Einrichtung der Niedriglohngruppen. Der Grund, der das ökonomische System dieses Ziel verfolgen ließ, kann nicht zweifelhaft sein: Er hat die systemische Logik der Ökonomie für sich. Denn die verlangt, Subjekte nur so weit in das ökonomische System inkludiert sein zu lassen, wie sie für die Kapitalakkumulation von Interesse sind. In die innere Logik des ökonomischen Systems ist, darauf habe ich mehrfach hingewiesen, der Sozialstaat so wenig zu integrieren wie das Postulat der Gerechtigkeit.[51] Subjekte sind in der Grenze des ökonomischen Systems verortet, wie sie in der Grenze der Gesellschaft verortet sind. Nur soweit sie für die Kapitalakkumulation von Bedeutung sind, gehören sie zum ökonomischen System. Ihre Lebensführung und die daran haftenden Interessen fallen in die andere Seite der Grenze. Sie gehört dem System der Ökonomie ganz einfach nicht an. Es war zu erwarten, dass die Kritik des Sozialstaats – der Kampf gegen ihn – begann, als die außergewöhnlichen Umstände des Wiederaufbaus und der ökonomischen Entwicklung Mitte der 70er Jahre zu Ende gingen.

Mit dem Ende der Prosperitätsphase begannen die Sozialbeiträge der Unternehmen die Gewinne in einer Weise zu belasten, dass das an sich ganz unumgängliche Abflachen des Wirtschaftswachstums als Folge der zu niedrigen Gewinne gelten konnte. Zu niedrige Gewinne führen funktional zu niedrigen Investitionen, wenn die Marktlage die denn opportun erscheinen lassen. In der Diskussion der 70er und 80er Jahre hat der funktionale Konnex gereicht, um den Sozialstaat als Grund des geringen Wachstums, dessen gelegentlichen Ausschlag unter die Nulllinie sowie des Anwachsens der Arbeitslosigkeit, zu verstehen. Die zuvor erörterte Inversion des Sozialstaats wurde zum geläufigen Theorem. Unwiderstehlich wurde der Druck des ökonomischen Systems auf das politische System, den Sozialstaat abzubauen, als seit den 90er Jahren das nationale ökonomische System zunehmend mehr den Bedingungen der Globalisierung ausgesetzt war.[52] Die Notwendigkeit, sich der Konkurrenz auf dem Weltmarkt gewachsen zu zeigen, lassen ebenso wie die Notwendigkeit, die Gewinnmargen an dem zu orientieren, was im Finanzsystem infolge der Globalisierung an Gewinnen zu erzielen ist, seither das ökonomische System darauf bedacht sein, sich den nationalen Belastungen des Sozialstaats zu entziehen. Die Möglichkeiten, die Produktion zu verlagern, bieten ihm dazu auch die notwendige

---

51 Sehr zu Recht H. Diefenbacher, Gerechtigkeit und Nachhaltigkeit, S. 79.
52 G. Esping-Andersen, Social foundations of postindustrial economies.

Machtbasis. Wenn, wie wir eingangs noch einmal festgestellt haben, der Sozialstaat ohnehin nicht in das System der Ökonomie integriert werden kann, weil er dessen innerster Logik zuwider ist, so bietet die Globalisierung die konkreten Gründe und Möglichkeiten, sich ihm zu entziehen. Armenpflege, wenn es denn sein muss, ja, aber Sozialstaat nicht länger. Die sozialdemokratische Regierung hat in der Bundesrepublik den Druck des ökonomischen Systems in die Liquidation des Sozialstaats, soweit er das Beschäftigungssystem zum Gegenstand hat, umgesetzt. Sie hat damit auch die Voraussetzungen für die Einrichtung der Niedriglohngruppen geschaffen. War die Einrichtung der Niedriglohngruppen unvermeidbar?

6.3 Das Problem der Niedriglohngruppen

Im ökonomischen System bestand als Folge der Globalisierung Grund, die Löhne abzusenken; und es bestand die Möglichkeit, sie abzusenken. Also wurden sie auch abgesenkt und in Niedriglohngruppen fixiert. Wie niedrig können Niedriglohngruppen sein? Wenn man das Modell eines idealen Marktes zugrunde legt, bemisst sich der Lohn nach dem Grenzwert der Arbeit. Die Löhne müssen am unteren Ende so niedrig sein, dass das Angebot an Arbeitskraft von den Unternehmungen abgenommen wird. Wenn Arbeitnehmer gleichwohl arbeitslos werden und arbeitslos bleiben, kann das nur daran liegen, dass ihre Löhne zu hoch sind. So einfach geht es allerdings auch nur auf dem idealen Arbeitsmarkt der ökonomischen Theorie zu. Auf dem empirischen Arbeitsmarkt kennt das ökonomische System keine anderen Mechanismen, die Löhne zu bestimmen, als sie bis zu einer Grenze zu treiben, an der sich gerade noch Arbeitskräfte finden lassen resp. keine mehr. Wo die Demarkationslinie zwischen Grenzwert und infolge des Überangebots an Arbeitskräften erzwungenem Lohn liegt, lässt sich nur empirisch bestimmen. Tatsächlich sind die Löhne in den untersten Lohngruppen bereits in den 90er Jahren kräftig gefallen. Sie sind kaum höher als in den USA.[53] Das Interesse der Unternehmen an Arbeitskräften, die so billig wie möglich zu haben sind, treibt die Entlohnung auf dem empirischen Arbeitsmarkt unter den für das Subjekt existenziell bedeutsamen Grenzwert: das Existenzminimum in der gegenwärtigen Gesellschaft. Die unmittelbare Bedrohung des Lebens wird dann zwar von den Sozialleistungen aufgefangen, nicht aber die Negation eines sinnbestimmten Lebens. Das aber ist der Lohn, der von den Subjekten benötigt und gewollt wird. Gewollt ist ein Lohn, der just in dem Sinne als gerecht angesehen wird, in dem wir hier ›gerecht‹ und ›Gerechtigkeit‹ verstehen:

53 R. Schettkat, Lohnspreizung, Mythen und Fakten, S. 9 ff.

als Bedingung einer Integration in die Gesellschaft, die es ermöglicht, den Sinnvorgaben der Lebensführung nachzukommen.

Ersichtlich ist der Konflikt zwischen der Entwicklung des ökonomischen Systems, einen großen Teil der Lohnabhängigen in Niedriglohngruppen abzudrängen, und den Interessen der Subjekte, einen Lohn zu finden, der sie zu gedeihlichen Bedingungen in die Gesellschaft integriert, im ökonomischen System nicht zu lösen. Wir stoßen damit einmal mehr auf den Befund, den wir eingangs schon erhoben haben: Die Logik des ökonomischen Systems, das ausschließliche Interesse an der Kapitalakkumulation, lässt es nicht zu, dessen Prozessualität an den Bedürfnissen der Subjekte auszurichten. Was folgt daraus? Tat die Regierung recht daran, den Sozialstaat so weit abzubauen, dass nicht nur die Lebenslage der Arbeitslosen an die Armutsgrenze geriet, sondern die von Millionen Erwerbstätiger in den Niedriglohngruppen ebenfalls?

6.4 Was daraus folgt

Sozialstaatslasten sind nichts anderes als Deckungen von Lebenshaltungskosten. Die letzteren müssen prinzipiell von den Erwerbstätigen durch ihren Lohn gedeckt werden. Dieser einfache Befund gehört zur Logik einer Marktgesellschaft. Die Differenz, die zwischen der Logik des ökonomischen Systems und der von den Bedürfnissen der Subjekte bestimmten Logik der Gesamtgesellschaft besteht, hat dazu geführt, dass diesem Befund nie wirklich Rechnung getragen wurde. Zu keiner Zeit war es der Masse der Beschäftigten möglich, alle Lebenshaltungskosten, auch die für Krankheit und Alter, abzudecken. Für eine kurze Zeit, für wenig mehr als ein halbes Jahrhundert, schien es so, als könne der Staat dem ökonomischen System auferlegen, weitgehend auch jene Lebenshaltungskosten der Subjekte zu tragen, die es von sich aus zu tragen nicht bereit war: für Krankheit und Alter. Die Ungleichzeitigkeit in der Entwicklung der Marktgesellschaften und die damit verbundene Konkurrenz auf dem Weltmarkt hat diese Möglichkeit wenn nicht hinfällig werden lassen, so doch eingeengt. Durch die ökonomische Entwicklung der ›Weltgesellschaft‹ ist in den nationalen Gesellschaften eine Situation entstanden, die die immanente Widersinnigkeit dieser Gesellschaft noch verschärft hat.

– Als immanent widersinnig stellt sich die Marktgesellschaft deshalb dar, weil sich in dieser Gesellschaft alle gezwungen sehen, sich in das ökonomische System zu inkludieren und dadurch in die Gesellschaft zu integrieren, das ökonomische System aber nicht in der Lage ist, alle zu inkludieren und vor allem nicht zu Bedingungen einer sinnvollen Lebensführung.

– Verschärft hat sich die widersinnige Lage gegenwärtig aber noch dadurch, dass sich in der oberen Hälfte der Gesellschaft ein immenser Reichtum anlagert, während in der unteren Hälfte Menschen irreversibel in Armut leben.

Die gegenwärtige Verfassung der Marktgesellschaft lässt nach allem einen Konflikt zwischen dem ökonomischen und dem politischen System entstehen, der unabweislich ist: In die Gesellschaft integriert werden müssen die Menschen, die hier leben. Und wenn der Anlage des menschlichen Daseins, Sinnvorgaben der Lebensführung folgen zu müssen, Genüge getan werden soll, dann müssen sie auch zu Bedingungen integriert werden, die es ihnen erlauben, den gesellschaftlichen Sinnanforderungen gerecht zu werden. Von dieser Verpflichtung kann das politische System nicht entbunden werden. Ihr nachzukommen ist nur noch in engen Grenzen dadurch möglich, dass den Unternehmen Verpflichtungen auferlegt werden, Lebenshaltungskosten abzudecken, die sie selbst nicht abdecken würden. Ein Mindestlohn gehört dazu. Er belastet die Konkurrenzfähigkeit der Unternehmen auf dem Weltmarkt nicht wirklich. An der Notwendigkeit, ihn einzufordern, erhellt die Widersinnigkeit, die der Verlauf der Entwicklung des ökonomischen Systems genommen hat. Mindestlöhne stellen jedoch auch nur eine Mindestmarke der Entlohnung dar. Sie lösen das Problem, gesellschaftliche Bedingungen eines sinnvollen Lebens zu schaffen, nicht, für die Arbeitslosen ohnehin nicht, aber auch nicht für diejenigen Beschäftigten, die unfreiwillig in Teilzeit-Beschäftigungsverhältnissen und in Niedriglohngruppen entlohnt werden. Das politische System muss sich dazu Strategien einfallen lassen, die diese Bedingungen anders herzustellen suchen, als man im vergangenen Jahrhundert mit der Ausbildung des Sozialstaats meinte, herstellen zu können. Vor allem ein Sozialstaatsregime, wie es in Deutschland ausgebildet war, in dem die Mittel für den Sozialstaat in der Wertschöpfungsphase gewonnen wurden, durch Belastungen von Kapital und Arbeit, erweisen sich heute als kontraproduktiv. Andere Länder haben auch in der Vergangenheit schon den Sozialstaat in ungleich höherem Maße durch Steuern zu finanzieren gesucht. Doch auch für die gilt, dass sie zunehmend weniger durch Steuern gewonnen werden können, die das ökonomische System im engeren Sinne, das heißt, das ökonomische System der Wertschöpfungsphase, belasten, mithin immer weniger durch Unternehmenssteuern. Dann aber drängt sich der Schluss geradezu auf:

Ökonomisches System (i. e. S.) und Sozialstaat müssen weitgehend entkoppelt werden.[54] *Der Sozialstaat muss vom privaten Einkommen bezahlt werden. Auf die Notwendigkeit der Entkop-*

---

54 In eben diesem Sinne, aber kaum mit den daraus folgenden Konsequenzen H. Giersch, Die Industrie und das Beschäftigungssystem, S. 174.

*pelung sind wir schon einmal gestoßen: als es galt, für das Zu-
sammentreffen der Autonomie des ökonomischen Systems mit
der Gestaltungshoheit und Gestaltungsfunktion des politischen
Systems eine Perspektive zu schaffen. Unter der Entwicklung der
Marktgesellschaften in der Gegenwart wird die Entkoppelung
imperativisch.*

Erst mittels einer weitgehenden Entkoppelung von ökonomischem
System (i. e. S.) und Sozialstaat lässt sich rückgewinnen, worum es uns
zu tun ist: eine Gesellschaft, in der alle eine Chance erhalten, sich zu
Bedingungen in sie zu integrieren, die es ihnen ermöglicht, den gesellschaftlichen Sinnvorgaben der Lebensführung in der Moderne gerecht
zu werden. Denn der Befund, den wir eingangs schon erhoben haben,
bleibt ungebrochen erhalten; er verstärkt sich Jahr für Jahr mit dem
Wachstum, das die Ökonomie nimmt: Diese Gesellschaft ist eine reiche
Gesellschaft. Und sie ist eine ungerechte Gesellschaft, solange sie keine
Mittel und Wege findet, alle daran zu beteiligen, wie es Gerechtigkeit
verlangt.

Resümee

I

Die Marktgesellschaft weist strukturelle Defizite der Integration der
Subjekte auf, die den Sozialstaat unabweisbar werden lassen. Dieses
Bewusstsein hat auch den Verfassungsgesetzgeber der Bundesrepublik
bestimmt, den Sozialstaat erneut als komplementäres System der Ökonomie vorzusehen. Er ließ sich ausbauen, solange das Wachstum des
ökonomischen Systems Abschöpfungen zuließ, die den Gewinn des Kapitals zwar schmälerten, aber hinreichend erscheinen ließen. Er musste
sich eine zunehmende Kritik gefallen lassen, als das Wachstum auf
niedrigem Niveau stagnierte. Als die Globalisierung einen zunehmenden Einfluss auf das ökonomische System gewann, gewann die Kritik an
Schärfe. Unter dem Druck des ökonomischen Systems ist der Sozialstaat
als Sicherungssystem der Beschäftigung schließlich gescheitert. Denn als
Scheitern muss sein Umbau verstanden werden. Von seiner vormaligen Intention, die Autonomie der Selbstbestimmung des Subjekts zu
sichern, ist für die, die sich als Arbeitslose und die, die sich unfreiwillig
als Beschäftigte in Teilzeit- in Niedriglohngruppen wiederfinden, nichts
übrig geblieben.

2

Das Scheitern des Sozialstaats wird von einem politischen Bewusstsein begleitet, das doppelbödig und entsprechend undurchsichtig ist. Das Scheitern wird begleitet von einer neoliberalen Inkantation, die den Eindruck erweckt, als sei demnächst vom ökonomischen System Besserung zu erwarten. Verdeckt bleibt, dass die Arbeitslosigkeit in Phasen des Aufschwungs zwar abgebaut wird, aber gleichwohl auf hohem Niveau erhalten bleibt. Verdeckt wird vor allem, dass die Entwicklung des ökonomischen Systems die Gesellschaft auseinander treibt. Der Beschäftigungsindex resp. die Zahl der Arbeitslosen ist allein kein Maßstab mehr für die Exklusion. Millionen, die in Arbeit sind, sehen sich nicht in der Lage, den Sinnvorgaben der Lebensführung gerecht zu werden. Millionen in den Niedriglohngruppen leiden an der Verfassung der Gesellschaft. Just dieses Leiden wird von dem politischen Bewusstsein gedeckt. Es besteht unter dem von der neoliberalen Theorie bestimmten Programmatiken der politischen Parteien ein Einverständnis darüber, dass es unter der Marktgesellschaft, wie sie nun einmal ist, eine Unterschicht geben muss und Menschen, die in sie geraten, in Armut verharren. Die Demarkationslinie ist fixiert. Wenn es in der Gesellschaft etwas zu verteilen gibt, dann gehen die, die sich exkludiert finden, allemal leer aus.

3

Die Entwicklung unter der Globalisierung hat das ökonomische System in eine widersprüchliche Lage zwischen seiner Einbindung in den Weltmarkt einerseits, seiner Unterwerfung unter die Gestaltungshoheit nationaler und auch transnationaler politischer Systeme andererseits gebracht. Es ist nicht zu erwarten, länger noch die Mittel für die Finanzierung eines Sozialstaats, der diese Bezeichnung verdient, durch Belastungen der Unternehmen im ökonomischen System zu gewinnen. Mehr noch: Die Belastungen von Kapital und Arbeit mit Sozialabgaben in der Wertschöpfungssphäre sind jenseits begrenzter Leistungen, die als Vorsorge für Krankheit und Alter ohnehin vom Lohn gedeckt werden müssten, für den Sozialstaat ebenso kontraproduktiv wie die Belastung durch Unternehmenssteuern, wiederum jenseits einer Grenzbelastung, die durch die Kosten seiner Infrastruktur gerechtfertigt erscheinen. Ökonomisches System und Sozialstaat müssen mit anderen Worten entkoppelt werden. Dann allerdings stellt sich die Frage, wie der Gerechtigkeit durch eine andere Verteilung des Einkommens Genüge getan werden soll. Denn der Befund, in einer reichen Gesellschaft zu leben, wird durch die ökonomische Entwicklung nicht nur nicht in Frage gestellt, er bestätigt sich mit jedem Prozent Wachstum, das die Gesellschaft zu verzeichnen hat.

Wie eine Entkoppelung aussehen kann, müssen wir erörtern. Zunächst müssen wir uns jedoch die Kritik der neoliberalen Theorie angelegen sein lassen, die der Zuweisung der Aufgabe, Gerechtigkeit im Lande Geltung zu verschaffen, an den Staat emphatisch widerspricht.

5 Verruf der Gerechtigkeit
Zur Kritik der neoliberalen Theorie

1 Die Heilslehre der neoliberalen Theorie

1.1 Das politisch korrekte Bewusstsein

Das Scheitern des Sozialstaats ist im politischen Bewusstsein präsent. Es wird zwar nicht als Scheitern bezeichnet, sondern politisch korrekt als Umbau. Man wird jedoch nicht fehlgehen, wenn man darin die Absicht Ausdruck finden sieht, sich davon entlasten zu wollen, mit den Reformen Millionen an den Rand der Gesellschaft gedrängt zu haben. Die Überzeugung, dem Sozialstaatsprinzip sei Genüge getan, schafft die Voraussetzung dafür, sich mit denen, die sich abgedrängt finden, politisch nicht länger befassen zu müssen. Für die großen politischen Parteien, von den Liberalen nicht zu reden, stellt sich schon die Frage nicht länger, wie man die Lebenslage der Menschen verbessern könnte, die keine Arbeit haben oder nicht arbeiten können. Die, die unten angekommen sind, werden in einen Wartestand versetzt, aus dem sie nur der Markt soll befreien können. Darüber vergeht für Millionen das Leben. Arbeitslose und die, die Arbeit in den Niedriglohngruppen finden, wissen, dass das, was von der politischen Elite als Umbau deklariert wird, in Wahrheit das Scheitern des Sozialstaats bedeutet. Denn sie erfahren dessen Scheitern als Verlust eines sinnbestimmten Lebens. Eben dem sollte der Sozialstaat vorbeugen.

Es macht nach allem wenig Sinn, sich das Eingeständnis vorzuenthalten, dass mit der in den letzten Jahrzehnten und vollends seit der Sozialreform entstandenen Unterschicht der Sozialstaat gescheitert ist. Und es macht eben so wenig Sinn macht, in Abrede zu stellen, dass es überhaupt eine Unterschicht gibt, in der das Leben derer, die in sie abgedrängt worden sind, von Armut und auch Verelendung bestimmt wird.[1] Eigentlich sollte man erwarten, dass mit dem Scheitern des Sozialstaats auch ein gesellschaftliches Bewusstsein gewonnen worden sei, mit der Marktgesellschaft in eine Organisationsfalle geraten zu sein. Eigentlich

---

1 Ein Leben an und unter der Armutsgrenze ist bereits ein Leben an der Grenze der Verelendung. Denn die Grenze sichert die Grundbedürfnisse nicht wirklich. An ihr beginnt der tägliche Kampf um Essen, Kleidung, Wohnen, Gesundheit. Unter den Unwägbarkeiten des Lebens ist er für Millionen nicht zu bestehen. Das kann man wissen; man muss nur hinschauen. Vgl. die schon ältere Dokumentation von P. Bourdieu et al., Das Elend der Welt; sowie die neuere von N. Klinger und J. König, Einfach abgehängt.

sollte man deshalb auch erwarten, dass ein Bewusstsein davon gewonnen worden sei, dass der Grund für die bedrängenden Probleme der Marktgesellschaft im System der Ökonomie zu suchen sei. Es lässt sich ja schlechterdings nicht in Abrede stellen, dass es das System der Ökonomie ist, dass Millionen keine Arbeit finden lässt. Das wird selten so deutlich wie in Zeiten des Aufschwungs. Denn eindringlicher als durch einen endlich erreichten Aufschwung lässt sich nicht dokumentieren, weshalb die, die durch den Aufschwung Arbeit finden, sie vorher nicht fanden. Nichts anderes gilt für jene Millionen, die sich trotz Arbeit deshalb an den Rand der Gesellschaft abgedrängt finden, weil das ökonomische System ihnen keine andere Möglichkeit bietet, als sich in Niedriglohngruppen zu verdingen. Schließlich sollte man erwarten, dass es zwar als sinnvoll verstanden werde, alle Anstrengungen darauf zu konzentrieren, günstige Bedingungen für das ökonomische System zu schaffen, um Arbeitsplätze zu gewinnen, dass aber deshalb die Aufgabe nicht zurückgestellt werden dürfe, denen zu helfen, ein sinnvolles Leben zu führen, die das ökonomische System gleichwohl nicht oder nicht hinreichend integriert.

Die Erwartungen trügen. Es fehlt im öffentlichen Bewusstsein weithin schon ein Verständnis dafür, dass die Probleme von Millionen durch das ökonomische System bedingt sind. Vollends aber fehlt die Einsicht, dass es keinen Sinn macht, für alle Abhilfe vom Markt zu erwarten und bis dahin Auffangleistungen vorzusehen, die allenfalls geeignet wären, kurze Zeiten nicht hinreichenden Einkommens zu überbrücken. Denn für Millionen ist der Zustand, sich als Arbeitslose oder Niedriglöhner in die Unterschicht abgedrängt zu sehen, ein Dauerzustand. Es sind strukturelle Gründe, durch die sich in einer Marktgesellschaft das ökonomische System nicht in der Lage sieht, dauerhaft alle zu Bedingungen zu integrieren, die ein sinnvolles Leben zu führen ermöglichen. Eben deshalb muss sich die Politik auch strukturelle Gestaltungen der Gesellschaft einfallen lassen, durch die für Arbeitslose wie für Menschen in den Niedriglohngruppen die Integration in die Gesellschaft sichergestellt wird. Vorstellungen, wie sie vormals mit der Schaffung einer Arbeitslosenversicherung als einer temporären Überbrückungsleistung verbunden wurden, genügen für den Sozialstaat einer modernen Marktgesellschaft nicht. Das kann man wissen, nachdem der Sozialstaat in Deutschland zwei Mal gescheitert ist und weltweit zu scheitern droht. Bereits die Frage und das Suchen nach sozialen Gestaltungen, die zu der dauerhaft defizitären integrativen Kapazität des ökonomischen Systems eine ebenso dauerhafte komplementäre Strategie des politischen Systems beinhaltet, die Unterschicht integriert zu halten, wird jedoch durch eine auf ein neoliberales Verständnis der Gesellschaft eingeschworene ökonomische Theorie abgeblockt. Sie hat sich im politischen System festzusetzen vermocht.

1.2 Der Verruf der Gerechtigkeit

Die neoliberale Theorie ist ihrer Genese nach eine Theorie der Gesellschaft, die sich aus dem Liberalismus der frühen Neuzeit entwickelt hat. Ihre jetzige Form hat sie jedoch erst erlangt, nachdem sich die Gesellschaft differenziert und das ökonomische System sich als Basissystem der Gesellschaft ausgebildet hat. An eben diese Entwicklung schließt die neoliberale Theorie an. Ihr Theoriegerüst entnimmt sie dem ökonomischen System. Ihre eigentliche Intention aber ist nicht auf das ökonomische System gerichtet, sondern auf die Gesamtgesellschaft und deshalb auf das politische System. In ihnen sollen die vom ökonomischen System geschaffenen gesellschaftlichen Verhältnisse Maßstab und Zielvorgabe auch der Gesellschaft sein. Eben deshalb sucht sie das politische System zu verpflichten, seine Gestaltungshoheit und Gestaltungskompetenz in den Grenzen der Vorgaben des ökonomischen Systems zu halten. Die gesellschaftliche Verfassung der Marktgesellschaft soll so beschaffen sein und bleiben, wie sie sich aus der Ökonomie heraus bildet. Für die neoliberale Theorie gilt: Wirkliche Hilfe für die, die sich an den Rand der Gesellschaft gedrängt sehen, ist nur vom Markt zu erwarten. Der Sozialstaat sichert nur das Existenzminimum. Er ist Armenhilfe. Mit eben dieser Intention mutiert die neoliberale Theorie zur Heilslehre. Denn für dieses Postulat gibt es keine andere Begründung als den Glauben, dass diejenige Gesellschaft die beste aller möglichen Gesellschaften sei, deren Ordnung die Verhältnisse so belasse, wie sie vom ökonomischen System bewirkt werden. Eben so, als Glaube an die von der Ökonomie geschaffene Ordnung, versteht sich die neoliberale Theorie auch selbst.[2] Ich werde die zur Dogmatik der neoliberalen Theorie zählenden Glaubenssätze später erörtern (Kap. 5.1). Im gegenwärtigen Kontext interessiert uns der Verruf der Gerechtigkeit, den die neoliberale Theorie mit ihrer Glaubenslehre verbindet. Hayek erklärt explizit, und andere sind bereit, ihm darin zu folgen, dass es in der Marktgesellschaft keine irgend geartete Form sozialer Gerechtigkeit geben könne. Das nun könnte man für das ökonomische System des Marktes akzeptieren. Der Befund soll jedoch wiederum für die Gesamtgesellschaft gelten. Wer gleichwohl soziale Gerechtigkeit postuliert,

---

2 So Fr. A. Hayek, Recht, Gesetz und Freiheit. Ich lege der Erörterung der neoliberalen Theorie, soweit es deren Dogmatik betrifft, dieses Werk zugrunde. Innerhalb der zahlreichen Schriften stellt das Werk »Recht, Gesetz und Freiheit« so etwas wie die Summe der zahlreichen Abhandlungen Hayeks dar. Es ist ungleich systematischer angelegt als »Der Weg in die Knechtschaft«. Die Zitationen im Text folgen dem Werk »Recht, Gesetz und Freiheit«.

weiß, folgt man Hayek, entweder nicht, was er sagt, oder er ist ein Betrüger (XIV). Soziale Gerechtigkeit gilt der neoliberalen Theorie als eine ›Unsinnskategorie‹ (229).[3]

1.3 Die Wissenschaft der Ökonomie als Heilslehre

Eine Kritik der neoliberalen Theorie der Ökonomie ist deshalb misslich, weil sich die neoliberale Theorie dadurch, dass sie ihr Theoriegerüst dem ökonomischen System verbunden hält, den Anschein zu geben vermag, sie halte sich im Einklang mit der sozialen Wirklichkeit. Denn das ökonomische System ist, wie wir wissen, das Basissystem der Marktgesellschaft. Durch es werden die Menschen allererst zur Gesellschaft verbunden – wenn sie es werden. Es ist diese reale Verortung, die die ökonomische Theorie einer breiten Zustimmung in der Öffentlichkeit sicher sein lässt. Das gilt zunächst schon für die Zustimmung, die sie in der Wissenschaft der Ökonomie findet. Die Wissenschaft der Ökonomie ist gesellschaftlich gesehen eine borniert Wissenschaft. Sie ist an das System der Ökonomie gebunden. Das wird ihr niemand verdenken. Die systemische Stringenz, die die Ökonomie dem ökonomischen System entlehnt, schlägt sie jedoch in einer Weise in Bann, dass sie das Heil auch der Gesellschaft darin sieht, deren Gestaltung dem System der Ökonomie zu überlassen. Die neoliberale Theorie weiß es ihr zu danken. Denn es geht auch ihr nicht eigentlich um das System der Ökonomie, sondern der Gesellschaft. Die nachhaltigste Verstärkung erfährt sie in der politischen Öffentlichkeit dadurch, dass sich in den Wirtschaftsredaktionen der Medien die Dogmatik des Neoliberalismus in die alltäglichen Kommentare zur Politik übersetzt. Es mag verwunderlich erscheinen, dass die Wissenschaft der Ökonomie in der Lage ist, mit dem Glauben, die Gesellschaft sei so, wie sie vom ökonomischen System gestaltet werde, die beste aller möglichen Gesellschaften. Denn wenn man das untere Viertel der Gesellschaft nicht übersieht, bietet nichts in der Welt Anlass zu dem Glauben. Nicht verwunderlich erscheint, dass die neoliberale Theorie mit diesem Glauben bei einem Großteil der bürgerlichen Interessenten Zustimmung findet. Denn für die, die sich gut aufgestellt wissen im ökonomischen System, übersetzen sich die realen Verteilungsmechanismen und Machtpotenziale des ökonomischen Systems in die Überzeugung, die Verhältnisse so sein und bleiben zu sollen, wie sie vom ökonomischen System bewirkt werden.

3 Die wirtschaftswissenschaftliche Literatur zur Lehre Hayeks ist ebenso umfangreich wie die soziologische Kritik. Für viele: B. Caldwell, Hayek's Challenge. J. Gray, Freiheit im Denken Hayeks. Zur soziologischen Kritik zuletzt Chr. Butterwegge/B. Lösch/R. Ptak, Kritik des Neoliberalismus.

Doch das ist nicht der einzige Grund dafür, dass sich die neoliberale Theorie die Politik dienstbar zu machen weiß. Durchschlagend für die Rezeption der neoliberalen Theorie in der Politik ist, dass das ökonomische System realiter das Basissystem der Marktgesellschaft darstellt. Das politische System ist an es gebunden. Jedwede Form von Politik kann sich in der Marktgesellschaft nur behaupten, soweit es ihr gelingt, Bedingungen zu schaffen, die das ökonomische System akzeptieren muss, wenn es sich seinerseits in der Umwelt des politischen Systems behaupten will. Es ist inzwischen ein Truismus festzustellen, dass die Aussichten, dem ökonomischen System unter der Globalisierung Bedingungen oktroyieren und Belastungen auferlegen zu wollen, nicht günstig sind. Die Einbindung des ökonomischen Systems in den Weltmarkt führt dazu, es tunlichst zu belassen, wie es ist und vom Sozialstaat zu entkoppeln. Das habe ich schon deutlich zu machen gesucht. Für das Problem der Integration der Millionen, die vom ökonomischen System nicht oder nicht hinreichend inkludiert werden, muss deshalb im politischen System eine Lösung gefunden werden. Dort aber trifft es auf zwei Widerstände: (1.) auf eine Mehrheit derer im demokratischen Verfahren der Willensbildung, die sich als vom ökonomischen System begünstigt versteht; (2.) auf Politiker, die selbst der begünstigten Mehrheit angehören und überdies Laien in einem hochkomplexen Metier sind. Ihre reflexive Kompetenz ist den Verhältnissen verhaftet, die sie in der Gesellschaft vorfinden. Sie kommen erst gar nicht auf die Idee, einen Strukturwandel des gesamtgesellschaftlichen Systems bewirken zu wollen, durch den alle in die Lage versetzt würden, sich zu Bedingungen eines sinnvollen Lebens in die Gesellschaft zu integrieren. Die neoliberale Theorie entlastet die Politik. Politisch braucht es fast kein Denken, wenn man denkt, was die Protagonisten der neoliberalen Theorie denken: dass man das ökonomische System ›machen lassen soll‹.

Ich habe eingangs schon darauf hingewiesen: Die neoliberale Theorie war zwar darin erfolgreich, die Glaubenssätze der neoliberalen Theorie ins politische Bewusstsein der Öffentlichkeit einzuschreiben. Nicht gelungen ist ihr jedoch, das Postulat der Gerechtigkeit aus dem Bewusstsein der Öffentlichkeit zu verdrängen und als Unsinnskategorie verstanden zu sehen. Das Postulat der Gerechtigkeit ist lediglich wirkungslos geworden. Was Gerechtigkeit meint und vor allem: was sie an politischen Strategien verlangt, um sie zu verwirklichen, ist unter der Dominanz des Neoliberalismus im politischen Bewusstsein der Öffentlichkeit verdrängt. Wirklich eliminieren lässt sich das Bewusstsein der Gerechtigkeit nicht. Tatsächlich stellt sich Gerechtigkeit als gesellschaftliche Zielvorgabe umso bedeutsamer dar, je drängender die Probleme der gesellschaftlichen Integration für eine große Zahl von Menschen werden. 83 Prozent der ca. 3000 Befragten der Studie der Friedrich Ebert Stiftung zur »Gesellschaft im Reformprozess« erachteten Gerechtigkeit für sehr wichtig (56 Prozent) oder wichtig (27 Prozent).[4] Auch liegt die Zahl derer, die den Wohlstand in der Bundesrepublik eher für gerecht verteilt halten, unter 30 Prozent.[5] Zu den nahezu 30 Prozent derer, die ihn für gerecht verteilt halten, tragen, wen wundert es, die Besser-Verdienenden überproportional bei. Als eine Form beredter Sprachlosigkeit zeigt sich der Gebrauch des Begriffs der Gerechtigkeit auch in der Tagespolitik. Er dient dazu, jede Maßnahme zu legitimieren, die sich Politiker einfallen lassen, um den Status quo festzuschreiben.

Dass sich das normative Postulat der Gerechtigkeit gegen die realen Verhältnisse zu behaupten vermag, hat Gründe, die dem Selbstverständnis des Menschen in der Moderne geschuldet sind. Es geht bei aller Gerechtigkeit um das Anerkenntnis einer Lebensform des Menschen, die auf eine soziokulturelle Praxis der Lebensführung in der Gesellschaft angewiesen ist. Gerechtigkeit rührt an die Grundverfassung des Daseins. Das Problem ist, dass sich das Bewusstsein der Gerechtigkeit mit einer politischen Machtverfassung konfrontiert sieht, die es nicht zu ändern vermag. Denn dazu wäre die politische Organisation derer als Machtpotenzial im politischen System nötig, die sich in die Unterschicht abgedrängt sehen. Das aber ist nahezu unmöglich. Darauf komme ich noch zurück. Im gegenwärtigen Kontext geht es um einen Befund: Die reale Machtverfassung wäre so real nicht, würde sie nicht in der Wissenschaft der Ökonomie und in den Medien durch die Theorie einer politischen Ökonomie abgestützt, die sie zu legitimieren weiß. Auch wenn sich eine soziologische Theorie nicht der Illusion überlassen kann, erst einmal das Bewusstsein ändern zu wollen, um für den Verfolg der Gerechtigkeit in der Politik die Voraussetzung zu schaffen, so stellt eine theoretische Fundierung doch die Bedingung dar, die eine Politik benötigt, wenn sie sich auf Gerechtigkeit verpflichten soll. Das aber ist die wichtigste Aufgabe, die die Wissenschaft, die Soziologie wie die Politik, unter der gegenwärtigen Verfassung der Gesellschaft hat. Um ihr nachzukommen, ist eine Abrechnung mit den Postulaten der neoliberalen Theorie notwendig.

Es ist Friedrich Hayek zu danken, den Versuch unternommen zu haben, den Verruf der Gerechtigkeit, um den es in aller neoliberalen Theorie geht, durch eine aufwendige Erörterung der Grundlagen der Gesellschaft zu begründen. Dabei verfährt er in einer für die neoliberale Theorie höchst charakteristischen Weise. Wie jede Heilslehre sucht auch die neoliberale Theorie durch rationale Argumente zu unterbauen, was als Glaubenssystem eingeführt wird. Jede Ordnung, sagt Hayek, ist

---

4 R. Müller-Hilmer, Gesellschaft im Reformprozess, S. 12.
5 So im Wohlfahrtssurvey 1998; vgl. H. Diefenbacher, Gerechtigkeit und Nachhaltigkeit, S. 28. Die Zahl wurde durch eine neuere Befragung durch infratest bestätigt. Der Spiegel 45, 2006, S. 23.

darauf angewiesen, geglaubt zu werden (64). Das gilt auch für die Ordnung der Marktgesellschaft. Die Vernunft dient Hayek lediglich dazu,
sich der Grenzen der menschlichen Erkenntnis bewusst zu sein. Sie ist
mit anderen Worten lediglich dazu bestimmt, um dem Glauben an das
System Glauben schenken zu können. Sehen wir uns Hayeks Theorie
der Gesellschaft genauer an.

2 Die Natur der gesellschaftlichen Ordnung

2.1 Spontane und gemachte Ordnungen

Hayeks theoretisches Interesse wird von allem Anfang an von dem
Bemühen bestimmt, die Natur der gesellschaftlichen Ordnung so darzustellen, dass sich an ihr die Unsinnigkeit des Postulats der Gerechtigkeit erweisen lässt. Der Weg dazu ist die Unterscheidung zwischen
spontanen und gemachten Ordnungen. Spontane Ordnungen sind
Ordnungen, deren Regelwerk nicht intentional geschaffen worden
ist. Eben darin unterscheiden sie sich von gemachten Ordnungen, den
Ordnungen der Familie, des Dorfes und des Betriebs. Die Ordnung der
Gesellschaft ist, folgt man Hayek, immer eine spontane Ordnung. Der
wichtigste Unterschied zwischen spontanen und gemachten Ordnungen
liegt darin, dass von spontanen Ordnungen nie gesagt werden kann, sie
seien ›gerecht‹ oder ›ungerecht‹. Denn als gerecht oder ungerecht kann,
folgt man wiederum Hayek, nur gelten, was von einer einzelnen Handlung intentional bewirkt worden ist (183). Als gerecht oder ungerecht
können deshalb allenfalls gemachte Ordnungen gelten.

Man kann als Soziologe, der die unterschiedlichen Gesellschaften
in der Geschichte im Blick hat, bereit sein, der Unterscheidung zwischen spontanen und intentional geschaffenen Ordnungen eine gewisse
Plausibilität einzuräumen. Die Ordnung der Gesellschaft ist auch im
soziologischen Verständnis als Ordnung nicht intentional geschaffen.
Eine eingehendere Überprüfung lässt die Unterscheidung zwischen
spontanen und gemachten Ordnungen gleichwohl unscharf werden.
Gemachte Ordnungen können intentional geschaffen sein, gewiss. Gesatzte Ordnungen wie die eines Vereins zeichnen sich durch diese Form
der Intentionalität aus. Jene Ordnungen aber, die Hayek im Blick hat,
wenn er von gemachten Ordnungen spricht, Ordnungen des Zusammenlebens von Menschen in Familien oder Dörfern, bilden sich, ohne
dass auf die Ordnung als Ordnung reflektiert würde, um sie dann intentional zu bewirken. Man kann zwar mit Bedacht eine Familie gründen,
deren Ordnung aber hat sich vordem schon auf andere Weise gebildet.
Maßgebend für die gemachten Ordnungen sind zwar die Intentionen,
die mit ihnen verfolgt werden, die aber werden von Bedürfnissen und

Interessen bestimmt, die von Interpretationen durchsetzt sind, wie es zugeht in der Welt. Ihre Ordnungen, die daraus entstehen, bilden sich über lange zeitliche Räume durch die Vernetzung von Lebenspraxen der Generationen, die von der eigenartigen Gemengelage von Interessen und Interpretamenten bestimmt werden. Eben so aber bilden sich soziale Ordnungen überhaupt, gemachte wie spontane. Sie bilden sich emergent. Emergent will sagen: Es sind Anschlusshandlungen von Anschlusshandlungen und Anschlusskommunikationen von Anschlusskommunikationen, aus denen die Ordnungen schließlich hervorgehen. Die können mit den Zielvorgaben der Handlungen unterschiedlich dicht verbunden sein. Familiale Ordnungen liegen gemeinhin dicht an den Interessen und Zielvorgaben, die die Mitglieder der Familie verfolgen. Das gleiche gilt aber auch für gesellschaftliche Ordnungen.

Jeder Ordnung liegt die Intentionalität der Handlungen zugrunde, durch die sie gebildet wird. Sie sind es, die sich, zum Typus verdichtet, zur Ordnung der Gesellschaft vernetzen.

Eine Herrschaftsverfassung wie die Lehnsordnung des Mittelalters weist einen hohen Einschlag intentional verfolgter Ziele auf. Deren Typus, die eigenartige Gemengelage von persönlichem Treueverhältnis und Unterwerfung unter agrarische Herrschaftsverhältnisse, bestimmt den Typus der Lehnsordnung. In vergleichbarer Weise bildet sich aber auch die Ordnung der Marktgesellschaft, die gemeinhin als paradigmatisch für eine emergente, spontane Ordnung gilt. Sie wird durch nichts so sehr bestimmt wie durch das Interesse der Kapitalakkumulation, das die Speerspitze des Handelns derer bildet, die als Unternehmer tätig sind.

Vielleicht ließe sich Hayek über die Emergenz sozialer Ordnungen belehren. Denn sein Interesse ist einzig, die gesellschaftlichen Ordnungen nicht als intentional geschaffene Ordnungen zu verstehen. Daran nämlich hängt die Konsequenz, um die es ihm zu tun ist: deutlich zu machen, dass nur intentional geschaffene Ordnungen das Attribut ›gerecht‹ oder ›ungerecht‹ auf sich zu ziehen vermögen. Für emergente Ordnungen müsste Hayek dann, nicht anders als für spontane Ordnungen in seinem Sinne, die Möglichkeit, als ›gerecht‹ oder ›ungerecht‹ erachtet zu werden, verneinen. Das allerdings ist zweifelhaft. Denn der bloße Befund der Emergenz hindert nicht, wie wir gesehen haben, dass eine Ordnung, die sich emergent bildet, von den Intentionen der Handlungen, aus denen sie sich bildet, bestimmt wird. Das gilt insbesondere im Blick auf die Marktgesellschaft. Dass die Marktgesellschaft sich im Sinne Hayeks als eine spontane oder in unserem Sinne als eine emergente Gesellschaft erweist, braucht niemanden daran zu hindern, an sie den Maßstab ›gerecht‹ oder ›ungerecht‹ anzulegen. Tatsächlich geschieht es ja auch. Zielgenau lässt sich das Urteil an jenes Moment adressieren, durch das die Ordnung der Marktgesellschaft gebildet wird: an die der

Kapitalakkumulation und die mit der Kapitalakkumulation verbundene Zurücksetzung der Interessen der Subjekte in der Gesellschaft. Doch das ist nicht der Haupteinwand, den es gegen die neoliberale These Hayeks zu richten gilt, an Marktgesellschaften könne nicht die Meßlatte der Gerechtigkeit gelegt werden.

Marktgesellschaften sind gesellschaftlich differenzierte Gesellschaften. Neben das emergente Organisationspotential des ökonomischen Systems ist das des politischen Systems getreten. Tatsächlich hat sich, wie wir mehrfach schon erörtert haben, mit der Marktgesellschaft der Staat zu einem politischen System entwickelt, dem ebenso Organisationsfunktionen für das Gesamtsystem wie für die Teilsysteme zukommen. Und tatsächlich ist der Staat als Sozialstaat dazu bestimmt, die Defizite der Integrationskapazität des ökonomischen Systems aufzufangen. An seine Maßnahmen wird man unbedenklich die Meßlatte des Gerechten und Ungerechten anlegen können. Sie sind intentional bestimmt, auf die Gestaltung der Gesellschaft gerichtet. Eben diese Entwicklung sieht Hayek mit größter Sorge. Neben der Absicht, die soziale Gerechtigkeit als eine Unsinnskategorie zu erweisen, zielt die von ihm entworfene Theorie des Neoliberalismus darauf ab, nachzuweisen, dass die allerwärts beobachtete Praxis dessen, was er als liberal-demokratische Politik brandmarkt, in die Katastrophe eines totalitären Regimes führen muss, wie wir sie als kommunistische oder sozialistische Regime kennengelernt haben (4). Der Marktgesellschaft muss, das macht das Credo der Hayekschen Theorie aus, die Integrität des Spontanen (oder Emergenten) belassen bleiben. Ihre Ordnung kann nachgebessert werden, aber nur so, dass die Ordnung dadurch stimmiger wird, der Markt als Markt ausschließlicher noch zur Geltung kommt. Wie man sieht, will Hayek die Verfassung der Marktgesellschaft so bestimmt sehen, wie sie aus dem ökonomischen System hervorgeht. Eben das macht, das habe ich deutlich zu machen gesucht, das Credo der neoliberalen Theorie aus. Wie kommt Hayek zu diesem Postulat? Weshalb sucht er die aus dem ökonomischen System hervorgegangene Ordnung gegen jede Form eines aus dem politischen System an sie herangetragenen Postulats der Gerechtigkeit zu immunisieren? Der wichtigste Grund – Hayek entwickelt ihn in ungemein redundanter Form – liegt in der Vorstellung, die er sich von der Genese der spontanen Ordnung einer Gesellschaft macht. Er sieht sie von einem evolutiven Mechanismus bewirkt, der eine Garantie dafür enthält, die beste aller möglichen Ordnungen zu sein.

2.2 Der evolutive Naturalismus im Verständnis der Gesellschaft

Gesellschaften bilden sich aus der Vernetzung von Handlungen und Kommunikationen. Hayek würde dieser Bestimmung wohl zustimmen, auch wenn bei ihm noch die Vorstellung anklingt, Gesellschaften bestünden aus der Vereinigung von Menschen (48). Auch der Weiterung, Handlungen und Kommunikationen in Regeln fixiert und durch deren Vernetzung die Ordnung der Gesellschaft bestimmt zu sehen, würde Hayek wohl folgen. Über die Form, in der die Vernetzung erfolgt, hat Hayek jedoch eigene Vorstellungen entwickelt. Da die Regeln wie die gesamte Ordnung nicht als intentional geschaffen verstanden werden können, hat Hayek für sie ein genetisches Verfahren erdacht, das sich eng an die Genese des Regelverhaltens von Tieren anlehnt. Regeln des Zusammenlebens in der Gesellschaft kommen, so Hayek, durch Anpassung an die Umwelt zustande (14). Sie gehen aus einem Selektionsprozess von Erfahrungen in der Gruppe hervor (13) und verschaffen der Gruppe inmitten der Umwelt einen Überlebensvorteil (20). Und vor allem: Sie bilden sich, weil durch sie die Gruppe die Oberhand über andere Gruppen gewinnt (166). Nicht, dass einzelne in der Gesellschaft ihren Vorteil suchen, lässt Regeln der Gesellschaft entstehen, Regeln werden überhaupt nicht mit Blick auf die Vorteile, die einzelne suchen, und die Folgen für die Gesellschaft herbeigeführt (21); Regeln bilden sich in einem sozial-evolutiven Selektionsprozess, in dem der Vorteil der Gruppe den Ausschlag gibt.

Es ist unschwer ersichtlich, dass die evolutiven Vorstellungen, die Hayek mit der Genese der Regeln und ihrer Vernetzung zur Ordnung der Gesellschaft verbindet, unmittelbare Relevanz für die Negation der Gerechtigkeit haben. Zum einen ist für die Ordnung der Gesellschaft, die sich evolutiv bildet, niemand verantwortlich, zum andern bildet sich aber die Ordnung immer im Interesse der Gesellschaft. Für sie hat sie sich als vorteilhaft erwiesen (172). Dass die Marktgesellschaft, so wie sie sich gebildet hat, naturgemäß die beste aller möglichen Gesellschaften darstellt, das zu zeigen ist der Zweck der aufwendigen Erörterungen über Spontaneität und Regelbildung. Dass einzelne in der Gesellschaft dabei schlecht wegkommen, wird man, sagt Hayek, zugeben, aber das ist Erdenlast, zu tragen notwendig.

Soziologisch erscheint es immerhin möglich, Regeln so zu verstehen, dass sie aus einem Selektionsprozess hervorgegangen erscheinen. Es gibt für die Regelbildung (fast) immer andere Möglichkeiten, jedenfalls in der Vorstellung eines zweiten Beobachters. Dann jedoch müsste man als Selektionskriterium Rationalität, resp. eine zweckrationale Form von Vernunft ins Spiel bringen. Denn es ist allemal eine subjektiv bestimmte Form zweckrationaler Vernunft, die das Handeln formt und hernach auch den Typus der Regel bildet, durch den sich die gesellschaftliche Ordnung formiert. Regeln sind ja nichts anderes als für wiederkehrende Situationen auf Dauer gestellte Handlungsformen. Doch genau das will Hayek nicht. Hayek schreibt, wie wir gesehen haben, der Vernunft lediglich die Einsicht zu, sich an einmal entstandene Regeln halten zu müssen. Dafür nimmt er zwei Gründe in Anspruch: Kein Mensch vermöge, so seine wieder- und wiederkehrende Einlassung, die Vielzahl der Daten zu überschauen, um sein Handeln frei von Regeln selbst zu bestimmen. Niemand wird den Befund, Regeln für das Handeln zu benötigen und sich an Regeln halten zu müssen, in Abrede stellen. Das ist der eine Grund. Sehr viel weniger plausibel ist der andere Grund, den Hayek dafür anführt, sich an Regeln gebunden halten zu müssen. Durch sie formierten sich, so Hayek, als letzten Werten ebenso die Gesellschaft wie die Lebensführung des einzelnen. Als letzte Werte ließen sie sich naturgemäß nicht weiter begründen; man müsse an sie glauben. Das nun ist zwar eine geläufige Allerweltsmeinung, sie verdankt sich aber nichts anderem als einer vorneuzeitlichen Logik, für alles und jedes nach einem letzten Grund zu fragen und in ihm das Denken stillzustellen. Irgendein Erkenntniswert kommt diesem Verfahren nicht zu. Ganz sicher nicht für die Marktgesellschaft. Die lässt sich am ehesten verstehen, wenn man ihr den Handlungstyp unterlegt, über den sie historisch-genetisch begründet wurde: den einer zweckrationalen Akkumulation von Kapital. Die Regeln, die sich im Verfolg dieses Interesses über den Markt ausbilden, sind der systemischen Verfassung des Marktes geschuldet. Sie formieren sich mit der Vernetzung der Handlungen auf dem Markt und der Selbstorganisation des Marktes als eines ökonomischen Systems. Irgendein Glaube an den Markt und an die Regeln des Marktes als einer letzten Wertigkeit ist dazu nicht vonnöten. Der Glaube an den Markt und an die Regeln des Marktes scheint am ehesten dazu bestimmt, die Ansprüche derer abzuwehren, die sich vom Markt schlecht bedient sehen.

Es steckt, wie man sieht, viel spekulativer Dilettantismus in den Vorstellungen, die Hayek sich von den Regeln und ihrem Bildungsprozess macht. Er wird durch den evolutiven Naturalismus lediglich verdeckt. Denn der bleibt opak und enthält keine wirkliche Erklärung. Für ein aufgeklärtes Verständnis der Moderne stellt sich der Bildungsprozess der Gesellschaft anders dar: Während die biologische Evolution am Genom angreift, geht der Bildungsprozess von Gesellschaften aus Handlungen hervor. Die aber werden von Subjekten unter den medialen Organisationsformen von Denken und Sprache geformt. Gesellschaften sind Vernetzungen von Handlungen. Es sind Handlungen, die in sozialen Regeln fixiert sind. Und es sind die mit den Handlungen verfolgten Interessen, die darauf hinwirken, die Handlungen in Regeln zu fixieren. Das aber geschieht nicht deshalb, weil, wie Hayek meint, die Handelnden sich durch Regelbildung gegen ungewisse Ereignisse absichern wollten (173), sondern deshalb, weil sie dadurch Interessen zu befriedigen suchen, die ihrerseits dauerhaft verfolgt werden. Mit den Regeln lassen sich zugleich Machtpotenziale und Interessensphären gegeneinander fixieren und absichern.

Die Kritik der Vorstellungen, auf denen die neoliberale Theorie über den Bildungsprozess der Regeln im einzelnen und der gesellschaftlichen Ordnung im Ganzen beruht, ist für die Kritik der neoliberalen Theorie von erheblicher Bedeutung. Denn wenn die Vorstellungen, die Hayek mit der Regelbildung verbindet, zum einen dazu bestimmt sind, nachzuweisen, dass Gesellschaften der Auszeichnung ›gerecht/ungerecht‹ nicht zugänglich seien, so zum andern dazu, die Gesellschaft dadurch gegen Kritik abzuschirmen, dass ihr die größtmögliche Vollkommenheit attestiert wird. Wie wir gesehen haben, bilden sich Ordnungen, folgt man Hayek, im Interesse der Gruppe, und das will sagen: prinzipiell im Interesse aller. Diese Annahme aber trifft auf den Nerv im soziologischen Verständnis der Gesellschaft. Denn folgt man der Genese der Gesellschaft rekonstruktiv, zeigt sich, dass sie über die Vernetzung von Handlungen gebildet wird, die über Machtprozesse in sie eingebracht werden.[6] Machtpotenziale aber haben sich seit den Tagen der neolithischen Revolution in ungleicher Form auszubilden vermocht. Immer sind dabei einige in Führung gegangen und haben andere: Gruppen, Kasten, Schichten, Klassen, unterdrückt. Machtprozesse sind es auch, die sich ebenso in den Regeln wie in der Gesamtordnung der Gesellschaft verfestigen. Die Verhältnisse in der Marktgesellschaft bieten dafür reiche Anschauung.

Um Hayeks naturalistischer Mystifikation der Ausbildung einzelner Regeln wie der Ordnung der Gesellschaft insgesamt so entschieden wie möglich zu widersprechen, gilt es festzuhalten:

Regeln bilden sich deshalb, weil mit ihnen dauerhafte Interessen verfolgt werden. Die Interessen werden über Machtpotenziale in die Gesellschaft eingebracht. Über Macht eingebrachte und in Regeln verfestigte Interessen sind es, die sich zur Ordnung der Gesellschaft vernetzen. Dem Akzept ihrer Geltung liegt das Faktum zugrunde, dass sie sich in der Gesellschaft durchzusetzen und sie zu gestalten vermochten.

In eben dieser Form: von Interessen bestimmt und mit Macht bewehrt, formiert sich die Gesellschaft in den Regeln, die sich mit ihr ausbilden. Denn so wie sich die Regeln bilden, so vernetzen sie sich zur Organisationsform der Gesellschaft: über die Machtpotenziale, die in sie eingehen. Nichts hindert uns, die Regeln wie die gesellschaftlichen Ordnungen, die sich in dieser Weise gebildet haben, auf ihre Gerechtigkeit zu befragen.

---

6 Siehe dazu die Studie über den Bildungsprozess der Gesellschaft in: G. Dux, Von allem Anfang an: Macht nicht Gerechtigkeit. Studien zur Genese und historischen Entwicklung des Postulats der Gerechtigkeit.

2.3 Die Gerechtigkeit der Gesellschaft

Hayek will Gesellschaften deshalb nicht als Konstrukte verstehen, weil sie sich spontan und nicht intentional bilden. Nur was intentional geschaffen sei, lasse sich, so Hayek, dem Urteil ›gerecht/ungerecht‹ unterwerfen. Als Konstrukte kann man jedoch nicht nur Gebilde verstehen, die selbst intentional entstanden sind, als Konstrukte kann man auch jene Gebilde verstehen, die sich aus Elementen bilden, die ihrerseits intentional geschaffen sind, also doch auch im Sinne Hayeks Konstrukte darstellen. Gesellschaften sind von dieser Art. Es sind Konstrukte, die sich aus der Vernetzung von Konstrukten, Handlungen und Kommunikationen, bilden. Was sich zunächst wie eine bloße Frage der Begriffsbestimmung ausnimmt, die man so oder auch anders vornehmen kann, wird von einer Einsicht bestimmt, die für das Verständnis der Gesellschaft Bedeutung gewinnt. In das Konstrukt der Gesellschaft geht nämlich der konstruktive Handlungstypus, aus denen sich die Ordnungsform der Gesellschaft bildet, ein. Für die Handelnden liegt die Ordnungsform der Gesellschaft bereits im Horizont der Formierung und Zielbestimmung des Handelns. Sie wissen nicht nur, dass es die Ordnung der Gesellschaft gibt, die Ordnung steht ihnen mit den Handlungen der anderen ins Haus. Denn die nehmen für die Erwartung, ihre Handlungen respektiert zu sehen, die gesellschaftliche Ordnung in Anspruch. Jede der Handlungen bildet sich just so aus, wie es der Typ von Handlungen, der für die Ordnung strukturbildend ist, verlangt. Zwischen den einzelnen Handlungen und der Ordnung der Gesellschaft waltet eine Dialektik der Vermittlung ob: Die Ordnung bildet sich mit den Handlungen aus; die Handlungen folgen ihr, verändern sie aber auch. Gewiss, es gibt im Bildungsprozess der gesellschaftlichen Ordnung einen systemischen Eigenanteil, der sich mit der Vernetzung zur Ordnung der Gesellschaften ausbildet. Er entzieht sich der Intentionalität der Handelnden. Aber selbst der geht, soweit er fassbar wird, noch mit in die Rechnung des Handelnden ein.

Der Vorgang lässt sich an der Verfasstheit der kapitalistischen Marktgesellschaft eindrücklich dokumentieren. Marktgesellschaften bilden sich über die elementare Form des Tausches auf dem Markt. Das, so sagt man, macht ihren Vorzug aus. Dem wird man nicht widersprechen wollen. Man darf jedoch dem Verständnis des Marktes im Kapitalismus nicht die Verfassung eines Bauernmarktes unterlegen. Das aber geschieht, wenn man dem individualistischen Gesellschaftsverständnis des Liberalismus folgt und meint, der Markt stelle deshalb

»eine paradigmatische Freiheitsordnung dar, weil (er) als eine rechtlich gesicherte Arena freiwilliger Kooperation betrachtet werden (könne), in der die Einzelnen durch freiwilligen Tausch und durch freiwillige Beteiligung an kollektiven Arrangements (Vereinen, Verbänden, Unternehmungen etc.) wechselseitige Vorteile realisieren.«[7]

Dieses Verständnis des Marktes ist für eine soziologische Aufarbeitung der Strukturen der Marktgesellschaft nicht nachvollziehbar. »Der Markt« ist in der Marktgesellschaft ein System von Märkten. In ihm ist der für die Gesellschaft strukturbildende Markt der Arbeitsmarkt. Dessen innere Verfassung aber hat sich nicht schon im Interesse aller gebildet. Er wird seiner innersten Logik nach von dem Interesse der Produzenten am Mehrwert, resp. Gewinn, bestimmt. Es ist dieses Interesse, das dem komplexen Prozess der Produktion zugrunde liegt. Wenn sich die Arbeitnehmer in die »rechtlich gesicherte Arena freiwilliger Kooperation« begeben, so mag es ja sein, dass dabei wie auf dem Bauernmarkt Äquivalente getauscht werden, aber doch solche, die von den Strukturen des Arbeitsmarktes bestimmt werden. Wenn man einräumt, dass der Arbeitsmarkt von den Interessen der Kapitalakkumulation bestimmt wird, und wenn man weiter einräumt, dass der Arbeitsmarkt der eigentlich strukturbildende Markt der Marktgesellschaft ist, kann es dann irgend fraglich sein, dass man die Ordnungsform der kapitalistischen Marktgesellschaft insgesamt in keiner anderen Weise bestimmen kann als durch die Ordnungsform des ökonomischen Systems, also doch durch das Interesse seiner Konstrukteure an der Kapitalakkumulation?

Keine Frage, das ökonomische System der Marktgesellschaft besteht nicht nur aus den auf die Kapitalakkumulation gerichteten Handlungen der Unternehmer. In es inkludiert sind auch die Interessen und Handlungen der Lohnabhängigen, aber eben lediglich in einer abhängigen, derivativen Form. Sie lassen sich immer nur soweit realisieren, wie die Interessen der Kapitalakkumulation es erlauben. Das ist schlicht eine Konsequenz des Umstandes, dass diese Ordnungsform sich über das Interesse an der Kapitalakkumulation formiert. Eben weil das so ist, eben weil sich die Strukturen der Ordnungsform der Gesellschaft aus den dominanten Interessen der Handlungen derer bilden, die diese Ordnungsform bewirken, haben die, die aus dieser Gesellschaft herausfallen und die, die sich in ihr schlecht aufgestellt finden, allen Grund, ihre Kritik und ihr Verlangen darauf zu richten, dass diese Handlungsform nicht auch schon zur definitiven Organisationsform der Gesellschaft werde. Es mag ja sein, dass der Markt das effizienteste ökonomische System ist, das sich als realisierbar erweist. Das aber heißt noch lange nicht, dass er auch das effizienteste System der Gesellschaft ist, um alle in der Gesellschaft gut leben zu lassen.

7 J. V. Vanberg, Die Verfassung der Freiheit, S. 43.

Worum es mir nach allem geht, ist dies:

Der Umstand, dass sich gesellschaftliche Ordnungen über Handlungen vernetzen, mit denen spezifische Interessen verfolgt werden, die einen ebenso spezifischen Handlungstypus bilden – Kapitalakkumulation –, lässt diese Ordnung auch dem Urteil der Gerechtigkeit ausgesetzt sein.

Das Problem, das normative Postulat der Gerechtigkeit auf die Marktgesellschaft zu richten, ist nicht, dass die Ordnungsform der Gesellschaft diesem Postulat deshalb nicht zugänglich wäre, weil sie nicht intentional geschaffen wurde, die Intentionalität der Kapitalinteressen, die in sie eingeht, reicht für den Anwurf. Das Problem ist, dass sich diese Ordnungsform als vernetzte Form des Handelns zwar dem Verlangen der Gerechtigkeit ausgesetzt sieht, dass deren Realisierung aber auf den massiven Widerstand derer stößt, die vom ökonomischen System vorteilhaft bedacht sind.

2.4 Der Unverstand im Verruf der Gerechtigkeit

Es steckt, das sollten die Erörterungen zeigen, viel Unverstand im Verständnis der Gesellschaft, wie es im Neoliberalismus mitgeführt wird. Das gilt im besonderen Maße für das Verständnis der Gerechtigkeit. Hayek nimmt ihn als Allerweltsbegriff: auf Moral gegründet, an Prinzipien gebunden (Gleichheit) und mit beiden der Handlungsmacht des Subjekts überantwortet. Mit diesem Begriff lässt sich einer Kritik der Strukturen der Marktgesellschaft in der Tat nicht beikommen. Wenn man sich aber auf die Bestimmung gesellschaftlicher Strukturen einlässt, und das tut der Neoliberalismus, dann muss man auch den Begriff der Gerechtigkeit anders bestimmen, strukturspezifisch für die Gesellschaft, auf die er sich richtet. Dann aber darf einem nicht entgehen, dass mit dem Begriff der Gerechtigkeit in der Marktgesellschaft Probleme thematisch werden, die vom Prinzip der Kapitalakkumulation bewirkt werden. Sie sind es, die sich in der Kritik der unzureichenden Inklusion von Millionen in das ökonomische System Ausdruck verschaffen.

Dass die Organisationsform der kapitalistisch verfassten Marktgesellschaft existenzielle Probleme für Millionen Menschen bewirkt, die nicht in sie inkludiert werden, das ist es, was die Gesellschaft das Begriffspaar ›gerecht/ungerecht‹ auf sich ziehen lässt.

Das Verständnis der sozialen Gerechtigkeit, wie es hier entwickelt wurde, lässt das, was Hayek über Gerechtigkeit zu sagen weiß, als nahezu irrelevant erscheinen. Er sieht das Postulat der Gerechtigkeit an ein

Verständnis der Stellung des Subjekts in der Gesellschaft gebunden, das von dem individualistischen Bias des Liberalismus hinter ihm liegender Jahrhunderte bestimmt wird. Er meint, die Stellung des einzelnen in der Gesellschaft sei seinem eigenen Handlungsvermögen und allenfalls noch dem Einfluss seiner Herkunftsfamilie zuzuschreiben (160). Soziale Gerechtigkeit stellt sich dann in der Vorstellung Hayeks als Postulat dar, diese Determinanten seiner Positionierung in der Gesellschaft so auszugleichen, dass jeder die gleichen Bedingungen und die Chance gleicher Positionszuweisung in der Gesellschaft finde. Die Determinanten seiner Geburt und seiner Positionierung in der Gesellschaft muss jedoch, sagt Hayek, jeder akzeptieren, nicht anders als die Kausalitäten seiner biologischen Verfassung. Zuweilen gar meint Hayek, die, die soziale Gerechtigkeit einforderten, verlangten, alle gleich zu entlohnen (233f.). Wer wollte bestreiten, dass das eine wie das andere nicht geht. Auch sonst weiß Hayek mit einem systemisch ausgelegten Begriff der sozialen Gerechtigkeit nichts anzufangen. Immer wieder versteht er Gerechtigkeit als »Forderungen irgendwelcher Interessengruppen« (248), sich in der Gesellschaft gleich gestellt zu sehen. Solche Forderungen aber gelte es deshalb abzuwehren, weil dadurch die Grundordnung der Gesellschaft, nach abstrakten Regeln zu verfahren, verletzt werde. Hayek räumt ein, dass die gesellschaftliche Verfassung für einzelne in erheblichem Maße ungünstig sein kann. Das ist so im Spiel, sagt er, nicht anders geht es auf dem Markte zu. Deren Ordnung lässt sich dadurch nicht infrage stellen. Wer im Pokerspiel schlechte Karten hat, verliert Geld, wer im Pokerspiel der Gesellschaft schlechte Karten hat, fällt der Armenfürsorge anheim. Gegen die hat auch der Neoliberalismus nichts einzuwenden.

Wenn man den Bildungsprozess der Gesellschaft in der Weise naturalisiert, dass man ihn einer Evolution unterworfen sieht, die der biologischen strukturanlog ist, stellt sich die Gesellschaft allemal als die beste aller möglichen Gesellschaften dar. Eben so will Hayek die Marktgesellschaft verstanden wissen. In einer solchen Gesellschaft hat Gerechtigkeit keinen Platz. Der Begriff selbst trivialisiert sich in einer Weise, dass die Probleme, die gegenwärtige Marktgesellschaften mit sich führen und mit dem Sozialstaat als Verfassungsprinzip aufzufangen suchen, nicht wiederzuerkennen sind. Präzisieren wir deshalb, wie Gerechtigkeit sich in einem über die Konstruktivität der Gesellschaft aufgeklärten soziologischen Verständnis darstellt.

3 Gerechtigkeit im Konstruktivismus der Moderne

3.1 Die Unabweisbarkeit des Wissens um die Gesellschaft als Konstrukt

Gesellschaften stellen im soziologischen Verständnis die Vernetzung der Handlungen und Kommunikationen dar, in denen Menschen ihr Leben führen. Bereits ihrem Bildungsprozess in Anschluss an die evolutive Ausbildung der anthropologischen Verfassung liegt die Handlung als Leitkonstrukt zugrunde.[8] Handlungen aber sind medial verfasst, über Denken und Sprache gebildet und in diesem unprätentiösen Sinne »geistiger Natur«. Ich habe in den vorhergehenden Erörterungen viel Mühe darauf verwandt, gegen Hayeks Darlegungen deutlich zu machen, dass auch Marktgesellschaften konstruktiv entstandene Gesellschaften sind. Ihre hochkomplexen Organisationsformen der Produktion und des Geldverkehrs sind aus dem Interesse der Unternehmer an der Kapitalakkumulation entstanden. Dass sich die Vernetzung dieser Handlungen auf dem Markt durch Anschlusshandlungen von Anschlusshandlungen vollzogen hat, stellt den Konstruktcharakter nicht in Frage. Es ist die Vernetzung des für die Ökonomie dominanten Interesses der Unternehmer resp. Unternehmen an der Kapitalakkumulation, die dazu geführt hat, das soziale System der Marktgesellschaft auszubilden. Wie alle Systeme kennen auch soziale Systeme systemeigene Mechanismen, die sich selbsttätig realisieren. Das gilt in besonderer Weise für die Marktgesellschaft. Dadurch wird ihre konstruktive Anlage nicht infrage gestellt. Durch sie bildet sich eine systemeigene Logik aus, die von den das System begründenden dominanten Handlungen bestimmt wird.

3.2 Die Logik des Systems

Die Vernetzung der für die Marktgesellschaft systembildenden Prozesse der Kapitalakkumulation über den Markt ist kein wirkliches Geheimnis. Auch die Vorteile sind es nicht, die sich dabei ergeben. Kapital unter Bedingungen der Konkurrenz akkumulieren zu müssen, macht erfinderisch.[9] Davon haben auch die profitiert, die im Interesse der Kapitalakkumulation als Arbeiter und Angestellte in den Produktionsprozess eingeschlossen wurden und in dem von Unternehmern

---

8 Dazu G. Dux, Von allem Anfang an: Macht nicht Gerechtigkeit. Studien zur Genese und historischen Entwicklung des Postulats der Gerechtigkeit.
9 Eindrücklich Fr. A. Hayek, Der Wettbewerb als Entdeckungsverfahren, S. 249-265.

organisierten Prozess das Kapital erwirtschafteten. Darüber brauchen wir hier nicht zu handeln. Jede neoliberale Darstellung der Marktgesellschaft stimmt das Lied der Erfolge der Marktgesellschaft neu an.[10] Das Problem ist, dass mit jeder systemeigenen Logik auch die Grenzen des Systems festgelegt werden. Die aber hat dazu geführt, dass durch die Geschichte hin das Ungleichgewicht der auf die Kapitalakkumulation der Unternehmer gerichteten Prozessualität einerseits und des Interesses der Millionen, die exkludiert oder nur zu unzureichenden Bedingungen inkludiert wurden, andererseits für die Marktgesellschaft kennzeichnend ist. Eben so stellt sich die Marktgesellschaft auch heute dar. Der ungemeine Reichtum, den sie heraufgeführt und nach systemeigenen Mechanismen verteilt hat, steht im eklatanten Widerspruch zur Notlage von Millionen. Es kann in dieser Gesellschaft niemanden, der es wissen will, verborgen bleiben, dass die Negation der Lebensinteressen dieser großen Zahl eine Konsequenz der innersten Logik des Systems der Marktgesellschaft ist, einer Logik, die im Interesse der Kapitalakkumulation geschaffen wurde.

Die Menschen, die sich exkludiert sehen, haben nach allem keinen Grund, die Marktgesellschaft als die beste aller Gesellschaften zu verstehen. Unter dem Bewusstsein der Konstruktivität der menschlichen Daseinsform gibt es auch keinen Grund, der ihnen plausibel machen könnte, sich mit dieser Gesellschaft abzufinden. Die unbestreitbaren Vorzüge der Gesellschaft für die große Zahl derer, die an dem Reichtum teilhaben, lassen sich nicht verrechnen mit der Armut und der Verelendung an ihrem Rande, auch wenn früh schon die Vorstellung in die Ethik des Liberalismus Eingang gefunden hat, es komme auf das Glück der größten Zahl an.[11] Es ist dieser Konflikt, der im Postulat der sozialen Gerechtigkeit seine Artikulation erfährt. Mit der Gerechtigkeit werden nicht wie vor Zeiten metaphysische Prinzipien des Guten eingefordert, auch nicht transzendentale Prinzipien der Vernunft oder der Sprache, mit der Gerechtigkeit werden Bedingungen des Daseins unter der Konstruktivität der Marktgesellschaft eingefordert! Ersichtlich richtet sich das Postulat der Gerechtigkeit gegen die Verfasstheit einer Gesellschaft, wie sie sich konstruktiv über den Markt ausgebildet hat.

Die innere Logik im Konstrukt der Marktgesellschaft ist es denn auch, die dem Postulat der Gerechtigkeit Widerstand leistet. Diese Gesellschaft wird über den Markt gebildet. Der Markt bildet das Leitsystem der Gesellschaft. Auf dem Markt, im System der

---

10 Jüngst noch einmal G. Willke, Neoliberalismus.

11 Bei Jeremy Bentham, Principles of Morals and Legislation (1780). Die Formel selbst geht auf Francis Hutcheson (1694-1796), An Inquiry into the Origin of our Ideas of Beauty and Virtue, (1725) zurück.

Ökonomie, aber lässt sich Gerechtigkeit nicht unterbringen. Darin wollen wir Hayek folgen.

Das ganze Ausmaß des Problems wird ersichtlich, wenn wir uns den Antagonismus zwischen ökonomischem System und Gerechtigkeit vergegenwärtigen.

3.3 Kapitalakkumulation versus Gerechtigkeit

Wenn man die Prozeduralität des ökonomischen Systems von der Kapitalakkumulation bestimmt sieht, das ökonomische System mit anderen Worten auf eine Logik der Kapitalakkumulation fixiert sieht, dann ist evident, dass irgendeine Form von Gerechtigkeit, die auf den Ausgleich der Interessen zielt, in diesem System nicht untergebracht werden kann. Wir werden Hayek deshalb vorbehaltlos zustimmen, wenn er feststellt: Gerechtigkeit ist ganz sicher »nicht anwendbar auf die Art und Weise, in der der unpersönliche Marktprozess bestimmten Leuten die Verfügung über Güter und Leistungen verschafft: Diese kann weder gerecht noch ungerecht sein…« (221). Es macht keinen Sinn, diesen Befund infrage stellen zu wollen. Die systemische Logik der Ökonomie moderner Marktgesellschaften wird vom Prinzip der Kapitalakkumulation bestimmt. Und das lässt notwendig ungleiche Handlungs- und Machtpotenziale auf dem Markt entstehen. Es macht deshalb auch keinen Sinn, Gerechtigkeit im System der Ökonomie dadurch herstellen zu wollen, dass man meint, es müssten für jeden Marktteilnehmer gleiche Ausgangslagen geschaffen werden.[12] Das hieße, die Differenzen der Kapitalakkumulation immer erneut ausgleichen zu wollen. Damit würde die Logik des Systems der Kapitalakkumulation ebenfalls zunichte gemacht. Die aber ist die einzige Logik, die bestimmt, was im System geht und was nicht. Gerechtigkeit, das muss man sehen, lässt sich mit ihr im ökonomischen System nicht herstellen. Es lässt sich nicht einmal sagen, was Gerechtigkeit sein könnte. Was sollte der gerechte Lohn sein? Keine Aneignung des Mehrwerts durch das Kapital? Alle Wertschöpfung den Arbeitern? Das ist mit einer kapitalistischen Ökonomie nicht zu machen. Etwas Mehrwert? Dafür gibt es weder ein Maß, noch auf der Seite der Unternehmer und Kapitaleigner eine Motivation. Die geht auf jeden möglichen Gewinn, wenn er nur mit legalen Mitteln erzielt wird. Eben so hat sich der Markt durch die Jahrhunderte gezeigt. Hayek ist nicht der Versuchung erlegen, den Markt schön zu reden. Was der Markt bewirkt, daran hat er keinen Zweifel gelassen, wäre ungerecht, wenn denn der Maßstab ›gerecht / ungerecht‹ an ihn angelegt werden könne (215). Das, so sagt er zu Recht, geht aber nicht. Es geht wirklich nicht!

12 So G. Willke, Neoliberalismus, S. 41 ff.

3.4. Der Konflikt
Leben als Gut der Gerechtigkeit

Niemand, der sich in der Marktgesellschaft exkludiert oder nur unzureichend inkludiert findet, wird sich mit dem Befund zufrieden geben. Niemand, der sich bedroht sieht, kann sich mit ihm zufrieden geben. Der Begriff der Gerechtigkeit, mit dem die neoliberale Theorie operiert, nimmt sich schal aus neben dem, um den es hier geht: um die Einforderung eines elementaren Lebensinteresses unter den historisch bewirkten Bedingungen der Marktgesellschaft. Dieses Interesse lässt sich nicht preisgeben. Es lässt sich denen, die es einfordern, auch nicht streitig machen. Denn mit ihr wird ein Gut eingefordert, das sich der Diskursivität der Begründung entzieht, eben deshalb aber auch des Bestreitens. Leben und leben zu wollen ist nichts, das begründet werden müsste. Es ist nicht einmal etwas, das begründet werden könnte. Es stellt im Verständnis der Moderne die Grundlage des Daseins in der Welt dar; es ist ein wirkliches Apriori des Daseins, aber ein säkulares. Die eigenartige Organisationsform menschlichen Daseins, in konstruktiv geschaffenen Welten leben zu müssen, hat den Menschen einer Historizität in der Entfaltung dieser Konstruktivität unterworfen, die in die Marktgesellschaft der Moderne geführt hat. Die Integration in diese Gesellschaft ist damit zur Bedingung des Lebens geworden. Die historische Ausprägung, unter der das Leben in der Marktgesellschaft geführt werden muss, ist so wenig abdingbar wie das Leben selbst. Wer deshalb in Abrede stellt, in der Gestaltung der Gesellschaft den Sinnkriterien dieser Gesellschaft verpflichtet zu sein, – Hayek tut das, und die neoliberale Theorie folgt ihm darin – macht sich eines Sakrilegs gegen das Leben schuldig.

3.5 Der Widerspruch gegen den Konstruktivismus der Moderne

Die neoliberale Theorie hat ein Gespür dafür, die Marktgesellschaft gegen den Konstruktivismus der Gerechtigkeit abschirmen zu sollen. Die Absicht ist, die Politik darauf zu verpflichten, sich mit den Verhältnissen zufrieden zu geben, wie sie sich im ökonomischen System bilden. Der Auftrag, den das Verfassungsprinzip des Sozialstaats mit sich führt, besagt das Gegenteil. Gegen den Sozialstaat richtet sich die Stoßkraft der neoliberalen Theorie. Hayek ist nicht müde geworden zu versichern, die spontane Ordnung nicht nur des Marktes, sondern der Marktgesellschaft sei einer konstruktiven Gestaltung nicht zugänglich (53). Jeder Versuch, Gerechtigkeit mit Hilfe des Staates doch noch zu verwirklichen, führe in ein totalitäres System von Kommunismus und Sozialismus (215 ff.). Mit der Absicht, Front zu machen gegen jede gestaltende Ordnung der Gesellschaft durch den Staat, erfährt die Verruferklärung der Gerechtigkeit erst ihren eigentlichen gesellschaftspolitischen Gehalt. Sie wendet sich gegen das in der Neuzeit gewonnene und in der Moderne erst recht zu Bewusstsein gebrachte Verständnis, in einer konstruktiv geschaffenen Welt zu leben und, soweit das konstruktive Vermögen reicht, für sie auch die Verantwortung übernehmen zu müssen. Eben deshalb suchte Hayek die Gesellschaft als Resultat natürlicher Selektion darzustellen. Eben deshalb erklärt er auch, die Gründe einer gesellschaftlichen Ordnung seien uns nicht einsichtig. Immer müssen, folgt man Hayek, Ordnungen als letzte Werte betrachtet werden, an denen man festhalten muss (167). Als letzte Werte lassen sie sich nicht begründen, man muss an sie glauben (64). Sehr zu Recht hat Alexander Rüstow gesagt, der Neoliberalismus gründe in einem ›subtheologischen Weltbild‹.[13] Beide Thesen, sowohl die der Negation des Konstruktivismus wie der Begründung der Ordnung aus dem Glauben, sind erkenntnistheoretisch rückständig.

Der Konstruktivismus der Moderne lässt sich nicht in Abrede stellen. Er gehört zum Grundverständnis der Neuzeit, das erst in der Moderne recht reflexiv geworden ist. Gesellschaften bilden sich aus der Vernetzung der Handlungen der Subjekte. Handlungen aber sind medial, über Denken und Sprache geformte Praxisformen der Lebensführung. In exakt diesem Sinne sind sie konstruktiv geschaffene Lebensformen. Das habe ich eingangs deutlich zu machen gesucht. Für die Marktgesellschaft kann nicht zweifelhaft sein, dass sich das ökonomische System als das Basissystem aus den Handlungen der Unternehmer und mit den Handlungen der Unternehmer aus der Zielvorgabe der Kapitalakkumulation bildet.

Wir sind an dieses System gebunden, aber wir sind nicht deshalb auch schon daran gebunden, es bei den Verhältnissen zu belassen, die vom ökonomischen System bewirkt worden sind.

Für die Gestaltung der gesellschaftlichen Verhältnisse hat die Funktionsbestimmung des politischen Systems die Grundlage geschaffen. Dem politischen System ist eine Gestaltungskompetenz und eine Gestaltungshoheit zugefallen, die sich nutzen lässt. Gegen ihre Nutzung wendet sich die neoliberale Theorie mit der Behauptung, mit jeder Gestaltung werde einem kommunistischen System Vorschub geleistet und letztendlich der Untergang der Zivilisation heraufgeführt. Die Behauptung ist ersichtlich der Konstellation der politischen Systeme des vergangenen Jahrhunderts verhaftet. Sie macht als Argument gegen eine Politik, die eigens darauf bedacht ist, das ökonomische System in seiner

---

13 A. Rüstow, Das Versagen des Wirtschaftsliberalismus, passim. Im gleichen Sinne N. Chomsky, Profit over People, S. 43.

Leistungsfähigkeit nicht zu irritieren, keinen Sinn. Auch eine konstruktiv noch so bedachtsame Politik der Integration derer, die vom ökonomischen System exkludiert werden, wird Hayek und die Protagonisten der neoliberalen Theorie jedoch nicht überzeugen. Sie berufen sich ausdrücklich auf einen Glauben nicht nur an das ökonomische System, sondern an eine Gesellschaft, die vom ökonomischen System gestaltet wird. Damit aber ist unter den Erkenntnisvorgaben der Moderne nichts anzufangen. Und das schon deshalb nicht, weil, wo eine Glaube ist, zehn andere sich ebenfalls zu Wort melden. Man könnte, wenn man wollte, Gerechtigkeit dann ebenfalls als Glaube in der politischen Arena zu Wort bringen. Gerechtigkeit ist jedoch kein Glaube. Gerechtigkeit beinhaltet die Parteinahme für ein Apriori des Menschen unter kulturell geschaffenen Praxisformen des Lebens. Ich fasse die Überlegungen zunächst zusammen, bevor ich die Kritik des Glaubens der neoliberalen Theorie an der Kritik einer Rezeption weiterführe, die dieser Glaube gefunden und die ihn ganz unerträglich werden lässt: am Verbund mit der Wissenschaft der Ökonomie.

Resümee

1

Das politische Bewusstsein der Öffentlichkeit wird von der neoliberalen Theorie beherrscht. Das gilt insbesondere für das politische Bewusstsein der Repräsentanten der großen politischen Parteien. Sie sind ganz überwiegend auf das Kerntheorem der neoliberalen Theorie eingeschworen, die Lösung der politischen Probleme vom Markt zu erwarten. Es ist diese Überzeugung, die auch den Umgang mit dem Postulat der Gerechtigkeit bestimmt. Der Unterschicht wird zugemutet, auf eine Hilfe zu warten, die vom Markt kommen soll. Bis dahin werden die Menschen, die sich in sie abgedrängt sehen, an und unter der Grenze der Armut am Leben erhalten. Für die Politik ist die aktuelle Verbesserung ihrer Lebenslage zum Anathema geworden.

2

In der Theorie des Neoliberalismus hat soziale Gerechtigkeit keinen Platz. Hayek, der als der theoretische Repräsentant dieser Theorie gelten kann, hat sie explizit als »Unsinnskategorie« bezeichnet. Ihren Verruf hat er durch ein aufwendiges Theoriegebäude zu begründen gesucht. Mit ihm wendet er sich gegen die Vorstellung der Moderne, Gesellschaften als Konstrukte zu verstehen. Er sieht ihren Bildungsprozess von naturanalogen Prozessen der Selektion bestimmt, durch die jeweils die beste aller möglichen Gesellschaften entsteht. Eben weil sich die Gesellschaft selektiven Prozessen der Evolution verdankt, ist sie, folgt man Hayek, der Gerechtigkeit nicht zugänglich.

Das Konstrukt, das sich Hayek vom Bildungsprozess der Gesellschaft macht, hält den erkenntniskritischen Vorgaben der Moderne nicht stand. Selbstredend hat sich die Gesellschaft evolutiv gebildet. Allein, während die Evolution der Arten am Genom angreift, greift der Bildungsprozess der Gesellschaft am Handeln an, für dessen Ausbildung die Evolution die Grundlagen geliefert hat. Der jeweilige Typus des Handelns bestimmt, zu welchem sozialen System sich die Handlungen vernetzen. Das gilt auch für die Vernetzung der Handlungen zur Gesellschaft. Und es gilt insbesondere für die Vernetzung der Handlungen zur Marktgesellschaft. Die Organisation der Produktion und Dienstleistungen mit dem Ziel der Kapitalakkumulation stellen jenen Typus der Handlungen dar, über die sich die Marktgesellschaft bildet.

3

Das soziologische Unverständnis des Bildungsprozesses der Gesellschaft zeitigt Konsequenzen für das Unverständnis auch der Gerechtigkeit in der Marktgesellschaft. Der Umstand, dass das ökonomische System der Marktgesellschaft sich seiner innersten Logik nach als ein System von Handlungen vernetzt, die auf Kapitalakkumulation zielen, lässt Gerechtigkeit sehr wohl an Handlungen anknüpfen. Über Handlungen vernetzt sich die Gesellschaft zu der für sie charakteristischen systemischen Verfassung. Für die Marktgesellschaft stellt das ökonomische System das Basissystem dar. Durch es werden die Menschen allererst in den Praxisformen des Handelns und der Kommunikation zur Gesellschaft vernetzt. Für das ökonomische System aber gilt, dass sich in ihm Gerechtigkeit nicht realisieren lässt. Der Gerechtigkeit lässt sich in der Marktgesellschaft nur Geltung verschaffen, wenn man die vom ökonomischen System bestimmte Grundverfassung der Gesellschaft nicht auch schon als definitive Ordnung der Gesellschaft akzeptiert. Wer Gerechtigkeit einfordert, will deshalb die Gestaltungshoheit und Gestaltungskompetenz des politischen Systems nutzen, um zu gedeihlichen Bedingungen für die zu kommen, die vom ökonomischen System exkludiert werden, die unzureichende Inklusion eingeschlossen.

4

Vielleicht hätte man Hayek darüber belehren können, wie sich der Bildungsprozess der Marktgesellschaft unter den Erkenntnisvorgaben der Moderne soziologisch darstellt. Man kann jedoch sicher sein, dass Hayek, was den Verruf der Gerechtigkeit angeht, sich nicht hätte belehren lassen. Auch die gegenwärtige neoliberale Theorie erweist sich als immun gegen Kritik. Für Hayek beruht die Theorie der Gesellschaft auf einem letzten Wert, der in der Ordnung der Gesellschaft manifest geworden ist. An ihn muss man glauben. Die neoliberale Theorie ist Glaubenslehre, und sie will Glaubenslehre sein. Sie glaubt, die Verhältnisse in der Marktgesellschaft so belassen zu müssen, wie sie sich aus dem ökonomischen System heraus bilden. Für die Wissenschaft ist der Glaube der neoliberalen Theorie Aberglaube. Er hat Gründe, die man aufklären kann. Sie sind zu trivial, um nicht durchschaut zu werden. Der Glaube der neoliberalen Theorie basiert auf dem ökonomischen Interesse derer, die sich im ökonomischen System gut aufgestellt sehen. Doch das ist nicht alles. Dieser Glaube will nicht wissen, dass man das Verlangen derer, die sich vom ökonomischen System exkludiert sehen, in die Gesellschaft integriert zu werden, mit Gründen nicht in Abrede stellen kann. Es gleichwohl zu tun heißt, sich gegen das Leben zu wenden. Das nämlich verlangt, ein über Sinn bestimmtes Leben zu führen.

5.1 Der Glaube der ökonomischen Theorie Wissenschaft als Heilslehre

1 Ökonomie als politische Ökonomie

In einer systemisch differenzierten Gesellschaft tendieren deren Teilsysteme dazu, eine je eigene Wissenschaft auf sich zu ziehen. Die Grenzen der Systeme werden dann zur Grenze dieser Wissenschaft. Unschwer lässt sich deshalb die Funktionsbestimmung der Ökonomie dahin verstehen, die Prozessualität des ökonomischen Systems zu klären. Mit einer Funktionsbestimmung, die sie auf die Grenzen ihres jeweiligen Teilsystems festlegt und auf sie einschränkt, geben sich jedoch weder die Teilsysteme noch die auf sie angesetzten Wissenschaften zufrieden. Denn Teilsysteme sind in die Funktionseinheit des Gesamtsystems integriert. Die Systemtheorie weiß wenig Erhellendes darüber zu sagen, wie das geschieht.[1] Von gesellschaftlichen Teilsystemen wissen wir, dass sie eine höchst signifikante Strategie entwickeln, um sich in das Gesamtsystem der Gesellschaft zu integrieren. Jedes der Teilsysteme der Gesellschaft entwickelt dazu eine Theorie der Gesellschaft, in der es sich wiederfindet.[2] Frappant ist die Strategie, die das ökonomische System der Marktgesellschaft verfolgt, um sich in die Gesamtgesellschaft integriert zu sehen. Es sieht die Logik des Gesamtsystems von seiner eigenen Logik bestimmt. Das kann deshalb nicht überraschen, weil jedes System nur sieht, was es sieht, und nur versteht, was seine eigene Logik es verstehen lässt. Konstruktiv kann das ökonomische System deshalb meinen, es sei zur Strukturbildung der Gesamtgesellschaft berufen. Eben diese Strategie macht sich die ökonomische Theorie zu eigen. Hätte es dabei sein Bewenden, ließe sich umgehen mit der ökonomischen Theorie. Wir könnten ihr Postulat, die Logik der Ökonomie die Logik der Gesellschaft bestimmen zu lassen, zu den Verzerrungen der Wahrnehmung der Gesellschaft rechnen, wie sie nun einmal von Teilsystemen ausgehen.

Damit jedoch ist es nicht getan. Denn so einsichtig das systemisch induzierte Verfahren ist, die eigene Logik auch die Logik der Gesamtgesellschaft sein zu lassen, es zeitigt praktische Konsequenzen für das Verhältnis von Ökonomie und Gesellschaft, die nicht akzeptabel sind. Denn das ökonomische System ist, wie wir nun sattsam erörtert haben,

---

1 Das wird gelegentlich auch von Autoren anderer Disziplinen gesehen, die sich der Systemtheorie für ihre Zwecke zu bedienen suchten. Vgl. R. Homann, Theorie der Lyrik, S. 15.

2 H. Willke, Supervision des Staates, S. 109 ff.

ein auf die Interessen und Logik der Kapitalakkumulation angelegtes System. Es kennt die Interessen der Subjekte nur als derivative, nachgeordnete Interessen. Eben weil das so ist, ist Hayek zuzustimmen, dass Gerechtigkeit im ökonomischen System keinen Platz hat. Nur kann es dabei nicht sein Bewenden haben. Denn wenn die Logik der Ökonomie auch die Logik der Gesamtgesellschaft ist, dann hat Gerechtigkeit auch in der Gesellschaft insgesamt keinen Platz. Eben das ist, wie wir gesehen haben, die Lehre der neoliberalen Theorie. Und eben die wird von der Ökonomie als Wissenschaft auf breiter Front rezipiert. Mit der Rezeption und mit der Übernahme des Postulats, von der Logik des ökonomischen Systems auch die Logik der Gesamtgesellschaft bestimmt zu sehen, wird die ökonomische Theorie aus einer schlecht begründeten Theorie zu einer wissenschaftlich pervertierten Theorie. Eben dadurch auch wird sie zur Ideologie. Denn eben dadurch wird die ökonomische Theorie aus einer systemisch bornierten Theorie zu einer Theorie, die für die Interessen derer Partei nimmt, die sich im ökonomischen System gut aufgestellt wissen. Der Glaube an eine Marktgesellschaft, deren Ordnung so, wie sie vom ökonomischen System bewirkt wird, als die beste aller möglichen Gesellschaften gelten soll, geht zu Lasten derer, die sich in dieser Gesellschaft an den Rand gedrängt sehen. Es ist diese Parteinahme, die die ökonomische Theorie nicht anders als die neoliberale Theorie ideologisch pervertieren lässt. Und das nicht deshalb, weil sie die Geltung der Gerechtigkeit im ökonomischen System in Abrede stellt, sondern deshalb, weil sie die Gerechtigkeit für die Gesellschaft überhaupt perhorresziert.

Mit Theorien kann man verfahren, wie wir mit der neoliberalen Theorie verfahren sind. Man kann ihre Schwachstellen aufdecken und ihre Unzulänglichkeiten zeigen. Mehr ist nicht vonnöten. Mit Theorien, die sich Interessen verschreiben, steht es anders. Mit ihnen stößt man auf Machtpotenziale, die nicht leicht zu überwinden sind. Eines der effizientesten Machtpotenziale hat die neoliberale Theorie in der Ökonomie als Wissenschaft gefunden. Indem und soweit sich die ökonomische Theorie bereit findet, mit der neoliberalen Theorie gemeinsame Sache zu machen und die Logik des ökonomischen Systems als Logik der Gesamtgesellschaft postuliert, prostituiert sie sich als Wissenschaft den vom ökonomischen System bevorzugten Interessenten. Eben so stellt sich die ökonomische Theorie in ihrer Parteinahme für die neoliberale Theorie in der Öffentlichkeit dar. Mit dieser Parteinahme hat sie sich in das öffentliche Bewusstsein eingeschrieben. Dafür hat sie, darauf habe ich schon hingewiesen, das Machtpotenzial des ökonomischen Systems zu nutzen gewusst. Mehr als sechzig Think-Tanks mit den ihnen eigenen Netzwerken sorgen in der ganzen westlichen Welt dafür, diesen Anspruch zu verbreiten. In Deutschland hat sich unter anderen das Netzwerk der ›Neuen Sozialen Marktwirtschaft‹ dieser Aufgabe verschrieben.

Die neoliberale Theorie ist nicht ›die‹ ökonomische Theorie. Die Divergenzen der Lehre sind in der ökonomischen Wissenschaft nicht geringer als in anderen Wissenschaften. Mit manch einer Lehre wäre durchaus ein Übereinkommen zu erzielen, wenn sie denn den liberalen Individualismus mit einem systemischen Verständnis der Lebenslage des Individuums und der Gesellschaft in Einklang zu bringen wüsste.[3] Die neoliberale Theorie stellt aber im Chor der Lehre in der Ökonomie auch nicht irgendeine Theorie dar. Unbeschadet aller sonstigen Unterschiede in der ökonomischen Lehre weiß sich die Mehrheit der Ökonomen, wenn es um die Ökonomie als politische Ökonomie geht, darin mit der neoliberalen Theorie einig, dass sie die gesellschaftlichen Verhältnisse belassen will, wie sie vom ökonomischen System bewirkt werden. Mehr als die Konzession, denen, die vom ökonomischen System exkludiert wurden, das Existenzminimum zu sichern, ist ihnen nicht abzuringen. Die Vorstellung, das politische System müsse Garant einer Gerechtigkeit sein, die alle zu Bedingungen einer sinnvollen Lebensführung in die Gesellschaft integriere, ist für sie so perhorresziert wie für Hayek.[4] Es ist dieser Konsens, die Logik der Gesellschaft von der Logik des ökonomischen Systems bestimmt zu sehen, um den es mir in der Kritik »der« ›ökonomischen Theorie‹ zu tun ist.

Man muss sich die Absicht vergegenwärtigen, die mit der Eroberung des öffentlichen Bewusstseins der Gesellschaft durch die neoliberale Theorie verfolgt wird. Historisch hat sich in der Marktgesellschaft mit dem politischen System eine Gestaltungskompetenz und Gestaltungshoheit ausgebildet, die zunächst den Bürgern dazu gedient hat, Gerechtigkeit gegen die Feudalgesellschaft einzufordern. Hernach hat sich das Proletariat des Postulats der Gerechtigkeit bedient, um durch die Organisationskompetenz und Organisationshoheit des Staates die Defizite der Integration des ökonomischen Systems aufzufangen. Nach dem Verfall der Klassengesellschaft lieferte das Postulat der Gerech-

3 Das gilt insbesondere für den normativen Individualismus der Institutionenökonomie Viktor Vanbergs. Es ist jedoch gar nicht zu übersehen, dass auch sie sich des Einklangs mit der neoliberalen Theorie zu vergewissern sucht. Wie das möglich sein soll, bleibt ihr Geheimnis. V. Vanberg, Die Verfassung der Freiheit, S. 36-51; ders., Sozialstaatsreform und die soziale Gerechtigkeit, S. 173-180. Einen bedeutsamen Kommentar zur Lehre Vanbergs stellen die Arbeiten von Nils Goldschmidt dar. N. Goldschmidt, Zur Theorie der Sozialpolitik, S. 63-95.

4 Ein Ausnahme macht wiederum die Ordnungsökonomie Vanbergs. Er will das Volk darüber entscheiden sehen, wie weit die Gestaltungskompetenz des Staates reichen soll. V. Vanberg, Die Zukunft der sozialen Marktwirtschaft, S. 3-8. Mit Recht nennt N. Goldschmidt dies eine »odnungsökonomische Wendung« – wenn sie denn, so wäre hinzuzufügen, rigoros durchgeführt würde. N. Goldschmidt, Zur Theorie der Sozialpolitik, S. 63.

tigkeit die Begründung für den Sozialstaat. Dem wurde die Aufgabe zugeschrieben, politisch zu bewirken, was die Ökonomie nicht zu bewirken vermag, alle zu Bedingungen einer sinnvollen Lebensführung in die Gesellschaft zu integrieren. Exakt diese historische Fokussierung der Gerechtigkeit konterkariert die ökonomische Theorie, indem sie mit der Okkupation des öffentlichen Bewusstseins durch die neoliberale Theorie die Vorherrschaft des ökonomischen Systems im politischen System reklamiert.[5] Mit eben dieser Programmatik betreibt sie den Kampf um die Zukunft der Marktgesellschaft. Als politische Ökonomie will sie nicht weniger als die Unterwerfung der Menschheit unter die Logik des ökonomischen Systems. In der Tat entscheidet sich an der politischen Ökonomie, in welcher Welt wir morgen leben werden.

2 Die ökonomische Theorie als Heilslehre

2.1 Die Glaubenssätze

Wissenschaft nimmt für ihre Erkenntnisse Wahrheit in Anspruch. Das gilt für die Wissenschaften, die sich auf die Sozialwelten richten, nicht anders als für die Naturwissenschaften. Diesen Status der Wissenschaft weiß die ökonomische Theorie zu nutzen. Zu Recht, soweit es um die Prozessualität des ökonomischen Systems selbst geht. Zur Ideologie wird ihre Lehre erst dadurch, dass sie meint, die ökonomische Theorie als verpflichtendes Leitbild für die Verfassung der Gesamtgesellschaft ausgeben zu können. Mit diesem Anspruch wird die ökonomische Theorie zur Heilslehre. Hayek hat das Heilsmoment mit aller nur wünschenswerten Deutlichkeit hervorgekehrt. Die Geltung des Regelsystems der Gesellschaft in seiner Totalität lässt sich, sagt er, wie erinnerlich, nicht begründen. An das Regelsystem als Ordnungsform der Gesellschaft muss man als den letzten Wert im Dasein des Menschen glauben. Auf eben diesen Glauben gründen die ökonomische Theorie und die ihr hörigen Think-Tanks den Rigor, mit dem sie ihren Glauben in der Politik umzusetzen suchen. Vier Glaubenssätze sind es vor allem, in die sich die Heilslehre ausdifferenziert hat:

- 1. *in den Satz von der besten aller möglichen Gesellschaften* – Die ökonomische Theorie macht geltend, die vom ökonomischen System als Basissystem in ihrer Gesamtverfassung beherrschte Marktgesellschaft sei die beste aller möglichen Gesellschaften. Die Geltung dieses Satzes ließ sich vor Zeiten durch den Verweis auf das Zentralverwal-

---

5 Zur Okkupation des politischen Bewusstseins insbesondere auch der Sozialdemokratie durch die neoliberale Theorie J. Borchert, Alte Träume, neue Realitäten, S. 56.

tungssystem des Kommunismus stützen. Er wird auch dann noch aufrechterhalten, nachdem niemand länger dieses System verficht.

- 2. *in den Satz vom Vorrang des ökonomischen Systems* – Die ökonomische Theorie weiß sich vorbehaltlos und uneingeschränkt dem Interesse des Kapitals verpflichtet. Sie erachtet jede Gestaltung der Gesellschaft, die darauf zielt, es nicht bei den Verhältnissen zu belassen, wie sie vom ökonomischen System bewirkt werden, als abträglich für die Gesamtgesellschaft.

- 3. *in den Satz von der Omnipotenz des ökonomischen Systems* – Ungerührt von der Misere, in der sich Millionen Menschen in der Randlage der Gesellschaft befinden, verkündet sie, das ökonomische System sei zur Lösung aller Probleme in der Lage, wenn man es nur uneingeschränkt seiner eigenen Logik überließe. Es ist dieser Glaubenssatz, mit dem sich die ökonomische Theorie nicht nur gegen Eingriffe des Staates wendet, sondern vom Staat verlangt, sich der Logik des ökonomischen Systems zu unterwerfen.

- 4. *in den Satz von der Garantie der Freiheit des Subjekts* – Mit Nachdruck verficht die ökonomische Theorie die These, dass jede Form der Gestaltung der gesellschaftlichen Verhältnisse durch den Staat die Freiheit des Subjekts bedrohe und vernichte. Die aber, verkündet die ökonomische Theorie, ist das höchste Gut des Menschen. Auch dieser Satz hat vormals für seine Wahrheit das System des Kommunismus in Anspruch nehmen können.

2.2 Kritik des Satzes von der besten aller möglichen Gesellschaften

Die ökonomische Theorie nimmt die Wirklichkeit entweder nicht wahr oder sie sucht, wenn sie sie wahrnimmt, ihre Geltung im Widerspruch zu ihr zu behaupten. Das gilt insbesondere für den ersten der vier Glaubenssätze, mit der Marktgesellschaft in der besten aller möglichen Gesellschaften zu leben. Man wird dem Satz von der besten aller möglichen Welten nicht einfach widersprechen wollen. Denn es zeichnet sich keine andere als die Marktgesellschaft als mögliche Gesellschaft ab. Nimmt man diese Gesellschaft jedoch, wie sie sich dem System der Ökonomie unterworfen darstellt, dann ist dieser Satz angesichts des ungemeinen Elends, das dieses System in der Vergangenheit verursacht hat, ein Hohn auf das Leiden der Menschen an der Gesellschaft, das die Geschichte durchzieht. Er ist auch ein Hohn auf das Verlangen derer, die sich in der gegenwärtigen Gesellschaft an deren Rand gedrängt sehen. Denn die plane Affirmation, mit der diese Theorie das Auseinanderdriften der Gesellschaft in oben und unten begleitet, ist ja zugleich die plane Negation einer sinnhaften Lebensführung für die, die unten angekommen sind.

Präzisieren wir noch einmal jene bescheidene Wahrheit, die man wissen kann, die zu wissen sich aber die ökonomische Theorie mit Fleiß verstellt. Sie besteht in dem Wissen darum, dass es nicht schon deshalb, weil auf dem Markt Äquivalente getauscht werden, gerechtfertigt sein kann, alles zu belassen, wie es ist. Denn »der« Markt einer kapitalistischen Ökonomie stellt ein System von Märkten dar, auf dem der Arbeitsmarkt das eigentliche Leitsystem bildet. Dieser Markt ist jedoch ein hochgradig organisierter und von Machtpotenzialen bestimmter Markt. Er ist ein Markt, der im Interesse der Kapitalakkumulation organisiert ist und dessen systemische Verfassung als Konsequenz auch von der Logik der Kapitalakkumulation bestimmt wird. Das kann nicht anders sein. Anders hätte das ökonomische System nicht die Gestalt gewonnen, die es gewonnen hat. Anders hätten sich auch die Vorzüge dieses Systems, dessen ungemeine Kapazität in der Produktion von Gütern ebenso wie das Innovationspotenzial, nicht eingestellt. Das alles steht nicht in Frage. Nur steht eben auch nicht in Frage, dass es in einem System, das im Interesse eines Teils derer organisiert ist, die hernach unter dem System leben, für den Teil, der sich an den Rand gedrängt sieht, einen Widerspruch darstellt, diese Gesellschaft als die beste aller möglichen zu verstehen.

2.3 Kritik des Satzes vom Vorrang des ökonomischen Systems

Der zweite Glaubenssatz, der Satz vom Vorrang des ökonomischen Systems, kann für sich in Anspruch nehmen, der Grundverfassung der Marktgesellschaft zu folgen. Denn in der stellt das ökonomische System das Basissystem dar. Mehr als jedes andere System gibt deshalb das ökonomische System seiner Umwelt Bedingungen vor, von denen es seine Operationalität bestimmt sieht. Das politische System als Umwelt des ökonomischen Systems darf mithin seine Gestaltungshoheit und Gestaltungskompetenz nur in der Weise nutzen, dass dadurch die Prozessualität des Marktes in seinen funktionalen Verflechtungen nicht beeinträchtigt wird. Das Wissen um die funktionale Integration und funktionale Integrität des Systems ist jedoch nur die eine Vorgabe in dem Verständnis der systemischen Verfassung der Gesellschaft. Die andere wird von dem Wissen bestimmt, dass dieses System konstruktiv auf einen Funktionsmodus und eine Funktionslogik festgelegt worden ist, die mit dem Interesse aller in dieser Gesellschaft, sich zu vorteilhaften Bedingungen in die Gesellschaft integrieren zu können, nicht zur Deckung kommen. Die ökonomische Theorie verweigert sich dieser Einsicht. Sie kann jedoch nicht fraglich sein.

Die soziologische Kritik des zweiten Glaubenssatzes der ökonomischen Theorie richtet sich deshalb darauf, der Logik eines Teilsystems, des ökonomischen, einen Vorrang einräumen zu wollen, durch den die gesellschaftlichen Verhältnisse so, wie sie vom ökonomischen System bewirkt werden, für sakrosankt erklärt werden. Wenn Systeme in ihrer Grundverfassung gerade nicht naturhaft entstandene Systeme sind, wie Hayek meint, vielmehr konstruktiv geschaffene und von Interessen bestimmte Systeme sind, dann ist die Logik der Interessen, die in diesen Systemen den Vorrang haben, offen für Kritik, soweit diese Interessen das Gesamtsystem beherrschen. Sie kann denen nicht verwehrt werden, die sich von dem System bedrängt sehen. Die soziologische Kritik der ökonomischen Theorie richtet sich deshalb auch als Kritik ihres zweiten Glaubenssatzes auf ihre Rezeption der neoliberalen Theorie als einer Heilslehre, die sich den Interessen derer verschreibt, die sich vom ökonomischen System vorteilhaft bedacht sehen. Dagegen sucht die Kritik einem Wissen Anerkenntnis zu verschaffen, das dem Erkenntnisstand unserer Zeit entspricht: Soziale Systeme sind konstruktiv geschaffene Systeme. Und weil sie konstruktiv geschaffene Systeme sind, lassen sie sich auf den Grund ihrer Logik befragen und in ihrer Logik eben auch kritisieren. Die Marktgesellschaft muss nicht belassen werden, wie sie aus dem ökonomischen System hervorgeht. Sie kann einem politischen Gestaltungspotential unterworfen werden, das den Interessen aller verpflichtet ist und Gerechtigkeit zur Geltung zu bringen sucht.

2.4 Kritik des Satzes von der Omnipotenz

Als Wissenschaft gerät die ökonomische Theorie mit dem Satz, das ökonomische System sei am ehesten geeignet, alle Probleme in der Gesellschaft zu bewältigen, zur Karikatur. Das ökonomische System verfügt, wie ich eingangs schon festgestellt habe, über keinerlei Mechanismen, um die Interessen des Kapitals und der Subjekte in der Gesellschaft ins Gleichgewicht zu bringen. Durch die Geschichte hat sie Millionen Menschen in der Gesellschaft der Arbeitslosigkeit überlassen müssen. Sie überlässt sie ihr auch heute. Ganz ebenso hat sie durch die Geschichte Millionen Menschen nur an der Grenze des Existenzminimums am Leben zu erhalten vermocht. Das geschieht auch heute. Doch das ist nicht alles. Dieses System ist gar nicht darauf angelegt, den Interessen aller Subjekte in der Gesellschaft zu dienen. Die Befriedigung der Bedürfnisse der Subjekte in der Gesellschaft erfolgt, so haben wir ebenfalls mehrfach schon festgestellt und durch die Geschichte zu belegen gesucht, nur derivativ. Sie gehen nur soweit in das ökonomische System ein, als sie dem Interesse an der Kapitalakkumulation dienen.

In der gegenwärtigen Entwicklungsphase einer globalisierten Ökonomie zieht die Negation der Subjektinteressen deshalb die Kritik auf sich, weil die Entwicklung des ökonomischen Systems mit einem hohen

Organisationsgrad in der Ökonomie einhergeht, die Negation nimmt deshalb Züge einer gewollten Deprivation der Millionen am Rande der Gesellschaft an. Die Gewinnmaximierung und Gewinnmitnahme hat Priorität über die Entfaltung des ökonomischen Systems im Interesse aller gewonnen. Ich habe schon darauf hingewiesen, dass sich das ökonomische System seit geraumer Zeit durch hohe Gewinne auszeichnet. Sie werden zum großen Teil ausgeschüttet.[6] Auch die exorbitanten Vergütungen der Vorstandsvorsitzenden und Vorstandsmitglieder sind keineswegs länger nur ein auf die Gesamtwirtschaft gesehen zu vernachlässigender Teil. Sie vermögen in manchen Unternehmen über 60 Prozent der Gewinnsteigerungen abzuschöpfen. Die Interessen der Lohnabhängigen geraten bei den Gewinnausschüttungen erst gar nicht in den Blick. Das kann nicht wundern. Es ist nur ein Beleg für den Befund, dass die Prozessualität des ökonomischen Systems von einer Logik der Kapitalakkumulation bestimmt wird, die um die Bedürfnisse und Interessen der Subjekte unbekümmert ist.

Die Logik der Kapitalakkumulation und der bloß derivative Status, den die Interessen der Lohnabhängigen in dieser Logik einnehmen, zeigen sich nirgends deutlicher als in dem Konfliktmanagement, das von den Repräsentanten der Wissenschaft vorgeschlagen wird. Ihr Interesse beschränkt sich darauf, Arbeitslose zu zwingen, sich für eine Entlohnung noch unterhalb der Armutsgrenze zur Arbeit bereit zu erklären. Manche der Wirtschaftsweisen schlagen deshalb vor, für Erwerbsfähige jede sozialstaatliche Unterstützung wegfallen zu lassen. Das würde brasilianische Verhältnisse schaffen, in denen jeder bei Strafe des Verhungerns zu überleben suchen müsste. Der offizielle Vorschlag lautet, die sozialen Auffangleistungen um 30 Prozent zu kürzen. Der Vorschlag ist jüngst dahin konkretisiert worden, dass, wer keine Arbeit finde, von den sozialleistungspflichtigen Gemeinden an die Betriebe zu einem Entgelt unterhalb der Armutsgrenze ausgeliehen werden könne.[7] Das würde einen Teil der Sozialstaatslasten wieder einbringen. Die Pointe an all den Vorschlägen ist, das ist gar nicht zu übersehen, die Entwicklung des ökonomischen Systems in der Phase der Globalisierung auf dem denkbar niedrigsten Lohnniveau zu stabilisieren. »Managergehälter wie in der USA, Arbeitnehmergehälter wie in Polen. So soll es sein«, stellt Franziska Augstein fest.[8] Keine Spur von *trickle down* Effekt, wie er vor Zeiten die mit der Globalisierung eingeleitete Entwicklung akzeptabel machen sollte. Die Ökonomie ist um eine Legitimation der Verhältnisse

---

6 Im Jahr 2006 waren es von 1023 börsennotierten Gesellschaften 35.3 Milliarden Euro, 19 Prozent mehr als im Vorjahr. Die Dax Gesellschaften verteilten 41 Prozent der Gewinne an ihr Aktionäre. Quelle: DSW.

7 So H.-W. Sinn in: Der Spiegel 50 / 2006, S. 27.

8 Fr. Augstein, Bis zum letzten Tropfen, SZ vom 7. November 2006.

nicht länger bemüht. Der Verweis auf die Faktizität des Systems ist an ihre Stelle getreten. Eine ungemeine Wurschtigkeit gegenüber dem Interesse der Subjekte an einer Lebensführung, die den Sinnvorgaben dieser Gesellschaft gerecht wird, zeichnet jeden der Vorschläge aus, den die ökonomische Theorie der Politik unterbreitet.

2.5 Kritik des Satzes von der Freiheit als höchstem Gut

Selbstbestimmung und Freiheit sind Postulate, die an das Selbstverständnis des Subjekts in der Neuzeit gebunden sind. Sie haben durch das Bewusstsein der Konstruktivität der Welt in der Moderne ihre gesellschaftliche Ausgestaltung erfahren. Alle Wertigkeiten in der Lebensführung des Menschen konvergieren auf das Subjekt, weil alle Wertigkeiten überhaupt erst durch das Subjekt ihre Formierung erfahren. Das Universum kennt keine Werte. Es war unvermeidlich, dass sich beide Postulate in den frühen Jahrhunderten der Neuzeit auf die Arbeit als derjenigen Lebenstätigkeit erstreckten, die für die meisten Menschen den größten Teil ihrer Zeit und Energie absorbierte. Bei Hegel und auch noch bei Marx wird Arbeit als schöpferische Tätigkeit und als individuelle Selbstbestimmung verklärt. Der Liberalismus macht sich bis heute diesen Arbeitsbegriff für die Erwerbstätigkeit zu eigen. In Wahrheit bietet die Marktgesellschaft den meisten Menschen keinen Anhalt mehr für eine Selbstbestimmung durch Arbeit, nicht den Unternehmern und schon gar nicht den Arbeitern. Wenn es, wie Lorenz von Stein dargelegt hat, für die Dialektik der Geschichte kennzeichnend ist, dass sich der Widerspruch des Proletariats dagegen, vom Besitz ausgeschlossen zu sein, in dem Postulat äußert, die Verteilung der Güter fortan nur noch von der Arbeit bestimmt zu sehen,[9] nun, so ist die Dialektik der Geschichte der Entwicklung der Arbeit des ökonomischen Systems zum Opfer gefallen. Arbeit ist im System der Marktgesellschaft in ihrer fordistischen wie ihrer postfordistischen Form ihrem Wesen nach für die meisten Menschen fremd- und nicht selbstbestimmt. Sie ist der Sorge des Subjekts um die Selbsterhaltung im Dasein geschuldet. Darin liegt ihre Bedeutung. Wenn sie gleichwohl für viele noch Gelegenheit bietet, Kräfte des Subjekts zu entfalten, so ist der Konnex kontingent. Überdies setzt auch die moderne Form der Arbeit der Entfaltung der Persönlichkeit enge Grenzen.[10]

---

9 L. von Stein, Proletariat und Gesellschaft, S. 67; vgl. oben Kap. 5.
10 Wie es um Selbstbestimmung und Freiheit in den neugeschaffenen Organisationsformen der Arbeit in der Wissensgesellschaft bestellt ist, zeigen L. Boltanski / È. Chiapello, Der neue Geist des Kapitalismus.

Die ökonomische Theorie versteht das Postulat der Freiheit als Abwehr staatlicher Regulierung der Wirtschaft. Darin liegt insofern eine gewisse Berechtigung, als die Freiheit der wirtschaftlichen Entscheidung zur Logik des ökonomischen Systems gehört. Die ökonomische Theorie geht jedoch über die Abwehr staatlicher Regulierung dadurch weit hinaus, dass sie mit dem Postulat der Freiheit gegen jede politische Gestaltung der Gesellschaft Front macht, die die gesellschaftlichen Verhältnisse nicht belassen will, wie sie vom ökonomischen System bewirkt werden. Eben darin bringt sie ihren unzeitgemäßen Dogmatismus zur Geltung, und vor allem erweist sie sich darin einmal mehr als Heilslehre. Unter der Entwicklung der Marktgesellschaft kann die entschiedene Parteinahme für die Selbstbestimmung und Freiheit des Individuums nur mit einer ebenso entschiedenen Betonung seiner systemischen Eingebundenheit in die Marktgesellschaft einhergehen. – Inwiefern?

Jede Theorie der Freiheit sieht sich gezwungen, ihrem Freiheitspostulat einen Vorbehalt beizufügen: Die Freiheit eines jeden kann nur so weit gehen, wie sie nicht die Freiheit des anderen beeinträchtigt.[11] Anders hebt sie sich unter Bedingungen einer gesellschaftlichen Lebensführung selbst auf. Die liberale wie neoliberale Theorie versteht diese Begrenzung individualistisch, A darf B nicht in seinen Rechten verletzen. Das aber macht nicht das Problem der Freiheit unter den Bedingungen einer entfalteten Marktgesellschaft aus. Die Abwehrrechte der Bürger untereinander sichert die Zivil- und Strafrechtsordnung. Das zentrale Problem der Freiheit in der Marktgesellschaft sind die Beteiligungsrechte. In dieser Gesellschaft werden Menschen mit ihrer Geburt in der Grenze der Gesellschaft verortet, ohne dass ihre familiale Einbindung zugleich Garantien der Inklusion in das ökonomische System und der Integration in die Gesellschaft bietet. Dieser Wandel von den agrarischen Gesellschaften zu den Marktgesellschaften der Neuzeit wäre kein Problem, wenn der Markt eine solche Garantie böte. Exakt das aber ist nicht der Fall. Da das Subjekt auf die Inklusion in das ökonomische System und Integration in die Gesellschaft angewiesen ist, kann einzig der Staat durch seine Organisationskompetenz und Organisationshoheit Regulierungen treffen, die diese Garantie gewähren.

Der dem Liberalismus zugrunde liegende ethische Imperativ, jedem die Entfaltung seiner Persönlichkeit zu ermöglichen, lässt sich in der Marktgesellschaft nur dadurch realisieren, dass der Staat die Integration aller in die Gesellschaft garantiert.[12] Nur dann ist das ökonomische System für das Subjekt tolerierbar.

11 J. Stuart Mill, On Liberty, S. 14, passim.
12 Das sehen die nicht, die sich, wie Noam Chomsky, einem anarchistischen Freiheitsbegriff verschreiben, der sich in einer vergemeinschafteten

Es entspricht einem verhärteten Dogmatismus, wie er Heilslehren eigen ist, darin die Gefahr der Wiederkehr eines kommunistischen Systems zu sehen. Die Marktgesellschaft ist unumstößlich geworden. Das habe ich schon eingangs deutlich gemacht. Kaum jemand stellt sie in Frage. Nur muss es eine andere Marktgesellschaft sein, als die, die es dabei belässt, dass Millionen Menschen vom System der Ökonomie exkludiert werden. Was als Aufgabe der Zukunft vor uns liegt, lässt sich prägnant bestimmen:

> *Der Staat muss die Autonomie des ökonomischen Systems gewährleisten; er muss jedoch seine Gestaltungshoheit und Gestaltungskompetenz nutzen, um dem Verlangen der Millionen, zu Bedingungen in die Gesellschaft integriert zu werden, die ein sinnvolles Leben zu führen ermöglichen, gerecht zu werden.*

Unter der derzeitigen Entwicklung einer globalisierten Ökonomie hat das System der Ökonomie deshalb die Oberhand, weil die, die sich vom ökonomischen System an den Rand der Gesellschaft gedrängt sehen, im politischen System nicht hinreichend organisiert sind. Sie sind außerstande, eine Gegenmacht gegen die Protagonisten der ökonomischen Theorie zu bilden.

3 Kritik der ökonomischen Theorie als Wissenschaft

3.1 Wem nutzt die Wissenschaft

Wem nutzt die Wissenschaft der Ökonomie? Wem die nicht eben wenigen gut dotierten Institute der Ökonomie? Wem die Think-Tanks, durch die die Wissenschaft ihre Unterstützung als Heilslehre erfährt? Und wem nützt das hochdotierte Gutachtergremium der Ökonomie, die sogenannten fünf Weisen? Die Fragen stellten sich nicht, hielte sich die Wissenschaft in den Grenzen ihres Gegenstandes. Selbstredend ist die Wissenschaft der Ökonomie zuständig, die Prozessualität des ökonomischen Systems transparent zu machen. Doch darum geht es nicht im politischen Diskurs der Öffentlichkeit. Der plane Befund, dass die Ökonomie im Gesamtsystem der Gesellschaft das Basissystem darstellt, die Funktionalität des ökonomischen Systems also gesichert werden muss, wenn die Integration des Gesamtsystems keinen Schaden nehmen soll, lässt, wie wir erörtert haben, die Ökonomie in der Politik eine Suprematie reklamieren. Damit muss man in einer Marktgesellschaft leben. Problematisch ist sie gleichwohl. Denn die Anforderungen an die syste-

---

Ökonomie Geltung verschaffen soll. Vgl. N. Chomsky, Die Zukunft des Staates.

mische Logik der Gesellschaft und die systemische Logik der Ökonomie kommen nicht zur Deckung. Zwischen beiden besteht ein Konflikt, der nicht leicht zu überwinden ist. Ich habe ihn mehrfach schon genannt: Die Logik der Gesellschaft wird von dem Interesse der Subjekte bestimmt, sich mit den Handlungen der jeweils anderen so zu vernetzen, dass ein Leben zu führen möglich wird, das den Sinnvorgaben der Gesellschaft Rechnung trägt. Die Logik der Ökonomie aber wird von dem Interesse des Kapitals bestimmt, Kapital zu akkumulieren. Die Suprematie, die die ökonomische Theorie für das ökonomische System über die Gesamtgesellschaft einfordert, zielt deshalb darauf ab, mit dem Prestige der Wissenschaft die Notwendigkeit erweisen zu wollen, es dabei zu belassen, die Subjekte jenen Lebenslagen unterworfen zu sehen, die von der Autonomie des ökonomischen Systems bewirkt werden. Jeder Satz der ökonomischen Theorie, der in die politische Arena gerichtet wird, hat keinen anderen Inhalt als den, das ökonomische System »machen zu lassen«. Dabei wird jeder der zuvor erörterten Sätze der ökonomischen Theorie als Heilslehre im Interesse des ökonomischen Systems mitgeführt. Jeder der Sätze wird dabei zu dem, was in lichten Momenten von manchem auch im politischen System als »Lebenslüge« bezeichnet worden ist. Gewiss, das ökonomische System weist im Auf und Ab seiner Prozessualität einen ständigen Wechsel seiner Beschäftigungskapazität auf. Aber es kennt keinen durchgreifenden Mechanismus, um die Arbeitslosigkeit definitiv zu beseitigen. Es bleibt auch gegenwärtig ein hoher Sockel an Dauerarbeitslosen. Überdies kennt das ökonomische System in seiner gegenwärtigen Verfassung eine hohe Zahl von Beschäftigten in Niedriglohngruppen an oder unter der Armutsgrenze. In sie gerät auch eine beträchtliche Zahl derer, die durch einen Aufschwung Arbeit finden. Unaufhörlich lässt das gestiegene Wachstum die Gesellschaft weiter auseinanderdriften. Es gibt nicht den geringsten Anhalt, dass es gelingen könnte, die Armut und zum Teil auch Verelendung am unteren Ende der Gesellschaft aufzufangen. Beide Gravamina liegen in der Logik des Systems und entwickeln sich in der Epoche seiner Globalisierung exakt in jener für Millionen Subjekte verheerenden Form, die wir in den Marktgesellschaften weltweit beobachten. Das Problem, das wir mit der ökonomischen Theorie als Wissenschaft haben, lässt sich nach allem, was wir erörtert haben, prägnant bestimmen:

Das Problem liegt in der Transformation der Autonomie des ökonomischen Systems zur Heilslehre der Politik. Es ist diese Form der Transformation, die die ökonomische Theorie als Wissenschaft pervertiert. Die Perversion hat eine erkenntniskritische Dimension, die sich auf zwei Ebenen zur Geltung bringt: Auf der ersten ist sie schlicht eine Perversion von Wahrheit, auf die Wissenschaft doch verpflichtet ist; auf der anderen bewirkt sie eine

weltanschauliche Fixierung auf einen ökonomischen Nihilismus,
der dem Menschen abträglich ist. Auch er stellt eine erkenntnis-
kritische Fehlleistung dar.

Wir müssen beide Formen der Perversion erörtern.

3.2 *Pervertierung der Wahrheit*

Dass soziale Systeme konstruktiv geschaffene Systeme sind, gilt für das
Gesamtsystem der Gesellschaft wie für seine Teilsysteme. Als soziale
Systeme bilden sie sich aus der Vernetzung der Handlungen und Interaktionen der Subjekte. Wie auch immer die Vernetzung erfolgt, das soziale System, das daraus hervorgeht, wird bestimmt von den Interessen,
die die Subjekte verfolgen. Das kann man wissen. Wissen kann man
deshalb auch, dass es nicht ein naturaler Mechanismus der Selektion ist,
der das für die Subjekte einer Marktgesellschaft vorgeblich beste aller
möglichen Systeme hat ausbilden lassen, wie Hayek meint, vielmehr die
Konsequenz des Umstandes, dass sich die Marktgesellschaft über die
Vernetzung der Organisation von Kapital entwickelt hat. Diesem System kann man nur dann die Führung in der Gesamtgesellschaft überlassen wollen, wenn man sich dem Interesse des Kapitals verschreibt. Und
just darin liegt die Pervertierung der Wahrheit, auf die Wissenschaft
verpflichtet ist.

Die Sozialwissenschaften sind der Wahrheit in anderer Weise verpflichtet als die Naturwissenschaften. Sie haben einen anderen Zugang zu ihrem Objektbereich und verbinden damit auch ein anderes
Erkenntnisinteresse. Der Umstand, dass soziale Systeme konstruktive
Systeme sind, eröffnet die Möglichkeit, die Kenntnis ihrer Strukturen
dadurch zu gewinnen, dass sie aus den konstruktiven Potenzialen ihres
Bildungsprozesses rekonstruiert werden.[13] In den Sozialwissenschaften
wird es dadurch möglich, mit den Erkenntnisstrukturen die sozialen
Objektstrukturen wirklich zu erfassen. Einer Wissenschaft, die sich
ihres Objektbereiches durch die Rekonstruktion seines Bildungsprozesses zu vergewissern sucht, eröffnet sich deshalb die Aufgabe, jene
Interessen zu bestimmen, die für den Bildungsprozess sozialer Systeme
bestimmend geworden sind. Es ist diese Erkenntnismöglichkeit und es
ist dieses Erkenntnisinteresse, dem sich die ökonomische Theorie in ihrer Parteinahme für das Kapital entzieht. Statt zunächst den objektiven
Befund herauszustellen, dass das ökonomische System ein im Interesse
der Kapitalakkumulation geschaffenes und auf das Interesse der Kapitalakkumulation gegründetes System ist, erweckt es in der Parteinahme

---

13 Zur erkenntniskritischen Strategie der Rekonstruktion G. Dux, Historisch-genetische Theorie der Kultur, S. 177-186.

für die Logik des ökonomischen Systems als Logik auch der Gesellschaft den Anschein, als liege dieses System im Interesse aller Subjekte. Es ist dies die eigentliche Lebenslüge der ökonomischen Theorie als Wissenschaft. Sie lässt die in der Marktgesellschaft unabweisbare Frage, ob nicht das System der Gesamtgesellschaft einer konstruktiven Gestaltung unterworfen werden kann und auch unterworfen werden muss, durch die die Interessen aller Subjekte Beachtung finden, erst gar nicht aufkommen. Eben dadurch prostituiert sich die ökonomische Theorie dem System der Ökonomie und das heißt den Interessen der Akkumulation des Kapitals. Sie erweckt den Anschein, es gebe für den Vorrang der Interessen des Kapitals vor den Interessen der Subjekte nicht nur keine Alternative, das Interesse des Kapitals an dessen Akkumulation läge im Interesse aller. Das nun pervertiert die Wahrnehmung der Verhältnisse deshalb, weil man zwar nicht in Abrede stellen kann, dass unter der Ägide einer kapitalistischen Ökonomie auch noch der letzte Sozialhilfeempfänger und Obdachlose von der Ökonomie lebt, solange er lebt, dieser Befund aber nicht die Feststellung trägt, das System liege im Interesse aller. Er ist vielmehr bestimmt, jenen Befund zu verdecken, den ich hier so prägnant wie möglich hervorzukehren versucht habe, dass das ökonomische System das Interesse der Subjekte an einer gedeihlichen Lebensführung nur als derivatives Interesse des Kapitals kennt.[14] Nur soweit es der Kapitalakkumulation förderlich ist, findet das Interesse der Subjekte Eingang in das ökonomische System. Eben weil das Interesse der Subjekte an einer gedeihlichen Lebensführung nur ein zur Kapitalverwertung derivatives, von ihm abgeleitetes Interesse ist, ist es dem Interesse der Kapitalakkumulation untergeordnet und kann von ihm auch einfach negiert werden. Subjekte, die zur Kapitalakkumulation nicht benötigt werden, liegen außerhalb der Wahrnehmung des Systems. Aus der Logik des Systems betrachtet sind sie, was man von den arbeitslosen Jugendlichen der französischen Vorstädte gesagt hat: schlicht »überflüssig«.[15] In eben dieser Weise ist das politische System jüngst beim Abbau des Sozialstaats mit den Subjekten verfahren. Die, die vom ökonomischen System nicht benötigt wurden, wurden »einfach abgehängt«.[16]

Als pervertiert muss man die These, dem Interesse aller zu dienen, nicht nur deshalb ansehen, weil sie als Interesse aller ausgibt, was doch nur dem Interesse eines Teils dient, sondern deshalb, weil sie sich einem Perspektivenwechsel verweigert:

---

14 Dazu auch G. Vobruba, Politik mit dem Wohlfahrtsstaat, S. 75.
15 U. Beck, Die Revolte der Überflüssigen, SZ vom 15. 11. 2005.
16 N. Klinger / J. König, Einfach abgehängt. Ein wahrer Bericht über die neue Armut in Deutschland.

Aus der Perspektive der Gesamtgesellschaft steht das Interesse der Subjekte, und zwar aller Subjekte, zu Bedingungen eines sinnvollen Lebens in die Gesellschaft integriert zu werden, gegen das Interesse des ökonomischen Systems an der Kapitalakkumulation. Aus der Perspektive der Gesellschaft muss sich deshalb die Frage stellen, wie sich die Differenz der Interessen vereinen lässt.

Der Logik des ökonomischen Systems unterwerfen lassen sich die Interessen »der« Subjekte nicht. Denn das bedeutete ihre Negation für Millionen. Genau das aber ist mit dem Postulat der Suprematie der Ökonomie über die Politik gemeint.

Der Konflikt mit der Wahrheit, in den sich die ökonomische Theorie verstrickt, liegt nach allem zum einen schon darin, dass sie die innerste Logik des ökonomischen Systems verdeckt hält. Und er liegt zum andern darin, dass sie die Konstruktivität der Gesellschaft nicht offen hält für den Vorrang des Subjekts. Das nun ist ein erkenntniskritisches Defizit, das einen »weltanschaulichen Einschlag« mit sich führt.

3.3 Der Wert des Lebens
Der pervertierte Nihilismus der ökonomischen Theorie

Wir sind in der Moderne auf ein konstruktives Verständnis der Daseinsform des Menschen festgelegt, das für die Konstruktivität selbst keinen weiteren Anhalt im Universum findet, als den Bedingungen zu folgen, die die anthropologische Verfassung mit sich führt. Das lässt den Menschen im Verfolg seiner Konstruktivität auf sich selbst rückverwiesen sein. Wenn man diese Rückverwiesenheit an sich selbst deshalb als eine in der Moderne unabweisbar gewordene Form des Nihilismus verstehen will, weil es, mit Brecht zu reden, nichts gibt, woran man sich halten kann, so ist doch zu bedenken, dass es just diese Form der Rückverwiesenheit an sich selbst ist, die dem Subjekt die einzig mögliche Wertigkeit an die Hand gibt, die ihm zu Gebote steht: die bedingungslose Wertigkeit seiner selbst. Eben weil alle Wertigkeit der Lebensführung seinen Ausgang vom Subjekt nimmt, rückt das Subjekt in den Konvergenzpunkt jeder Form von Wertsetzung ein. Heilslehren stellen, sie mögen sein, welche sie wollen, immer den Versuch dar, dieser doch ganz unabweisbaren Konsequenz, das Subjekt zum Maßstab aller Gestaltungen zu machen, zu entkommen. Sie bedeuten deshalb aber auch immer, das Subjekt aus dem Konvergenzpunkt der im säkularen Verständnis der Daseinsform des Menschen einzig verbliebenen Wertigkeit zu rücken. Das geschieht in der Heilslehre der ökonomischen Theorie auf eine wiederum pervertiert zu nennende Form: An die Stelle des

Subjekts als Konvergenzpunkt aller Wertigkeit und Konstruktivität tritt dessen Konstrukt, als das sich doch das System der Ökonomie darstellt. Wenn die Rückverwiesenheit des Subjekts an sich selbst als Nihilismus verstanden werden muss, Nietzsche hat sie so verstanden,[17] dann pervertiert mit der Verpflichtung auf die Logik der Kapitalakkumulation als Logik der Gesamtgesellschaft auch noch der Nihilismus.

Die zuvor angestellte erkenntniskritische Reflexion erhellt, worum es im Verfolg der Gerechtigkeit geht. Es geht darum, die Konstruktionshoheit über die gesellschaftliche Daseinsform zurückzugewinnen. Das ist das Ziel, das wir verfolgen, wenn wir die Gestaltungshoheit nicht über das ökonomische System, wohl aber über die Gesellschaft dem politischen System zu überantworten suchen. Der politischen Gestaltungshoheit ist Gerechtigkeit deshalb vorgegeben, weil sich mit ihr die einzig verbliebene Wertigkeit: die des Subjekts selbst, realisiert. Dem Sozialstaat wohnt diese Absicht inne: die Autonomie der Lebensführung des Subjekts gegen die Logik des ökonomischen Systems zu sichern.

Resümee

I

Die neoliberale Theorie ist die im politischen Bewusstsein der Öffentlichkeit vorherrschende Theorie. Sie ist Teil des ökonomischen Systems, spiegelt dessen Verteilungs- und Machtstrukturen wieder. Die, die sich vom ökonomischen System begünstigt verstehen, suchen ihre Stellung dadurch zu behaupten, dass sie dieses System als so natürlich wie unabweisbar darstellen. Gestützt wird die neoliberale Theorie durch eine breite Mehrheit von Ökonomen, die sich darin mit der neoliberalen Theorie einig wissen, dass die gesellschaftliche Verfassung so belassen werden soll, wie sie vom ökonomischen System bewirkt wird. Was das ökonomische System nicht leisten kann, Gerechtigkeit, soll das politische System nicht leisten dürfen. Die Logik des ökonomischen Systems soll auch die Logik der Gesellschaft sein. Es ist dieser Gehalt der ökonomischen Lehre, der hier als »ökonomische Theorie« der Kritik verfällt. Systemisch macht er deshalb keinen Sinn, weil ein Teilsystem nicht beanspruchen kann, die Logik des Gesamtsystems zu bestimmen. Praktisch macht er keinen Sinn, weil die Parteinahme für die Interessen eines Teils der Gesellschaft die Interessen des anderen Teils nicht unberücksichtigt lassen kann. Und erkenntniskritisch macht sie keinen Sinn, weil es nicht angeht, einem Glauben folgen zu sollen, wenn Wissen gefragt ist.

---

17 Fr. Nietzsche, Also sprach Zarathustra.

2

Wie jede Heilslehre hat auch die ökonomische Theorie ihre Lehre zu einer Dogmatik von Glaubenssätzen ausstaffiert. Dazu zählen der Satz von der besten aller möglichen Gesellschaften, der Satz vom Vorrang der Ökonomie, der Satz von der Omnipotenz des ökonomischen Systems, vor allem aber der Satz von der Garantie der Freiheit. Unter der Entwicklung der Ökonomie in der Epoche der Globalisierung erweist sich jeder der Sätze als plane Ideologie. Keine Marktgesellschaft kann so, wie sie sich durch das ökonomische System entwickelt, für sich reklamieren, die beste aller möglichen Gesellschaften zu sein. Dagegen steht, dass sie Millionen an den Rand drängt, die dort verarmen und nicht selten auch verelenden. Auch der Satz von der Omnipotenz, die Behauptung also, das ökonomische System sei in der Lage, die gesellschaftlichen Probleme zu lösen, erweist sich als plane Ideologie der ökonomischen Theorie. Die Probleme entstehen doch erst aus dem ökonomischen System. Arbeitslosigkeit wie Armut sind Resultate, die sich aus den Strukturen des ökonomischen Systems heraus bilden. Dass irgendeine Aussicht bestünde, sie im Nachhinein auch zu bewältigen, ist wiederum Ideologie. Vollends kann das ökonomische System nicht für sich in Anspruch nehmen, Selbstbestimmung und Freiheit des Subjekts zu sichern. Es verstellt sie für Millionen, die sich von ihm exkludiert sehen.

3

So sehr sich Ideologien Interessen- und Machtstrukturen verschreiben, sie führen immer auch erkenntniskritische Defizite mit. Als Heilslehre widerspricht die ökonomische Theorie der einfachen Wahrheit, dass ein System, das auf die Logik der Kapitalakkumulation festgelegt ist, das Interesse aller Subjekte an einer gedeihlichen Lebensführung in der Gesellschaft negiert. Mit der Negation des Vorrangs des Subjekts setzt sich die ökonomische Theorie aber in Widerspruch zu einer der grundlegendsten Einsichten im Selbstverständnis des Menschen in der Moderne: sich in der Konstruktivität der Daseinsform auf sich selbst rückverwiesen zu sehen. Wenn das Nihilismus ist, und mit Nietzsche wird man davon ausgehen müssen, dann stellt die Negation des Vorrangs eine pervertierte Form von Nihilismus dar: statt des Subjekts dessen Konstrukt, das Kapital, zum Konvergenzpunkt der Wertigkeit im Dasein zu machen. Die Gestaltungshoheit über die Organisationsform des Daseins im Interesse aller rückzugewinnen, eben darauf richtet sich Gerechtigkeit. Eben darauf richtet auch sich die politische Dimensionierung eines anderen Sozialstaats.

6 Grundsicherung und Arbeit
Eine gerechte Gesellschaft ist möglich

1 Zwischen politischer Pragmatik und Utopie

1.1 *Die Aufgabe der Soziologie*

Wenn Gerechtigkeit sein soll, kann man die Marktgesellschaft nicht so lassen, wie sie sich durch die systemische Verfassung der Ökonomie bildet. Das ökonomische System kennt keine Mechanismen, um sicherzustellen, dass alle zu Bedingungen in die Gesellschaft integriert werden, die ermöglichen, ein sinnvolles Leben zu führen. Man kann das System der Ökonomie aber auch nicht durch ein anderes ersetzen. Es ist keines in Sicht, das in gleicher Weise wie der Markt den Ausstoß von Gütern antriebe, und keines, das in gleicher Weise deren Innovationen zu bewirken vermöchte. Die sind keineswegs uneingeschränkt segensreich, aber missen möchte sie niemand. Wenn Gerechtigkeit sein soll, müssen die Grundlagen dafür im politischen System geschaffen werden. Wie das geschehen kann, das ist die Frage.

Die Beantwortung der Frage, was geschehen kann und geschehen muss, wenn etwas geschehen soll, um der Gerechtigkeit Geltung zu verschaffen, fällt der Soziologie zu. Die gerät jedoch mit der Zuweisung in eine prekäre Lage. Die Wissenschaft bewegt sich mit der Aufgabe, zu sagen, was geschehen muss, wenn etwas geschehen soll, auf glattem Parkett. Zuhause ist sie am ehesten dort, wo sie es dabei bewenden lassen kann, festzustellen, was in der Welt der Fall ist. Diese Form des Positivismus gilt für die Soziologie nicht anders als für die Naturwissenschaften. Gleichwohl kann es für die Soziologie bei dieser Begrenzung nicht sein Bewenden haben. Die Gründe habe ich eingangs erörtert. Ich führe sie noch einmal an, um die weiteren Erörterungen daran anzuschließen. Das Wissen der Moderne, dass die gesellschaftliche Verfassung eine konstruktiv geschaffene Verfassung ist, lässt die Gesellschaft nicht einfach das sein, als was sie sich gebildet hat, sie ist immer zugleich das, woraufhin sie sich entwickeln lässt und eben auch entwickeln soll. Im Horizont ihrer Verfassung liegen mit anderen Worten die Möglichkeiten und Sollwerte ihrer künftigen Verfassung. Die Soziologie braucht, wenn sie sich auf ihre Bestimmung einlässt, nicht selbst zu normativen Sollvorgaben überzugehen. Die müssen von denen eingefordert werden, die sie in der Gesellschaft für notwendig erachten. Die Soziologie kann aber die Bedingungen klären, unter denen sich Sollvorgaben in der Gesellschaft realisieren oder auch nicht realisieren lassen. Sie muss es tun, wenn es um Gerechtigkeit geht. Denn die Gerechtigkeit nimmt unter den Sollvorgaben der Gesellschaft eine Präferenz für sich in Anspruch, der sich die Soziologie nicht entziehen kann. Im soziologischen Verständnis von Gerechtigkeit geht es nämlich um nichts anderes als um die Bedingung der Möglichkeit einer Integration der Subjekte in die Gesellschaft. Die zu klären, bringt die Soziologie aber eine genuine Zuständigkeit mit. Denn Gesellschaften stellen, wie wir gesagt haben, die Vernetzung der Praxisformen der Subjekte dar. Unter welchen Bedingungen sie sich vernetzen lassen und in welcher Weise, das zu klären macht die eigentliche Aufgabe der Soziologie aus. Doch das ist nicht die ganze Geschichte, die dafür spricht, der Soziologie geradezu ein Mandat zuzusprechen, sich auf die Gerechtigkeit einzulassen.

1.2 Reflexive Selbstbestimmung

Die Soziologie weiß sich der Reflexion des Gesamtsystems der Gesellschaft verpflichtet. Das lässt sie mit sich selbst als Teil der Gesellschaft, als Teil des kulturellen Systems, befasst sein. Sobald sie aber die Reflexion auf sich selbst richtet und sich bewusst macht, was sie tut, wenn sie den Bildungsprozess der Gesellschaft wie ihrer Teilsysteme aufzuklären sucht, kann sie sich nicht der Einsicht entziehen, selbst ein Moment in jener historischen Bewegung der Neuzeit zu sein, die, wie wir erörtert haben, die Lebensform der Subjekte von der Maxime der Selbstbestimmung bestimmt sein lässt. Die Ratio ihrer eigenen Existenz als reflexiver Institution der Gesellschaft muss als Moment in einer konstruktiven Gestaltung der Gesellschaft verstanden werden, die aus der Selbstbestimmung der Subjekte hervorgeht. Um eben sie aber geht es, wenn das Verständnis der Gerechtigkeit unter den Erkenntnisvorgaben der Moderne und die Bedingungen ihrer Realisierung aufgeklärt werden sollen.

Von der Selbstbestimmung als Leitmaxime der soziokulturellen Selbstverständigung sowohl für die Praxisformen der Subjekte wie als Selbstvergewisserung der Gesellschaft durch die Soziologie als Wissenschaft wäre kein Aufheben zu machen, stünde es mit ihr in der Lebenspraxis der Subjekte zum Besten. Das ist, wie wir wissen, nicht der Fall. Und dass es nicht der Fall ist, hat gesellschaftliche Gründe. Denn das in der Neuzeit gewonnene Bewusstsein, sich an eine Konstruktivität der Lebensform verwiesen zu sehen, die das Leben im Horizont einer Möglichkeitsform führen lässt, ist nur lebbar, wenn für die Lebensführung der Subjekte gedeihliche gesellschaftliche Bedingungen bereit liegen oder geschaffen werden. Diese Einsicht zwingt aber eine Wissenschaft, die wie die Soziologie geradezu darauf fixiert ist, die soziokulturellen Organisationsformen als konstruktive Organisationsformen zu verstehen, nach den gesellschaftlichen Bedingungen zu fragen, unter denen sich diese Lebensform realisieren lässt. Sie kommt deshalb gar nicht umhin, nach den Bedingungen zu fragen, unter denen sich die Möglichkeitsform als konstruktive Form der Selbstbestimmung der Subjekte mit der Möglichkeitsform als konstruktiver Form der Gesellschaft zusammenführen lässt. Damit aber ist sie exakt mit dem befasst, was uns beschäftigt: mit dem Postulat der Gerechtigkeit. Denn im Postulat der Gerechtigkeit wird der Widerspruch festgehalten, der sich zwischen der Selbstbestimmung der Lebensführung der Subjekte und der systemischen Logik der Ökonomie in der Marktgesellschaft ausgebildet hat. Wenn die Soziologie sich an die neuzeitliche Maxime der Selbstbestimmung der Subjekte verwiesen sieht, weil die Maxime der Selbstbestimmung als Sinnbestimmung des Daseins im Horizont der Lebensführung der Subjekte in der Neuzeit gelegen ist, so sieht sie sich auch darauf verwiesen, den Widerspruch deutlich zu machen, der sich aus dem ökonomischen System heraus gegen die Selbstbestimmung richtet. Das Junktim, das zwischen der konstruktiven Verfassung der Gesellschaft einerseits und der Selbstbestimmung der Lebensführung der Subjekte andererseits besteht, lässt es als eine der vornehmsten Aufgaben der Soziologie erscheinen, den Widerspruch aufzuklären, der sich zwischen beiden mit dem ökonomischen System ausgebildet hat. Gerechtigkeit als Postulat, das sich an die Gestaltungshoheit und Gestaltungskompetenz der Politik richtet, muss im Fokus der Soziologie als Wissenschaft liegen.

1.3 Die Soziologie zwischen politischer Pragmatik und Utopie

Jede Reflexion, die die Möglichkeitsdimension der Gesellschaft auszuloten sucht, hat die Geschichte im Rücken. Die Absicht, nach Wegen der Bewältigung des innersystemischen Problems der Marktgesellschaft zu suchen: der Exklusion der Millionen aus dem ökonomischen System resp. der unzureichenden Inklusion in es, bewegt sich deshalb notgedrungen zwischen politischer Pragmatik, die sich an das Machbare hält, und einem Entwurf, der das Machbare auf die Zielvorstellungen einer Gesellschaft ausrichtet. Wenn es auf der einen Seite wenig sinnvoll erscheint, sich Utopien zu überlassen, weil die allzu leicht geeignet sind, das Machbare eher zu verhindern als zu fördern,[1] so macht es auf der anderen Seite keinen Sinn, sich von Einwänden beeindrucken zu lassen, die nur das machbar sein lassen, was die Verhältnisse lässt, wie sie sind. Denn wenn die Verhältnisse belassen werden, wie sie sind, kann dem strukturellen Problem der Marktgesellschaft, Millionen Menschen an den Rand der Gesellschaft zu drängen, nicht abgeholfen werden. Die

1 R. Castels, Die Stärkung des Sozialen, S.112f.

Soziologie gerät durch die Aufgabe, eine Lösung aufzuzeigen, die sich zwischen Pragmatik und Utopie hält, in eine bedrängende Konfliktlage. Man kann wissen, dass sich die politischen Kräfteverhältnisse nur schwer so verändern lassen werden, dass das politische System tut, was der Gerechtigkeit förderlich ist. Man muss gleichwohl die Bedingungen aufweisen, unter denen gesellschaftliche Gestaltungen möglich werden, wenn ein politischer Wille vorhanden ist.

Die Soziologie sieht sich zu der Hartnäckigkeit, die Bedingungen aufzuklären, unter denen Gerechtigkeit möglich wird, noch aus einem anderen Grunde verpflichtet: durch die Verpflichtung der Wissenschaft auf Wahrheit und Wahrhaftigkeit. Das öffentliche Bewusstsein wird, das habe ich deutlich zu machen versucht, von der Vorstellung beherrscht, Gerechtigkeit lasse sich in der Marktgesellschaft deshalb nicht verwirklichen, weil durch sie das ökonomische System in seiner Funktionalität und Effizienz beeinträchtigt werde. Keine alternative Gestaltungsmöglichkeiten der Gesellschaft zu kennen, durch die denen geholfen werden könnte, die sich in ihr an den unteren Rand gedrängt sehen, stellt eine Inszenierung dar, die Tag für Tag in der Öffentlichkeit von den gleichen Personen in den gleichen Rollen gespielt wird. Zur Inszenierung gehört jener Plot der neoliberalen Theorie, in dem versichert wird, das ökonomische System werde demnächst in der Lage sein, der Bedrückung der Millionen am unteren Ende der Gesellschaft abzuhelfen. Man weiß nicht recht, ob die Versicherung wenigstens von ihren Protagonisten geglaubt wird. Wer die strukturellen Bedingungen der Operationalität des ökonomischen Systems kennt, kennt auch die Unwahrheit der Versicherung. Die Aufklärung darüber ist gleichwohl die eher vordergründige Aufgabe der Soziologie. Ungleich bedeutsamer ist, dass eine Soziologie, die sich der konstruktiven Möglichkeitsdimension der Gesellschaft bewusst ist, die Darstellung ihres Gegenstandes verfehlt, wenn sie nicht die Möglichkeit ihrer Gestaltung erörtert, die denen gedeihliche Bedingungen der Lebensführung verschaffte, die in ihr vom ökonomischen System exkludiert sind. Zu klären, was möglich ist, gehört in einer Gesellschaft, die der politischen Gestaltungskompetenz und Gestaltungshoheit unterworfen ist, ganz einfach zur Bestimmung ihres Ist-Bestandes.

2 Die Angriffspunkte der Pragmatik

2.1 Die Verteilung des Reichtums

Die zuvor angestellte Reflexion über die Möglichkeitsdimension der systemischen Strukturen der Marktgesellschaft hat mit der Problemlage auch die Angriffspunkte bestimmt, auf die sich die Bewältigung der

Problemlage richten muss, wenn sich die Soziologie der Zielvorgabe verschreibt, zu klären, wodurch alle zu Bedingungen in die Gesellschaft integriert werden können, die eine sinnvolle Lebensführung ermöglichen. Der zentrale Angriffspunkt selbst ist allen bekannt: Diese Gesellschaft ist eine reiche Gesellschaft. So versichern alle Analytiker. Es lässt sich auch nicht in Abrede stellen, wenn man das (statistische) Pro-Kopf Einkommen bestimmt. Das hat sich in Europa seit den sechziger Jahren mehr als verdoppelt. Jahr für Jahr nimmt mit dem Wachstum der Ökonomie der Reichtum der Gesellschaft zu. Das Problem ist, dass der Reichtum oben anfällt und unten fehlt. Den steilen Anstieg der Einkommen und Vermögen im oberen Bereich haben wir uns vor Augen geführt. Man muss ihn bei der folgenden Erörterung im Gedächtnis behalten.

Das Problem selbst ist ein Verteilungsproblem. Das kann nicht fraglich sein. Nur bereitet die Lösung des Problems erhebliche Schwierigkeiten, wenn man, was als ausgemacht gelten soll, das ökonomische System des Marktes beibehalten will. Im öffentlichen Bewusstsein besteht nahezu ein Konsens, die Schwierigkeiten, die sich ergeben, wenn man den Reichtum anders verteilen will, als er primär im ökonomischen System verteilt wird, für unüberwindbar zu halten. Die, die Anlass haben zu meinen, sie zählten zu den Gewinnern der gegenwärtigen gesellschaftlichen Verfassung, wollen gar nicht, dass sie überwunden werden. Die Wissenschaft hat keinen Grund, sich davon beeindrucken zu lassen. Jedenfalls die Soziologie, die, anders als die Ökonomie, sich nicht dem System der Gesellschaft, so wie es sich gebildet hat, verpflichtet weiß, hat angesichts der integrativen Defizite, die dieses System aufweist, allen Grund, es auf seine Bedingungen, aber eben auch auf die Änderbarkeit seiner Bedingungen, zu befragen.

Bedingungen einer systemischen Verfassung sind nicht beliebig änderbar, wenn das System erhalten bleiben soll. Systeme kennen, darauf habe ich mehrfach hingewiesen, eine systemspezifische Logik. Änderungen in den konstruktiven Bedingungen ändern, wenn sie deren Logik berühren, immer auch das System. Wir sind aber auch gar nicht darauf aus, operative Bedingungen zu ändern, die die Logik des ökonomischen Systems betreffen. Der Umstand, dass der Reichtum der Gesellschaft vom ökonomischen System geschaffen wird, gibt allen Anlass, dessen Logik und produktive Funktionalität nicht zu irritieren. Das jedoch kann nicht auch schon Grund sein, die konstruktiv geschaffenen Verhältnisse der Gesamtgesellschaft so zu belassen, wie sie vom ökonomischen System bewirkt werden.

Angesichts der Möglichkeitsdimension der Gesellschaft gilt es, für sie eine Form der Organisation zu finden, in der die Vorzüge des ökonomischen Systems erhalten bleiben, die Belastungen aber, die es für Millionen Menschen mit sich führt, durch das politische System aufgefangen werden.

Eben das war die Grundidee des Sozialstaats. Dass er, soweit es die Integration der Unterschicht angeht, erneut gescheitert ist, heißt zunächst einmal nur, dass es dem ökonomischen System gelungen ist, das politische System zu bestimmen, die Verhältnisse in der Gesellschaft zu belassen, wie sie sind, statt Gestaltungen zu finden, die für die Menschen an ihrem unteren Ende gedeihlichere Verhältnisse mit sich führen.

2.2 Arbeit und Einkommen

Auch eine politische Pragmatik, die sich auf diese Zielvorstellung verpflichtet sieht, wird in ihrer Strategie von den Verhältnissen bestimmt, wie sie vom ökonomischen System bewirkt werden. Die Bedrückungen dieser Verhältnisse sind in aller Bewusstsein: Es gibt im System einer auf Lohnarbeit gegründeten Ökonomie zu wenig Arbeitsplätze, und viele, die Arbeitsplätze haben, verdienen zu wenig, um an den ökonomischen und kulturellen Errungenschaften der Gesellschaft einen Anteil zu haben, der ihnen ermöglichte, den Sinnvorgaben dieser Gesellschaft nachzukommen. Arbeit und Einkommen machen deshalb auch die Angriffspunkte für eine Pragmatik aus, die auf eine Lösung der Probleme aus ist. Wo denn sonst sollte sie angreifen? Ersichtlich gibt es zwei Probleme der Verteilung: Das eine Problem setzt bei der Arbeit an, das andere beim privaten Einkommen.

So einfach sich die Bestimmung der Angriffspunkte ausnimmt, sie zeitigt Konsequenzen, die gar nicht einfach zu bewältigen sind und bereits an dieser Stelle sichtbar werden. Bleiben wir zunächst bei der Arbeit, durch die die meisten Menschen in der Marktgesellschaft Einkommen erzielen und ihre Lebenslage sichern. Der Gedanke drängt sich auf, Arbeit anders zu verteilen. Dazu aber stehen dem Staat nur äußerst begrenzte Möglichkeiten zur Verfügung. Hineinregieren in das ökonomische System, um durch eine gesetzliche Regulierung die Arbeit aufzuteilen, ist dem Staat nicht möglich. Es muss eine intelligentere Lösung gefunden werden, um zu einer anderen Verteilung der Arbeit zu kommen. Dabei lässt sich an dem vom ökonomischen System gesetzten Datum, nicht allen Arbeit vermitteln zu können, nicht vorbeikommen. Eben so wenig lässt sich in Frage stellen, dass das ökonomische System nicht allen eine Arbeitsmöglichkeit eröffnet, die ihnen ein gedeihliches Leben auf dem Niveau der Gesellschaft zu führen erlaubt. Dann allerdings drängt sich ein Konsequenz auf, die mir, wie immer die Lösung für das Verteilungsproblem der Arbeit aussehen mag, unabweisbar erscheinen will:

Soweit es nicht möglich ist, durch Arbeit ein Einkommen zu er-
werben, das eine Teilhabe an den ökonomischen und kulturellen
Errungenschaften der Gesellschaft zu gedeihlichen Bedingungen
ermöglicht, muss Einkommen von Arbeit abgekoppelt werden.

Die Frage kann dann nur noch sein: wie?

In gewissem Sinn ist diese Konsequenz mit der Errichtung des Sozialstaats gezogen. Zwei Momente in der Gestaltung des Sozialstaats
bewirken jedoch, dass die Auffangleistungen hinter dem zurückbleiben,
wonach hier gefragt wird: nach einer Integration aller in die Gesellschaft zu gedeihlichen Bedingungen. Erstens bleibt die Entkoppelung
von Arbeit und Einkommen an lohnarbeitszentrierte Vorbehalte gebunden,2 die sich von den Betroffenen nicht einlösen lassen. Das macht keinen Sinn. Und zweitens stellen die Sicherungen nur eine Sicherung der
elementaren Existenzgrundlage dar, sichern aber nicht die Integration
in die Gesellschaft zu Bedingungen, die es ihnen erlauben, den Sinnanforderungen an die Lebensführung nachkommen zu können. Das rückt
den anderen Angriffspunkt für eine Lösung der Problemlage in den
Blick: die Verteilung des Einkommens.

Abstrakt stellt sich die Lösung des Problems unter der notwendigen
Entkoppelung von Arbeit und Einkommen überwältigend einfach dar:

Ein Teil des Einkommens im oberen Einkommensbereich muss
nach unten verlagert werden. Die Einkommensbezieher im obe-
ren Bereich wären dann immer noch reich, die im unteren aber
nicht mehr arm.

Aber natürlich, es ist nicht wirklich einfach, diese Verlagerung zu bewirken. Denn wir haben das ökonomische System im Rücken. Und das
wird durch eine ökonomische Theorie abgestützt, die zwei Einwände
ins Feld führt: Zum einen behauptet sie, mit einer nachhaltigen Umverteilung nehme das ökonomische System Schaden, mehr noch: es breche
zusammen. Das braucht man nicht unbesehen zu glauben. Denn diese
These wird von starken Interessen am Status quo bestimmt. Der andere
Einwand hält dafür, dass Umverteilungen Raub am privaten Eigentum
seien3 Das macht deshalb keinen Sinn, weil die Zuweisung des Einkommens durch das ökonomische System erfolgt, auch wenn subjektive
Momente ebenfalls von Bedeutung werden. Niemand verdient, was er
verdient. Und für das, was er verdient, schaffen systemische Bedingungen

2 Dazu G. Vobruba, Lohnarbeitszentrierte Sozialpolitik in der Krise der
Lohnarbeit, S. 11-80.
3 Charakteristisch die Einlassung eines radikalen Liberalen: »Es ist unmora-
lisch«, so M. Friedman, »Geld von den Reichen zu nehmen und den Armen
zu geben.« M. Friedman, SZ vom 23. 6. 2006, S. 22. Dazu die Arbeit von A.
Paul, Der Sinn des Sozialstaats. (Ms)

keine Legitimation, die die Höhe des Verdienstes der gesellschaftlichen Gestaltung entzogen sein ließe. Die Konsequenz will mir unabweisbar erscheinen: Wenn Gerechtigkeit sein soll, muss die Verteilung des Einkommens politisch gestaltet werden. Die Politik muss bewirken, was die Ökonomie nicht kann: einen Teil des Reichtums oben abschöpfen und ihn nach unten führen: Nur so ist es möglich, alle zu Bedingungen in die Gesellschaft zu integrieren, die ihnen ermöglicht, ein Leben zu führen, das den Sinnanforderungen der Gesellschaft gerecht wird.[4]

Die zuvor dargelegten Angriffspunkte: Arbeit und Einkommen, stellen die Eckpunkte einer politischen Strategie dar, alle zu Bedingungen in die Gesellschaft zu integrieren, die als gerecht gelten kann. Ändern muss sich sowohl die Verteilung der Arbeit als auch die des Einkommens. Und beide müssen sich so ändern, dass beide einander verbunden gehalten werden. Denn dieser Verbund bestimmt immer noch die Struktur der Marktgesellschaft. Die intelligente Lösung des Problems, nach der wir suchen, zeichnet sich ab:

Die notwendige Entkoppelung von Arbeit und Einkommen muss mit einer Grundsicherung verbunden werden, die eine Koppelung von Arbeit und Einkommen unter veränderten Bedingungen möglich macht.

Bevor wir die Lösung selbst näher darstellen, müssen wir die beiden Eckpunkte: Arbeit und Einkommen, näher erörtern. An ihrer Gestaltung hängt alles.

3 Die Organisation von Arbeit

3.1 Die Bedeutung von Arbeit

Arbeit bleibt uns erhalten – in der Landwirtschaft, in der Produktion, als Dienstleistung. Wie viel an Arbeit in Zukunft notwendig sein wird, um den Komfort der Lebenslagen abzudecken, wie er gegenwärtig denen zuteil wird, die zur Mittel- und Oberschicht zählen, lässt sich nicht feststellen. Das hängt vor allem von der Entwicklung der Produktivität ab. Experten meinen, dass 2050 in der Produktion nur noch ein Bruchteil der derzeitigen Arbeitszeit gebraucht werde, um die gleiche Gütermenge zu erzeugen. Wir lassen die Frage hier dahingestellt. In der gegenwärtigen Verfassung der Marktgesellschaft gewinnt nach wie vor die große Mehrheit der Erwerbsfähigen die Ressourcen ihres Lebens durch Erwerbsarbeit.[5] Als Zielvorstellung wird man deshalb ansehen

---

4 Ebenso H. Prantl, Kein schöner Land, S. 36.
5 R. Castel, Die Stärkung des Sozialen, S. 116.

müssen, allen, die arbeiten können, auch die Möglichkeit zu bieten, durch Arbeit für ihr Leben zu sorgen. Das aber ist in einer Marktgesellschaft nun einmal nur dadurch möglich, dass für Arbeit auf dem Markt ein Lohn erzielt wird. Ich erachte diese Feststellung als Leitvorstellung einer Organisation von Arbeit für notwendig. – Weshalb?

Es gehört zur systemischen Verfassung lebender Systeme, ihre Homöostase zu sichern. Dieses Moment der systemischen Verfassung gilt auch für die Organisationsform des Menschen. Die verlangt, die Selbsterhaltung durch die soziokulturelle Organisationsform des Handelns sicherzustellen. Die Organisationsform aber, in der sich die Selbsterhaltung durch Handeln sichern lässt, ist Arbeit. Man wird es deshalb bereits als Ausdruck der Selbstbehauptung der anthropologischen Verfassung ansehen müssen, sein Leben durch Arbeit sichern und seine Lebensführung durch Arbeit bestimmen zu können. Unter der anthropologischen Verfassung gewinnt Selbstbehauptung als Sorge des Subjekts um sich Ausdruck. In ihrer kulturellen Ausprägung stellt sie sich seit Beginn der Neuzeit und vollends in deren reflexiver Vergegenwärtigung in der Moderne als Ausdruck einer Selbstbestimmung des Subjekts dar. Und die ist tief eingelassen in das aufgeklärte Weltverständnis der Moderne: Wenn es im Universum keinen Anhalt dafür gibt, wie der Mensch leben soll, dann ist es einzig die Selbstbestimmung des Subjekts, aus der ein Anhalt gewonnen werden kann. Alle Wertigkeiten, das festzustellen hatten wir schon einmal Anlass, konvergieren auf das Subjekt, weil alle Wertigkeiten erst von ihm geschaffen werden.

Ein zweites Moment der anthropologischen Verfassung lässt Arbeit eine herausragende Bedeutung gewinnen. Menschen gewinnen die Kompetenz ihrer Lebensführung in der frühen Ontogenese in Auseinandersetzung mit der Umwelt. In aller Vergangenheit war es die reale Objektwelt, die hernach auch die Arbeitskraft des Menschen absorbiert hat. Das muss nicht sein. Die technologische Entwicklung hat die meisten Menschen in den postindustriellen Gesellschaften von schwerer körperlicher Arbeit befreit. Irgendeiner Form der Disziplinierung der Lebensführung durch Arbeit bedarf es jedoch, um der mit dem Handeln verbundenen Anforderung an die Sinnhaftigkeit der Lebensführung gerecht werden zu können. An eine nachhaltige Form von Arbeit sieht sich jeder auch deshalb verwiesen, weil sich einzig durch sie jene Kompetenzen gewinnen lassen, die notwendig sind, um das Entwicklungsniveau der modernen Gesellschaft zu erreichen.[6] Es ist diese anthropologische Tiefenlage der Arbeit, durch die der Arbeit selbst unter fordistischen, vom Fließband diktierten Arbeitsbedingungen eine das Selbst stabili-

6 Lesenswert W. v. Humboldt, Ideen zu einem Versuch, die Gränzen der Wirksamkeit des Staates zu bestimmen, S. 56-233. Weiter H. Arendt, Vita activa.

sierende Bedeutung zukam. Für Arbeitslose, die nicht in der Lage sind, den Verlust der Lohnarbeit durch andere Formen der Arbeit zu ersetzen, droht das Leben die Kontur zu verlieren.[7]

Arbeit unter den Bedingungen der Marktgesellschaft weist allerdings ein Moment auf, das seiner anthropologischen Tiefenlage nicht zugehört: Sie ist von ihrem unmittelbaren Bezug zur Lebensführung des Subjekts abgeschnitten und sie ist fremdbestimmt. Das ist für die fordistische Form der Arbeit evident, es gilt aber auch noch für postfordistische Formen, die ein größeres Maß an Selbstorganisation der Arbeit vorsehen.[8] Arbeit gewinnt dadurch, unbeschadet ihrer Bedeutsamkeit für die Stabilisierung der Daseinsform des Subjekts, einen ambivalenten Status: Sie stellt auch eine Last dar. Das aber ist der zweite Grund, warum es mir notwendig erscheint, an der Zielvorstellung festzuhalten, für alle einen Zugang zur Arbeit zu schaffen. Die andern, die, die arbeiten, werden Menschen, die keiner Erwerbsarbeit nachgehen, als Menschen ansehen, die sich einer Last entziehen, der sie selbst sich nicht entziehen können.[9] Sie werden die Stigmatisierung umso nachhaltiger betreiben, als sie die Kosten der Lebensführung derer, die nicht arbeiten, tragen.[10]

3.2 Arbeit organisieren

Die zuvor erörterte Bedeutung der Arbeit rückt noch einmal ins Licht, welche Perversion der anthropologischen Verfassung es im Grunde darstellt, dass sich mit der Marktgesellschaft ein ökonomisches System hat ausbilden können, das es Menschen nicht ermöglicht, die Subsistenzen ihres Daseins aus eigener Kraft zu sichern. Es bedarf nicht viel, um darauf zu verfallen, die aktuell vorhandene Arbeit anders verteilen zu wollen. Die Kürzung der Arbeitszeit derer, die Arbeit haben, wäre, wenn sie

---

7 Jahoda, Marie / Lazarsfeld, Paul F. / Zeisel, Hans, Die Arbeitslosen von Marienthal.

8 Zur Einschätzung dieser Arbeitsform vgl. J. Rifkin, Das Ende der Arbeit; sowie A. Gorz, Arbeit zwischen Misere und Utopie, S. 41 ff. Vgl. im übrigen L Boltanski / E. Chiapello, Der neue Geist des Kapitalismus.

9 Diese Annahme findet an der empirischen Gerechtigkeitsforschung insofern einen Anhalt, als sich in ihr nur eine relativ geringe Akzeptanz für eine Mindestsicherung bei freiwilliger Erwerbslosigkeit feststellen lässt. Vgl. St. Liebig / St. Mau, Einstellungen zur sozialen Mindestsicherung, S. 109-134.

10 Es entspricht einer Wahrnehmung der eigenen Lebenslage, wenn Intellektuelle meinen, diese Gesellschaft könne gegenwärtig schon strukturell auf die Entkoppelung von Arbeit und Einkommen umgestellt werden, und das in einer Weise, dass jeder ein gedeihliches Auskommen habe. W. Engler, Bürger ohne Arbeit.

nur nachhaltig genug erfolgte, ein Mittel, um Arbeitsplätze für andere zu schaffen. Tatsächlich war und ist das auch das Ziel der Gewerkschaften, in Deutschland wie in Frankreich; und tatsächlich gibt es Belege für seine Effizienz. Unter der derzeitigen Marktlage besteht jedoch auf absehbare Zeit keine Aussicht, Arbeitszeitverkürzungen zur Schaffung neuer Arbeitsplätze zu nutzen. Der Trend geht in die entgegengesetzte Richtung: Arbeitszeiten werden ohne Lohnausgleich verlängert, um die Kosten zu senken. Es ist zum einen die Konkurrenz der Billiglohnländer an den Grenzen der entwickelten Marktgesellschaften des Westens wie im fernen Osten, die in der Produktion wie im Dienstleistungsbereich einen Druck auf die Lohnkosten bewirkt. Es ist zum andern aber auch das Flottieren des Kapitals, das dazu führt, die Höhe der Gewinnmargen insbesondere im Finanzsystem durch Senkung der Lohnkosten im Produktionsbereich einander anzupassen zu suchen. Auch die öffentliche Hand geht den Weg, Arbeitszeiten zu verlängern. Fiskalisch rechnet es sich, Arbeitsplätze einzusparen, auch wenn ein Teil der Einsparungen für Sozialleistungen derer, die dadurch arbeitslos werden oder bleiben, wieder ausgegeben werden muss. Das öffentliche Bewusstsein hat sich daran gewöhnt, es als legitim anzusehen, die einzelnen Subjekte mit den Kosten der Defizite des ökonomischen Systems zu belasten.

Unter den gegenwärtigen Bedingungen des Weltmarktes bleiben Arbeitsplätze auf absehbare Zeit ein knappes Gut. Wenn man die Geschichte der Marktgesellschaft in den Blick fasst, ist eine Situation, in der der Markt die Arbeitskräfte abgenommen hat, die Ausnahme. Vollbeschäftigung ist nur unter Bedingungen außergewöhnlichen Wachstums möglich.[11] Zwar lässt die demographische Entwicklung eine gewisse Minderung des Drucks auf den Arbeitsmarkt erwarten, dass dadurch die Problemlage der Marktgesellschaft abgebaut würde, die Armut der Unterschicht insbesondere wegfiele, ist nicht zu erwarten. Wie sich die Arbeitslosigkeit entwickelt, ist gegenwärtig nicht abzusehen. Die Produktivitätsreserven sind längst nicht ausgeschöpft. Zu erwarten ist deshalb eine technologische Entwicklung, die eine weitere Steigerung der Produktivität nach sich zieht. Würde man ihre Möglichkeiten ausschöpfen, so hat man schon vor Jahren errechnet, würden wir an eine Arbeitslosigkeit von etwa 40 Prozent heranreichen.[12]

Vollbeschäftigung, darin sind sich klar sehende Prognostiker der Entwicklung einig, ist nicht wieder zu erreichen. Es ist notwendig, diesen Befund dem öffentlichen Bewusstsein einzuprägen. Denn dadurch wird der unsinnigen Vorstellung entgegengewirkt, das Problem liege in irgendeiner Weise doch bei den Arbeitslosen.

11 W. Eichhorn, Arbeitslohn steuerfrei, S. 84.
12 W. Lotter, Der Lohn der Angst, S. 65.

Wenn Unternehmen wie ökonomische Theorie bemüht sind, die unsinnige Vorstellung gleichwohl aufrechtzuerhalten, so deshalb, weil sie darauf hinzuwirken suchen, Arbeitslose zu zwingen, Arbeit zu Löhnen auch unter dem Existenzminimum anzunehmen.[13] Sie sind dann nicht länger arbeitslos, auch wenn sie die Differenz zur Höhe der Sozialleistungen weiter vom Staat erhalten.[14] Es ist zweifelsfrei sinnvoll, Langzeitarbeitslose durch Subventionierung ihrer Arbeit wieder einzugliedern. Es ist jedoch wenig gewonnen, wenn es zu Bedingungen geschieht, die dazu führen, dass sie ihr Leben auch weiterhin an der Armutsgrenze fristen.

Wenn das so ist, wenn durch den Druck auf Arbeitslose keine Arbeitsplätze geschaffen werden und also auch Sozialstaatskosten kaum eingespart werden können, dann scheint es mir geboten, Konsequenz walten zu lassen, wo Konsequenz geboten ist: Es macht keinen Sinn, Druck auf Arbeitslose auszuüben, solange Plätze, die frei werden, alsbald auch wieder besetzt werden. Es ist eine durch nichts gedeckte Annahme zu meinen, das Gros der Arbeitslosen sei darauf aus, sich auf dem Niveau der Sozialstaatsleistungen einzurichten. Diese Annahme gehört zu jenen Vorstellungen, mit denen sich die, die ein behagliches Einkommen haben, Selbsttäuschungen überlassen, um die Behaglichkeit ihrer Lebenslage nicht gestört zu sehen. Das Gros der Arbeitslosen ist seiner Lage ausgeliefert. Es bedarf günstiger Bedingungen, um Arbeitslose in den Stand zu setzen, sich als Ich-AG Arbeit zu verschaffen. Die, die es können, tun es, wenn sie eine Chance sehen. Der Staat muss sich andere, intelligentere Strategien einfallen lassen, um dem Problem der Verarmung am unteren Ende der Einkommensskala zu begegnen. Die Strategie habe ich schon genannt:

Die Lösung des Problems liegt in der Koppelung einer garantierten Grundsicherung mit einem nicht anrechenbaren Zuverdienst bis zur Höhe eines Einkommens, das auch der unteren Einkommensschicht ein Leben zu führen ermöglicht, das den Sinnvorgaben der modernen Gesellschaft gerecht wird.

Es bietet sich an, sich mit der Schaffung eines solchen Junktims an die zunehmend breiter werdende Diskussion um ein ›garantiertes Grundeinkommen‹ anzuschließen. Die Idee eines ›garantierten Grundein-

---

13 Unternehmen wie ökonomischer Theorie gelten die Sozialstaatsleistungen an der Grenze der Armut deshalb immer noch als viel zu hoch. So, um ein Beispiel zu nennen, dem Chefvolkswirt der Europäischen Zentralbank, Ottmar Issing, Der Spiegel, 24, 2005, S. 82.

14 Auf eben diese Lösung zielt der oben mitgeteilte Vorschlag von H.-W. Sinn, die von den Gemeinden alimentierten Arbeitslosen an die Betriebe zu vermieten.

kommens‹ ist jedoch in einer Weise konzipiert, dass sie mehr Probleme bringt, als sie löst.

4 Das Problem mit dem ›garantierten Grundeinkommen‹

Der Gedanke, als Konsequenz der Problemlage der Marktgesellschaft, nicht allen die Garantie zu bieten, über Arbeit in das ökonomische System inkludiert zu werden, Arbeit und Einkommen teilweise zu entkoppeln und allen ein Grundeinkommen zu garantieren, wird seit langem diskutiert.[15] Der Grundgedanke erscheint in verschiedenen Kontexten und unter verschiedenen Bezeichnungen: als ›garantiertes Grundeinkommen‹, als ›Bürgergeld‹ oder als ›negative Einkommenssteuer‹. Ersichtlich zielt die Idee eines ›garantierten Grundeinkommens‹ darauf ab, nimmt man sie zunächst in ihrer allgemeinen Form, den Bürgern ein Mindesteinkommen dadurch zu sichern, dass man Einkommen und Arbeit entkoppelt. Der Gedanke selbst ist so revolutionär nicht, wie er zunächst scheint und wie der Widerstand, den er in der Ökonomie, aber eben auch in der Politik hervorruft, vermuten lässt. Zwei Befunde sind geeignet, ihn bedenkenswert zu machen:
- Tatsächlich ist in der BRD für mehr als fünf Millionen Menschen, die an sich erwerbsfähig sind, die elementare Sicherung des Daseins von der Arbeit abgekoppelt.
- Und tatsächlich sichert der Sozialstaat diesen Menschen ein Grundeinkommen, das von Arbeit abgekoppelt ist.

Den beiden Befunden lässt sich ein dritter hinzufügen. Er wird für unsere weiteren Überlegungen bedeutsam:
- Das derzeit schon durch den Sozialstaat »garantierte Grundeinkommen« stellt für das ökonomische System kein Problem dar. Dem ökonomischen System geht es gut.

Das durch die Sozialstaatsleistungen gedeckte Grundeinkommen zeichnet sich allerdings dadurch aus, dass es an die Bedingung gebunden bleibt, dem Arbeitsmarkt zur Verfügung zu stehen. Der Empfänger ist verpflichtet, die Ernsthaftigkeit dieser Bedingung andauernd unter Beweis zu stellen; er muss sich dauernd bereit halten und am Ort seiner Ar-

---

15 Einen historischen Zugang zur Idee des ›garantierten Grundeinkommens‹ bieten Y. Vanderborght / Ph. van Parijs, Ein Grundeinkommen für alle? Zur Diskussion in den frühen achtziger Jahren siehe die Beiträge in: Th. Schmid (Hg), Thesen zum garantierten Mindesteinkommen. Verfolgen lässt sich die Entwicklung der Diskussion an der Retrospektive, die G. Vobruba mit Blick auf seine eigenen Arbeiten zu diesem Thema anstellt. G. Vobruba, Entkoppelung von Arbeit und Einkommen.

beitslosigkeit präsent sein; er muss sich dauernd bewerben, auch wenn er im vorhinein weiß, dass es keinen Sinn macht; und er muss jede ihm angebotene Arbeit annehmen.

Auch sonst ist, was gegenwärtig noch als sozialstaatliche Sicherung der Arbeitslosen und Beschäftigten in Niedriglohngruppen firmiert, gänzlich anders ausgestaltet als die Mindestsicherungen dessen, was als ›garantiertes Grundeinkommen‹ in der Literatur diskutiert und in Zirkeln der politischen Meinungs- und Willensbildung erörtert wird.

Als ›garantiertes Grundeinkommen‹ wird ein Einkommen verstanden, das sich durch drei Kriterien auszeichnet:
- Es soll vom Staat *allen Bürgern* gewährt werden, unabhängig von ihrer Bedürftigkeit;
- es soll *unbedingt* gewährt werden, also ohne an eine Gegenleistung gebunden zu sein;
- und es soll durch ein Einkommen *aus Erwerbsarbeit ergänzt* werden können, das allenfalls in geringem Maße mit dem Grundeinkommen verrechnet werden soll.[16]

Halten wir zunächst fest, dass die, die einem allgemeinen Grundeinkommen das Wort reden, meinen, was sie sagen: Es soll allen Bürgern gewährt werden. »Ungeachtet sonstiger Einkünfte, ihrer Vermögenslage oder der Ressourcen ihrer Angehörigen haben Reich und Arm gleichermaßen Anspruch darauf.«[17] In der Bestimmung, es allen achtzig Millionen Bürgern zu gewähren, scheint mir das Hauptproblem dieser Form der Entkoppelung von Arbeit und Einkommen zu liegen. Erörtern wir es eingehender.

Der Gedanke, allen ein arbeitsfreies Einkommen zu sichern, enthält ein libertäres Moment:
- Das Grundeinkommen setzt alle, die wollen, in den Stand, sich von einer Form von Arbeit zu befreien, die als Lohnarbeit nun einmal fremdbestimmt ist. Und es setzt sie in die Lage, sich anderen Formen von Arbeit, dem Erwerb von Bildung etwa, zuzuwenden. Es ermöglicht mithin eine veritable Form von Selbstbestimmung.
- Als bedeutender Vorzug eines garantierten Grundeinkommens muss ferner gelten, jedem das Gefühl zu schenken, sich, wenn er arbeitslos wird, nicht einem Sozialstaatsapparat ausgesetzt zu sehen, der alle Möglichkeiten hat, ihn zu kujonieren.
- Schließlich entlastet ein ›garantiertes Grundeinkommen‹, das an alle gezahlt wird, den Staat überdies von jeder Form von Bedürftigkeitsprüfung und hilft damit zugleich, Verwaltungskosten zu sparen.

16 Zur Begriffsbestimmung, die aber bei allen, die dem ›garantierten Grundeinkommen‹ das Wort reden, wiederkehrt, Y. Vanderborght/Ph. van Parijs, Ein Grundeinkommen für alle?, S. 37.
17 Y. Vanderborght / Ph. van Parijs, Ein Grundeinkommen für alle?, S. 49.

Alles in allem will mir das libertäre Moment in der einen oder anderen Form als ein bedeutsames Moment in der Konzeptualisierung eines ›garantierten Grundeinkommens‹ erscheinen. Dieser Vorzug sollte erhalten bleiben. Er lässt sich jedoch in einer Weise sichern, die der Verfassung der Marktgesellschaft, wie wir sie gegenwärtig vorfinden, eher gerecht wird, als ein Grundeinkommen, das unterschiedslos für Reich und Arm gezahlt wird. Gegen diese Form der Konzeptualisierung eines ›garantierten Grundeinkommens‹ bestehen erhebliche Bedenken. Inwiefern?

Diese Gesellschaft ist und bleibt noch auf absehbare Zeit eine Gesellschaft, in der der Reichtum der Gesellschaft durch Arbeit geschaffen wird. Die große Mehrheit der Erwerbstätigen gewinnt durch Lohnarbeit die Subsistenzen ihres Daseins. Sie würde ihre Erwerbsarbeit auch dann fortsetzen, wenn sie sich durch eine Grundsicherung abgestützt sähe. Dafür gibt es Gründe, die wir hier nicht zu erörtern brauchen, weil wir sie denen überlassen können, die sich für die Fortsetzung ihrer Erwerbsarbeit entscheiden würden. Für sie hat das Grundeinkommen jedenfalls keinen praktischen Wert. Dieser Befund zieht eine Reihe von Weiterungen nach sich, die sich in vier Einwänden präzisieren lassen:

— Es ist schlechterdings nicht ersichtlich, welchen Sinn es macht, der großen Mehrheit der Bürger ein Einkommen zukommen zu lassen, das sie nicht brauchen. Denn nochmals: Die, die ein Einkommen haben, das jenseits der Grenzen des ›garantierten Grundeinkommens‹ gelegen ist, werden sich durch die Zuweisung eines Grundeinkommens nicht von der Arbeit abhalten lassen. An ihrer Lebenslage ändert sich nichts.

— Stattdessen wird, wenn alle, ob arm oder reich, ein Grundeinkommen beziehen, die große Mehrheit der Bürger durch Steuern dem Staat erstatten müssen, was sie durch das garantierte Grundeinkommen erhalten hat. Es ist eine gewaltige Summe, die auf diese Weise nicht umverteilt, sondern nur umgeschichtet werden muss. Dass es für die Mehrheit der Bürger ein Nullsummenspiel ist, ist aber keineswegs sicher. Die Lohnempfänger drohen zu verlieren.

— Denn bei einem ›garantierten Grundeinkommen‹ für alle werden die Unternehmer das Grundeinkommen zum Anlass nehmen, die Löhne zu senken. Das wird zwar von manchen Ökonomen für die Wirtschaft als vorteilhaft angesehen, unter der hier erörterten Zielvorgabe, gerechte Verhältnisse zu schaffen, erweist es sich jedoch als kontraproduktiv. Denn wenn die Löhne unter Hinweis auf das garantierte Grundeinkommen auch nur anteilig sinken, droht den Lohnempfängern, die Zeche zahlen zu müssen. Da auch der Staat durch die eine oder andere Art von Steuer versuchen wird, von ihnen wiederzubekommen, was sie von ihm als Gutschrift erhalten haben, heißt das, dass die Lohnempfänger zweimal zur Kasse gebeten werden. Ersichtlich sind in diesem Spiel die Unternehmer resp. das Kapital die, denen die Gutschrift wirklich zugute kommt.

– Schließlich aber spricht ein politischer Faktor gegen die Zuweisung eines ›garantierten Grundeinkommens‹ an alle: In der Politik wird sich für eine so gewaltige Umschichtung keine Mehrheit finden. Die Fraktion der Linken hat sie aus eben diesem Grunde bereits zu den Akten gelegt. Und man wird annehmen, dass es nicht zuletzt diese Dimensionierung ist, die den Sozialdemokraten Anlass bietet, sich erst gar nicht mit dem ›garantierten Grundeinkommen‹ befassen zu wollen. Muss man deshalb die Vision einer garantierten Mindestsicherung fallen lassen? Keineswegs! Man muss sie nur so dimensionieren, wie es der derzeitigen Verfassung der Gesellschaft entspricht und »mit einer kleinteiligeren Politik« zum Ziele kommen.[18]

Ich nehme die Bedenken zum Anlass, ein Modell der Veränderung der gesellschaftlichen Verfassung zu entwickeln, das die Garantie des Einkommens zielgenau denen zuteil werden lässt, die ihrer bedürfen. Es läge nahe, auch dieses Modell als eine Form des ›garantierten Grundeinkommens‹ zu verstehen. Denn der Grundgedanke, Arbeit und Einkommen entkoppeln zu müssen, bestimmt auch die nachfolgenden Überlegungen. Überdies mache ich mir die beiden anderen Kriterien des ›garantierten Grundeinkommen‹: die Unbedingtheit seiner Gewährung und die Möglichkeit, es mit Erwerbsarbeit zu verbinden, zu eigen. Vor allem aber bleibt die Freiheitssicherung, die als die eigentlich bestimmende Idee hinter dem ›garantierten Grundeinkommen für alle‹ verstanden wird, erhalten. Die Gründe, die mich veranlasst haben, dem Postulat eines ›garantierten Grundeinkommens‹ für alle (!) nicht zu folgen, habe ich genannt. Fasst man sie zusammen, drängt sich eine Konsequenz auf: Es ist notwendig, sich bei noch so revolutionären Entwürfen der politischen Pragmatik bewusst zu bleiben, dass einstweilen der Reichtum der Gesellschaft weiterhin durch Erwerbsarbeit geschaffen wird. Auch die neue Form der Arbeit in den Unternehmen, die in hohem Maße Wissen verlangt, geschieht unter Bedingungen und Strukturen der Erwerbsarbeit. Zielgenauer zu operieren heißt deshalb: die Sicherungen dem Schwinden der Erwerbsarbeit so anzupassen, wie es die Entwicklung der gesellschaftlichen Verfassung verlangt. Wenn ich deshalb den Begriff ›garantiertes Grundeinkommen‹ vermeide und stattdessen dem hier entwickelten Vorschlag das Etikett ›Grundsicherung und Arbeit‹ anhefte, so aus zwei Gründen:

– Zum einen ist der Begriff ›garantiertes Grundeinkommen‹ nun einmal mit der Absicht belastet, das Grundeinkommen allen gutzuschreiben. Und das halte ich, wie gesagt, für kontraproduktiv.

18 So sehr zu Recht H. Koch, in: taz-Debatte vom 25.9.2006; ebenso M. Schlecht, in: taz-Debatte vom 2.11.2006.

– Zum andern aber suche ich mit diesem Modell die Anbindung an die
Möglichkeit der Erwerbsarbeit institutionell abzusichern.

Gewiss, die Aufnahme von Arbeit jenseits des garantierten Grundeinkommens steht auch bei dem ›garantierten Grundeinkommen für
alle‹ jedem offen. Institutionell ist sie jedoch nicht abgesichert. Ein
Grundeinkommen bleibt aber, so notwendig es ist, ein mageres Einkommen. Man muss die Möglichkeit institutionalisieren, die Einkom-
mensgrundlage so zu erweitern, dass eine wirkliche Chance geschaffen
wird, an den ökonomischen und kulturellen Errungenschaften dieser
Gesellschaft teilzuhaben, wie es die Sinnvorgaben der Lebensführung
in ihr vorsehen.

*Mit der Freiheit muss Gerechtigkeit im Fokus des Postulats einer
Grundsicherung stehen. Eben darauf zielt das Integrationsmodell, das die Grundsicherung mit der Arbeit verbindet.*

Wie geht das?

5 Das Integrationsmodell: ›Grundsicherung und Arbeit‹

5.1 Die Koppelung von Einkommen und Arbeit

Wenn man die Problemlage der Marktgesellschaft in der Epoche ihrer
globalen Entwicklung in einer Weise bestimmt, dass Gerechtigkeit im
Fokus der politischen Pragmatik gelegen ist, dann hat eine Aufgabe in
der Politik absoluten Vorrang: die in die Gesellschaft zu integrieren,
die in ihr durch das ökonomische System an den Rand gedrängt worden sind. Ziel der Grundsicherung muss nicht nur sein, ihnen die Sorge um die elementaren Subsistenzen des Lebens zu nehmen, Ziel muss
ebenso sein, ihnen das Bewusstsein der Selbstbehauptung und Selbstbestimmung zurückzugeben. Dazu ist notwendig, ihnen einen Zugang
zur Arbeit zu verschaffen. Eben weil Arbeit als die soziokulturelle Form
der Selbstbehauptung ebenso in die anthropologische Verfassung wie
in die Grundverfassung der Gesellschaft eingelassen ist, geht es nicht
an, dass sich erwerbsfähige Bürger der staatlichen Alimentation überlassen sehen. Dann nämlich bleiben sie der Stigmatisierung der Gesellschaft ausgesetzt. Das hat zwei Gründe. Auf den einen habe ich schon
hingewiesen.

Wenn Arbeit die Form der soziokulturellen Selbstbehauptung darstellt, dann entfällt mit ihr eine elementare Form der Selbstbestimmung
wie Selbstbestätigung. Ihr Wegfall stellt eine Form der Entmachtung
dar, die auf die Selbstachtung zurückschlägt. Intellektuelle mögen sich
darüber hinwegsetzen, weil sie überzeugt sind, mit ihrer Geistesarbeit
einen wichtigen Beitrag zum Reichtum der Gesellschaft zu leisten. An-

dere bedürfen eines Zugangs zur Arbeit, der ihnen diese Überzeugung ebenfalls verschafft. Wenn es, wie manche meinen, als ethisches Grundprinzip gelten muss, nicht auf Kosten anderer zu leben, so übersetzt sich dieses Prinzip in das Verlangen, durch Arbeit für sich sorgen zu können. Das ist der eine Grund, der darauf drängt, den Sozialstaat anders zu organisieren als in der Vergangenheit, nicht als bloße Alimentation seiner Klientel. Der zweite Grund, Bürger nicht einfach auf eine staatliche Alimentation zu verweisen, ist dem zuvor erörterten eng verbunden und nicht weniger bedeutsam. Die Marktgesellschaft ist in ihrer Grundverfassung auf die Selbstbehauptung des Subjekts gegründet. In ihr ist die Verortung des Subjekts in der Grenze der Gesellschaft institutionell verfestigt: Jeder muss sich selbst in die Gesellschaft zu integrieren suchen, kann es aber nur dadurch, dass er sich in das ökonomische System zu inkludieren und dadurch an der Gestaltung der Gesellschaft zu beteiligen sucht. Irgendeinen Beitrag zur Wohlfahrt der Gesellschaft muss jeder leisten, der von ihren Erträgen leben will, wenn er sich nicht stigmatisiert sehen will. Dem muss die sozialstaatliche Verfassung Rechnung tragen. Wenn das ökonomische System nicht für alle Arbeitsplätze bereitstellt und für viele nur zu Bedingungen, die keinen hinreichenden Anteil an den ökonomischen und kulturellen Errungenschaften der Gesellschaft gewährleisten, dann muss die Arbeit aufgeteilt werden. Das Einkommen, das fehlt, weil die Arbeitskraft nur zu einem Teil verwertet werden kann, muss dann durch eine Grundsicherung zugeschossen werden.

Die Lösung dessen, was in einer Marktgesellschaft als Quadratur des Kreises erscheinen kann, Arbeit und Einkommen zu sichern, besteht nach allem darin, Arbeit und Einkommen so zu entkoppeln, dass sie sich unter neu geschaffenen Bedingungen erneut, aber anders als zuvor koppeln lassen.

Mir scheint deshalb eine Organisation des Sozialstaats vonnöten, die beides gewährt: eine Grundsicherung und eine durch die Grundsicherung eröffnete Chance, durch eigene Arbeit einen Anteil an der Schaffung des Reichtums der Gesellschaft zu haben.

Erörtern wir zunächst, wie eine solche Regelung aussehen könnte.

5.2 Die Ausstattung der Grundsicherung

Kern jeder künftigen Regelung, die der Entwicklung der Marktgesellschaft in der Epoche ihrer Globalisierung Rechnung tragen will, muss eine Grundsicherung sein, die die elementare Bedrohung von den Subjekten nimmt. Sie wird deshalb drei Erfordernissen Rechnung tragen müssen:

– Sie muss denen, aber auch nur denen, gewährt werden, deren Existenzgrundlage durch Arbeit oder sonstiges Einkommen nicht gesichert ist.

– Sie muss in einer Höhe gewährt werden, die die Menschen von der sie bedrängenden Sorge um die Existenzgrundlage auch wirklich befreit.

– Sie muss unbedingt gewährt werden.

Darin, dass die Grundsicherung nur denen zukommen soll, die ihrer auch wirklich bedürfen, unterscheidet sich das hier entwickelte Integrationsmodell von dem Konzept eines garantierten Grundeinkommens, wie es in der Literatur verfochten wird. Dem Erfordernis, nur denen zugute zu kommen, die darauf angewiesen sind, kann am einfachsten dadurch Rechnung getragen werden, dass die Modalitäten ihrer Zuweisung denen einer negativen Einkommensteuer angeglichen werden. Wer keine Einkünfte aufzuweisen hat oder Einkünfte, die unterhalb des Betrages der Grundsicherung verbleiben, erhält eine Gutschrift vom Finanzamt.

Eine Grundsicherung, die den gegenwärtigen Verhältnissen der Marktgesellschaft Rechnung trägt, kann sich nicht damit begnügen, die Existenzgrundlage auf dem gerade noch möglichen Niveau zu sichern. Die Sozialleistungen für Arbeitslose, die länger als ein Jahr arbeitslos sind, soweit abgesenkt zu haben, dass die Unterstützung rechnerisch zwar hinreichen soll, um die Existenzgrundlage zu sichern, tatsächlich aber nicht ausreicht, war der Sündenfall der Sozialdemokratie.[19] Mit dieser Regelung hat die Sozialdemokratie ihr über mehr als ein Jahrhundert programmatisches wie praktisches Eintreten für Gerechtigkeit preisgegeben. Keine Partei kann für sich in Anspruch nehmen, der Gerechtigkeit verpflichtet zu sein, die Bedürftige auf die derzeitigen Sätze der Sozialhilfe verweist – 345 Euro plus bescheidene Mietkosten. Es ist einigermaßen irritierend zu sehen, dass auch die christlich inspirierten Parteien keine Not damit haben, Menschen in eine Lebenslage zu versetzen, die allem widerspricht, was an philosophischen oder sonst reflexiven Bestimmungen einer sinnvollen Lebensführung in der Neuzeit dem Menschen zugeschrieben wird, Selbstbestimmung vor allem. Die Begründungen, die für eine Sozialpolitik an der Grenze des Existenzminimums gegeben werden, lassen immer wieder außer Betracht, dass es die gesellschaftlichen Strukturen sind, die die Notlage dieser Menschen begründet. Stattdessen hängt sie der unsinnigen Vorstellung an, die Menschen müssten unter Druck gesetzt werden, um sich aus

19 Wie wenig die Sozialleistungen hinreichen, verdeutlicht ein Armutsbericht der Stadt München über die Not (Hunger) von 1600 Kindern, zumeist aus Familien von Hartz IV Empfängern und Einkommensbeziehern aus Niedriglohngruppen. SZ vom 24.5.2007, S.41.

ihrer Lage zu befreien. Unsinnig ist diese Vorstellung deshalb, weil es die Arbeitsplätze nicht gibt, die sie daraus befreien könnten, überdies aber die große Mehrheit bereit ist, jede sich bietende Gelegenheit zu nutzen, um Arbeit zu bekommen. Wenn dem Postulat der Gerechtigkeit Genüge getan werden soll, müssen sich die politischen Strategien von der Vorstellung leiten lassen, dass allen die Möglichkeit geboten werden muss, sich zu gedeihlichen Bedingungen in die Gesellschaft zu integrieren. Dieses Postulat muss aber auch schon die Festsetzung der Höhe der Existenzgrundlage bestimmen. Es scheint mir nahe zu liegen, das derzeitige Niveau des Arbeitslosengeldes zum Richtmaß zu nehmen. Das sind alles in allem 850 Euro für Erwachsene.[20] Für Kinder kann ein altersabhängiger niedrigerer Betrag in Rechnung gestellt werden.[21]

Die Grundsicherung soll unbedingt gewährt werden. Auch darin unterscheidet sie sich von den Sicherungssystemen, die der alte Sozialstaat angeboten hat und das System der Armutspflege derzeit anbietet. Über die Notwendigkeit, die Grundsicherung unbedingt zu leisten, sind sich alle einig, die über die Notwendigkeit, die Verhältnisse zu ändern, nachgedacht haben. Ökonomen sind ebenso zu dem Schluss gekommen[22] wie soziologische und philosophische Kritiker der Marktgesellschaft in ihrer gegenwärtigen Verfassung.[23] Dafür, die Grundversicherung unbedingt zu gewähren, spricht eine Reihe von Gründen:

– Schlechterdings durchschlagend scheint mir zu sein, dass es die Arbeit, deren Entlohnung den Arbeitslosen und den Beschäftigten in den Niedriglohngruppen erlaubte, ein sinnvolles Leben zu führen, derzeit nicht gibt. Es ist belanglos, ob es sie deshalb nicht gibt, weil der Grenznutzen der Arbeit die Deckung der Lebenshaltungskosten nicht erlaubt oder das globale System den Gewinn im Produktionsbereich an den Gewinnmöglichkeiten der Börse ausrichtet und dadurch die Löhne an die Grenze des Existenzminimums treibt. Gäbe es diese Arbeit, hätten wir das Problem der Arbeitslosigkeit nicht. Tatsächlich verdankt sich die Annahme, die Arbeitslosen müssten dem Druck des Sozialstaats ausgesetzt werden, dem durch die neoliberale Theorie gestützten Vorurteil, den Grund ihrer Arbeitslosigkeit bei ihnen zu suchen und nicht in den Strukturen des ökonomischen Systems.

20 Zahlen nenne ich im Folgenden lediglich, um so deutlich wie möglich zu sein. Sie sind verhandelbar. Auch das Verfahren ist verhandelbar, wenn nur für alle eine Lebenslage geschaffen wird, die ihnen ermöglicht, ein sinnvolles Leben zu führen.

21 In der Literatur werden für das garantierte Grundeinkommen Beträge zwischen 800 und 1000 Euro genannt.

22 Für viele W. Eichhorn, Interview, S. 83-90.

23 A. Gorz, Arbeit zwischen Misere und Utopie; W. Engler, Bürger ohne Arbeit.

– Wenn es das Ziel der Grundsicherung ist, die Freiheit der Selbstbestimmung in der Gesellschaft wieder herzustellen, dann muss die Grundsicherung so beschaffen sein, dass die, die auf sie angewiesen sind, nicht der Kujonierung durch den Sozialstaatsapparat ausgesetzt werden.[24] Der Effekt des Drucks, der gegenwärtig auf den Arbeitslosen lastet, ist, dass denen, die ohnehin in der Gesellschaft ungleich belastet sind, der Rest der Selbstbestimmung im Dasein genommen wird. Die abgründige Illiberalität der neoliberalen Theorie zeigt sich darin, dass sie denen, die Opfer der gesellschaftlichen Verfassung geworden sind, diese Rolle so auf den Leib schreibt, dass sie dadurch stigmatisiert werden. Dafür, dem Widersinn abzuhelfen und die Grundsicherung unbedingt zu gewähren, gibt es eine Reihe pragmatischer Gründe. Einer der Gründe ist, dass der institutionalisierte Druck auf die Arbeitslosen zu nichts führt. Er schafft keine Stellen. Die freien Stellen werden auch ohne ihn besetzt. Denn Arbeit ist ein Gut, das von der großen Mehrheit der Arbeitslosen gesucht wird. Schließlich aber ist der derzeitige Druck auf die Arbeitslosen mit dem Eingeständnis rücksichtsloser Inhumanität verbunden. Denn die Drohung, ihnen im Falle der Weigerung die Unterstützung zu entziehen, ist die Drohung mit dem Hungertod. Ökonomen mag die darin enthaltene Inhumanität nicht schrecken. Sie wissen sich der Logik des Systems verpflichtet. Andere aber schreckt sie.

Wie man sieht, ist es, um für die Grundsicherung zu votieren, nicht notwendig, auf einen »Strukturwandel der Arbeitsgesellschaft« hinwirken zu wollen, durch den Arbeit und Einkommen überhaupt entkoppelt werden. Diese Möglichkeit ist derzeit nicht in Sicht. Was notwendig ist, habe ich schon gesagt: Arbeit und Einkommen so zu entkoppeln, dass sie neu gekoppelt werden können. Die Unbedingtheit der Grundsicherung ist dazu allerdings erforderlich.

Auch für eine Grundsicherung, die mit 850 Euro angesetzt wird, gilt, das sie allein nicht ausreicht, um damit den Anforderungen an eine sinnvolle Gestaltung der Lebensführung, wie sie von der Moderne verlangt wird, nachkommen zu können. Mit 850 Euro kann man lediglich haushalten und durchkommen. Um der Gerechtigkeit zur Geltung zu verhelfen, ist es deshalb notwendig, eine Arbeitsmöglichkeit zu eröffnen, die dazu führt, insgesamt ein Einkommen zu erwerben, das es ermöglicht, in einem Mindestmaße an den soziokulturellen Standards der Lebensführung teilzunehmen. In der Politik ist gelegentlich ein Betrag von 1100-1200 Euro als notwendiger Arbeitslohn genannt

---

24 Das ist unter den gegenwärtigen Verhältnissen in bedrückendem Maße der Fall. Wer über keine eigene Anschauung verfügt, kann sich der Praxis in den einschlägigen Berichten vergewissern. Vgl. P. Bourdieu et al., Das Elend der Welt; N. Klinger / J. König, Einfach abgehängt.

worden. Diesen Betrag zu erzielen, muss auch denen durch eine Zu-
arbeit möglich sein, die auf die Grundsicherung angewiesen sind. Bis zu
dieser Höhe darf deshalb ein Zuverdienst nicht auf die Grundsicherung
angerechnet werden. Woher sollen die Arbeitsplätze kommen, wenn es
sie doch nicht gibt?

5.3 Arbeitsplätze durch Grundsicherung

Unter dem Postulat der Gerechtigkeit gilt es, nicht nur Arbeitslosen eine
Chance zu verschaffen, sich zu gedeihlichen Bedingungen in die Gesellschaft zu integrieren, für Erwerbstätige, die sich in Niedriglohngruppen
verdingt haben, gilt es auch. Es ist zu erwarten, dass nicht wenige der
Erwerbstätigen, die durch ihre Arbeit weniger oder jedenfalls nicht mehr
als 1200 Euro nach Hause bringen, ihre Vollerwerbsstelle aufgeben.
Sie können durch eine Halbtagstätigkeit auch bei einem Niedriglohn
leichter auf ein Gesamteinkommen von 1200 Euro kommen. Überdies
können sie sich einen Freiraum verschaffen, der zur beruflichen Qua-
lifizierung und Fortbildung genutzt werden kann. Die Höhe des Nied-
riglohnes muss allerdings durch die Festsetzung eines Mindestlohnes
durch Gesetz gesichert werden, wenn nicht die Lebenslage derer, die
auf den Zuverdienst angewiesen sind, ausgebeutet werden soll. Frankreich wie England haben mit Mindestlöhnen in der Höhe von 7,50
Euro keine Probleme.[25] Und Verlagerungen ins Ausland sind wegen der
Höhe dieser Löhne auch nicht zu erwarten. Wenn eine Grundsicherung
geboten wird, werden, wenn die Rechnung aufgeht, und dafür spricht
ökonomische Vernunft, die bisherigen Vollerwerbsstellen im Niedriglohnbereich in doppelter Zahl als Halbtagsstellen zur Verfügung
stehen. Gleichwohl können Stellen fehlen. Und das auch deshalb, weil
auf der subjektiven Seite die Schwierigkeit, Langzeitarbeitslose zu vermitteln, vielfach eine Folge ihrer zumeist unzureichenden Ausbildung
ist.[26] Wenn Stellen fehlen, müssen sie durch einen Dritten Arbeitsmarkt
der öffentlichen Verwaltung geschaffen werden.[27] Möglichkeiten gibt
es. Die immer wieder genannten Bereiche der Pflege, der Kinderbetreuung und des Bildungsbereiches verlangen allerdings Menschen mit einer
qualifizierten Ausbildung. Sie muss gezielt erfolgen.

---

25 Es gibt, hat G. Bosch vom IAT versichert, in England keine ernst zu neh-
   menden Veröffentlichungen von Ökonomen, die den Mindestlohn länger
   noch ablehnten. SZ vom 4.4.2006.
26 Vgl. die Studie von R. Schettkat, Lohnspreizung. Mythen und Fakten.
27 So auch die Denkschrift der EKD, S. 59. Die Einsicht, dass wir ihn brauchen, gewinnt auch im politischen Bewusstsein der Öffentlichkeit an
   Bedeutung. Spiegel 1, 2007, S. 13.

Die Einführung einer Grundsicherung würde zusammen mit der Schaffung von Arbeitsplätzen in der Marktgesellschaft Verhältnisse schaffen, die als wegweisend angesehen werden könnten. Wenn es richtig ist, dass es in aller Geschichte nie eine gerechte Gesellschaft gegeben hat, so würde unsere Gesellschaft erstmals der Zeitenwende der Neuzeit dadurch gerecht, dass sie konstruktiv Verhältnisse schafft, denen in den Grenzen des Möglichen Gerechtigkeit immanent ist. Auch die hier entwickelte konstruktive Strategie hält sich in engen Grenzen, misst man den Lebensstandard und die Lebenspraxen, die mit ihr eröffnet werden, an den Lebenspraxen derer, die sich der Einkommensklassen der mittleren Mittelschicht bis hin zur Oberschicht zurechnen können. Es geht jedoch nicht um Gleichheit, auch nicht um eine Gleichheit der Lebenslage. Wohl aber geht es darum, Sinnvorgaben der Gesellschaft, die an die Teilhabe an den Errungenschaften der Gesellschaft gebunden sind, realisieren zu können. Und das ist, wenn auch in Grenzen, bei einer Koppelung von Grundsicherung und Arbeit im garantierten Mindestlohnbereich möglich. Vergegenwärtigen wir uns die Vorzüge, um dann auch das Problem der Kosten zu erörtern:

- Wir teilen das verfügbare Arbeitsplatzvolumen insbesondere im Niedriglohnbereich so auf, dass alle, die arbeiten wollen, auch arbeiten können.
- Wir holen Arbeitslose wie Erwerbstätige im Niedriglohnbereich aus der Armutszone heraus.
- Wir holen auch Kinder aus der Armutszone heraus. Wir befreien sie in schlecht organisierten Familien von Hunger, darüber hinaus von der Belastung, sich nicht annähernd wie ihre Altersgenossen bewegen zu können.
- Wir verschaffen Eltern, Frauen vor allem, durch eine Halbtagsbeschäftigung günstigere Möglichkeiten, Erwerbstätigkeit und Kinderbetreuung miteinander zu vereinbaren.
- Wir sichern Frauen eine unabhängigere Stellung in partnerschaftlichen Lebensformen.
- Und wir schaffen Raum für eine Eigentätigkeit und damit vor allem für eine gezielte Bildungs- und Fortbildungsförderung.
- Schließlich kann die hier entwickelte politische Strategie für sich in Anspruch nehmen, denen eine Chance zu verschaffen, die sich Freiräume für eine andere Lebensform, als sie Erwerbsarbeit verlangt, schaffen wollen. Wer will, kann in die Grundsicherung wechseln und sehen, was er sonst tut.

Es ist im Kontext einer Erörterung, wie sie hier über Gerechtigkeit angestellt wird, nicht möglich, aber auch nicht notwendig, das System einer Grundsicherung, wie ich es für notwendig und möglich erachte, erschöpfend zu erörtern. Die Absicht ist, Richtwerte für eine Gestaltung der gesellschaftlichen Verhältnisse zu benennen, die von der Gerechtigkeit gefordert werden. Es müssen Fragen offen bleiben. Offen lasse ich insbesondere die Frage, wie man den Zuverdienst mit Abgaben und Lohnsteuern belasten soll. Offen lasse ich auch, wie weit man die, die mit einer Vollerwerbsstelle nicht oder nur unwesentlich mehr als 1200 Euro verdienen, ihrerseits mit Abgaben und Steuern belasten soll. Es liegt auf der Hand, dass eine Angleichung erfolgen muss. Keine Bedeutung darf man für die Anschlussfrage dem in der Vergangenheit so viel erörterten Lohnabstandsgebot beimessen. Es machte keinen Sinn, wollte jemand, der 1500 Euro verdient, geltend machen, er müsse für sie ungleich mehr arbeiten als jemand, der zusammen mit der Grundsicherung ein Einkommen von 1200 Euro habe. Zum einen ist auch dieses Einkommen zum Teil erarbeitet. Zum andern muss man im Gedächtnis behalten, dass es eine Grundsicherung deshalb gibt, weil die Marktgesellschaft keine ausreichende Nachfrage nach Arbeit aufweist. Jeder kann im übrigen in das Grundsicherungsmodell wechseln, wenn es ihm attraktiver erscheint, als einer Arbeit im Vollerwerb nachzugehen. Ich gehe davon aus, dass Arbeit jenseits der Grenze von 850 resp. 1200 Euro attraktiv bleibt. Gar keine Bedeutung messe ich der Befürchtung bei, eine Grundsicherung von 850 Euro habe zur Folge, dass sich allzu viele auf diesem Niveau einrichteten, so dass die angebotene Arbeit im Niedriglohnbereich nicht abgenommen werde. Erfahrungen zeigen, dass Arbeit gesucht und angenommen wird, wenn sie sich bietet.[28] Niemand vermag auf dem Niveau eines Einkommens von 850 Euro üppig zu leben. Es wird einige geben, die sich mit diesem Einkommen zufrieden geben. Man muss ihnen dankbar sein, denn Arbeitsplätze werden auch in Zukunft ein knappes Gut sein.

Mit der Schaffung einer Grundsicherung, wie sie hier konzipiert ist, würde der Sozialstaat neu und anders als in der Vergangenheit entstehen. In ihm müssen auch die sozialen Versicherungssysteme neu geordnet werden. Die Materie ist zu komplex, um hier erörtert zu werden.

6 Wer trägt die Kosten

6.1 Es rechnet sich (nicht ganz)

Es ist unschwer zu erwarten, dass auch gegen ein Modell, das im Unterschied zum ›garantierten Grundeinkommen‹ die Veränderungen der gesellschaftlichen Verfassung zielgenauer auf die richtet, die von der Exklusion aus dem ökonomischen System resp. ihrer unzureichenden

---

28 Auch gegenwärtig arbeiten zwischen 500.000 und zwei Millionen Menschen – die Angaben sind unterschiedlich – für einen Lohn unterhalb der Grenze des Arbeitslosengeldes II.

Inklusion in es betroffen sind, die Kosten als Einwand gelten werden. Für das ›garantierte Grundeinkommen‹, also für ein Modell, das unterschiedslos alle 80 Millionen Bürger in dessen Genuss kommen lässt, haben Experten errechnet, dass es sich rechnet.[29] Es hat deshalb – vereinzelt – auch in der Politik Zustimmung gefunden.[30] Es führt jedoch so, wie es der Berechnung zugrunde gelegt wurde, nicht zu einem Einkommen, mit dem für die Sozialstaatsklientel die Voraussetzungen für eine Integration in die Gesellschaft geschaffen würden, die ihnen wirklich ein Leben zu führen erlaubte, wie es für unsere Zeit als sinnvoll erachtet wird.

Für das hier entwickelte Modell aus Grundsicherung und Arbeit gilt, dass die Hauptlast der Kosten schon gegenwärtig anfällt. Rechnet man zu den vier Millionen Arbeitslosen die eine Million hinzu, die in Arbeitsförderungsmaßnahmen beschäftigt sind oder einen Ein-Euro-Job innehaben, sind es schon jetzt Kosten für die Elementarversorgung von fünf Millionen Arbeitslosen, die tatsächlich aufgebracht werden. Dazu kommen die Lasten der Sozialhilfe für Menschen, die nicht dem Arbeitsmarkt zur Verfügung stehen. Diese Kosten aber lassen sich aufbringen, ohne das ökonomische System übermäßig zu belassen. Ich habe oben bereits festgestellt: dem ökonomischen System geht es gut. Es ist gleichwohl keine Frage, dass das hier entwickelte Modell die Kosten des Sozialstaats steigen lässt. Das ist nicht zuletzt deshalb der Fall, weil alle Arbeitslosen unterschiedslos in den Genuss der Grundsicherung kommen. Ebenfalls erhöhen sich die Kosten dadurch, dass Kinder mit einem Betrag in die Grundsicherung einbezogen werden, der sie aus der Armutsecke herausholt. Schließlich aber fällt der größte Teil der zusätzlichen Kosten dadurch an, dass Niedriglöhner jedenfalls bis zu einem Einkommen von 1200 Euro in das Grundsicherungsmodell wechseln werden und bis zu diesem Betrag nur in geringem Maße mit Steuern und Abgaben belastet werden dürfen. Das ist gewollt. Denn anders lassen sich die Halbtagsarbeitsplätze für alle, die sie suchen, nicht schaffen. Daran also kann kein Zweifel sein: Zum Nulltarif ist die Integration derer, die unter der derzeitigen Verfassung an den Rand der Gesellschaft gedrängt sind, nicht zu haben. Die Kosten können aus nichts anderem als dem privaten Einkommen derer gedeckt werden, die es, wie die Einkommenskurve zeigt, im Übermaß haben. Dort können sie

---

29 Durchgerechnet wurde es von der Konrad Adenauer Stiftung. Die hat einen Betrag von 597 Milliarden Euro errechnet, in dem aber 197 Milliarden Euro für Gesundheitsversorgung enthalten sind. Zu den 597 Milliarden Euro kommen 140 Milliarden für die Rentenversorgung, insgesamt sind es also 737 Milliarden Euro. Ihnen stehen 735 Milliarden Euro des derzeitigen Sozialbudgets gegenüber.

30 B. Althaus, Hartz IV ist ohne Zukunft, in: taz vom 6.2.2007.

aber auch gewonnen werden, ohne die Lebensführung derer, denen das Einkommen gekürzt wird, zu belasten. Um das zu sehen, ist nicht mehr notwendig, als sich noch einmal die beiden Einkommenskurven anzusehen.[31] Wenn man vom Einkommen im oberen Quintil 1000 Euro in das Einkommen derer im unteren Quintil verlagert, sind, wie schon gesagt, die im oberen Quintil immer noch reich, die im unteren aber nicht mehr arm. Tatsächlich stellen die Mehrkosten, misst man sie an dem, was an Einkommen aus Unternehmen und Vermögen privat erworben wird, nur einen geringen Betrag dar. 2006 wurden, wie erinnerlich, von den börsennotierten Gesellschaften 35,3 Milliarden Euro ausgeschüttet.

Die Umverteilung ist in erster Linie ein Gebot der Gerechtigkeit. Es gibt jedoch darüber hinaus funktionale Gründe, die für sie sprechen. Sie können gesellschaftliche Vernunft für sich in Anspruch nehmen. Wir müssen sie erörtern.

6.2 Was der Staat kann und nicht kann

Die Kosten der Grundsicherung können nur durch Organisationsleistungen des Staates gewonnen werden. Der aber ist in seinen sozialstaatlichen Strategien erheblichen Restriktionen unterworfen. Denn in systemisch differenzierten Gesellschaften entwickeln Teilsysteme ihre eigene Logik. Die Logik des ökonomischen Systems haben wir erörtert. Hineinregieren in das ökonomische System vermag der Staat nicht. Für den Staat sind damit drei Konsequenzen verbunden:

- Dem Staat kommt nicht länger wie in der bürgerlichen Gesellschaft des 19. und zu Beginn des 20. Jahrhunderts eine Hoheitsgewalt über das ökonomische System zu, die ihm erlaubte, das ökonomische System nach seinen Vorgaben zu gestalten.[32] Er vermag deshalb auch nicht, auf die Organisation des ökonomischen Systems so einzuwirken, dass die Sozialstaatsklientel erst gar nicht entsteht.[33]
- Dem Staat fällt allerdings die Aufgabe zu, die Vereinbarkeit der Teilsysteme zu gewährleisten. Die stellt sich nämlich unter deren Autonomie nicht von selbst her.
- Dem Staat fällt insbesondere zu, die Bedingungen sicherzustellen, unter denen sich Subjekte in die Gesellschaft zu integrieren vermögen. Unvermeidlich entsteht dadurch ein Spannungsverhältnis zum

---

31 Oben Kapitel 5.
32 Wenn man nach einer Dokumentation dieses Verhältnisses fragt, bietet sich Hegels Vorstellung von Staat und bürgerlicher Gesellschaft an. G. W. F. Hegel, Grundlinien der Philosophie des Rechts.
33 So nachdrücklich Th. Straubhaar. Trennung von Arbeitsmarkt und Sozialpolitik, S. 76-82.

ökonomischen System. Denn Rückwirkungen auf das ökonomische System hat jede sozialstaatliche Maßnahme.

Legt man die zuvor angestellten Überlegungen zugrunde, ergibt sich eine Konsequenz, auf die wir mehrfach schon gestoßen sind:

> *Es ist notwendig, das ökonomische System (i.e.S.), jenes System also, in dem Einkommen primär erworben wird, und das System der sozialen Sicherung (des Sozialstaats) zu entkoppeln. Das gilt auch für die hier aufgewiesene Möglichkeit, den Sozialstaat über eine Verbindung von Grundsicherung und Arbeit neu zu gestalten.*

Die Entkoppelung wird durch die Globalisierung der Ökonomie imperativisch. Solange das ökonomische System in die Grenzen des Nationalstaats eingebunden war, konnte der Staat davon ausgehen, die Unternehmen jedenfalls mit einem Teil der Kosten belasten zu können. Seit das ökonomische System voll und ganz in ein globales System integriert ist, sind nationale Belastungen des ökonomischen Systems dysfunktional, wenn sie einen Schwellenwert überschreiten, der auch für die realen Wettbewerber auf dem Weltmarkt gilt. Das ökonomische System weiß sich ihnen zu entziehen.[34] Realiter sehen sich die Staaten deshalb veranlasst, nicht nur jene Belastungen abzubauen, die einen Wettbewerbsnachteil haben könnten, sondern im Wettbewerb mit anderen Staaten günstige Bedingungen zu schaffen, um die Ansiedlung von Kapital und Industrien zu fördern. Das führt dazu, dass der einzelne Staat die Unternehmenssteuern möglichst gering anzusetzen sucht. Der Prozess hat eine Abwärtsspirale in Bewegung gesetzt, der sich kein Staat entziehen kann.

Ganz entlasten wird man das ökonomische System (i.e.S.) von den Kosten des Sozialstaats allerdings nicht können. Denn zu den Sozialstaatskosten zählen im öffentlichen Bewusstsein auch die Kosten der Kranken- und Altersversicherung. Die aber müssen ihrer innersten Logik zufolge vom Lohn gedeckt und also von den Unternehmen aufgebracht werden. Nimmt man sie aus dem ökonomischen System (i.e.S.) heraus, heißt das, sie vom Einkommen decken und dafür eben auch die Einkommen aus Kapital heranziehen zu wollen. In der Tat bleibt bei einer Entkoppelung von ökonomischem System (i.e.S.) und Sozialstaat nur ein einziger Weg, um dessen Kosten abzudecken: der Zugriff auf das private Einkommen, gleich in welcher Form es anfällt.

---

34 Die Literatur zu der Thematik füllt Bibliotheken. Vgl. für viele die Beiträge in D. Held/A. McGrew, The Global Transformations Reader; ferner W. Streeck, Einleitung: Internationale Wirtschaft, nationale Demokratie.

6.3 Die gesellschaftliche Vernunft in der Belastung des privaten Einkommens

Einkommen Privater wird erzielt als Lohn, Gehalt, Rendite von Kapital, Zinsen vom Vermögen, Miete vom Besitz etc. Es tritt, wenn es in die Verfügungshoheit derer gelangt, die es als Privatpersonen erzielen, zwar nicht völlig aus dem ökonomischen System heraus, privates Einkommen kann immer wieder in Kapital verwandelt werden, zunächst einmal aber ist es dem produktiven Bereich entzogen. Und das ermöglicht den Zugriff des Staates, macht ihn aber auch notwendig, wenn das ökonomische System des Kapitalismus mit den Erfordernissen einer modernen Gesellschaft in Einklang gehalten werden soll. – Inwiefern?

Dem kapitalistischen ökonomischen System ist die Tendenz eigen, den gesellschaftlichen Reichtum oben anzulagern. Das wird in den Vermögensverteilungen kapitalistischer Marktgesellschaften ebenso dokumentiert wie in den Einkommensverteilungen. Das ist unser Problem, das Problem der Gerechtigkeit.

Keine Erörterung mit dem Ziel, Bedingungen der Möglichkeit aufzuweisen, wie der Gerechtigkeit Geltung verschafft werden kann, kommt an der Feststellung vorbei, dass Einkommen oben abgeschöpft werden muss, wenn die Notlage unten beseitigt werden soll.

Es geht, um darauf erneut zu insistieren, nicht darum, irgendeine Form von Gleichheit von Einkommen und Vermögen herzustellen. Dafür gibt es faktisch wie normativ keine Grundlage. Es geht im Verfolg der Gerechtigkeit einzig darum, gesellschaftliche Strukturen zu schaffen, die allen ermöglichen, ein Leben zu führen, das den Sinnanforderungen der Moderne gerecht zu werden vermag. Die dazu notwendige Inanspruchnahme der höheren Einkommen lässt die Reichen auch fürderhin reich bleiben, nur sind dann die, die sich gegenwärtig an den Rand der Gesellschaft gedrängt sehen, nicht länger arm. Doch das ist nicht die ganze Geschichte. Vernunft lässt sich für die Inanspruchnahme der hohen Einkommen Privater auch noch aus einem weiteren Grunde in Anspruch nehmen. Denn die dem ökonomischen System innewohnende Tendenz, den Reichtum oben anzulagern, stellt auch ein funktionales Problem der Gesellschaft dar.

Die asymmetrische Vermögens- und Einkommensverteilung ist für die Entwicklungsdynamik des ökonomischen Systems, mehr aber noch für die Gesamtgesellschaft, kontraproduktiv. Zwar wird der kapitalistisch verfassten Marktgesellschaft nachgesagt, sie stelle das effizienteste System in der Versorgung mit Gütern dar, sie kann jedoch gerade diese Fähigkeit als Folge der asymmetrischen Verteilung der Güter nur begrenzt nutzen. Da der Reichtum sich oben anlagert und von dort nicht oder doch nur in unzureichendem Maße nach unten gelangt, fehlen unten die Mittel, um Produkte nachzufragen und dadurch den Produktionsprozess auf hohem Niveau fortzuführen.[35] Der Mangel in der Versorgung, den wir unten feststellen und der unser Problem allererst entstehen lässt, bewirkt einen absurden Zug dieses Systems. Das System vermöchte problemlos alle im gewünschten Maße zu versorgen, wenn es nur einen Weg gäbe, die Nachfrage nach Gütern so zu steigern, dass ihr die Nachfrage nach Arbeitskräften folgte. Wir könnten mit diesem System in eine wirkliche Überflussgesellschaft gelangen, wenn es denn möglich wäre, diesen funktionalen Widersinn zu beseitigen. Daran, dass es überhaupt eine Unterschicht gibt, wird der Widersinn offenbar. Doch das ist nicht die einzige Problemlage, die dadurch entsteht. Eine andere nicht minder eindrückliche ist die Versorgung der Rentner.

Die beherrschende Thematik in der Diskussion um die Altersversicherung ist seit langem die demographische Entwicklung. Dass ein Erwerbstätiger vier oder gar sechs Menschen im nicht mehr erwerbsfähigen Alter soll unterhalten müssen, scheint unmöglich und für die Alten, die darauf angewiesen sind, eine extreme Bedrohung zu sein. Wenn man diesen Befürchtungen folgt, orientiert man sich an Vorstellungen, die real unter agrarischen Produktionsverhältnissen bestanden. Dort konnten die Jungen mit Mühe gerade noch ihre Eltern erhalten. In industriellen Gesellschaften bereitet es jedoch nicht das geringste Problem, durch die Arbeit weniger eine große Zahl von Menschen zu versorgen. Wo also liegt das Problem? Nicht bei der demographischen Entwicklung, sondern einmal mehr beim ökonomischen System. Dessen systemische Verfassung, den Reichtum der Gesellschaft oben anzulagern und nicht oder nur begrenzt der Nachfrage wieder zuzuführen, lässt bei denen, die auf die Produkte des Marktes angewiesen sind, die Mittel fehlen, um sie nachzufragen. Könnte man sie nachfragen, wären sie auch vorhanden, das demographische Problem bestünde nicht.

In einer Epoche der Entwicklung der Marktgesellschaft, in der sich die Gesellschaft zwar systemischen Bedingungen verhaftet, aber doch zugleich einer konstruktiven Gestaltungskompetenz unterworfen sieht, muss es nach allem als ein funktionales Postulat gelten, die Gestaltungskompetenz des Staates zu nutzen und das Einkommen so umzuleiten, dass es dem Antrieb des Systems: der Nachfrage, wieder zugeführt wird. Gerade weil es sich als unabweisbar darstellt, das ökonomische System des Marktes beizubehalten, ist es notwendig, umzudenken. Das erfordert, die in den Staatshaushalt eingestellten Soziallasten nicht als eine moderne Form der Armenpflege zu verstehen, vielmehr als funktionales

35 J. M: Keynes, Allgemeine Theorie der Beschäftigung, des Zinses und des Geldes, S. 315.

298

Äquivalent einer Marktgesellschaft, die vom ökonomischen System nicht lassen kann, sich aber auch nicht deren für die Gesellschaft kontraproduktiven Strukturen überlassen will. In welcher Weise auf das Einkommen zugegriffen wird, brauchen wir hier nicht zu erörtern. Statt eines direkten Zugriffs auf das Einkommen durch eine Erhöhung der Einkommensteuer Privater könnte der Staat den doppelten Effekt, hinreichende Einnahmen zu erzielen, aber zugleich Kapital und Arbeit in der Wertschöpfungssphäre zu entlasten, auch durch eine sehr viel höhere Mehrwertsteuer auf eine große Zahl von Produkten erzielen.[36] Einkommen durch diese Form der Mehrwertsteuer abzuschöpfen, hätte nicht zuletzt gegenüber der Konkurrenz aus Billiglohnländern erhebliche Vorteile. Wenn die Abschöpfung nicht nur im Luxusgüterbereich erfolgt, müsste allerdings eine Kompensation bei der Grundsicherung erfolgen.

6.4 Umdenken

Es ist notwendig umzudenken. In der Marktgesellschaft muss die Autonomie des ökonomischen Systems zwar belassen, aber an deren Grenzen durch die Gestaltungskompetenz und die Gestaltungshoheit des politischen Systems so aufgefangen werden, dass gedeihliche Verhältnisse für die Menschen in der Gesellschaft und zwar für alle entstehen. Es gibt, das habe ich eingangs schon deutlich zu machen gesucht, im ökonomischen System keinerlei Mechanismen, dass es durch das ökonomische System selbst geschieht. Tatsächlich treibt die ökonomische Entwicklung die Gesellschaft unaufhörlich auseinander und lässt die Unterschicht unaufhörlich größer werden. Einzig Interessenten, die Grenzen des ökonomischen Systems auch die Grenzen ihres Denkens sein lassen, können behaupten, das ökonomische System sei in der Lage, diese Entwicklung der Gesellschaft umzukehren.

Es ist unschwer zu erwarten, dass das Postulat, umzudenken und das Einkommen zu einem Teil von oben nach unten umzuleiten, auf den Widerstand derer stoßen wird, die davon betroffen sind. Denn das Sozi-

36 Die Diskussion um die Ablösung der Unternehmenssteuern, aber auch der Einkommensteuer durch die Mehrwertsteuer ist durch die politische Initiative von Götz Werner angestoßen worden. Die ebenso radikale wie undifferenzierte Form der Ablösung hat, weil sie mit dem Votum für ein garantiertes Grundeinkommen verbunden ist, zugleich aber auch den Widerstand gegen das letztere gefördert. Um Gerechtigkeit ist es diesem Konzept nicht zu tun. G. Werner, Ein Grund für die Zukunft: das Grundeinkommen. Sehr plausible Überlegungen zur Mehrwertsteuer bei B. Palmer, taz Debatte 8.9.2006

alprodukt wird nicht nur im ökonomischen System gewonnen, sondern in ihm auch verteilt. Von denen, die sich im gegenwärtigen System der Gesellschaft gut aufgestellt finden, wird ihr Einkommen, so wie es aus dem ökonomischen System hervorgeht, als eine Form von Eigentum angesehen, dem auch dessen Schutz zuteil werden muss. Das macht, darauf habe ich schon hingewiesen, keinen Sinn. Es kann für einen informierten und über die Prozessualität der Gesellschaft aufgeklärten Zeitgenossen nicht fraglich sein, dass Löhne, Gehälter, Gewinne im ökonomischen System durch systemische Bedingungen bestimmt werden und erst dann durch die subjektiven Fähigkeiten dessen, der das Einkommen erzielt. Auf das Einkommen oberhalb gewisser Höhenmarken lässt sich deshalb zugreifen, ohne dass dadurch Legitimationsprobleme entstehen. Eben das ist notwendig, wenn Gerechtigkeit sein soll.

Resümee

I

Wenn Gerechtigkeit sein soll, kann man die Gesellschaft nicht lassen, wie sie sich aus den Strukturen des ökonomischen Systems heraus bildet. Nicht nur Arbeitslose, auch Erwerbstätige in Niedriglohngruppen müssen in den Stand gesetzt werden, einen Anteil am Reichtum der Gesellschaft zu erwerben, der es ihnen erlaubt, ein Leben zu führen, das den Sinnvorgaben in dieser Gesellschaft gerecht wird. Es ist illusionär, die Realisierung dieses Zieles vom ökonomischen System zu erwarten. Vollbeschäftigung ist so wenig zu erreichen wie die Abschaffung der Niedriglohngruppen.

Die in der Diskussion um eine Änderung der Verhältnisse auch von vielen Experten, Soziologen wie Ökonomen, unterstützte Idee eines ›garantierten Grundeinkommens‹ weist den Weg, erscheint jedoch deshalb nicht geeignet, in die Praxis umgesetzt zu werden, weil es die Auszahlung unterschiedslos an alle Bürger, gleich ob arm oder reich, vorsieht. Das ist zum einen deshalb kontraproduktiv, weil es die Gefahr herauf beschwört, dass die Erwerbstätigen die Zeche zweimal zahlen müssen, einmal dadurch, dass die Unternehmen das Grundeinkommen zum Anlass nehmen, die Löhne zu senken, ein zweites Mal dadurch, dass der Staat sie in Anspruch nimmt, durch Steuern wiederzubekommen, was er als Grundeinkommen gezahlt hat. Es ist aber zum andern auch deshalb kontraproduktiv, weil es politisch auf absehbare Zeit nicht durchsetzbar ist. Das hier entwickelte Modell sucht die Änderungen auf die Gruppe zu konzentrieren, die einer Absicherung bedürfen: Arbeitslose und Erwerbstätige in den Niedriglohngruppen.

2

Notwendig ist, die Existenz der Menschen in beiden Gruppen durch eine Grundsicherung zu sichern. Das muss in einer Höhe geschehen, die die Empfänger in den Stand setzt, den Sinnvorgaben der Lebensführung in der Marktgesellschaft nachzukommen. Es liegt nahe, den Satz zugrunde zu legen, den Arbeitslose im ersten Jahr erhalten – 850 Euro. Die Grundsicherung muss überdies unbedingt gewährt werden, weil anders die, die ohnehin in eine bedrängte Lebenslage geraten sind, jeder Selbstbestimmung der Lebensführung beraubt werden. 850 Euro sind ein Einkommen, von dem man nicht sagen kann, es erlaube, an den ökonomischen und kulturellen Errungenschaften der Gesellschaft teilzunehmen. Eben darauf aber stellt Postulat der Gerechtigkeit ab. Es muss deshalb die Möglichkeit bestehen, das Einkommen durch eigene Erwerbsarbeit zu ergänzen. Ich habe als Zielvorgabe einen Betrag von 1200 Euro genannt, bis zu dem das Einkommen nur gering belastet werden darf. Die Grundsicherung schafft Bedingungen, um die Arbeit insbesondere im Niedriglohnbereich aufzuteilen. Die Arbeitsmöglichkeiten werden zum einen durch die Umwandlung von Vollerwerbsarbeitsplätzen in Teilzeitplätze geschaffen, sie müssen zum andern durch einen dritten Arbeitsmarkt ergänzt werden. Mindestlöhne müssen die Ausbeutung der Arbeitskraft im Niedriglohnbereich verhindern.

3

Mit dem zuvor skizzierten Modell einer ›garantierten Grundsicherung‹ entstehen Kosten, die die gegenwärtigen Kosten des Sozialstaats übersteigen. Sie lassen sich aufbringen, ohne das ökonomische System über einen Sockelbetrag hinaus zu belasten. Dazu ist es notwendig, die Kosten des Grundsicherungssystems dort einzufordern, wo der Reichtum der Gesellschaft sich anlagert, wenn er aus dem Bereich der Ökonomie (i. e. S.) heraustritt: beim privaten Einkommen der Bürger. Einen Teil der höheren Einkommen nach unten zu verlagern, ist nicht nur ein Gebot der Gerechtigkeit, es entspricht auch der gesellschaftlichen Vernunft. Die Marktgesellschaft könnte eine wirkliche Überflussgesellschaft sein, wenn die asymmetrische Zuordnung von Vermögen und Einkommen dadurch abgeflacht würde, dass unten eine dem Bedarf entsprechende Nachfrage nach Gütern geschaffen würde. Nicht nur das Unterklassenproblem, auch das Rentenproblem ließe sich auf einfache Weise lösen. Für ein aufgeklärtes Verständnis der Gesellschaft sind Legitimationsprobleme mit der Inanspruchnahme der höheren Einkommen nicht ersichtlich. Überdies bleiben auch dann noch die Reichen reich, nur sind dann die Armen nicht mehr arm.

4

Gerechtigkeit muss man wollen. Man muss wollen, dass in der Marktgesellschaft Menschen nicht in einer Armutszone leben, in der es ihnen
nicht möglich ist, ein Leben zu führen, wie es in dieser Gesellschaft als
sinnvoll gilt. Gegenwärtig ist dieser Wille bei den Akteuren im politischen System nicht festzustellen. Die politischen Strategien sind darauf
gerichtet, günstige Rahmenbedingungen für das ökonomische System
zu schaffen. Ihm werden die sozialstaatlichen Maßnahmen angepasst.
Es ist notwendig, umzudenken. Notwendig ist, das ökonomische System in seiner Autonomie zu erhalten, die Gestaltung der gesellschaftlichen Strukturen aber den Imperativen unterworfen sein zu lassen, die
von den Anforderungen der Gerechtigkeit an die Politik ausgehen.

7 Gerechtigkeit als politisches Postulat Macht als Medium

1 Gerechtigkeit als politisches Postulat

Die gesellschaftliche Brisanz der zuvor entwickelten Gestaltungsmöglichkeiten der Gesellschaft, durch die gerechtere Verhältnisse geschaffen werden sollen, liegt darin, diese Gesellschaft zwar durch das ökonomische System begründet zu sehen, dem politischen System aber die Aufgabe zuzuweisen, der Gerechtigkeit Geltung zu verschaffen. Das ökonomische System kann sein und bleiben, was es ist, ein auf das Interesse an der Kapitalakkumulation fixiertes System. Es wird jedoch mit dem Anspruch, die Verhältnisse in der Gesellschaft so belassen zu wollen, wie sie von ihm bewirkt werden, in seine Schranken verwiesen. Wenn die ökonomische Theorie geltend macht, das sei notwendig, um das ökonomische System in seiner Funktionsfähigkeit zu sichern, so setzen wir dem entgegen, dass nicht mehr vonnöten ist, als die Einkommens- und Vermögenskurve im oberen Bereich abzuflachen. Und das ist möglich, ohne das ökonomische System in seiner Funktionalität zu beeinträchtigen. Man kann sich dazu unterschiedliche Lösungen einfallen lassen. Ein System der Grundsicherung und der Verteilung von Arbeit, wie es hier exemplarisch entwickelt wurde, ist nur eines von anderen, die ebenfalls möglich sind, ohne das ökonomische System infrage zu stellen.

Das Postulat der Gerechtigkeit als politisches Postulat an den Staat zu adressieren, lässt das Postulat dort geltend machen, wo es geltend gemacht werden muss, wenn es realisiert werden soll. Aber es fehlt bei den Akteuren im politischen System, die das Sagen haben, die Bereitschaft, ihm zu folgen. Zwar bekennen sich die so gut wie alle Akteure des politischen Systems lautstark zur Gerechtigkeit. Die praktische Politik wird jedoch von den Maximen der neoliberalen Theorie bestimmt, Besserungen der Lebenslage derer, die an den Rand der Gesellschaft geraten sind, allein vom ökonomischen System zu erwarten. Die Protagonisten der neoliberalen Theorie werden sich deshalb auch von dem Nachweis, eine gerechtere Gesellschaft sei möglich, ohne das ökonomische System zu beeinträchtigen, nicht beeindrucken lassen. Die Indoktrination der Think-Tanks wird fortfahren, in der Schulung der Parteienkader die Führungselite der Nation auf die neoliberale Theorie einzuschwören. Und die politische Elite der Parteien wird weiterhin den Versuch, Gerechtigkeit im Lande praktische Geltung gewinnen zu lassen, mit dem Argument abblocken, sie sei nicht zu bezahlen. Tatsächlich liegt das Problem, wenn man unseren Überlegungen folgt, nicht beim ökonomischen System, durch das ökonomische System entsteht es lediglich, das Problem seiner Bewältigung liegt beim politischen System. Gerechtigkeit wird zum politischen Postulat. Nur die Organisationskompetenz und Organisationshoheit des Staates ist in der Lage, der Gerechtigkeit zur Geltung zu verhelfen.

Warum nimmt das politische System die Verpflichtung auf Gerechtigkeit nicht an? Warum wird die an sich ja zutreffende Annahme, den alten Sozialstaat nicht fortsetzen zu können, nicht Anlass zu einem Umbau, der die hohe Wertigkeit, die der Sozialstaat einmal für sich in Anspruch nahm: die Selbstbestimmung des Subjekts zu sichern, in neue Organisationsformen überführt? Warum erfolgt stattdessen ein Abbau bis zur Grenze des Scheiterns? Es gibt mehr als einen Grund für die Weigerung des politischen Systems, der Gerechtigkeit Geltung zu verschaffen. Der bedeutendste scheint mir zu sein, dass sich das politische System in einer Verfassung befindet, die durch eine nur schwer zu bewältigende Konfliktlage gekennzeichnet ist. Sie hat eine kulturelle und eine organisatorische Dimension. Beide Dimensionen müssen wir erörtern, sowohl, um zu verstehen, weshalb sich nichts bewegt, als auch, um die Chance einzuschätzen, dass sich etwas bewegt.

2 Die Konfliktlage der Moderne

Die Überantwortung der Gerechtigkeit an die Organisationskompetenz und Organisationshoheit des politischen Systems hat das aufgeklärte Verständnis der Neuzeit für sich. Denn die wird von dem hinter ihr liegenden Zeitalter durch das Bewusstsein getrennt, unter konstruktiv geschaffenen Verhältnissen zu leben. Auf dem Bewusstsein der Konstruktivität gründet die Aufklärung. Auf dem Bewusstsein der Konstruktivität gründet ein aufgeklärtes Verständnis der Geschichte. Auf dem Bewusstsein der Konstruktivität gründet schließlich auch die Ausbildung des politischen Systems und die moderne Funktionsbestimmung und Organisation des Staates. Wir haben diesen Prozess erörtert. Dem Staat fällt es zu, Bestandsvoraussetzungen der Marktgesellschaft zu schaffen, die dessen Leitsystem, das ökonomische, nicht zu schaffen in der Lage ist. Dem Staat fällt aber vor allem die Aufgabe zu, das prekäre Verhältnis zwischen Gesellschaft und Subjekt in der Marktgesellschaft zu regulieren.

Das Bewusstsein, unter konstruktiven Bedingungen der Lebensführung zu leben, und die Zuweisung der konstruktiven Gestaltungskompetenz und Gestaltungshoheit an den Staat bewirkt keineswegs die Überzeugung, dass Verhältnisse geschaffen werden müssten, die niemand der Armut und Verelendung preisgeben. Auch die mit der Ausbildung des modernen politischen Systems einhergehende Errungenschaft einer demokratischen Verfassung besagt ja zunächst einmal nur, dass alle einen Zugang zu den politischen Mitwirkungsrechten haben. Damit ist, die Verhältnisse belegen es, noch lange keine Garantie verbunden, dass alle für sich auch gedeihliche Bedingungen fänden, das Leben zu führen. Der bürgerliche Liberalismus der frühen Neuzeit, der den demokratischen Verfassungen eng verbunden war, hatte alles andere im Sinn, als dem »niederen Volk« materiale Ansprüche zu gewähren, schon gar nicht den einer materialen ökonomischen Gleichheit. Das Wahlrecht war das Mittel, um solchen Forderungen erst gar keine Stimme zu geben. Aber auch nachdem die Allgemeinheit der Wahlen eine Inklusion aller in das politische System bewirkt hat, insoweit also eine formale Gleichheit sichergestellt ist, ist damit nicht auch schon sichergestellt, dass der Staat die Verpflichtung übernimmt, allen material gehaltvolle Bedingungen der Integration zu verschaffen. Zwar stößt man in der politischen Philosophie häufig auf das Argument, die formale Gleichheit in der Demokratie mache keinen Sinn, wenn nicht jedem ein Mindestmaß an materialer Gleichheit gewährt werde;[1] die, die der neoliberalen Theorie das Wort reden, werden darin jedoch eine petitio principii sehen. Für Liberale macht es sehr wohl Sinn, zwar jedem den Zugang zum politischen System zu gewähren, es aber jedem selbst zu überlassen, sich in das ökonomische System zu inkludieren. Unlängst hat sich auch ein Philosoph gefunden, der dafür die Freiheit und mit der Freiheit die Würde des Menschen in Anspruch nehmen will.[2]

Die Begründung für den Anspruch an den Staat, Garantien dafür zu übernehmen, dass jeder Bedingungen der Integration in die Gesellschaft findet, die es ihm erlauben, ein Leben zu führen, das den Sinnanforderungen der modernen Gesellschaft gerecht wird, liegt im kulturellen System. Zum Grundverständnis des Subjekts in der Neuzeit gehören die beiden Theoreme der Selbstbestimmung und Freiheit. Sie sind aufs engste dem Theorem der Konstruktivität verbunden. Denn wenn Menschen unter selbst gemachten Verhältnissen leben, dann kann ja nur der Mensch selbst zum Maßstab dieser Verhältnisse werden. Jetzt gilt vorbehaltlos, dass der Mensch Maß aller Dinge ist. ›Den Menschen‹ aber gibt es nur im Singular als ›jeden Menschen‹.[3] Was also ist es, das das politische System daran hindert, sich der Aufgabe zu verschreiben,

---

1 G. Lohmann, Die unterschiedlichen Menschenrechte, S. 9-21.
2 W. Kersting, Sozialstaat und Gerechtigkeit, S. 243-265.
3 Uneingeschränkte Zustimmung kann deshalb Viktor Vanbergs Plädoyer für eine Autonomie des Subjekts finden. Erst die Bürger sollen darüber befinden, wie weit der Markt reicht. Es ist Vanbergs Geheimnis, wie er die Lehre einer institutionellem Ordnungsökonomie mit der neoliberalen Theorie verbunden halten will. V. Vanberg, Die Verfassung der Freiheit, S. 35-51; ders., Die Zukunft der sozialen Marktwirtschaft, S. 3-8.

die Bedingung der Möglichkeit zu garantieren, dass sich alle zu sinnvollen Bedingungen der Lebensführung in die Gesellschaft zu integrieren vermögen? Weshalb folgen seine Akteure der ökonomischen Theorie in dem Postulat, die Logik des ökonomischen Systems auch die Logik der Gesellschaft sein zu lassen?

Die historische Errungenschaft der Neuzeit, das Bewusstsein der Konstruktivität in der Gestaltung der gesellschaftlichen Verhältnisse, stößt im ökonomischen System auf das urgeschichtliche Verfahren, sich die Machtpotenziale der Subjekte zur Gesellschaft vernetzen zu lassen. Es ist dieses Verfahren, das in der Moderne in Konflikt mit dem historisch gewonnenen Selbstverständnis des Menschen gerät, unter konstruktiven Bedingungen zu leben, die eine Gestaltung der Gesellschaft im Interesse aller verlangt.

Ich habe den Bildungsprozess der Gesellschaft im Anschluss an die evolutive Naturgeschichte des Menschen eingehend erörtert.[4] Im gegenwärtigen Kontext genügt es, auf einen Befund zu verweisen, der sich auch bei einer nur flüchtigen Vergegenwärtigung der Strukturen der Gesellschaft in der Geschichte ergibt. Zu allen Zeiten sind die Strukturen der Gesellschaft von Macht bestimmte Strukturen gewesen. Das gilt bereits für die Strukturen der frühen Gesellschaften, und es gilt a fortiori für die Strukturen der von Herrschaft und Staat bestimmten archaischen, antiken und feudalen Gesellschaften. Über die Machtpotenziale der Subjekte hat sich auch die Marktgesellschaft der Neuzeit ausgebildet. Nur hat sich mit dem Markt als Medium eine andere Form des Machterwerbs und eben auch eine andere Form von Macht selbst ausgebildet. Es ist dieses Verfahren, die Gesellschaft aus der Vernetzung der Machtpotenziale der Subjekte hervorgehen zu lassen, die mit dem Interesse von Millionen Subjekten in der Gesellschaft kollidiert und sie dazu führt, mit dem Postulat der Gerechtigkeit eine politische Gestaltung in Interesse aller zu fordern. Ersichtlich ist es der im ökonomischen System manifest gewordene Bildungsprozess der Marktgesellschaft über die Machtpotenziale des Kapitals, durch den das neuzeitliche Bewusstsein der Konstruktivität und der darauf gegründeten Gestaltungskompetenz und Gestaltungshoheit des politischen Systems im Interesse aller blockiert wird. Möglich wird die Blockade dadurch, dass sich die Machtverfassung des ökonomischen Systems in die Machtverfassung des politischen Systems hat transferieren können. Dazu hat die demokratische Proceduralität im politischen System die Voraussetzungen geschaffen. Wir müssen sie erörtern.

4 G. Dux, Von allem Anfang an: Macht nicht Gerechtigkeit. Studien zur Genese und historischen Entwicklung des Postulats der Gerechtigkeit.

3 Der Transfer der Machtverfassung des ökonomischen Systems ins politische System

3.1 Die Ausbildung der demokratischen Verfassung

Die Ausbildung der demokratischen Verfassung des politischen Systems ist aufs engste mit der Entwicklung der Marktverfassung verbunden. Das Bürgertum musste sich, wenn es seine gesellschaftliche Positionierung sichern und entwickeln wollte, mit der Ausbildung des politischen Systems auch dessen Organisationshoheit sichern. Das geschah durch die Ausbildung einer demokratischen Verfassung. Mit der Entwicklung der demokratischen Verfassung des politischen Systems bildete sich latent auch der zuvor erörterte Konflikt zwischen dem ökonomischen System und der Gestaltungskompetenz und Gestaltungshoheit des politischen Systems aus. Er fand in der bürgerlichen Gesellschaft dadurch seinen Niederschlag, dass die politischen Mitwirkungsrechte zwar dem Wortlaut der Verfassung nach allen gewährt werden mussten, tatsächlich aber einem großen Teil des Volkes vorenthalten wurden. Die Okkupation des politischen Systems durch das Bürgertum hielt den Konflikt jedoch verdeckt. Man wird es gleichwohl als eine historische Errungenschaft von gattungsgeschichtlicher Bedeutung ansehen müssen, die Gestaltungshoheit der Gesellschaft »dem Volk« zugewiesen und prinzipiell auch jeden daran beteiligt zu haben. Marx Überzeugung, sie stelle die Emanzipation des Menschen dar, habe ich schon angeführt.[5] Es entsprach den realen Verhältnissen, wenn er hinzufügte: auf dem Stande seiner derzeitigen Entwicklung. Für ihn eröffnete sich mit dem Wissen um die konstruktive Gestaltung der Gesellschaft eine utopische Dimension der Freiheit: Fortan schien es möglich, dem Leiden des Menschen an der Gesellschaft, das sich durch die Geschichte zieht, dadurch ein Ende zu machen, dass die gesellschaftlichen Verhältnisse »der Macht der vereinigten Individuen« unterworfen wurden.[6] Die utopische Dimensionierung, die damit in die Geschichte getragen wurde, nahm sich für die, die ihr anhingen, so utopisch nicht aus. Zwar konstatierte Marx: »Die Menschen machen ihre eigene Geschichte«, aber, so beeilte er sich hinzuzufügen, sie machen sie nicht unter selbstgewählten, sondern unter unmittelbar vorgefundenen, gegebenen und überlieferten Umständen.«[7] In den vorgefundenen Umständen der Geschichte sah Marx jedoch den Zusammenbruch des Kapitalismus schon vorbereitet. Mit dem Zusammenbruch des Kapitalismus werde, so nahm er an, eine

5 K. Marx, Zur Judenfrage, MEW 1, S. 356.
6 K. Marx, Die deutsche Ideologie, MEW 3, S. 70.
7 K. Marx, Der achtzehnte Brumaire des Louis Bonaparte, MEW 8, S. 115.

Gestaltungshoheit über die gesellschaftlichen Verhältnisse gewonnen, die ungeahnte Entfaltungsmöglichkeiten des Menschen frei setzte. Marx irrte.

Als sich in der zweiten Hälfte des 19. Jahrhunderts das Proletariat organisierte, lagen zwei Möglichkeiten im Horizont der Konfliktlösung: die politische Überwindung des ökonomischen Systems – die Marxsche Lösung – oder die Eroberung der Macht innerhalb der demokratischen Verfassung des politischen Systems – der sozialdemokratische Versuch. Auch der sozialdemokratische Versuch ist gescheitert und in einer Katastrophe geendet. Wir haben das Geschehen erörtert. Der strukturelle Konflikt mit dem ökonomischen System ließ sich nicht bewältigen. Wenn der Verfassungsgesetzgeber der Bundesrepublik den Sozialstaat gleichwohl in die Verfassung aufnahm, ohne für den Sozialstaat über neue Organisationsformen nachzudenken, so zweifelsfrei deshalb, weil ihm der systemische Konflikt zwischen dem ökonomischen und politischen System, der damit erneut in die Verfassung eingebaut wurde, nicht hinreichend bewusst war. Die Entwicklung der Marktgesellschaft in der zweiten Hälfte des 20. Jahrhunderts ließ ihn aber bewusst werden. In ihr nahm die Entwicklung der Marktgesellschaft in der Differenzierung von ökonomischem und politischem System einen Verlauf, der sich in unterschiedlich ausgeprägter Form in allen westlichen Gesellschaften beobachten lässt. Die von der Prozessualität des ökonomischen Systems bestimmte Positionierung der Bürger in der Gesellschaft transferiert sich dadurch im Prozess der demokratischen Willensbildung in das politische System, dass Organisation und Politik der Parteien von Interessen und Interessenten einer Mehrheit bestimmt werden, die die vom ökonomischen System geschaffene Ordnung festschreiben. Die Machtverfassung des ökonomischen Systems transferiert sich mit anderen Worten in die Machtverfassung des politischen Systems. Zu den ökonomischen Interessen kommen weltanschauliche Einschläge hinzu, die sich zwar nicht notwendig mit ihnen decken, aber den Status quo sichern helfen. Das Junktim gilt insbesondere für bürgerlich-konservative Parteien. Sie nehmen für ihre Politik eine weltanschauliche Fundierung durch die christliche Religion und das christliche Abendland in Anspruch. Ökonomische und weltanschauliche Saturiertheit vereinen sich zu einer Mitte, in der sich die Bürger vom ökonomischen System gut bedient wissen. Um sie bemühen sich die Volksparteien, denn durch deren Wähler erfahren sie ihre Unterstützung.

Die Unterschicht sieht sich nicht nur ökonomisch, sondern auch politisch abgehängt. Die Auflösung des Proletariats und der dadurch bewirkte Identitätsverlust der Sozialdemokratie hat sie politisch vollends heimatlos werden lassen. Die Unterschicht hat deshalb von der gegenwärtigen Machtverfassung des politischen Systems wenig zu erwarten.

Die isomorphe Strukturierung der Verfassung des ökonomischen und des politischen Systems, der Befund, dass die, die im ökonomischen System gut aufgestellt sind, auch die Organisation des politischen Systems und die Politik bestimmen, hat strukturelle Gründe. Strukturelle Gründe haben deshalb auch die bürgerlich-konservativen Kräfte in Führung gehen lassen. Im Gegenzug sind sie es, die die Ohnmacht der randständigen Kräfte bewirken, die Politik auf Gerechtigkeit zu verpflichten.

3.2 Die Ausrichtung an der Mitte

Das ökonomische System ist ein ungemein leistungsfähiges System. Seine Leistungsfähigkeit erweist sich nicht zuletzt darin, dass sich eine Mehrheit der Aktiv-Wähler durch das ökonomische System gut bedacht weiß. Diese Mehrheit macht jene Mitte aus, auf die sich das Interesse der großen Parteien richtet. Die Oberschicht ist ohnehin auf das ökonomische System fixiert. Im politischen System hat sich deshalb in den großen demokratischen Parteien ein Machtaggregat entwickelt, das nicht nur darauf bedacht ist, die funktionalen Rahmenbedingungen des ökonomischen Systems zu sichern, das ist in einer systemisch verfassten Gesellschaft wie der Marktgesellschaft unabdingbar, das vielmehr auch jenseits dieser funktionalen Erfordernisse die Reichtumsverteilung in der Gesellschaft (Vermögen und Einkommen) tunlichst zu belassen sucht, wie sie aus dem ökonomischen Systems hervorgeht. Wir haben schon festgestellt, dass sich die Unterschicht auch politisch abgehängt sieht. Dieser Befund wird durch die tagtägliche Politik bestätigt. Keine der politischen Parteien entwickelt eine politische Phantasie für Programmatiken, denen zu Hilfe käme, die von dem ökonomischen System an den Rand gedrängt sind. Nirgends ist eine Strategie ersichtlich, die darauf aus wäre, die Randlage der Millionen zu beseitigen. Die Politik der staatstragenden politischen Parteien ist, was sie sein will: ›Politik für die Mitte‹. Auch die Sozialdemokratie will Politik für die Mitte sein, für die linke Mitte, wie einer ihrer Repräsentanten erklärt hat. Expliziter kann man nicht zum Ausdruck bringen, dass man die abgehängt hat, die an den Rand der Gesellschaft gedrängt sind. Man braucht sie nicht.

3.3 Das Interesse der politischen Elite

Die ›Politik für die Mitte‹ findet in dem Führungspersonal des politischen Systems eine Grundlage, die dazu beiträgt, die Strukturen der Gesellschaft zu belassen, wie sie sind. Zwei Gründe sind es, die das Eigeninteresse des Führungspersonals des politischen Systems bestimmen. Die politische Elite ist vordringlich damit befasst, ihre Machtposition im politischen System zu begründen und, einmal begründet, zu erhalten.[8] Ihre Politik muss deshalb mit dem Interesse der Mehrheit ihrer Wähler konform gehen. Die Mehrheit aber liegt in der Mitte und ist auf das ökonomische System fixiert. Das ist der eine Grund. Er macht aber nicht die ganze Geschichte der Eintracht aus, die sich zwischen dem ökonomischen und dem politischen System herstellt. Das Führungspersonal des politischen Systems gehört ökonomisch selbst zur Mitte. Deren Interessen sind auch ihre Interessen. Man muss die Eintracht, die sich daraus zwischen der ›Politik für die Mitte‹ und der ›Politik für sich selbst‹ herstellt, nicht als eine illegitime Interessenverfolgung verstehen, so als würden die, die doch Vertreter des ganzen Volkes sein sollten, stattdessen Vertreter nur eines Teils sein, vor allem ihrer selbst. Die Pointe an der Geschichte ist, dass sich die Politik für die Mitte als Politik für das Ganze darstellt. So hat es die ökonomische Theorie seit Adam Smith dem politischen Bewusstsein einzuschreiben vermocht. Bis in die gegenwärtige Philosophie der Gerechtigkeit ist sie darin erfolgreich gewesen. Denn Rawls Postulat, die Politik dürfe ruhig eine Politik sein, die die Ungleichheit befördere, wenn sie nur den vom ökonomischen System am wenigsten Bedachten am meisten vorteilhaft sei,[9] wird getragen von der Annahme, dass die Gesellschaft ein faires System der Kooperation im gegenseitigen Interesse aller sei.[10] Denn unter dieser Annahme ist ja von vornherein nicht mehr zu erwarten, als dass die Kooperation das größte Glück der größten Zahl befördert. Das größte Glück der größten Zahl ist eine ältere Formulierung für das, was gegenwärtig Mitte genannt wird.[11] Eine Politik für die Mitte fordert ja geradezu heraus, es bei der Verteilung zu belassen, wie sie vom ökonomischen System bewirkt wird. Tatsächlich leben von dieser Politik auch noch die, die in der Gesellschaft an den Rand gedrängt sind. Denn einzig durch eine Politik, die die Funktionalität des ökonomischen Systems sichert, lässt sich, wer wolle es bestreiten, Armut finanzieren. Selbstredend nimmt die neoliberale Theorie für sich in Anspruch, dass die Bestimmung der Gesellschaft durch den Markt auch für die Unterschicht die vorteilhafteste Gestaltung der Gesellschaft darstelle.

Ersichtlich liegt das Problem der demokratischen Verfassung nicht, wie vielfach diskutiert,[12] im Mehrheitsprinzip, durch das Minderheiten unterdrückt werden könnten. Es liegt darin, dass sich eine strukturelle

8 J. A. Schumpeter, Kapitalismus, Sozialismus und Demokratie, S. 427 ff.

9 J. Rawls, Eine Theorie der Gerechtigkeit; ebenso J. Rawls, Gerechtigkeit als Fairness, S. 261.

10 J. Rawls, Eine Theorie der Gerechtigkeit; ebenso J. Rawls, Gerechtigkeit als Fairness, S. 255-292.

11 Zur Herkunft der Formel vgl. oben S. 246, Fn. 11.

12 O. Höffe, Die Menschenrechte als Legitimation und kritischer Maßstab der Demokratie, S. 258.

Isomorphie zwischen der Ordnung des ökonomischen und politischen Systems gebildet hat. Sie ist es, die die politische Ohnmacht derer bewirkt, die im politischen System nicht einmal mehr präsent sind. Es steht ersichtlich schlecht um die Chance, der Gerechtigkeit durch das politische System Geltung zu verschaffen.

3.4 Die Organisation von Gegenmacht
Der Verlust der Solidarität

Wenn Gerechtigkeit in der Machtverfassung des politischen Systems eine Chance haben soll, muss sie als Gegenmacht eine organisatorische Grundlage finden. Sie muss sich in den Parteien der Mitte oder in anderen Parteien gegen sie Gehör und Geltung verschaffen. Es gab einmal eine Zeit, in der sich beide großen Parteien mit einigem Recht als Volksparteien verstehen konnten und die Sozialstaatsklientel in sich integrierten. Mit dem Abbau des Sozialstaats bis zur Grenze der Armut ist diese kurze Phase der Nachkriegsgesellschaft Geschichte. Die offen bekundete Absicht beider großen Parteien in der Bundesrepublik, Parteien der Mitte sein und ihr Wählerreservoir dort finden zu wollen, kann gar nichts anderes heißen, als die Unterschicht abgehängt zu lassen. Für sie bleibt nur die Fürsorge der Armenpolitik. Eine Form von Gerechtigkeit, wie sie hier verstanden wird, ist von den Parteien der Mitte, wenn ihre Politik bleibt, was sie ist, nicht zu erwarten.

Die Organisation einer politischen Machtbasis im Interesse der Gerechtigkeit gegen die Parteien der Mitte stößt auf Barrieren, die nur schwer zu überwinden sind. Am nachhaltigsten erweist sich der Mangel an Solidarität unter denen, die der Gerechtigkeit am dringendsten bedürfen, als Hindernis ihrer politischen Organisation. Solidarität gab es im Proletariat. Mit dem Wegfall der Klassengesellschaft ist sie hinfällig geworden. Man verstellt sich die Einsicht in die Bedingungen der gesellschaftlichen Solidarität, wenn man meint, für Solidarität, wie sie notwendig wäre, um Gerechtigkeit als Gegenmacht organisieren zu können, in den im Abendland geschichtsmächtig gewordenen kulturellen Interpretamenten Grund gelegt zu sehen.[13] Für jene Form der Solidarität, die gesellschaftlich notwendig wäre, um Strukturen politisch verändern zu können, haben weder der Mann aus Nazareth noch haben die Jakobiner der Französischen Revolution die Voraussetzungen geschaffen. Solidarität als eine die Gesellschaft gestaltende Macht kennt vielmehr drei praktische Bedingungen:[14]

13 So die geistesgeschichtliche Genese der Solidarität bei H. Brunkhorst, Solidarität, S. 40-110.
14 Zum Begriff der Solidarität vgl. K. Bayertz, Begriff und Problem der Soli-

- Eine gleiche Lebenslage derer, die sich solidarisch verstehen;
- eine ihnen gemeinsame Idee, die sich als politische Strategie formiert, wie diese Lebenslage überwunden werden kann;
- schließlich die logistische Potenz, die politische Idee in eine politische Organisation umzusetzen.

Eben diese Solidarität gibt es derzeit nicht. Zwar finden sich Menschen in der Unterklasse in einer gleichen gesellschaftlichen Lebenslage, ihre Lebenslage stellt sich ihnen jedoch als nicht änderbar dar, nicht als eine Lage, gegen die etwas unternommen werden könnte. Eben diese Wahrnehmung wird ihnen von der im öffentlichen Bewusstsein vorherrschenden neoliberalen Theorie bestätigt. Wer sich an den Rand der Gesellschaft gedrängt sieht, erfährt deshalb sein Schicksal als Verhängnis, das er mit einer Vielzahl seinesgleichen teilt. Wenn irgendjemandem, dann rechnet er es sich selber zu. Und darin liegt ein Körnchen Wahrheit, wenn sie auch verdreht ankommt. Die Marktgesellschaft überlässt es, wie wir eingangs erörtert haben, dem Subjekt, sich als einzelnes in die Gesellschaft zu integrieren. Diese Form einer individualistischen Strategie der Selbstbehauptung bestimmt bereits die frühe Sozialisation,[15] sie setzt sich im Verfolg individualistischer Strategien auf dem Arbeitsmarkt fort.[16] Das Subjekt findet sich deshalb tatsächlich als einzelnes in der Gesellschaft so wieder, wie es sich in sie eingebracht hat. Gewiss vermögen die, die unten angekommen sind, zu erkennen, dass der Kerngehalt der Botschaft der neoliberalen Theorie, die Gesellschaft zu belassen, wie sie ist, den Interessen derer dient, die in der Gesellschaft vorteilhaft aufgestellt sind. Wie sie das eigene Interesse an einem besseren Leben einzubringen vermöchten, entzieht sich ihrem Reflexionsvermögen. Ein gemeinsames politisches Organisationspotenzial zu entwickeln, liegt völlig außerhalb der Grenzen ihrer Möglichkeiten. Keine gesellschaftliche Intelligenz, was immer das sein könnte, kommt ihnen zu Hilfe. Es gibt in der gegenwärtigen Verfassung der Marktgesellschaft ein Reflexionsvakuum: Es fehlt eine Kritik der gegenwärtigen gesellschaftlichen Verfassung, die Auswege für die aufwiese, die sich von ihr an den Rand gedrängt sehen. Schwer lastet auf dem politischen System das Unvermögen der Sozialdemokratischen Partei, den Verlust ihrer Identität als Arbeiterpartei zu nutzen, um sich unter den Bedingungen der Gegenwart jener Zielvorgabe verpflichtet zu halten, die sie vormals als Partei des Proletariats verfolgte: der Gerechtigkeit.

darität, S. 11-53; zu den Formen der historischen Ausprägung die Beiträge in dem von ihm herausgegebenen Band ›Solidarität‹.

15 So auch J. Cohen / J. Rogers, Can Egalitarianism Survive Internationalization?, S. 181.

16 J. Hirsch / R. Roth, Das neue Gesicht des Kapitalismus.

3.5 Der Identitätsverlust der Sozialdemokratie

Die Sozialdemokratie verdankt sich einer Entwicklungsphase der Marktgesellschaft, in der sie das Proletariat in seinem politisch aktiven Potenzial in sich zu vereinigen und als dessen politische Speerspitze zu wirken vermochte. Zwei Bedingungen waren es, die ihre Identität bestimmten: Die, die sich in ihr vereinigten und die, die ihnen als Arbeiter ihre Stimme gaben, waren durch eine gleiche Lebenslage als Klasse verbunden. Das gleiche Milieu, das sie verband, wies ihnen auch die gleiche politische Programmatik als Ausweg aus der Bedrückung durch das ökonomische System. Auf eben diesen beiden Momenten beruhte die Solidarität, die sich im Proletariat ausbildete. Die andere Bedingung ihrer Identität war, ihre politische Programmatik auf die Revision einer gesellschaftlichen Verfassung zu richten, deren historische Entwicklung einen Ausweg aus dem Leiden an der Gesellschaft zu bieten schien. Beide Bedingungen ließen sie eine Politik verfolgen, mit der sie sich dem Leitbild der Gerechtigkeit verpflichtete. Im Horizont der von ihr verfolgten Politik lag die Ordnung einer künftigen Gesellschaft, die allen einen Anteil an dem gesellschaftlichen Reichtum gewährte, der ihnen ein Leben unter den Sinnvorgaben eben dieser Gesellschaft zu führen ermöglichte. Dieser Zielvorgabe vermochten sich auch nicht wenige Bürger zu verpflichten, die nicht zum Proletariat zählten, Intellektuelle vor allem. In der Revolution vom November 1918 ließ dieses Leitbild die Verfassung des Sozialstaats ausbilden.

Heute sind beide Bedingungen, auf denen vormals die sozialdemokratische Identität beruhte, hinfällig geworden. Zum einen hat sich die Klassengesellschaft aufgelöst, zum andern das Proletariat und mit ihm die Solidarität derer, die von der Gesellschaft an den Rand gedrängt werden. Die Auflösung des Proletariats und die Entsolidarisierung derer, die unter der Gesellschaft zu leiden haben, ist die eine der Grundlagen, durch die der Sozialdemokratie die Identität abhanden gekommen ist. Die andere ist der damit einhergehende Verlust ihrer politischen Zielvorstellung. So wie sich diese Zielvorstellung im 19. Jahrhundert in Anlehnung an die Marxsche Theorie gebildet hatte – als Überwindung des ökonomischen Systems –, ließ sie sich nicht behaupten. Diese Vorstellung musste schon im Sozialstaat der Weimarer Republik preisgegeben werden. Das geschah halbherzig, man wollte immer noch eine sozialistische Republik, wusste aber schon damals, dass sie nicht machbar war. Niemand wird deshalb der Sozialdemokratischen Partei anlasten wollen, ihre alte Identität verloren zu haben. Der Verlust war unvermeidlich.[17] Vermeidbar aber war

---

17 J. Borchert, Alte Träume und neue Realitäten: Das Ende der Sozialdemokratie, S. 39-80.

und ist immer noch, die Entwicklung der gesellschaftlichen Verfassung dahin zu verstehen, fortan die politische Gestaltungshoheit und Gestaltungskompetenz des Staats nicht in einer Weise nutzen zu wollen, dass sich das Prekariat der Unterschicht erst gar nicht bildet. Vermeidbar war und ist immer noch, nicht politische Strategien zu entwickeln, um die, die in die vorhandene Unterschicht gelangt sind, herauszuholen aus der Misere, sie stattdessen sich selbst zu überlassen. Vermeidbar war und ist schließlich, nicht daran festgehalten zu haben, dass Wege gefunden werden müssen, auf denen der Staat die Garantie der Integration aller zu Bedingungen einer sinnvollen Lebensführung auch einzulösen vermag. Das ist das Problem der Sozialdemokratie. Gewiss, es ist nicht nur ihres. Es ist jedoch ihres vor allem, weil sie Gerechtigkeit vordem zu ihrer Identität rechnete und rechnen konnte.

Dass der Sozialdemokratie mit dem Abbau des Sozialstaats, so wie sie ihn betrieben hat und aufrechterhält, Gerechtigkeit als politische Programmatik abhanden gekommen ist, das ist es, was gegenwärtig nicht nur das Elend ihres Erscheinungsbildes, sondern das ihrer Verfassung ausmacht.

Es besagt wenig, dass sie Gerechtigkeit weiter im Programm führt. Die meint nicht, was für sie vordem Gerechtigkeit geheißen hat; und sie meint auch nicht, was Gerechtigkeit heute heißen muss. Die Sozialdemokratische Partei hat ihre programmatische Parteinahme für die ›Verdammten dieser Erde‹ preisgegeben. Stattdessen sucht sie ihren politischen Ort in der Mitte, abgefälscht nennt sie es ›linke Mitte‹. Mitmischen kann sie dort allemal,[18] bewegen kann sie nichts.

Es ist unschwer zu vermuten, dass Protagonisten der Partei einwenden werden, eine politische Strategie, die die Verhältnisse der Unterschicht verhindere, gebe es nicht, könne es auch nicht geben. Eine andere Gestaltung der Lebenslage der vom ökonomischen System außen vor gelassenen Unterschicht sei überdies nicht möglich, weil nicht finanzierbar. Beide Einwände werden zwar als Faktum vorgetragen, entsprechen aber einer Faktizität der Verhältnisse, wie sie im Schlepptau einer ökonomischen Theorie wahrgenommen wird, die von der Politik verlangt, die vom ökonomischen System bewirkten Verhältnisse auch die der Gesellschaft sein zu lassen. Es ist notwendig »umzudenken«. ›Umdenken‹ aber kann gerade nicht heißen, als was es von den Strategen der Sozialdemokratie verstanden wird: sich den vom ökonomischen System geschaffenen Verhältnissen zu unterwerfen. Die muss man akzeptieren, aber nicht belassen, wie sie sind.

18 W. Merkel, Vergangenheit, Gegenwart und Zukunft der Sozialdemokratie, S. 81-106.

4 Ortsbestimmung der Gegenwart

Die Gesellschaft der Neuzeit liegt, wie wir erörtert haben, im Schnittpunkt zweier historischer Entwicklungslinien. Die eine wird von der Kontinuität eines Bildungsprozesses der gesellschaftlichen Verfassung über die Vernetzung der Handlungs- und Machtpotenziale der Subjekte bestimmt. Sie setzt sich im ökonomischen System fort, das in der Marktgesellschaft das eigentlich Gesellschaft begründende System darstellt. Die andere Entwicklungslinie wird von dem in der Neuzeit erworbenen Bewusstsein der Konstruktivität der gesellschaftlichen Verfassung bestimmt. In dieser Entwicklungslinie liegt der Prozess einer Differenzierung der Gesellschaft, der neben das ökonomische System das politische System hat treten lassen. Wenn das ökonomische System das Gesellschaft begründende System darstellt, so stellt das politische System das die Gesellschaft gestaltende System dar. Die Marktgesellschaft der Gegenwart ist faktisch eine hochgradig organisierte Gesellschaft.[19] Das gilt für jedes der Systeme, für die Teilsysteme wie für das Gesamtsystem. Die jüngste hinter uns liegende Geschichte hat uns eine Lektion im Umgang mit einer systemisch differenzierten Gesellschaft erteilt. So sehr die Gestaltungshoheit und Gestaltungskompetenz der Gesellschaft beim politischen System gelegen ist, die Differenzierung der Gesellschaft lässt sich dadurch nicht einebnen. Einer Konstruktion der Gesellschaft, wie Hegel sie im Sinn hatte, ist durch die Entwicklung der Marktgesellschaft der Boden entzogen.[20] Die Autonomie der anderen Systeme, des ökonomischen insbesondere, will anerkannt sein. Das allerdings gilt auch vice versa. Daraus, dass das ökonomische System das eigentlich Gesellschaft begründende System ist, lässt sich nicht dessen Vorherrschaft über das politische System und schließlich auch über die Gesellschaft herleiten. Deren Propagierung entspricht zwar der realen Machtverfassung, die sich in der Marktgesellschaft auszubilden vermocht hat, sie widerspricht aber einer historischen Entwicklung, in der mit dem politischen System eine Organisationshoheit und Organisationskompetenz ausgebildet wurde, die geeignet ist, lebensfähige Verhältnisse für alle zu schaffen. Wenn die Gestaltungshoheit des politischen Systems von den Repräsentanten des ökonomischen Systems im Interesse des ökonomischen Systems paralysiert wird, so vermöge einer Usurpation der Macht durch die, die sich im ökonomischen System vorteilhaft bedient sehen. Es ist eine legale Usurpation. gewiss. Denn die demokratische Verfassung bietet ihnen die Möglichkeit, Aufbau und

19 Dazu H.-P. Bartels, Warum Kapitalismuskritik heute so schwer fällt, S. 243-251.
20 G. W. F. Hegel, Einführung in die Grundlinien des Rechts.

Politik des politischen Systems durch ihre Interessenlage zu bestimmen. Für die Millionen, die vom ökonomischen System exkludiert werden, die unzureichende Inklusion auch hier eingeschlossen, entsteht dadurch eine verheerende Lage. Was eine Ortsbestimmung der Gegenwart, die sich der Errungenschaft der Gestaltungshoheit über die Gesellschaft bewusst ist, verlangt, lässt sich nach allem prägnant bestimmen.

Die Autonomie des ökonomischen Systems muss vom politischen System anerkannt werden. Gerechte Verhältnisse herzustellen, kann ihm nicht aufgebürdet werden. Denn gerechte Verhältnisse zu schaffen, lässt sich mit der Logik des Systems nicht vereinbaren. Umso nachhaltiger richtet sich das Postulat der Gerechtigkeit an das politische System. Dessen Gestaltungskompetenz und Gestaltungshoheit sieht sich von denen, die Gerechtigkeit einfordern, der Verpflichtung unterworfen, die Integration der Subjekte zu Bedingungen einer sinnvollen Lebensführung zu gewährleisten.

Eigentlich sollte man meinen, dass mit der Differenzierung der Systeme, wie ich sie zuvor vorgenommen habe, den Interessen des ökonomischen Systems Genüge getan worden sei. Denn mit ihr ist ein Sozialstaat alter Prägung nicht länger vereinbar. Wenn dessen Kritik im Fokus der Kritik der ökonomischen Theorie lag, weil die Belastung der Gewinne der Unternehmen deren Investition behinderte, so lässt sich diese Kritik gegen die hier verfolgte Strategie nicht richten. Denn die erhebt die Kosten des Sozialstaats überwiegend dort, wo die Gewinne in das Vermögen Privater übergehen. Die Funktionalität des ökonomischen Systems würde nicht bedroht, wenn die Einkommenskurve oben abgeflacht würde. Im Gegenteil! Eine unvoreingenommene, nicht schon vom Interesse am Gewinn okkupierte Analyse des ökonomischen Systems wird eines der Hauptprobleme darin sehen, die Nachfrage auf hohem Niveau zu halten. Und die würde durch die hier verfolgte Strategie gestärkt.

Es ist unschwer zu antizipieren, dass auch die hier verfolgte Strategie auf die Kritik der Repräsentanten des ökonomischen Systems, aber auch aller derer stoßen wird, die im oberen Einkommensbereich erhöhte Steuern zahlen müssten. Und das, obwohl wir schon festgestellt haben, dass sie auch dann noch reich blieben. Die Gründe des Widerstandes sind einsichtig.

– In einer Marktgesellschaft obliegt es den Subjekten, sich selbst in das ökonomische System zu inkludieren und dadurch in die Gesellschaft zu integrieren. Niemandem ist der Platz bereitet, auch wenn es unterschiedliche Voraussetzungen im Kampf um die Position auf dem Markt gibt. Was auf dem Markt erworben wird, kann deshalb mit einigem Recht dem eigenen Handeln zugeschrieben werden. Gewiss, ich habe bisher die gegenteilige Perspektive hervorgehoben,

die Bedingtheit durch die systemischen Voraussetzungen, so dass
gilt: Niemand verdient, was er verdient. Ersichtlich gilt auch die
umgekehrte Perspektive, sodass gilt, was jemand verdient, hat er
für sich verdient. Sie lässt das Einkommen, das im System erworben
wird, dann, wenn es ins Privatvermögen tritt, als ihm auch gehörig
erscheinen. Belastungen mit den Kosten des Sozialstaats, zu Gunsten
der Armen, erscheinen dann als Diebstahl (M. Friedman).

– Einkommen auf dem Markt dient auch der Statusbestimmung in der
Gesellschaft. Für die aber gibt es, soweit sie durch das Einkommen
bestimmt wird, kein anderes Maß als die Höhe des Einkommens.
Und die wird daran gemessen, was als privates Einkommen ver-
bleibt.

– Schließlich wird man in Rechnung stellen müssen, dass hohes Einkommen nicht nur der Lebensführung dient, sondern von denen,
die es erworben haben, erneut der Kapitalakkumulation zugeführt
wird. Man mag noch so sehr argumentieren, dass die Stärkung der
Kaufkraft als Folge einer moderaten Umverteilung längerfristig
auch ihnen dient, zunächst einmal schmälern Belastungen ihren
aktuell erzielbaren Gewinn.

Über jeden der angeführten Gründe muss sich hinwegsetzen, wer jene
zu Bedingungen einer sinnvollen Lebensführung in die Gesellschaft integriert sehen will, die vom ökonomischen System an den Rand gedrängt
werden. Und er kann sich darüber hinwegsetzen, weil er die andere
Seite der Einkommen in Rechnung stellt, jener, die das Einkommen
der systemischen Verfassung der Gesellschaft zurechnet. Die aber ist
der gesellschaftlichen Gestaltung fähig. Und sie muss im Interesse der
Sozialstaatsklientel gestaltet werden, wenn Gerechtigkeit sein soll. Die
konditionale Bestimmung der Gerechtigkeit – wenn sie denn sein soll
– lässt eine Frage virulent werden, die für die soziologische Reflexion
bedrängend ist. Soll Gerechtigkeit sein? Gewiss, ich habe nachdrücklich
erklärt, es sei nicht Aufgabe der Wissenschaft, die Gesellschaft mit normativen Postulaten auszustatten. Die müssen von den Subjekten in der
Gesellschaft begründet werden. Die Frage, ob Gerechtigkeit sein soll,
wird jedoch gerade dann bedrängend – und das auch für die soziologische Theorie –, wenn man das Postulat von jenen ausgehen lässt, die
der Gerechtigkeit am dringendsten bedürfen: von denen am Rande der
Gesellschaft. Dann nämlich impliziert Gerechtigkeit als normatives Postulat die Forderung an ›die anderen‹, sich ihr verpflichtet zu wissen. ›Die
anderen‹, das sind jene, die die Lasten des Sozialstaats tragen sollen,
also die Bezieher von Einkommen im oberen Einkommensbereich. Was,
das ist die Frage, der sich auch eine soziologische Theorie nicht entziehen kann, kann sie verpflichten, diese Kosten zu tragen? Auch wenn gar
nicht zweifelhaft sein kann, dass die Motivation für die hier angestellten Erörterungen von einer Parteinahme für die Gerechtigkeit bestimmt

wurden, den Erörterungen selbst wurde die Konditionalform unterlegt: Wenn Gerechtigkeit sein soll. Das muss die Frage nach ziehen: Soll sie sein? Gewiss, ich habe gute Gründe dafür beizubringen gesucht, dass es möglich und sinnvoll ist, Gerechtigkeit realisiert zu sehen. Doch das allein lässt die Frage nicht obsolet werden. Die Frage bleibt, ob sich eine Verpflichtung auf Gerechtigkeit reflexiv begründen lässt.

Resümee

I

Die Aufgabe, Bedingungen zu schaffen, die es allen ermöglicht, sich so in die Gesellschaft zu integrieren, dass sie den Sinnanforderungen an die Lebensführung in der Moderne gerecht zu werden vermögen, fällt dem politischen System zu. Der Staat muss zum Garanten der Gerechtigkeit werden. Er gerät mit der Zuweisung dieser Aufgabe jedoch in eine Konfliktlage, der er sich zwar nicht entziehen kann, der er aber auch nur schwer gerecht zu werden vermag. Zwei historische Entwicklungslinien sind es, die den Konflikt bewirken, beide weisen eine gattungsgeschichtliche Dimensionierung auf. In der einen Entwicklungslinie bringt sich das neuzeitliche Bewusstsein zur Geltung, unter konstruktiv geschaffenen Lebensformen das Leben zu führen. Dieses Bewusstsein ist aufs engste mit dem normativen Postulat der Selbstbestimmung und Freiheit verbunden. Das gilt für jedes Subjekt in gleicher Weise.

Das politische System sieht sich an der Realisierung der von ihm eingeforderten Gerechtigkeit jedoch durch die andere historische Entwicklungslinie gehindert. Denn mit der setzt sich das urgeschichtliche Verfahren fort, jeden die Position in der Gesellschaft einnehmen zu lassen, die er sich selbst vermöge seiner Handlungspotenziale und Handlungsmacht zu verschaffen weiß. Es ist diese Entwicklungslinie, in der sich die Machtverfassung des ökonomischen Systems ausbildet. Deren Verfahren, die Position der Subjekte in der Gesellschaft durch ihren Erfolg auf dem Markt zu bestimmen, steht ersichtlich im Widerspruch zu dem Postulat, die Gesellschaft im Interesse aller zu gestalten. Es ist dieser Konflikt, an dem die Marktgesellschaft leidet. Und es ist dieser Konflikt, der die gegenwärtige Gesellschaft zu zerreißen droht.

2

Das ökonomische System hat in der Marktgesellschaft der Gegenwart den Konflikt für sich zu entscheiden vermocht. Es ist ihm gelungen, seinem Verfahren, die gesellschaftlichen Verhältnisse vom Markt bestimmt sein zu lassen, im politischen System Anerkennung zu verschaffen. Dazu hat das demokratische Verfahren des politischen Systems den Weg bereitet. Zwei Gründe haben bewirkt, das politische System mit dem ökonomischen gleichzuschalten. Zum einen suchen die politischen Parteien ihre Wähler in der Mitte. Und die wird von einer Mehrheit der Bürger gebildet, die vom ökonomischen System vorteilhaft bedacht werden. Sie votieren für eine Politik, die die gesellschaftlichen Verhältnisse belässt, wie sie sich aus dem ökonomischen System heraus bilden. Dazu trägt bei, dass die Mitte sich weltanschaulich vereinnahmen lässt. Zum andern wird die Politik der Mitte dadurch manifest, dass das Führungspersonal des politischen Systems, die Elite der Parteien insbesondere, selbst zur Mitte zählt. Sie nehmen Bedacht darauf, durch ihre eigene Politik ihren ökonomischen Status in der Mitte zu sichern. Über beide Schienen formiert sich eine Politik, die die Verhältnisse stützt, wie sie sich aus dem ökonomischen System heraus bilden.

3

Mit der Politik für die Mitte ist das Schicksal der Unterschicht besiegelt. Eine Politik für die Mitte kann ja nichts anderes heißen, als die Unterschicht nicht nur ökonomisch abgehängt sein zu lassen, sondern auch politisch abhängen zu wollen. Es ist diese Strategie der Politik, die der eigentliche Grund dafür ist, dass der Sozialstaat so weit abgebaut wurde, dass seine Klientel im Erwerbssystem an die Armutsgrenze abgedrängt wurde. Daran hat die Sozialdemokratie entscheidenden Anteil. Sie hat politisch umgesetzt, was sich ökonomisch ausgebildet hatte. Die Identitätskrise der Sozialdemokratie war unvermeidbar. Vermeidbar aber war und ist, nicht eine neue Identität dadurch zu suchen, dass an der Verpflichtung auf eine soziale Gerechtigkeit, wie sie über ein Jahrhundert im Fluchtpunkt ihrer politischen Theorie gelegen hatte, festgehalten wird. Der Abbau des Sozialstaats bis an die Grenze der Armut ist das manifeste Gegenteil.

4

Eine politische Gestaltung der gesellschaftlichen Verhältnisse unter dem Postulat der Gerechtigkeit ist möglich. Den Weg dazu habe ich mit dem Junktim von Grundsicherung und Arbeit gezeigt. Andere sind denkbar. Mit einer Politik der Gerechtigkeit würde der Sozialstaat auf eine neue Grundlage gestellt. Der Widerstand gegen sie ist im politischen System manifest. Auch die Strategie, die Unternehmen mit den Kosten des Sozialstaats nur gering zu belasten, sonst aber eine Belastung der privaten Einkommen im oberen Entwicklungsbereich vorzusehen, wird auf den Widerstand derer stoßen, die diese Belastung tragen sollen. Einkommen werden als zur Privatsphäre gehörig angesehen. Sie bestimmen den Status in der Gesellschaft und sind überdies bestimmt, das Einkommen durch Rücklauf in das ökonomische System zu vermehren. Es ist unschwer zu ersehen, dass der Widerstand im politischen System nur durch eine Veränderung der Machtpotenziale überwunden werden kann. Die aber lassen sich ohne ein Bewusstsein, dass Gerechtigkeit sein soll, nicht ändern. Das lässt auch für eine soziologische Reflexion die Frage unabweisbar werden. Soll Gerechtigkeit sein? Wir müssen sie erörtern.

8 Zum Schluss
Warum denn Gerechtigkeit

1 Die Not der Begründung

1.1 Dekonstruktion der philosophischen Begründungen

Soll Gerechtigkeit sein? Die Frage stürzt uns in Begründungsnöte. Denn sie lässt sich nicht beantworten, wie sie vordem beantwortet wurde: durch die Aufklärung darüber, was an normativen Verbindlichkeiten zur Lebensform des Menschen gehört. Unter den Erkenntnisvorgaben der Moderne sind uns alle Begründungen abhanden gekommen, die vordem gefunden wurden und denen zur Hand waren, die sich als Liebhaber der Gerechtigkeit verstanden. Kein göttliches Gebot kommt uns zu Hilfe. Wir sehen uns an den Weltinnenraum des Universums verwiesen. In dem aber ist keine Spur einer Geistigkeit zu finden. Auch ontologisch lässt sich Gerechtigkeit deshalb länger nicht begründen. Seit sich gezeigt hat, dass sich die menschliche Daseinsform aus einer evolutiven Naturgeschichte heraus gebildet hat, kann für normative Verpflichtungen nicht schon in der Natur Grund gelegt sein. Denn die Natur kennt keine normativen Verpflichtungen. Unter den Erkenntnisvorgaben der Moderne konvergiert die Welt des Menschen auf den Menschen. Es kann deshalb keine normativen Verbindlichkeiten geben, die nicht aus dessen konstruktivem Vermögen hervorgegangen sind. Unter dem Eindruck dieses Wissens haben sich auch transzendentale Begründungen als hinfällig erwiesen. Transzendentale Begründungen sehen die normativen Verpflichtungen in einer Anlage der menschlichen Daseinsform gelegen, in der Vernunft oder in der Sprache. Doch auch die Vernunft muss im konstruktiven Verständnis der Moderne erst konstruktiv geschaffen werden. Nichts anderes gilt für die Sprache. Auch die Vernunft stellt im Verständnis der Moderne kein Vermögen dar, in dem schon vorgegeben wäre, was als vernünftig gelten muss. Für alles und jedes, das als vernünftig gelten soll, müssen Gründe beigebracht werden, die es als vernünftig ausweisen. Am Verständnis einer erst konstruktiv geschaffenen Lebensform scheitert auch der Versuch, neben der zweckrationalen eine normative Vernunft apriori in der Sprache oder Kommunikation angelegt zu sehen.[1] In der Sprache und Kommunikation werden zwar normative Voraussetzungen mitgeführt. Sie reichen aber auch nicht weiter, als Sprache und Kommunikation sie erfordern. Sie begründen nicht auch schon die normative Verfassung der Gesellschaft. Die Gesell-

---

[1] So bekanntlich J. Habermas, Theorie des kommunikativen Handelns.

schaft ist nicht auf Diskurse gegründet, sondern auf die Vernetzung der Machtpotenziale, die die Subjekte in die Gesellschaft einbringen. Daran also führt kein Weg vorbei: Im aufgeklärten soziologischen Verständnis der Moderne stellt sich auch die normative Verfassung der Gesellschaft als Konstrukt dar. Und für dessen Geltung müssen einsichtige Gründe beigebracht werden. Das gilt für die Moral wie für die Gerechtigkeit. Wenn Gerechtigkeit gelten soll, müssen Gründe beigebracht werden, die bewirken, dass Menschen sich auf sie verpflichten. Präzisieren wir danach zunächst, nach welchen Gründen wir fragen, wenn wir fragen, ob Gerechtigkeit sein soll.

1.2 Die soziologische Erkenntnisdimension

Wir nehmen die Frage nach dem Grund der Gerechtigkeit so auf, wie sich das Problem der Gerechtigkeit in der Marktgesellschaft darstellt. Und das besteht, wie sich gezeigt hat, in der unzureichenden Integration von Millionen Subjekten in die Gesellschaft. Die strukturelle Problemlage der Marktgesellschaft erfährt jedoch ihre konkrete Ausprägung durch eine historische Dimensionierung, durch die sie sich in der Schnittlinie zweier historischer Entwicklungslinien gelegen erweist. Durch eben diese historische Verortung werden auch unsere Überlegungen zur Frage nach dem Grund der Gerechtigkeit bestimmt. Vergegenwärtigen wir uns beide Entwicklungslinien im Blick auf die Geltungsproblematik.

In der einen Entwicklungslinie setzt sich der Bildungsprozess der Gesellschaft über die Vernetzung der Handlungs- und Machtpotenziale der Subjekte fort. Eine Geschichte lang hat sich die Gesellschaft in dieser Weise gebildet. In der Marktgesellschaft ist das ökonomische System das eigentlich Gesellschaft begründende System. Es vor allem bildet sich durch die Vernetzung der Machtpotenziale der Subjekte. Machtpotenziale der Subjekte sind es, die seine Verfassung bestimmen. Im System der Ökonomie ist deshalb Gerechtigkeit nicht unterzubringen. In der anderen der beiden Entwicklungslinien hat sich mit dem Bewusstsein der Konstruktivität ein Gestaltungsvermögen der Gesellschaft ausgebildet, das dem politischen System zugerechnet wird. An das politische System richtet sich deshalb auch das Verlangen, Bedingungen zu schaffen, die es jedem ermöglichen, sich so in die Gesellschaft zu integrieren, dass er deren Sinnvorgaben Rechnung zu tragen vermag. Es ist diese historische Konstellation, durch die das Problem der Gerechtigkeit seine soziologische Ausprägung erfährt. Eben weil die moderne Gesellschaft eine Gesellschaft ist, die von dem Bewusstsein bestimmt wird, konstruktiv geschaffen zu sein, und eben weil sich für deren konstruktive Gestaltung eigens ein politisches System ausgebildet hat, gewinnt das Postulat der Gerechtigkeit eine Insistenz, die sich nicht abweisen lässt. Es ist die mit dem politischen System eigens geschaffene Gestaltungskompetenz und Gestaltungshoheit, die von denen in Anspruch genommen wird, die Gerechtigkeit einfordern.

Tatsächlich ist das Postulat der Gerechtigkeit längst in der Politik virulent. In ihr aber trifft sie auf die Machtpotenziale, die sich aus dem ökonomischen System in das politische haben transferieren lassen. Die Negation der Gerechtigkeit durch die neoliberale Theorie ist sicher nicht der Grund dafür, dass die Gerechtigkeit gegen diese Machtpotenziale so wenig auszurichten vermag. Der Grund liegt in den Machtpotenzialen selbst. Die neoliberale Theorie sichert jedoch den Machtpotenzialen im politischen System die Legitimation. Sie bewirkt, dass die politische Elite Gerechtigkeit sagt und Markt meint. Die Klärung, was Gerechtigkeit Geltung verschafft, dient erkenntniskritisch der Selbstverständigung des Menschen in der Moderne, ihre Brisanz aber erfährt sie durch die praktisch-politische Konstellation, in der sich die Frage der Geltung in der Marktgesellschaft stellt. Was, das also ist die Frage, ist der Grund dafür, die politischen Akteure – und das sind alle, die am politischen Leben teilnehmen können – auf Gerechtigkeit verpflichtet zu sehen?

Die Frage verlangt eine Präzisierung. Im konstruktiven Verständnis der Moderne bilden sich normative Postulate nicht aus Prinzipien, die der menschlichen Daseinsform transzendental vorgegeben sind. Im konstruktiven Verständnis bilden sich normative Postulate zum einen aus den Anforderungen derer, die ihre Geltung für sich in Anspruch nehmen, zum andern aus der Verpflichtung derer, an die sich die Forderungen richten, diesen Forderungen zu folgen. Für die Forderung wie für die Verpflichtung muss es Gründe geben, die sich nicht abweisen lassen. Für die Forderung, gerechte Verhältnisse herzustellen, ist der Grund nicht schwer zu finden. Mit der Gerechtigkeit wird eine Bedingung der Lebensführung der Subjekte eingefordert, die eine apriorische Geltungsdimension für sich in Anspruch nehmen kann. Die Lebensform des Menschen erfordert, sich zu Bedingungen in die Gesellschaft integrieren zu können, die es ermöglichen, den Sinnanforderungen der Gesellschaft gerecht zu werden. Das eigentliche Problem, die Geltungsgrundlage der Gerechtigkeit zu bestimmen, wird von der Frage nach der Verpflichtung bewirkt. Wir werden sehen: Auch für sie lässt sich eine apriorische Geltungsgrundlage in Anspruch nehmen. Die einsichtig zu machen, erfordert jedoch einigen Aufwand.

2 Subjekt und anderer

2.1 Der andere als alter ego

Wer sich der Gerechtigkeit verpflichtet weiß, wird zuvörderst die Bedeutsamkeit des anderen als Grund der Verpflichtung anführen. Der andere liegt im Fokus der Gerechtigkeit, wie er im Fokus der Moral liegt. Das verbindet die beiden normativen Postulate miteinander. Gewiss, die Gerechtigkeit richtet sich nicht unmittelbar auf den anderen; sie richtet sich auf die Strukturen der Gesellschaft. Aber die Motivation, eine gerechte Ordnung zu schaffen, wird von der Parteinahme für den anderen bewirkt. Die aber hat Gründe, die aus der anthropologischen Verfassung resultieren.[2]

Die Evolution hat dazu geführt, Menschen einander verbunden sein zu lassen. Sie hat eine emotive Grundlage geschaffen, dass Menschen sich ihresgleichen zugehörig fühlen. Als stammesgeschichtliches Erbe verfügt der Mensch über empathische Fähigkeiten, die ihn in Stand setzen, mit dem anderen mitzufühlen, dessen Körpererfahrungen wie eigene wahrzunehmen.[3] Ohne diese Form einer natural unterlegten Bezogenheit auf den anderen hätten sich die subtilen Formen der Kommunikation und Interaktion, wie sie die soziale Lebensform des Menschen auszeichnen, nicht entwickeln lassen. Auch eine Parteinahme für den anderen, wie sie Moral und eben auch Gerechtigkeit kennen, wäre nicht möglich geworden. Die natural unterlegte Bezogenheit auf den anderen stellt aber auch nicht mehr als eine naturale Ausstattung dar. Als anderer muss sich der andere für das Subjekt ebenso wie das Subjekt selbst erst ausbilden. Die eigentliche Sozialität des Menschen, jene, die im Zusammenleben in den unterschiedlichen sozialen Systemen benötigt und gelebt wird, bildet sich erst als soziales Konstrukt in der Ontogenese der Gattungsmitglieder aus. Den Prozess können wir rekonstruieren.

---

2 Eine ausführliche Erörterung findet sich in G. Dux, Die Moral in der prozessualen Logik der Moderne, S. 111-120.

3 Vgl. die frappanten Beobachtungen in den Studien von A. N. Meltzoff, Imitation, objects, tools and the rudiments of language in human ontogeny, S. 45-65; A. N. Meltzoff / M. K. Moore, Infant Intersubjectivity, S. 47-62. Es scheint, dass die Neurophysiologie mit der Entdeckung der Spiegelneuronen ihren neuronalen Bedingungen auf die Spur gekommen ist. Vgl. die Arbeiten in: M. I. Stamenov/V. Gallese (eds.), Mirror Neurons and the Evolution of Brain and Language; vgl. darin insbes. die Arbeit von St. Braten, Ego's Virtual Participation in Alter's Complementary Acts, S. 273-294.

2.2 Der soziokulturelle Bildungsprozess von Subjekt und anderem

Der andere ist anderer dadurch, dass er gleich dem, der ihn als anderen wahrnimmt, als Subjekt wahrgenommen wird. Subjekt ist jeder durch die reflexive Form, sein Leben zu führen. Es gehört zum Grundverständnis der menschlichen Daseinsform in der Moderne, dass sich diese Form der Subjektivität in seiner soziokulturellen Verfasstheit mit jedem neugeborenen Gattungsmitglied neu ausbilden muss.[4] Auf die Welt kommt jeder nur als biologisches System. Seine soziokulturelle Daseinsform und mit ihr die soziokulturelle Organisationsform der Subjektivität erwirbt er erst in der frühen Ontogenese in der Interaktion und Kommunikation mit den anderen seines sozialen Umfeldes. Auch der andere, der für sich die soziokulturelle Organisationsform des Subjekts immer schon ausgebildet hat, wird für das nachkommende Gattungsmitglied erst in diesem Prozess zu einem anderen. Die jüngere Forschung hat eindrucksvoll zeigen können, dass sich die Organisationsform des Subjekts als Selbst von allem Anfang an im engen Verbund mit dem Verständnis des anderen als Subjekt und Selbst ausbildet. »The infants first order of business in creating an interpersonal world is«, erklärt Daniel Stern, »to form the sense of a core self and a core other.«[5] Beider Struktur werden über Erfahrungen ausgebildet, die als self-agency, self-affectivity und self-history beschrieben werden können. Dafür, diese Erfahrungen machen zu können, bietet die frühe Ontogenese deshalb optimale Voraussetzungen, weil für den Bildungsprozess der soziokulturellen Lebensformen die Interaktionen und Kommunikationen mit den bedeutsamen anderen des kindlichen Umfeldes konstitutiv sind.

Die komplementäre Ausbildung von Subjekt/Selbst und anderem ist in unserem Kontext, in dem es um die Parteinahme für den anderen geht, aus zwei Gründen bedeutsam: Zum einen lässt der Umstand, dass die eigene Organisationsform als Subjekt am Gegenüber des anderen auch als dessen Organisationsform erfahren wird, ego und alter sich auch »als gleich« erfahren. Beide, ego und alter, stellen sich als von einer ihnen gemeinsamen Organisationsform bestimmt dar. Zum andern erfahren sich Selbst und anderer als einer gemeinsamen Welt und in der gemeinsamen Welt auch einander verbunden.

---

4 Eingehend G. Dux, Historisch-genetische Theorie der Kultur, S. 60 ff., S. 195 ff.
5 D. Stern, The Interpersonal World of the Infant, S. 70.

2.3 Die normative Dimensionierung im Verhältnis von ego und alter

Der andere ist in der frühen Ontogenese ein konkreter anderer. Es ist die sorgende Bezugsperson und es sind die bedeutsamen anderen des kindlichen Umfeldes, die für das nachkommende Gattungsmitglied zunächst Bedeutung gewinnen. In der Interaktion und Kommunikation zwischen dem nachkommenden Gattungsmitglied und den bedeutsamen anderen des kindlichen Umfeldes bildet sich mit dem Erwerb der Handlungs- und Interaktionskompetenz auch eine Moral aus, die das nachkommende Gattungsmitglied darauf verpflichtet, die Interessen des anderen zu bedenken und ihnen im Handeln Rechnung zu tragen. Lässt sich diese Form einer normativ verfassten Sozialität für die Begründung der Gerechtigkeit nutzen? Jene philosophischen Erörterungen, die meinen, Gerechtigkeit auf Moral gründen zu können, nehmen es an. Dafür könnte sprechen, dass die Moral, auch wenn sie Verpflichtungen immer nur in Interaktionen und Kommunikationen zwischen konkreten, für die Interaktion und Kommunikation bedeutsamen anderen begründet, ein generalisiertes Moment in sich schließt. Der bloße Umstand, dass Subjekt und anderer sich als identische Organisationsform ausbilden, vollends aber der Umstand, dass es immer mehrere sind, die im Umfeld des Kindes bedeutsam sind, nötigen dazu, alter in einer generalisierten Organisationsform: als generalisierter anderer, auszubilden.[6] In gleicher Weise bewirkt die mediale Konstruktion der Welt, den anderen überhaupt nur in der Form eines generalisierten anderen ausbilden zu können. Denn die lässt mit der Welt auch die Organisationsform der Subjektivität im Medium einer abstraktiven Begrifflichkeit wahrnehmen. Dieser Befund ist für die Sozialität der menschlichen Daseinsform von großer Bedeutung. Denn auch wenn die anderen im weiteren sozialen Umfeld des nachkommenden Gattungsmitgliedes nie die emotionale Intensität der bedeutsamen anderen des engeren frühkindlichen Umfeldes auf sich zu ziehen vermögen, so ist es doch gleichwohl möglich, ihnen die einfühlsame Emotionalität zuteil werden zu lassen, wie sie sich anfangs auf die bedeutsamen anderen des engeren kindlichen Umfeldes richtet. Dass dem Menschen nichts Menschliches fremd ist, hat seinen Grund darin, dass der andere immer ein generalisierter anderer ist. Auch sich selbst vermag das Subjekt schließlich nur in der Form eines generalisierten anderen wahrzunehmen, wenn auch jedes zu sich selbst einen privilegierten Zugang hat.[7] Haben wir mit dem generalisierten

---

6 Zum ›generalized other‹ vgl. G. H. Mead, Mind, Self and Society.
7 Zur Selbstwahrnehmung des Subjekts in der Form eines ›me‹ vgl. die allerdings problematische Darstellung bei G. H. Mead, Mind, Self, and Society.

anderen also die Grundlage für eine Verpflichtung auf Gerechtigkeit, nach der wir fragen?

2.4 Die Differenz zwischen Moral und Gerechtigkeit

Ersichtlich besteht zwischen dem anderen als konkretem anderen und dem anderen als generalisiertem anderen eine subtile Form von Dialektik. Muss man deshalb annehmen, dass schon deshalb, weil der konkrete andere eine normative Verpflichtung auf sich zieht, diese normative Verpflichtung auch dem generalisierten anderen, dem Fremden in der Gesellschaft, gilt? Wäre die Dialektik eine metaphysisch begründete Dialektik, die sich in einer Welt entfaltete, in der sich die abstrakte Begrifflichkeit einer ontologischen Begründung verdankte, dann müsste man annehmen, dass die Bedeutsamkeit des konkreten anderen sich geradezu aus dem generalisierten anderen herleite. Denn metaphysisch hat das Allgemeine einen Seinsvorrang vor dem Konkreten. Die normative Verpflichtung, die dem konkreten anderen des personalen Umfeldes gilt, müsste a fortiori dem generalisierten anderen gelten. Und dieser Vorrang hielte sich neuzeitlich in der transzendentalen Bestimmung des generalisierten anderen durch. Auch in ihr begegnete uns in der Sphäre des Geistes als einer Sphäre abstrakter Begrifflichkeit in jedem anderen ein anderer, der durch den generalisierten anderen allererst als anderer erfahrbar und durch ihn auch zu einem bedeutsamen anderen würde. Ego vermöchte, so müssten wir annehmen, auch die Bedeutsamkeit des anderen in den dichten Interaktionen und Kommunikationen intimer Lebensgemeinschaften gar nicht zu erfahren, ohne dabei von dessen generalisierter Bedeutsamkeit bestimmt zu werden. Allein, die hier festgestellte Dialektik ist keine, die sich metaphysisch und auch keine, die sich transzendental begründete. Sie begründet sich konstruktiv und das heißt praktisch. Praktisch aber wird die dialektische Konstruktion von ego und alter nur soweit bedeutsam, wie der andere ein für die praktische Lebensführung bedeutsamer anderer ist. Nur soweit die praktische Lebensführung es erfordert, werden deshalb auch die normativen Verbindlichkeiten ausgebildet.

Es stellt keinen Einwand gegen die Begrenzung der praktischen Bedeutsamkeit des anderen dar, dass auch die praktisch begründete Form der Dialektik zwischen dem konkreten und generalisierten anderen medial unterlegt ist. Sprache und Denken sind auch nur Medien, die die Organisationsformen der praktischen Konstruktion bewirken. Sie sind als Medien nicht selbst Sinnproduzenten. Praktisch aber werden die Grenzen der normativen Verpflichtung gegenüber dem anderen von den Erfordernissen des Zusammenlebens in den unterschiedlichen sozialen Systemen bestimmt. Eben weil das so ist, waren die Grenzen der Moral in der Geschichte eng gezogen.[8] Jenseits der kleinen Gemeinschaften, in denen die Menschen ihr Leben führten, und jenseits der Gesellschaft ließ sie sich nicht ausbilden. Das hat verheerende Konsequenzen gezeitigt und die Ausbildung der Herrschaftsverfassung möglich gemacht. In der Neuzeit hat die Ausbildung der Marktgesellschaft Verhältnisse geschaffen, in denen es Fremde im vorneuzeitlichen Sinne nicht länger gibt. Jeder, der sich in einer Gesellschaft aufhält, erhält den Status eines ›Fremden in der Gesellschaft‹. Unbeschadet aller staatsbürgerlichen Differenzen von Rechten und Pflichten bestehen ihm gegenüber die gleichen moralischen Verpflichtungen, wie sie gegenüber den »eingeborenen« und eingebürgerten Fremden in der Gesellschaft bestehen. Nur – die Moral reicht gegenüber Fremden in der Gesellschaft nicht weit. Sie sichert den Begegnungsverkehr zwischen ihnen, verpflichtet aber auch kaum zu mehr. Die mögliche Hilfeleistung bei akuter Gefährdung ist das äußerste, wozu sie auch in der modernen Gesellschaft verpflichtet. Exakt diese Grenzen der Moral sind es, die daran hindern, die Moral für die Geltung der Gerechtigkeit in Anspruch zu nehmen.

Es gibt das Bewusstsein der Verbundenheit mit dem anderen. Das reicht aber nicht, um daraus eine normative Verbindlichkeit entstehen zu lassen, durch die Menschen verpflichtet würden, sich für das Wohlergehen des Fremden in der Gesellschaft verantwortlich zu wissen. Diese normative Verbindlichkeit ist nicht in der Moral ausgebildet worden, sie wird auch nicht als Gerechtigkeit ausgebildet.

Auf diese Feststellung lässt sich auf einfache Weise die Probe machen. Moralische Postulate kann jeder gegenüber jedem einfordern, der dazu für verpflichtet gehalten wird. Niemand aber kann von irgendjemandem einfordern, dafür zu sorgen, dass er ein sinnvolles Leben führen kann, nicht einmal, dass er überlebt. Wäre es anders, ginge es denen, die unter den Brücken schlafen, besser.

Der Grund für die restriktiven Begrenzungen der normativen Verpflichtungen in der Gesellschaft zeigt sich, wenn man die Genese der Moral rekonstruiert. Die moralischen Verpflichtungen werden deshalb ausgebildet, weil sie notwendig sind, um Interaktionen und Kommunikationen der Subjekte möglich zu machen. Sie sind eine Bedingung der Möglichkeit menschlichen Zusammenlebens. Eben das gilt für die Sorge um den anderen nicht. Es gilt deshalb auch für eine Gerechtigkeit, die sich auf die Strukturen der Gesellschaft richtet, nicht. Für die Gerechtigkeit gilt: Es geht auch anders. Diese für die normative Bindungswirkung schlechterdings konstitutive Differenz zwischen der Moral und

8 Dazu G. Dux, Die Moral in der prozessualen Logik der Moderne, S. 251 ff.

Gerechtigkeit verkennt, wer meint, die Gerechtigkeit auf Moral gründen zu können.[9] Im philosophischen Verständnis der Moral geschieht das deshalb, weil Moral auf Prinzipien gegründet wird, von denen man sagt, sie seien in die Lebensform des Menschen eingelassen, in Vernunft oder Sprache. Prinzipien lassen sich dann mit dem anreichern, was man für ein gedeihliches Leben für erforderlich erachtet. Doch das entspricht vormodernen Erkenntnisvorgaben. Im konstruktiven Verständnis der Moderne verlangt die Praxis des gesellschaftlichen Zusammenlebens zwar Moral, aber schon die nur soweit, wie sie eine Bedingung der Möglichkeit sozialer Systeme darstellt, Gerechtigkeit ist praktisch nicht erforderlich.

Auch auf diese Feststellung lässt sich in der Marktgesellschaft die Probe machen. Die praktischen Erfordernisse des ökonomischen Systems lassen die Integration der Arbeitslosen gerade nicht als erforderlich erscheinen. Die Repräsentanten des ökonomischen Systems sind denn auch unablässig bemüht, ihre Alimentierung gegen das äußerste Existenzminimum zu treiben. Eine gewisse Reservearmee kann für das ökonomische System günstig sein. Von jenen aber, die sich nicht oder nur schlecht integrieren lassen, gilt für das ökonomische System, dass es besser wäre, es gäbe sie gar nicht. Gäbe es so etwas wie den moralischen Imperativ, für das Wohlergehen der anderen Sorge zu tragen, hätte sich das System der Marktgesellschaft erst gar nicht ausbilden lassen. Es hat sich aber gebildet. Und seit es sich gebildet hat, ist dessen Logik das mächtigste Bollwerk gegen eine Sorge um den anderen in der Gesellschaft.

Wir geraten mit der Frage nach dem Geltungsgrund und der Geltungsdimension der Gerechtigkeit in eine eigentümliche Bedrängnis: Auf Moral gründen lässt sich die Gerechtigkeit nicht. Gleichwohl werden die, die sich der Gerechtigkeit verpflichtet wissen, daran festhalten, dass es die Bedeutung ist, die dem anderen als anderem zukommt, die sie der Gerechtigkeit verpflichtet sein lässt. Und sie werden darauf verweisen, dass es das Wissen um die Identität der Lebensformen und die Bedeutung des anderen für diese Lebensform ist, die den Grund der Parteinahme für den anderen darstellt. Überdies werden sie darauf insistieren, dass genau diese Parteinahme das ausmache, was wir als Humanität verstehen. Ersichtlich wird der Gerechtigkeit im öffentlichen Bewusstsein eine Begründung zuteil, die sie für die menschliche Daseinsform als grundlegend und eben deshalb auch als verpflichtend versteht, jedoch ohne dass sich die normative Verpflichtung in eine Normstruktur übersetzte, wie sie der Moral eigen ist. Denn die lässt

9 Das geschieht zuweilen auch in soziologischen Erörterungen, so bei H. Rosa/M. Corsten, Gesellschaftstheorie und Moralphilosophie, S. 9. Für sie stellt Gerechtigkeit gar die Leitidee der Moral dar.

konkrete Ansprüche zwischen konkreten Teilnehmern der Interaktionen und Kommunikationen entstehen. Man wird diesen Verständnisvorgaben im öffentlichen Bewusstsein am ehesten gerecht, wenn man die Gerechtigkeit auf das Apriori des Lebens gegründet sieht. Was ist gemeint?

3 Das Apriori des Lebens

Im Verständnis der Moderne stellt die Lebensform des Menschen eine in der Naturgeschichte entwickelte Lebensform dar. Jeder nutzt sie als Grundlage der eigenen Lebensführung, ohne dass es für sie einer weiteren Begründung bedürfte. Sie wäre im säkularen Verständnis der Welt und der Daseinsform des Menschen in der Welt auch keiner weiteren Begründung fähig. Man kann die Lebensform des Menschen deshalb als ein säkulares Apriori verstehen. Zu dieser Lebensform gehört, sich in die Gesellschaft zu integrieren. Da es die Eigenart dieser Lebensform ausmacht, sich historisch zu entwickeln, werden auch die historischen Bedingungen, unter denen die Integration in die Gesellschaft erfolgen muss, von dem Apriori der Lebensform umfasst. Eben darauf gründet der Anspruch derer, die Gerechtigkeit einfordern. Er hat das Apriori der Lebensform des Menschen für sich.

Das Apriori der Lebensform verweist im Verständnis der Moderne auf ein Faktum. Dieses Faktum bindet, aber es verpflichtet nicht, jedenfalls nicht ohne weiteres. Es bindet jeden, der das Leben führt, zunächst einmal nur in seiner eigenen Lebensführung. Es lässt dadurch jedoch eine Bindung an eine Lebensform entstehen, die jeder mit allen anderen teilt. Man wird nicht fehlgehen, wenn man die Bereitschaft der Gegner der Gerechtigkeit, denen, die sich vom ökonomischen System exkludiert sehen, wenigstens das Lebensminimum zu sichern, auf das Bewusstsein zurückführt, an das Leben gebunden zu sein. Denn in der Logik des ökonomischen Systems hat auch die Armenpflege keinen Platz. Ersichtlich besteht eine Scheu, die, die an den Rand der Gesellschaft gedrängt wurden, gänzlich verkommen zu lassen. Bindung an Leben und Lebensform bedeutet jedoch nicht auch schon eine normative Verpflichtung auf das Leben der anderen, schon gar nicht auf die Sorge für das Leben der anderen. Ein säkulares Apriori, das als naturales Apriori verstanden wird, führt keine normative Verpflichtungsdimension mit sich.

Bei dem Befund, das Apriori des Lebens resp. der Lebensform des Menschen als säkulares Apriori verstehen zu müssen, kann es jedoch nicht sein Bewenden haben. Die menschliche Lebensform ist eine Lebensform, die sich aus der naturalen Verfassung heraus zu einer konstruktiven Lebensform ausbildet. Als konstruktive Lebensform bildet sie sich zu einer geistigen Lebensform aus. In ihr wird als einer medialen, über Denken und Sprache bestimmten Lebensform das Leben reflexiv geführt. Reflexiv wird der Mensch in ein Verhältnis zu seiner Lebensform gesetzt, das ihn zwingt, das Leben sinnhaft zu führen. Auch die jedem abgenötigte sinnhafte Form der Lebensführung ist zunächst einmal ein Faktum, das sich als Konsequenz der Struktur des Handelns in einer konstruktiv verfassten Welt ergibt.[10] Die reflexive Struktur des Handelns lässt jedoch aus der sinnhaften Form der Lebensführung eine sinnvolle werden. Sie nötigt jeden dazu, zu bestimmen, was den Sinn seines Handelns ausmachen soll. Leben muss im Horizont einer Bestimmung von Sinn geführt werden. Das, was als sinnvoll gelten soll, mag sein, was es wolle, jeder muss sich auf etwas, das Sinn macht, als Zielvorgabe seines Handelns und als Zielvorgabe seiner Lebensführung verpflichten. Sonst verkommt sein Leben. Exakt das hebt die geistige Lebensführung des Menschen von der naturalen ab: Sie lässt sich nicht aus naturalen Mechanismen bewirken, sie verlangt die reflexive Verpflichtung auf ein sinnvolles Dasein.

Eine an die Struktur des Handelns gebundene Sinnbestimmung verschafft sich zunächst wiederum in der Lebensführung jedes einzelnen Geltung. Was Sinn macht, kann jedoch einer allein nicht finden und einer für sich allein auch nicht bestimmen.

Und das aus zwei Gründen: Zum einen hängt die Bestimmung dessen, was Sinn macht, an Bestimmungen einer Kommunikationsgemeinschaft, in der die Reflexivität der Lebensführung genutzt und zu einem Selbstverständnis im Dasein verarbeitet wird. Zum andern zielt die Bestimmung dessen, was Sinn macht, immer zugleich auf die Bestimmung der menschlichen Lebensform. Die aber teilt jeder mit seinen Mitmenschen. Die für jeden unabweisliche Verpflichtung auf Sinn bewirkt deshalb eine Sinnbestimmung, in deren Fokus die Menschheit liegt. Die gattungsgeschichtliche Dimensionierung ist ganz einfach eine Konsequenz des Umstandes, dass sich die Lebensform des Menschen erst durch die Sinndimension im Handeln der Menschen als Lebensform verwirklicht.

Die zuvor angestellte Reflexion führt die apriorische Geltungsdimension der menschlichen Lebensform über ihre bloß naturale Faktizität hinaus. Als eine Lebensform, die darauf angelegt ist, in eine geistige Lebensform überführt zu werden, umfasst sie die von dieser Geistigkeit begründete Verpflichtung auf eine Sinndimension im Dasein. Die aber gilt, eben weil sie eine gattungsgeschichtliche Dimension aufweist, für ego wie für alter. In der Neuzeit kann das, was der einzelne zur Sinnbestimmung seiner Lebensführung macht, erheblich differieren. Die je individuelle Sinnbestimmung stellt jedoch nicht infrage, dass in der Neu-

10 G. Dux, Wie der Sinn in die Welt kam und was daraus wurde, S. 195-217.

zeit eine Sinnbestimmung der Lebensführung erfolgt ist, die Geltung für alle verlangt. Im Liberalismus ist sie benannt: Selbstbestimmung, Entfaltung der individuellen Fähigkeiten, Bildung also. Jede impliziert die Freiheit von existenzieller Not. Die in der Neuzeit mitgeführten Sinnbestimmungen mögen deshalb der Entscheidung des einzelnen so viel Raum lassen, wie denkbar, sie stellen die Errungenschaften in der Lebensführung des Menschen nicht in Frage. Eben deshalb können sie von denen eingefordert wird, die sich an den Rand der Gesellschaft gedrängt sehen. Gerechtigkeit, haben wir gesagt, verlangt, jedem die Möglichkeit zu bieten, sich so in die Gesellschaft zu integrieren, dass er den Sinnanforderungen der Gesellschaft gerecht werden kann. Sie führt im Sinnmoment ihre Geltungsdimension mit.

Die Verpflichtung auf die Sinndimension im Dasein bewirkt jedoch, das muss man sehen, eine Verpflichtungsstruktur, die sich signifikant von der der Moral unterscheidet. Die Moral bildet sich deshalb aus, weil im Zusammenleben der Menschen die Anerkennung moralischer Standards eine Bedingung der Möglichkeit für das Zusammenleben ist. Die Moral wird deshalb reziprok in den Interaktionen und Kommunikationen zwischen Subjekten eingefordert. Die Verpflichtungsstruktur setzt sich von vornherein in eine soziale Organisationsform um. Anders die Verpflichtungsstruktur der Gerechtigkeit. Sie bildet sich reflexiv aus der Einsicht, dass die von der anthropologischen Verfassung verlangte sinnvolle Lebensführung eine Verpflichtung auf einen Sinn impliziert, der sich überhaupt nur allgemein, in einer gattungsgeschichtlichen Dimension ausbilden kann. Anders als die Verpflichtung auf die Moral muss diese Form der Verpflichtung jeder für sich ausbilden. Noch ein weiterer Unterschied zwischen der normativen Verpflichtung auf Moral und auf Gerechtigkeit gewinnt für das Verständnis der Gerechtigkeit Bedeutung.

Wie jede normative Verpflichtung bildet sich auch die auf Gerechtigkeit über einen Hiatus aus, der das Sein vom Sollen trennt. Jede Verpflichtung entsteht aus der Einsicht: Weil x so ist, soll y sein. Anders als es die idealistische Philosophie will, folgt das Sollen aus dem Sein, nur eben über einen reflexiven Hiatus hinweg. Bei der Ausbildung der Moral wie anderer sozialer Normen wird dieser Schritt von der Einsicht zur Verpflichtung jedoch von den sozialen anderen als Bedingung der Interaktion und Kommunikation eingefordert, bei der Ausbildung der Gerechtigkeit bleibt es der Vernunft des einzelnen überlassen, ob er den Schritt tut oder nicht. Exakt das macht die Schwäche aus, die die Geltungsdimension der Gerechtigkeit kennzeichnet. Der Befund, den wir im Bildungsprozess der Gesellschaft feststellen mussten: Es geht auch anders, gilt auch für die Verpflichtung in foro interno.

Es ist eine Form normativer Vernunft, sich bewusst zu machen, dass die menschliche Daseinsform die Verpflichtung auf eine Sinndimension verlangt, die, weil mit ihr die Daseinsform des Menschen allererst bestimmt wird, für alle gelten muss. Und es stellt eine Form normativer Vernunft dar, sich aufgrund dieser Einsicht verpflichtet zu wissen, sie durch die Gestaltung der Gesellschaft für alle lebbar zu machen. Nur ist dies eine Form von Vernunft, die sozial nicht erzwingbar ist.

Ersichtlich macht, was sich als Stärke der Gerechtigkeit darstellt: eine apriorische Geltung für sich in Anspruch nehmen zu können, auch ihre Schwäche aus.

Die apriorische Geltungsdimension, die das Postulat der Gerechtigkeit für sich in Anspruch nehmen kann, findet sich im öffentlichen Bewusstsein wieder. Zwar ist es der neoliberalen Theorie gelungen, Gerechtigkeit aus der praktischen Politik zu verdrängen, nicht aber, wie wir gesehen haben, aus dem Bewusstsein der Menschen. In dem erfährt sie eben die Begründung, die wir hier für sie gefunden haben. Das Bewusstsein, dem anderen als anderem verpflichtet zu sein, nimmt als Begründung die Identität der Lebensform in Anspruch. Wenn man diese Begründung übersetzt, lautet sie: Weil die menschliche Lebensform auf eine Sinnhaftigkeit verpflichtet ist, deren Geltungsdimension alle umfasst, muss jeder sich verpflichtet halten, für diese Sinnhaftigkeit als einer für alle bedeutsamen Lebensform die Bedingung der Möglichkeit in der Gesellschaft zu bewirken. Es ist diese ganz und gar säkulare Begründung der Gerechtigkeit, in der sich auch das neuzeitliche Bewusstsein der Wertigkeit des Subjekts wiederfindet. Denn die beruht, wie wir mehrfach schon festgestellt haben, darauf, dass das Subjekt alle Wertigkeit erst begründet. Als Subjekt der Lebensform kann aber nur »jedes einzelne Subjekt« gelten. Das Subjekt gibt es nur im Singular. Die menschliche Lebensform kann deshalb auch nur als eine Lebensform geschaffen werden, deren Sinndimension für jedes einzelne gilt. Es ist diese von der Sinndimension der menschlichen Lebensform bewirkte Gleichheit, die mit der Gerechtigkeit eingefordert wird. Sie stellt eine Form der Gleichheit dar, die sich, weil sie der anthropologischen Verfassung verhaftet ist, nicht denunzieren lässt.

4 Warum denn Gerechtigkeit?
Die Antwort auf die Frage

Die menschliche Daseinsform impliziert in der auf Sinn verwiesenen Lebensführung Gerechtigkeit. Das ist die Antwort auf die eingangs gestellte Frage, ob Gerechtigkeit sein soll. Mit der auf Sinn verwiesenen Lebensführung kommt auch der Gerechtigkeit eine apriorische Geltungsdimension zu. Im säkularen Verständnis der Moderne, in dem sich die menschliche Lebensform als eine konstruktiv geschaffene Lebensform darstellt, formiert sich diese Lebensform erst durch eine Sinnbestimmung im Dasein, die in den je historischen Gesellschaften ausgebildet wird. Unter dem in der Neuzeit gewonnenen Bewusstsein, die gesellschaftliche Daseinsform konstruktiv zu gestalten, übernimmt deshalb der Mensch mit der konstruktiven Gestaltung der Gesellschaft und der von ihr implizierten Sinndimension die Verantwortung für das, was diese Lebensform ist. Diese Lebensform ist nicht, sie wird erst in der Sinnbestimmung des Daseins, die sich historisch mit der gesellschaftlichen Verfassung ausbildet. Die Entwicklung der Neuzeit hat zu einer Sinnbestimmung geführt, die als Errungenschaft der menschlichen Daseinsform verstanden werden muss: Selbstbestimmung, Freiheit von Not, Bildung sind ihre wichtigsten Ausprägungen. Sie werden vom Postulat der Gerechtigkeit eingefordert und können ihrer immanenten Geltungsdimension nach niemandem verweigert werden, ohne ihn in der Entfaltung seiner Lebensführung zu beschädigen. Man wird jedoch die von ihnen mitgeführte Geltungsdimension positiv formulieren müssen:

> *Die im säkularen Verständnis der Moderne ganz unabweisbare Feststellung, dass die menschliche Lebensform eine konstruktiv geschaffene Lebensform darstellt, und die damit einher gehende Weiterung, dass ihre Sinnbestimmung erst mit der je historischen gesellschaftlichen Verfassung erfolgt, lässt es ebenso unabweisbar erscheinen, die gesellschaftliche Verfassung so zu gestalten, dass es allen und jedem möglich ist, dieser Sinndimension auch gerecht zu werden.*

Wir hätten das Problem der Gerechtigkeit nicht, gäbe es nicht den naturgeschichtlichen Überhang, den Bildungsprozess der Gesellschaft durch die Vernetzung der Machtpotenziale zu bewirken. Diese Form des gesellschaftlichen Bildungsprozesses hat durch die Marktgesellschaft eine charakteristische Ausgestaltung erfahren. Wir haben sie erörtert. Man muss sehen, dass die bedrohliche Lage, in die Millionen Subjekte durch diese Organisationsform geraten, dadurch bewirkt wird, dass sich in der Marktgesellschaft die naturgeschichtliche, letztlich auf dem Prinzip der Selbsterhaltung gründende Organisationsform der Gesellschaft über Macht erhalten hat. Die dadurch bewirkte Verfassung der Marktgesellschaft führt zu einem Konflikt, dessen anthropologische Tiefendimension im Postulat der Gerechtigkeit mitgeführt wird. Die Machtverfassung der Gesellschaft blockiert die von der geistigen Lebensführung abverlangte Verpflichtung auf eine Sinndimension des Lebens, die als eine Form normativer Vernunft jedem abverlangt wird. Um den Konflikt so vorbehaltlos wie möglich zu bestimmen:

Der naturale Unterbau der Lebensführung des Menschen gerät in Konflikt mit den geistigen, über Sinn bestimmten Anforderungen an die menschliche Lebensform.

Der Konflikt manifestiert sich im politischen System. Denn mit der Ausbildung des politischen Systems der Marktgesellschaft sind erstmals in der Geschichte der Menschheit die Voraussetzungen geschaffen, um der Gerechtigkeit eine Chance zu verschaffen, für die Gestaltung der Gesellschaft bestimmend zu werden. Die neoliberale Theorie zeitigt deshalb so verheerende Konsequenzen für die moderne Gesellschaft, weil das Postulat, die Gestaltung der Gesellschaft der Logik des ökonomischen Systems zu unterwerfen, eine Wendung gegen die geistige, sinnbestimmte Lebensform des Menschen darstellt. Denn die Logik des ökonomischen Systems ist um die Sinndimension der Lebensführung der Subjekte unbekümmert. In ihr erfährt der Agnostizismus gegen die Sinndimension des Lebens eine geradezu systemische Ausgestaltung. Die menschliche Lebensführung ist aber eine auf die Geistigkeit der Sinnbestimmung im Dasein angewiesene Lebensform. Es ist diese Wendung gegen das Leben, es ist dieser Frevel gegen das Leben, der mit der Negation der Gerechtigkeit im politischen System das Problem der Gesellschaft ausmacht.

Literaturverzeichnis

Abromeit, Heidrun (2002), Wozu braucht man Demokratie?: Leske und Budrich, Opladen.

Afheldt, Horst (2003), Wirtschaft, die arm macht. Vom Sozialstaat zur gespaltenen Gesellschaft: Verlag Antje Kunstmann, München.

Anderson, Benedict ([2]1996), Die Erfindung der Nation: Campus, Frankfurt am Main.

Anschütz, Gerhard ([14]1933), Die Verfassung des Deutschen Reiches: Georg Stilke, Berlin.

Anton, Günther K. (1891), Geschichte der preußischen Fabrikgesetzgebung bis zur ihrer Aufnahme durch die Reichsgewerbeordnung: Duncker & Humblot, Leipzig.

Arendt, Hanna (1981), Vita activa oder Vom tätigen Leben, München.

Armuts- und Reichtumsbericht der Bundesregierung 2004: http//:www.bmgs.de

Bäcker, Gerhard/Bispinck, Reinhard/Hofemann, Klaus/Naegele, Gerhard ([3]2000), Sozialpolitik und soziale Lage in Deutschland: Westdeutscher Verlag, Wiesbaden.

Balser, Frolinde (1963), Sozialdemokratie, Band I: Ernst Klett Verlag, Stuttgart.

Balser, Frolinde ([5]1976), Sozial-Demokratie 1848/49 bis 1863, in: Wehler, Hans-Ulrich, Moderne deutsche Sozialgeschichte, S. 159-176: Kiepenheuer & Witsch, Köln.

Bartels, Hans-Peter (2006), Warum Kapitalismuskritik heute so schwer fällt – und notwendiger denn je ist, in: Heitmeyer, Wilhelm (Hg.), Deutsche Zustände, Folge 4, S. 243-251: Suhrkamp, Frankfurt am Main.

Bayertz, Kurt (1998), Begriff und Problem der Solidarität, in: Bayertz, Kurt (Hg.), Solidarität. Begriff und Problem, S. 11-53: Suhrkamp, Frankfurt am Main.

Benjamin, Walter (1940/1991), Über den Begriff der Geschichte, in: Benjamin Walter, Gesammelte Schriften, Band I, 2, S. 691-704: Suhrkamp, Frankfurt am Main.

Bennecke, Heinrich (1970), Wirtschaftliche Depression und Radikalismus 1918-1938: Günter Olzog Verlag, München.

Bentham, Jeremy (1780/1996), An introduction to the principles of morals and legislation, ed. by J. H. Burns: Clarendon Press, Oxford.

Bernstein, Eduard (1921/1988), Die deutsche Revolution von 1918/19: Dietz, Bonn.

Blair, Tony/Schröder, Gerhard (1999), Der Weg nach vorne für Europas Sozialdemokraten (http://www.amos-blaetter.de).

Boltanski, Luc/Chiapello, Ève (2003), Der neue Geist des Kapitalismus: Universitäts-Verlag Konstanz, Konstanz.

Bourdieu, Pierre et al. (1997), Das Elend der Welt. Zeugnisse und Diagnosen des alltäglichen Leidens an der Gesellschaft: Universitäts-Verlag Konstanz, Konstanz.

Borchardt, Knut (1976), Wachstum und Wechsellage 1914 - 1970, in: Aubin, Hermann/Zorn, Wolfgang (Hg.), Handbuch der deutschen Wirtschafts- und Sozialgeschichte, Band 2, S. 685-740: Klett-Cotta, Stuttgart.

Borchardt, Knut (1982), Wirtschaftliche Ursachen des Scheiterns der Weimarer Republik, in: Borchardt, Knut, Wachstum, Krisen, Handlungsspielräume der Wirtschaftspolitik, S.183-205: Vandenhoeck & Ruprecht, Göttingen.

Borchardt, Knut (1982), Zwangslagen und Handlungsspielräume in der großen Weltwirtschaftskrise der frühen dreißiger Jahre: Zur Revision des überlieferten Geschichtsbildes, in: Borchardt, Knut, Wachstum, Krisen, Handlungsspielräume der Wirtschaftspolitik, S.165-182: Vandenhoeck & Ruprecht, Göttingen.

Borchardt, Knut (1990), A Decade of Debate about Brüning's Economic Policy, in: Kruedener; Jürgen von (Ed.), Economic Growth and Political Collapse, S.99-151: Berg, New York/Oxford/Munich.

Borchert, Jens (1996), Alte Träume und neue Realitäten: Das Ende der Sozialdemokratie, in: Borchert, Jens/Golsch, Lutz/Jun, Uwe/Lösche, Peter (Hg.), Das sozialdemokratische Modell, S.39-80: Leske und Budrich, Opladen.

Borst, Otto (1966), Staat und Unternehmer in der Frühzeit der Württembergischen Industrie, Sonderdruck aus Zeitschrift für Formengeschichte und Unternehmerbiographie: F. Bruckmann, München.

Bracher, Karl Dietrich ([5]1978), Die Auflösung der Weimarer Republik: Athenäum/Droste, Königstein/Ts.

Braten, Stein (2002), Ego's Virtual Participation in Alter's Complementary Act, in: Stamenov, Maxim I./Gallese, Vittorio (eds.), Mirror Neurons and the Evolution of Brain and Language, S. 273-294, Philadelphia.

Brüggemeier, Gert (1977/79), Entwicklung des Rechts im organisierten Kapitalismus, 2 Bände: Syndikat, Frankfurt am Main.

Brunkhorst Hauke (2001), Globale Solidarität: Inklusionsprobleme der modernen Gesellschaft, in: Wingert, Lutz/Günther, Klaus (Hg.), Die Öffentlichkeit der Vernunft und die Vernunft der Öffentlichkeit, S.605-626, Frankfurt am Main.

Brunkhorst Hauke (2002), Solidarität: Suhrkamp, Frankfurt am Main.

Bude, Heinz/Willisch , Andreas (Hg.), (2006), Das Problem der Exklusion: Hamburger Edition, Hamburg.

Bürgin, Alfred (1996), Zur Soziogenese der politischen Ökonomie : Metropolis, Marburg.

Butterwegge, Christoph/Lösch, Bettina/Ptak, Ralf (Hg.), (2007), Kritik des Neoliberalismus: VS Verlag, Wiesbaden.

Caldwell, Bruce (2004), Hayek's Challenge: Chicago Press, Chicago.

Castel, Robert (2005), Die Stärkung des Sozialen: Hamburger Edition, Hamburg.

Chomsky, Noam (^{4}2001) Profit over People. Neoliberalismus und globale Weltordnung: Europa Verlag, Hamburg.

Chomsky, Noam (2005), Die Zukunft des Staates: Open Media, Berlin.

Cohen, Joshua/Rogers, Joel (1998), Can egalitarianism survive internationalization? In: Streeck, Wolfgang (Hg.), Internationale Wirtschaft, Nationale Demokratie, S. 175-193: Campus, Frankfurt am Main.

Conze, Werner (1968), Die Krise des Parteienstaates in Deutschland 1929/30, in: Jasper, Gotthard, Von Weimar zu Hitler 1930-1933, S. 27-57: Kiepenheuer &Witsch, Köln.

Conze, Werner (1976), Vom »Pöbel« zum »Proletariat«. Sozialgeschichtliche Voraussetzungen für den Sozialismus in Deutschland, in: Wehler, Hans-Ulrich (Hg.), Moderne deutsche Sozialgeschichte, S. 111-136: Verlag Kiepenheuer & Witsch, Köln.

Diefenbacher, Hans (2001), Gerechtigkeit und Nachhaltigkeit: Wiss. Buchgesellschaft, Darmstadt.

Dobb, Maurice (1972), Entwicklung des Kapitalismus vom Spätfeudalismus bis zur Gegenwart: Kiepenheuer & Witsch, Köln.

DuPlessis, Robert S. (2001), Transitions to Capitalism in Early Modern Europe: Cambridge University Press, Cambridge.

Dux, Günter (1992), Die Spur der Macht im Verhältnis der Geschlechter. Über den Ursprung der Ungleichheit zwischen Frau und Mann: Suhrkamp, Frankfurt am Main.

Dux, Günter (1994), Geschlecht und Gesellschaft. Warum wir lieben: Suhrkamp, Frankfurt am Main.

Dux, Günter (1997); Wie der Sinn in die Welt kam und was aus ihm wurde, in: Müller, Klaus E./Rüsen, Jörn (Hg.), Historische Sinnbildung. Problemstellung, Zeitkonzepte, Wahrnehmungshorizonte, Darstellungsstrategien, S. 195-217: Rowohlt, Reinbek.

Dux, Günter (2000), Historisch-genetische Theorie der Kultur: Velbrück Wissenschaft, Weilerswist.

Dux, Günter (2003), Gerechtigkeit: Die Genese einer Idee, in: Dölling, Dieter (Hg.), Jus humanum, Festschrift für Ernst-Joachim Lampe zum 70. Geburtstag, S. 81-105: Duncker & Humblot, Berlin.

Dux, Günter (2003), Das Subjekt in der Grenze der Gesellschaft, in: Psarros, Nikos/Stekeler-Weithofer, Pirmin/Vobruba, Georg (Hg.), Die Entwicklung sozialer Wirklichkeit, S. 233-267: Velbrück Wissenschaft, Weilerswist.

Dux, Günter (2004), Die Moral in der prozessualen Logik der Moderne: Velbrück Wissenschaft, Weilerswist.

Dux, Günter (2005), Die Genese der Sakralität von Herrschaft. Zur Struktur religiösen Weltverständnissses, in: Erkens, Franz-Reiner (Hg.), Das frühmittelalterliche Königtum, S. 9-21: Walter De Gruyter, Berlin.

Dux, Günter (2008), Von allem Anfang an: Macht nicht Gerechtigkeit. Studien zur Genese und historischen Entwicklung des Postulats der Gerechtigkeit: Velbrück Wissenschaft, Weilerswist.

Eichhorn, Wolfgang (^{4}2006), Die Steuern reformieren heißt neu teilen lernen, in: Werner, Götz (Hg.), Ein Grund für die Zukunft: das Grundeinkommen, S. 83-90: Verlag Freies Geistesleben, Stuttgart.

EKD-Denkschrift des Rats der Evangelischen Kirche in Deutschland zur Armut in Deutschland »Gerechte Teilhabe«: Gütersloher Verlagshaus, Gütersloh.

Eley, Geoff (1988), Liberalismus 1860-1914. Deutschland und Großbritannien im Vergleich, in: Langewiesche, Dieter (Hg.), Liberalismus im 19. Jahrhundert, S. 260-276: Vandenhoeck & Ruprecht, Göttingen.

Engels, Friedrich (1845/1969), Die Lage der arbeitenden Klasse in England, MEW 2, S. 227-506: Dietz, Berlin.

Engler, Wolfgang (2005), Bürger ohne Arbeit: Aufbau-Verlag, Berlin.

Ennen, Edith (⁴1987), Die europäische Stadt des Mittelalters: Vandenhoeck & Ruprecht, Göttingen.

Erdmann, Karl Dietrich/Schulze, Hagen (Hg.), (1980), Weimar. Selbstpreisgabe einer Demokratie. Eine Bilanz heute: Droste Verlag, Düsseldorf.

Esping-Andersen, Gösta (1998), Die drei Welten des Wohlfahrtskapitalismus: Zur Politischen Ökonomie des Wohlfahrtsstaates, in: Lessenich, Stephan/Ostner, Ilona (Hg.), Welten des Wohlfahrtskapitalismus, S. 19-56: Campus Verlag, Frankfurt am Main.

Esping- Andersen, Gösta (2000), Social Foundations of Postindustrial Economies: Oxford University Press, Oxford.

Euchner, Walter (1969), Naturrecht und Politik bei John Locke: Europ. Verlagsanstalt, Frankfurt am Main.

Euchner, Walter (1996), John Locke: Junius, Hamburg.

Falter, Jürgen W./Hänisch, Dirk (1986), Die Anfälligkeit von Arbeitern gegenüber der NSDAP bei den Reichstagswahlen 1928-1933, in: Archiv für Sozialgeschichte, XXVI, S. 179-216.

Falter, Jürgen W. (1991), Hitlers Wähler: Beck, München.

Fischer, Wolfram (1962), Der Staat und die Anfänge der Industrialisierung in Baden 1800-1850: Duncker & Humblot, Berlin.

Fischer, Wolfram u. a. (Hg.) (1993), Handbuch der Europäischen Wirtschafts- und Sozialgeschichte, Band 4, herausgegeben von Mieck, Ilja: Klett-Kotta, Stuttgart.

Flora, Peter/Alber Jens,/Kohl, Jürgen (1977), Zur Entwicklung der westeuropäischen Wohlfahrtsstaaten, in: Politische Vierteljahresschrift 18, S. 707-772.

Friedman, Milton (2004), Kapitalismus und Freiheit: Piper, München.

Furet, Francois/Richet, Denis (⁶⁻⁸ᵀˢᵈ·1989), Die Französische Revolution: Fischer, Frankfurt am Main.

Gall, Lothar (Hg.) (²1980), Liberalismus: Anton Hain, Königstein.

Gebauer, Ronald (2007), Arbeit gegen Armut. Grundlagen, historische Genese und empirische Überprüfung des Armutsfallentheorems: VS Verlag, Wiesbaden.

Gebauer, Ronald/Petschauer, Hanna/Vobruba, Georg (2002), Wer sitzt in der Armutsfalle?: Edition Sigma, Berlin.

Geiger, Theodor (1930), Panik im Mittelstand, in: Die Arbeit, Jg. 7, S. 637-654.

Gehlen, Arnold (1956); Urmensch und Spätkultur: Athenäum Verlag, Frankfurt am Main.

Gellner, Ernest (1983), Nations and Nationalism: Cornell University Press, Ithaca.

Gerlach, H. von (1908), Die Geschichte des Preußischen Wahlrechts: Buchverlag der Hilfe, Berlin.

Gessner, Dieter (1978), Das Ende der Weimarer Republik: Wiss. Buchgesellschaft, Darmstadt.

Giesen Bernhard (1993), Die Intellektuellen und die Nation: Suhrkamp, Frankfurt am Main.

Giesen Bernhard (1999), Kollektive Identität: Suhrkamp, Frankfurt am Main.

Giersch, Herbert (1994), Die Industrie und das Beschäftigungssystem im weltweiten Strukturwandel, in: Alfred Herrenhausen Gesellschaft (Hg.), Arbeit der Zukunft, Zukunft der Arbeit, S. 151-178: Schaeffer-Pöschel Verlag, Stuttgart.

Gladen, Albin (1974), Geschichte der Sozialpolitik in Deutschland, Franz Steiner, Wiesbaden.

Goldschmidt; Nils (2004), Zur Theorie der Sozialpolitik. Implikationen aus ordnungsökonomischer Perspektive, in: Goldschmidt, Nils/Wohlgemuth, Michael (Hg.), Die Zukunft der Sozialen Marktwirtschaft, S. 63-93: Mohr Siebeck, Tübingen.

Gorz, André (2000), Arbeit zwischen Misere und Utopie: Fischer, Frankfurt am Main.

Gray, John (1995), Freiheit im Denken Hayeks: Siebeck, Tübingen.

Habermas, Jürgen (1981), Theorie des kommunikativen Handelns, 2 Bände: Suhrkamp, Frankfurt am Main.

Habermas, Jürgen (1994), Faktizität und Geltung: Suhrkamp, Frankfurt am Main.

Haffner, Sebastian ([249-256 Tsd]1992), Anmerkungen zu Hitler: Fischer, Frankfurt am Main.

Hanák, Péter (1974), Die Volksmeinung während des letzten Kriegsjahres in Österreich-Ungarn, in: Plaschka, Richard G./Mack, Karlheinz (Hg.), Die Auflösung des Habsburgerreiches, S. 58-66: Verlag für Geschichte und Politik, Oldenburg.

Hartmann, Michael (2002), Der Mythos von den Leistungseliten: Campus Verlag, Frankfurt am Main.

Haupt, Heinz-Gerhard (1974), Nationalismus und Demokratie. Zur Geschichte der Bourgeoisie im Frankreich der Restauration: Athenäum, Frankfurt am Main.

Hayek, Friedrich (1944/1952), Der Weg zur Knechtschaft: Rentsch, Erlenbach-Zürich.

Hayek, Friedrich (1971/1991), Die Verfassung der Freiheit: Mohr Siebeck, Tübingen.

Hayek, Friedrich (1969), Der Wettbewerb als Entdeckungsverfahren, in: Hayek, Fr., Freiburger Studien, S. 249-265: Mohr Siebeck, Tübingen

Hayek, Friedrich (2003), Recht, Gesetz und Freiheit, Gesammelte Schriften in deutscher Sprache, Band 4: Mohr Siebeck, Tübingen.

Heberle, Rudolf (1932/1963), Landbevölkerung und Nationalismus: Deutsche Verlagsanstalt, Stuttgart.

Hegel, Georg Wilhelm Friedrich ([4]1955), Grundlinien der Philosophie des Rechts: Meiner, Hamburg.

Heidelmeyer, Wolfgang ([4]1997), Die Menschenrechte: Schöningh, Paderborn.

Heimann, Eduard (1980), Soziale Theorie des Kapitalismus. Theorie der Sozialpolitik (1929), Suhrkamp: Frankfurt am Main.

Henderson, William O, (1958), The State and the Industrial Revolution in Prussia 1740-1870: Liverpool University Press, Liverpool.

Held, David/McGrew, Anthony ([2]2000) The Global Transformation Reader: Polity Press, Cambridge.

Hennig, E. (1999), Demokratieunzufriedenheit und Systemgefährdung, in: Heitmeyer, Wilhelm (Hg.), Was treibt die Gesellschaft auseinander?, S. 156-195: Suhrkamp, Frankfurt am Main.

Hentschel, Volker (1980), Deutsche Wirtschafts- und Sozialpolitik 1815-1945: Athenäum Verlag, Düsseldorf.

Hillgruber, Andreas (1980), Unter dem Schatten von Versailles – die außenpolitische Belastung der Weimarer Republik: Realität und Perzeption bei den Deutschen, in: Erdmann, Karl Dietrich/Schulze, Hagen (Hrg.), Weimar. Selbstpreisgabe einer Demokratie. Eine Bilanz heute, S. 51-67: Droste Verlag, Düsseldorf.

Hirsch, Joachim/Roth, Roland (1986), Das neue Gesicht des Kapitalismus: VSA-Verlag, Hamburg.

Hitler, Adolf (1927/1972), Der Weg zum Wiederaufstieg, erneut publiziert in: H. A. Turner, jr, Faschismus und Kapitalismus in Deutschland, S. 33-59: Vandenhoeck & Ruprecht, Göttingen.

Hobbes, Thomas (1966), Leviathan: Luchterhand, Neuwied und Berlin.

Hobsbawm, Eric, J. (1991), Nationen und Nationalismus. Mythos und Realität seit 1780: Campus Verlag, Frankfurt am Main.

Hockerts, Hans Günter (1996), Die historische Perspektive, Entwicklung und Gestalt des modernen Sozialstaats in Europa, in: Veröffentlichungen der Walter-Raymond-Stiftung, Band 35, S. 27-48: Wirtschaftsverlag Bachem, Köln.

Hockerts, Hans-Günter (1983), Sicherung im Alter: Kontinuität und Wandel der gesetzlichen Rentenversicherung 1889-1979, in: Hockerts, Hans-Günter, Sozialgeschichte der Bundesrepublik Deutschland, S. 296-331: Klett-Cotta, Stuttgart.

Höffe, Ottfried (1981), Die Menschenrechte als Legitimation und kritischer Maßstab der Demokratie, in: Schwartländer, Johannes, (Hg.), Menschenrechte und Demokratie, S. 241-174: Engel, Kehl am Rhein und Straßburg.

Holtfrerich, Carl-Ludwig (1982), Alternativen zu Brünings Wirtschaftspolitik in der Weltwirtschaftskrise: Steiner, Wiesbaden.

Holtfrerich, Carl-Ludwig (1984),»Zu hohe Löhne in der Weimarer Republik?«, Bemerkungen zur Borchardt-These, in: Geschichte und Gesellschaft, 10, S. 122-141.

Holtfrerich, Carl-Ludwig (1990), Was the Policy of Deflation in Germany
Unavoidable?, in: Kruedener; Jürgen von (Ed.), Economic Growth and
Political Collapse, S. 63-80: Berg, New York/Oxford/Munich.

Holz, Klaus (2001), Nationaler Antisemitismus: Hamburger Edition, Hamburg.

Homann, Renate (1999), Theorie der Lyrik: Suhrkamp, Frankfurt am
Main.

Horkheimer, Max, Die Juden und Europa, in: Zeitschrift für Sozialfor-
schung, Jg. 8, S. 115-137.

Huber, Ernst Rudolf (²1961), Dokumente zur deutschen Verfassungsgeschichte, Band 1: Kohlhammer, Stuttgart.

Huber, Ernst Rudolf (1960) Deutsche Verfassungsgeschichte seit 1789,
Band 2: W. Kohlhammer, Stuttgart.

Humboldt, Wilhelm von (1792/1960), Idee zu einem Versuch, die Gränzen
der Wirksamkeit des Staats zu bestimmen, in: Humboldt, Wilhelm von,
Werke I, S. 56-233: Wiss. Buchgesellschaft, Darmstadt.

Jahoda, Marie/Lazarsfeld, Paul Felix (1933/2004), Die Arbeitslosen von
Marienthal: Suhrkamp, Frankfurt am Main.

Jeismann, Michael (1993), Alter und Neuer Liberalismus, in: Jeismann,
Michael/Ritter, Henning (Hg.), Grenzfälle. Alter und Neuer Liberalismus, S. 9-26: Reclam, Leipzig.

Kant, Immanuel (1968), Kritik der reinen Vernunft: Akademie Textausgabe,
Kants Werke Band III: Berlin.

Kaschuba, Wolfgang (1988), Zwischen Deutscher Nation und Deutscher
Provinz. Politische Horizonte und soziale Milieus im frühen Liberalis-
mus, in: Langewiesche, Dieter (Hg.), Liberalismus im 19. Jahrhundert,
S. 83-108: Vandenhoeck & Ruprecht, Göttingen.

Kaufhold, Karl Heinrich (1993), Deutschland 1650-1850, in: Handbuch
der europäischen Wirtschafts- und Sozialgeschichte, Band 4, herausgegeben von Fischer, Wolfram et al., S. 523-588: Klett-Cotta, Stuttgart.

Kaufmann, Franz-Xaver (²1973), Sicherheit als soziologisches und sozial-
politisches Problem: Enke, Stuttgart.

Kaufmann, Franz-Xaver (2000), Der deutsche Sozialstaat als Standortbelas-
tung. Vergleichende Perspektiven, in: Leibfried, Stephan/Wagschal, Uwe
(Hg.), Der deutsche Sozialstaat: Campus Verlag, S. 171-198, Frankfurt
am Main.

Keynes, John Maynard (1929), A Tract on Monetary Reform: Mac Millan,
London.

Kersting, Wolfgang (1996), Sozialstaat und Gerechtigkeit, Veröffentlichungen der Walter-Raymond-Stiftung, Band 35, S. 243-265: Wirtschaftsverlag Bachem, Köln.

Kielmansegg, Peter Graf (1996); Integration und Demokratie, in: Jachten-fuchs, Markus/Kohler-Koch, Beate (Hg.), Europäische Integration, S. 47-71: Leske und Budrich, Opladen.

Klein, Fritz (1968), Zur Vorbereitung der faschistischen Diktatur durch die deutsche Großbourgeoisie, in: Jasper, Gotthard, Von Weimar zu Hitler 1930-1933, S. 124-155: Kiepenheuer & Witsch, Köln.

Klinger, Nadja/König Jens (2006), Einfach abgehängt. Ein wahrer Bericht über die Armut in Deutschland: Rowohlt, Berlin.

Koselleck, Reinhart (^{3}1978), Staat und Gesellschaft in Preußen (1815-1848), in: Conze, Werner (Hg.), Staat und Gesellschaft im deutschen Vormärz, S. 79-112: Klett- Cotta, Stuttgart.

Kondylis, Panajotis (2002), Die Aufklärung im Rahmen des neuzeitlichen Rationalismus: Meiner, Hamburg.

Kriedte, Peter (1982), Die Stadt im Prozess der europäischen Protoin-dustrialisierung, in: Die alte Stadt. Zeitschrift für Stadtgeschichte, Stadtsoziologie,und Denkmalpflege, S. 19-51.

Kriedte, Peter/Medick, Hans/Schlumbohm, Jürgen (1978), Industrialisie-rung vor der Industrialisierung: Vandenhoeck & Ruprecht, Göttingen.

Kruedener; Jürgen von (ed.) (1990), Economic Growth and Political Col-lapse: Berg, New York/Oxford/Munich.

Kruedener; Jürgen von (1990), Introduction: The ›Borchardt Debate‹ on the Failure of Economic Policy at the End of the Weimar Republic, in: Kruedener, Jürgen von (ed.), Economic Growth and Political Collapse, S. XI–XXX: Berg, New York/Oxford/Munich.

Kulischer, Joseph (^{3}1965), Allgemeine Wirtschaftsgeschichte des Mittelal-ters und der Neuzeit, 2 Bde: Oldenbourg, München.

Langewiesche, Dieter (1974), Liberalismus und Demokratie in Württemberg zwischen Revolution und Reichsgründung: Droste Verlag, Düsseldorf.

Langewiesche, Dieter (Hg.) (1988), Liberalismus im 19. Jahrhundert: Van-denhoeck & Ruprecht, Göttingen.

Langewiesche, Dieter (2000), Nation, Nationalismus, Nationalstaat in Deutschland und Europa: Beck, München.

Langewiesche, Dieter (2004), Eric J. Hobsbawms Blick auf Nationen, Nationalismus und Nationalstaaten, in: Hobsbawm, Eric, J. , Nationen und Nationalismus. Mythos und Realität, S. 225-241: Campus Verlag, Frankfurt am Main.

Lassalle, Ferdinand (1987), Reden und Schriften, herausgegeben von Hans Jürgen Friederici: Reclam, Leipzig.

Leontovitsch, Victor (^{2}1980), Das Wesen des Liberalismus, in: Gall, Lothar (Hg.), Liberalismus: Athenäum, Königstein.

Lepsius, Maria Rainer (1966), Extremer Nationalismus. Strukturbedin-gungen vor der nationalsozialistischen Machtergreifung: Kohlhammer, Stuttgart.

Lessenich, Stephan/Ostner, Ilona (Hg.) (1998), Welten des Wohlfahrtskapi-talismus: Campus Verlag, Frankfurt am Main.

Liebig, Stefan/Mau, Steffen (2002), Einstellungen zur sozialen Mindestsicherung, in, KZfSS, 54, S. 109-134.

Liebig, Stefan/Lengfeld, Holger/Mau, Steffen (Hg.) (2004), Verteilungsprobleme und Gerechtigkeit in modernen Gesellschaften: Campus Verlag, Frankfurt am Main.

Lipset, Seymour, Martin (1968), Nationalismus – ein Faschismus der Mitte, in: Jasper, Gotthard, Von Weimar zu Hitler 1930-1933, S. 101-123: Kiepenheuer & Witsch, Köln.

Locke, John (1977), Über den wahren Ursprung, die Reichweite und den Zweck der staatlichen Regierung, in: Locke, John, Zwei Abhandlungen über die Regierung, S. 200-354: Suhrkamp, Frankfurt am Main.

Lohmann, Georg (2000), Die unterschiedlichen Menschenrechte, in: Fritzsche, Peter. K./Lohmann, Georg (Hg.) Menschenrechte zwischen Anspruch und Wirklichkeit, S. 9-23: Ergon Verlag, Würzburg.

Lotter, Wolf ([4]2006), Der Lohn der Angst, in: Werner, Götz, W. (Hg.), Ein Grund für die Zukunft: das Grundeinkommen, S. 58-75: Verlag Freies Geistesleben, Stuttgart.

Luhmann, Niklas (1984), Soziale Systeme: Suhrkamp, Frankfurt am Main.

Luhmann, Niklas (1998), Der Staat des politischen Systems, in: Beck, Ulrich (Hg.), Perspektiven der Weltgesellschaft, S. 345-380: Suhrkamp, Frankfurt am Main.

Lutz, Burkart (1984), Der kurze Traum vom immerwährenden Glück, Campus Verlag: Frankfurt am Main.

Maier-Rigaud, Frank, P./Maier-Rigaud, Gerhard (2001), Das neoliberale Projekt, in: Rüstow, Alexander Das Versagen des Wirtschaftsliberalismus, S. 201-306: Metropolis-Verlag, Marburg.

Mansel, Jürgen/Neubauer, Georg (Hg.) (1998), Armut und soziale Ungleichheit bei Kindern: Leske und Budrich, Opladen.

Marshall, Thomas H. (1992), Bürgerrechte und soziale Klassen. Zur Soziologie des Wohlfahrtsstates: Campus Verlag, Frankfurt am Main.

Marx, Karl (1844/1969), Zur Judenfrage, MEW 1, S. 347-377: Dietz, Berlin

Marx, Karl/Fr. Engels (1843/1969), Die Deutsche Ideologie, MEW 3, S. 9-530: Dietz, Berlin.

Marx, Karl/Fr. Engels (1848/1969), Manifest der Kommunistischen Partei, MEW 4, S. 459-493: Dietz, Berlin.

Marx, Karl (1852/1968) Der achtzehnte Brumaire des Louis Bonaparte, MEW 8, S. 113-207: Dietz, Berlin.

Marx, Karl (1875/1973) Kritik des Gothaer Programms, MEW 19, S. 11-32: Dietz, Berlin.

Marx, Karl (1867/1969), Das Kapital, in: MEW 23-25: Dietz, Berlin.

Maturana, Humberto R. (1982), Die Organisation des Lebendigen: eine Theorie der lebendigen Organisation, in: Maturana H. R., Erkennen: Die Organisation und Verkörperung von Wirklichkeit, S. 138-156: Vieweg, Braunschweig.

Maturana, Humberto, R./Varela, F. J. (1982), Autopoietische Systeme, in: Maturana H. R., Erkennen: Die Organisation und Verkörperung von Wirklichkeit, S. 170-235: Vieweg, Braunschweig.

Mayer, Karl Ulrich (Hg.) (2001), Die beste aller Gesellschaften?: Campus Verlag, Frankfurt am Main.

McPherson, C. B. (1967), Die politische Theorie des Besitzindividualismus: Suhrkamp, Frankfurt am Main.

Mead, George, Herbert (1934/[14]1965), Mind, Self and Society: The University of Chicago Press, Chicago.

Meltzoff, A. N. (1988), Imitation, objects, tools and the rudiments of language in human ontogeny, in: Human Evolution 3, S. 45-65.

Meltzoff, A. N./Moore, M. K. (1998), Infant intersubjectivity: Broadening the dialogue to include imitation, identity and intention, in: Braten, Stein (ed.), Intersubjective Communication and Emotion in Early Ontogeny, S. 47-62: Cambridge University Press, Cambridge.

Merkel, Wolfgang (1996), Vergangenheit, Gegenwart und Zukunft der Sozialdemokratie, in: Borchert, Jens/Golsch, Lutz/Jun, Uwe/Lösche, Peter (Hg.),Das sozialdemokratische Modell, S. 81-106: Leske und Budrich, Opladen.

Miegel, Meinhard ([7]2002), Die deformierte Gesellschaft: Propyläen, München.

Mill, John Stuart (1859/1991), On Liberty, in: Mill, John Stuart, On Liberty and other Essays, S. 5-128: Oxford Press, Oxford.

Mill, John Stuart (1861/1991), Considerations on Representative Government, in: Mill, John Stuart, On Liberty and other Essays, S. 205-467: Oxford Press, Oxford.

Mitterauer; Michael (1980), Von der antiken zur mittelalterlichen Stadt, in: Mitterauer, Michael, Markt und Stadt im Mittelalter, S. 52-67: Anton Hiersemann, Stuttgart.

Mitterauer; Michael (1980), Jahrmärkte in Nachfolge antiker Zentralorte, in: Mitterauer, Michael, Markt und Stadt im Mittelalter, S. 68-153: Anton Hiersemann, Stuttgart.

Mitterauer; Michael (1980), Jahrmarktkontinuität und Stadtentstehung, in: Mitterauer, Michael, Markt und Stadt im Mittelalter, S. 154-191: Anton Hiersemann, Stuttgart.

Mommsen, Hans (1973) Die Stellung der Beamtenschaft in Reich, Ländern und Gemeinden in der Ära Brüning, in: Studien zur Geschichte der Konzentrationslager: Deutsche Verlagsanstalt, Stuttgart.

Mommsen, Hans (1990), Die verspielte Freiheit. Der Weg der Republik von Weimar in den Untergang 1918 bis 1933: Propyläen, Berlin.

Müller-Hilmer, Rita (2006), Studie der Friedrich Ebert Stiftung: Gesellschaft im Reformprozess, http:www.fes.de/inhalt/Dokumente/06

Muhs, Rudolf (1988), Deutscher und Britischer Liberalismus im Vergleich, in: Langewiesche, Dieter (Hg.), Liberalismus im 19. Jahrhundert, S. 223-259: Vandenhoeck & Ruprecht, Göttingen.

Musil, Robert (1978), Der Mann ohne Eigenschaften, in: Gesammelte Werke Band 1-5: Rowohlt, Reinbek.

Neumann, Sigmund (1932/1977), Die Parteien der Weimarer Republik: Kohlhammer, Stuttgart.

Nietzsche, Friedrich (1980). Sämtliche Werke, Studienausgabe, herausgegeben von Giorgio Colli und Mazzino Montinari: DTV – De Gruyter, Berlin.

Nullmeier, Frank (2000), Politische Theorie des Sozialstaats: Campus Verlag, Frankfurt am Main.

Offe, Claus (^{2}1973), Strukturprobleme des kapitalistischen Staates: Suhrkamp, Frankfurt am Main.

Opielka, Michael (1984), Das garantierte Grundeinkommen- ein sozialstaatliches Paradoxon?, in: Schmid, Thomas (Hg.), Befreiung von falscher Arbeit. Thesen zum garantierten Mindesteinkommen, S. 99-120: Wagenbach, Berlin.

Opielka, Michael (1986), Das garantierte Grundeinkommen: Fischer Taschenbuch Verlag, Frankfurt am Main.

Osterhammel, Jürgen (2004), Liberalismus als kulturelle Revolution: Stiftung Theodor- Heuss-Haus, Stuttgart.

Ott, Hugo/Heidegger, Martin (1997), Ein Brief des Rektors der Freiburger Universität Martin Heidegger an den Führer der Deutschen Studentenschaft und Reichsführer der NSDStB Dr. Oskar Stäbel: Herder, Freiburg.

Pankoke, Eckart (1970), Sociale Bewegung – Sociale Frage – Sociale Politik: Ernst Klett Verlag, Stuttgart.

Parsons, Talcott (1964), Demokratie und Sozialstruktur in Deutschland vor der Zeit des Nationalsozialismus (1942), in: Parsons, Talcott, Soziologische Theorie, hrsg. und eingeleitet von D. Rüschemeier, S. 256-281: Luchterhand, Neuwied.

Paul, Axel (2007), Der Sinn des Sozialstaats (Ms.).

Pelikan, Christa/Pilgram, Arno/Steinert, Heinz/Vobruba, Georg, Welfare Policies as Resource Management, in: Steinert, Heinz/Pilgram, Arno (eds.), Welfare from Below, S. 255-269: Ashgate, Aldershot (England).

Petzold, Joachim (1983), Großbürgerliche Initiativen für die Berufung Hitlers zum Reichskanzler, in: Zeitschrift für die Geschichtswissenschaft, 31, S. 38-54.

Petzina, Dieter (1990), Was There a Crisis before the Crisis?, in: Kruedener, Jürgen von (ed.), Economic Growth and Political Collapse, S. 6-14: Berg, New York/Oxford/Munich.

Pfizer, Paul (1847), Liberal, Liberalismus, in: Das Staats-Lexikon, Band 8, herausgegeben von Rotteck, Carl von/Welcker, Carl von, S. 523-534, Altona.

Pies, Ingo (2004), Theoretische Grundlagen demokratischer Wirtschafts- und Gesellschaftspolitik – Der Beitrag Milton Friedmans, in: Pies, Ingo/ Leschke, Martin (Hg.), Milton Friedmans ökonomischer Liberalismus, S. 1-24: Mohr Siebeck, Tübingen.

Pirker, Theo (1980), Zum Verhalten der Organisationen der deutschen Arbeiterbewegung in der Endphase der Weimarer Republik, in: Erdmann, Karl Dietrich/Schulze, Hagen (Hg.), Weimar. Selbstpreisgabe einer Demokratie. Eine Bilanz heute, S. 323-332: Droste Verlag, Düsseldorf.

Platon, Politeia/Der Staat (1971), Werke in acht Bänden, herausgegeben von Gunther Eigler: Wiss. Buchgesellschaft, Darmstadt.

Plessner, Helmuth (1981), Grenzen der Gemeinschaft. Eine Kritik des sozialen Radikalismus (1924), in: Gesammelte Schriften, Band V: Suhrkamp, Frankfurt am Main.

Plessner, Helmuth (1981), Die Stufen des Organischen und der Mensch, in: Gesammelte Schriften, Band IV, Frankfurt am Main.

Plessner, Helmuth (1968/1983), Der kategorische Konjunktiv, in: Gesammelte Schriften Band VIII S. 338-352: Suhrkamp, Frankfurt am Main.

Plessner, Helmuth (1985), Die verspätete Nation, in: Gesammelte Schriften Band VI: Suhrkamp, Frankfurt am Main.

Polanyi, Karl (1944/[11]1971), The Great Transformation: Europaverlag, Wien.

Polleit, Thorsten, »Monetarism Matters« – Milton Friedmans Monetarismus, in: Pies, Ingo/Leschke, Martin (Hg.) Milton Friedmans ökonomischer Liberalismus, S. 25-48: Mohr Siebeck, Tübingen.

Prantl, Heribert (2005), Kein schöner Land. Die Zerstörung der sozialen Gerechtigkeit, Droemer, München.

Preller, Ludwig (1949/1978), Sozialpolitik in der Weimarer Republik: Droste, Düsseldorf.

Rawls, John (1979), Eine Theorie der Gerechtigkeit, Frankfurt am Main.

Rawls, John (1994), Die Idee des politischen Liberalismus. Aufsätze 1978-1989: Suhrkamp, Frankfurt am Main.

Rawls, John (1994), Gerechtigkeit als Fairness: politisch und nicht metaphysisch, in: Die Idee des politischen Liberalismus, S. 255-292: Suhrkamp, Frankfurt am Main.

Renan, Ernst (1882/1993), Was ist eine Nation?, in: Jeismann, Michael/ Ritter Henning (Hg.), Grenzfälle. Über alten und neuen Nationalismus, S. 290-311: Reclam, Leipzig.

Rifkin, Jeremy (2005), Das Ende der Arbeit und ihre Zukunft: Fischer, Frankfurt am Main.

Ritter, Gerhard A. (1989), Der Sozialstaat. Seine Entstehung und Entwicklung im internationalen Vergleich: Oldenbourg, München.

Ritter, Gerhard A. (Hg.) (1990), Der Aufstieg der deutschen Arbeiterbewegung: Oldenbourg, München.

Ritter, Gerhard A. (1996), Der Durchbruch der Freien Gewerkschaften Deutschlands zur Massenbewegung im letzten Viertel des 19. Jahrhunderts, in: Ritter, Gerhard A, Arbeiter, Arbeiterbewegung und soziale Ideen in Deutschland, S. 131-182: Beck, München.

Ritter, Gerhard A. (1996), Die Sozialdemokratie im Deutschen Kaiserreich in sozialgeschichtlicher Perspektive, in: Ritter, Gerhard A., Arbeiter,

Arbeiterbewegung und soziale Ideen in Deutschland, S. 183-226: Beck, München.

Ritter, Gerhard A. (1996), Die Entstehung des Räteartikels 165 der Weimarer Reichsverfassung, in: Ritter, Gerhard A., Arbeiter, Arbeiterbewegung und soziale Ideen in Deutschland, S. 227-252: Beck, München.

Ritter, Gerhard A. (1997), Sozialpolitik im Zeitalter Bismarcks. Ein Bericht über neue Quelleneditionen und neue Literatur, in: Historische Zeitschrift, 265, S. 683-720.

Ritter, Ulrich Peter (1961), Die Rolle des Staates in den Frühstadien der Industrialisierung: Duncker & Humblot, Berlin.

Rosa, Hartmut/Corsten, Michael (2005), Gesellschaftstheorie und Moralphilosophie- Anmerkungen zu einem schwierigen Verhältnis, in: Corsten; Michael/Rosa, Hartmut (Hg.), Die Gerechtigkeit der Gesellschaft, S. 9-21: VS Verlag, Wiesbaden.

Rosenberg, Arthur (¹⁹1978), Geschichte der Weimarer Republik: Europäische Verlagsanstalt, Frankfurt am Main.

Rousseau, Jean- Jacques (1984), Diskurs über den Ursprung und die Grundlagen der Ungleichheit unter den Menschen, Französisch-deutsche Ausgabe, herausgegeben von Heinrich Meier: Schöningh, Paderborn.

Rousseau, Jean-Jacques (1959), Der Gesellschaftsvertrag: Reclam, Stuttgart. Französische Ausgabe: Du Contrat Social, in: Du Contrat Social, Ed. Classiques Garnier, pp. 235-336, Paris.

Rüstow, Alexander (³2001/1945), Das Versagen des Wirtschaftsliberalismus: Metropolis-Verlag, Marburg.

Saldern, Adelheid von (1990), Wer ging in die SPD? Zur Analyse der Parteimitgliedschaft in wilhelminischer Zeit, in: Ritter, Gerhard A. (Hg.), Der Aufstieg der deutschen Arbeiterbewegung, S. 161-183: Oldenbourg, München.

Schelsky, Helmut (⁵1967) Wandlungen der deutschen Familie in der Gegenwart: Enke, Stuttgart.

Schettkat, Ronald (2006), Lohnspreizung. Mythen und Fakten: Edition der Hans-Böckler-Stiftung 183, Düsseldorf.

Schieder, Wolfgang (1963), Anfänge der deutschen Arbeiterbewegung: Ernst Klett Verlag, Stuttgart.

Schieder, Theodor (²1980), Die Krise des bürgerlichen Liberalismus, in: Gall, Lothar, Liberalismus, S. 187-207, Königstein.

Schmid, Thomas (1984), Befreiung von falscher Arbeit. Thesen zum garantierten Mindesteinkommen: Wagenbach, Berlin.

Schmidt, Manfred G. (²1998), Sozialpolitik in Deutschland: Leske und Budrich, Opladen.

Schmitt, Carl (⁸1996), Die geistesgeschichtliche Lage des heutigen Parlamentarismus: Duncker & Humblot, Berlin.

Schmitt Carl (⁷1989), Verfassungslehre: Duncker & Humblot, Berlin.

Schmitt, Eberhard (1976), Die Französische Revolution: Beck, München.

Schulze, Hagen (1980), Das Scheitern der Weimarer Republik als Problem der Forschung, in: Erdmann, Karl Dietrich/Schulze, Hagen (Hg.),

Weimar. Selbstpreisgabe einer Demokratie. Eine Bilanz heute, S. 23-41: Droste Verlag, Düsseldorf.

Schumpeter, Joseph A. (1942/1950), Kapitalismus, Sozialismus und Demokratie: A. Francke AG-Verlag, Bern.

Sen, Armatya (^{3}2005), Ökonomie für den Menschen. Wege zur Gerechtigkeit und Solidarität in der Marktwirtschaft, München.

Sheehan, James, J. (1988), Wie bürgerlich war der deutsche Liberalismus, in: Langewiesche, Dieter (Hg.), Liberalismus im 19. Jahrhundert, S. 28-44: Vandenhoeck & Ruprecht, Göttingen.

Sieyès, Josef Emmanuel (1975), Was ist der dritte Stand? In: Politische Schriften 1788-1790: Luchterhand, S. 117-195, Darmstadt.

Sinn, Hans-Werner (2003), Ist Deutschland noch zu retten?: Econ, München.

Smith, Adam (1998), An inquiry into the nature and causes of the wealth of nations, ed. by Kathrin Sutherland: Oxford University Press, Oxford.

Soboul, Albert (1978), Französiche Revolution und Volksbewegung: Die Sansculotten: Suhrkamp, Frankfurt am Main.

Sombart, Werner ($^{16. \text{ Tsd.}}$1969), Der moderne Kapitalismus: Duncker & Humblot, Berlin.

Sombart, Werner ($^{7.-9.\text{Tsd.}}$1923), Der Bourgeois: Duncker & Humblot, München und Leipzig.

Spufford, Peter (2004), Handel, Macht und Reichtum. Kaufleute im Mittelalter: Wiss. Buchgesellschaft, Darmstadt.

Stamenov, Maxim I./Gallese, Vittorio (eds.), (2002), Mirror Neurons and the Evolution of Brain and Language, Philadelphia.

Stegmann, Franz Josef (1965), Von der ständischen Sozialreform zur staatlichen Sozialpolitik: Olzog Verlag, München.

Stein, Lorenz von (1971), Proletariat und Gesellschaft (1848), neu herausgegeben von M. Hahn, München: Wilhelm Fink Verlag, München.

Steinbach, Peter (1990), Die Entwicklung der deutschen Sozialdemokratie im Kaiserreich im Spiegel der historischen Wahlforschung, in: Ritter, Gerhard A. (Hg.), Der Aufstieg der deutschen Arbeiterbewegung, S. 1-35: Oldenbourg, München.

Steinert, Heinz/Pilgram, Arno (eds.) (2003), Welfare from Below: Ashgate, Aldershot (England).

Steinert, Heinz (2003), The Cultures of Welfare and Exclusion, in: Steinert, Heinz/Pilgram, Arno (eds.) Welfare from Below, S. 1-10): Ashgate, Aldershot (England).

Stern, Daniel N. (1998), The Interpersonal World of the Infant: Karnac Books, London.

Stögbauer, Christian (2001), Wählerverhalten und Nationalsozialistische Machtergreifung: Scripta Mercaturae Verlag, St. Katharinen.

Stoltenberg, Gerhard (1962), Politische Strömungen im schleswig-holsteinischen Landvolk 1918-1933: Droste, Düsseldorf.

Streeck, Wolfgang (1998), Einleitung: Internationale Wirtschaft, nationale

Demokratie?, in: Streeck, Wolfgang (Hg.), Internationale Wirtschaft, nationale Demokratie, S. 11-58: Campus Verlag, Frankfurt am Main.

Straubhaar, Thomas ([4]2006), Trennung von Arbeitsmarkt und Sozialpolitik, in: Werner, Götz, W.: Ein Grund für die Zukunft: das Grundeinkommen, S. 76-82: Verlag Freies Geistesleben, Stuttgart.

Syrup, Friedrich/Neuloh, Otto (1957), Hundert Jahre staatliche Sozialpolitik 1839-1939: W Kohlhammer Verlag, Stuttgart.

Strengmann-Kuhn, Wolfgang (2003), Armut trotz Erwerbstätigkeit: Campus Verlag, Frankfurt am Main.

Tennstedt, Florian (1981), Vorgeschichte und Entstehung der Kaiserlichen Botschaft vom 17. November 1981, in: Zeitschrift für Sozialreform, 27, S. 663-710.

Thompson, Edward P. (1975), The Making of the English Working Class, Penguin Books: Harmondsworth.

Thyssen, Fritz (1941), I Paid Hitler, New York.

Turner, Henry Ashby, jr. (1972), Faschismus und Kapitalismus in Deutschland: Vandenhoeck & Ruprecht, Göttingen.

Turner, Henry Ashby, jr. (1985), Die Großunternehmer und der Aufstieg Hitlers: Siedler Verlag, Berlin.

Turner, Henry Ashby, jr. (1996), Hitlers Weg zur Macht. Der Januar 1933: Luchterhand, München

Vanberg, Viktor, J. (2003), Die Verfassung der Freiheit, in: Berthold, Norbert/Gundel, Elke (Hg.), Theorie der sozialen Ordnungspolitik, S. 35-51: Lucius & Lucius, Stuttgart.

Vanberg, Viktor, J. (2004), Die Zukunft der Sozialen Marktwirtschaft zwischen Prinzipien und Klugheitsfragen, in: Goldschmidt, Nils/Wohlgemuth, Michael (Hg.), Die Zukunft der Sozialen Marktwirtschaft, S. 3-8: Mohr Siebeck, Tübingen.

Vanberg, Viktor, J. (2004), Sozialstaatsreform und die soziale Gerechtigkeit, in: Politische Vierteljahresschrift 45, S. 173-180: VS Verlag, Wiesbaden.

Vanderborght, Yannick/van Parijs, Philippe (2005), Ein Grundeinkommen für alle?: Campus Verlag, Frankfurt am Main.

Vester, Michael ([2]1975), Die Entstehung des Proletariats als Lernprozess: Europäische Verlagsanstalt, Frankfurt am Main.

Vobruba, Georg (1983), Politik mit dem Wohlfahrtsstaat: Suhrkamp, Frankfurt am Main.

Vobruba, Georg (1990) Lohnarbeitszentrierte Sozialpolitik in der Krise der Loharbeit, in: Vobruba, Georg (Hg.) Strukturwandel der Sozialpolitik, S. 11-80: Suhrkamp, Frankfurt am Main.

Vobruba, Georg (1997), Autonomiegewinne. Sozialstaatsdynamik, Moralfreiheit, Transnationalisierung: Passagen Verlag, Wien.

Vobruba, Georg (2003), Freiheit und soziale Sicherheit. Autonomiegewinne der Leute im Wohlfahrtsstaat, in: Lessenich, Stephan, Wohlfahrtsstaatliche Semantiken: Suhrkamp, Frankfurt am Main.

Vobruba, Georg (2006), Entkoppelung von Arbeit und Einkommen. Das Grundeinkommen in der Arbeitsgesellschaft: VS Verlag, Wiesbaden.

Vocelka, Karl ([3]2002), Geschichte Österreichs: Verlag Styria, Graz.

Vogel, Barbara (1988), Beamtenliberalismus in der Napoleonischen Ära, in: Langewiesche, Dieter (Hg.), Liberalismus im 19. Jahrhundert, S. 45-63: Vandenhoeck & Ruprecht, Göttingen.

Watkins, Frederick ([2]1980), Theorie und Praxis des modernen Liberalismus, in: Gall, Lothar, Liberalismus, S. 54-76, Königstein.

Weber, Max, (1958), Der Nationalstaat und die Volkswirtschaftslehre. Akademische Antrittsrede, in: Weber; Max, Gesammelte politische Schriften, herausgegeben von Johannes Winckelmann, S. 1-25: Mohr Siebeck, Tübingen.

Weber, Max (1963), Die protestantische Ethik und der Geist des Kapitalismus, in: Gesammelte Aufsätze zur Religionssoziologie, Band 1, S. 17-206: Mohr Siebeck, Tübingen.

Weber, Max (1920), Die Wirtschaftsethik der Weltreligionen, in: Gesammelte Aufsätze zur Religionssoziologie Band 1, S. 237-573: Mohr Siebeck, Tübingen.

Winkler, Heinrich August (1972), Mittelstand, Demokratie und Nationalsozialismus: Kiepenheuer & Witsch, Köln.

Weber, Max ([2]1958), Der Nationalstaat und die Volkswirtschaftslehre (1895), In: Weber Max, Gesammelte politische Schriften, herausgegeben von Johannes Winckelmann, S. 1-25: Mohr Siebeck, Tübingen.

Wehler, Hans-Ulrich ([2]1989-2003), Deutsche Gesellschaftsgeschichte, 4 Bände: Beck, München.

Wehler, Hans-Ulrich ([2]2004) Nationalismus: Geschichte, Formen, Folgen: Beck, München.

Willke, Gerhard (2003), Neoliberalismus: Campus Verlag, Frankfurt am Main.

Willke, Helmut (1997), Supervision des Staates: Suhrkamp: Frankfurt am Main.

Winkler, Heinrich August (1972), Mittelstand, Demokratie und Nationalsozialismus: Kiepenheuer & Witsch, Köln.

Winkler, Heinrich August ([2]1990), Der Weg in die Katastrophe: Dietz Nachf., Berlin.

Winkler, Heinrich August ([5]2002), Der lange Weg nach Westen, 2 Bände: Beck, München.

Wolff, Wilhelm ([2]1952), Das Elend und der Aufruhr in Schlesien: Tribüne, Berlin.

Zanden, J. L. van den (1993), The Rise and Decline of Holland's Economy, Manchester.

Zolo, Danilo (1997), Die demokratische Fürstenherrschaft: Steidl, Göttingen.

Namenregister

Sachregister

Warum denn Gerechtigkeit.
Die